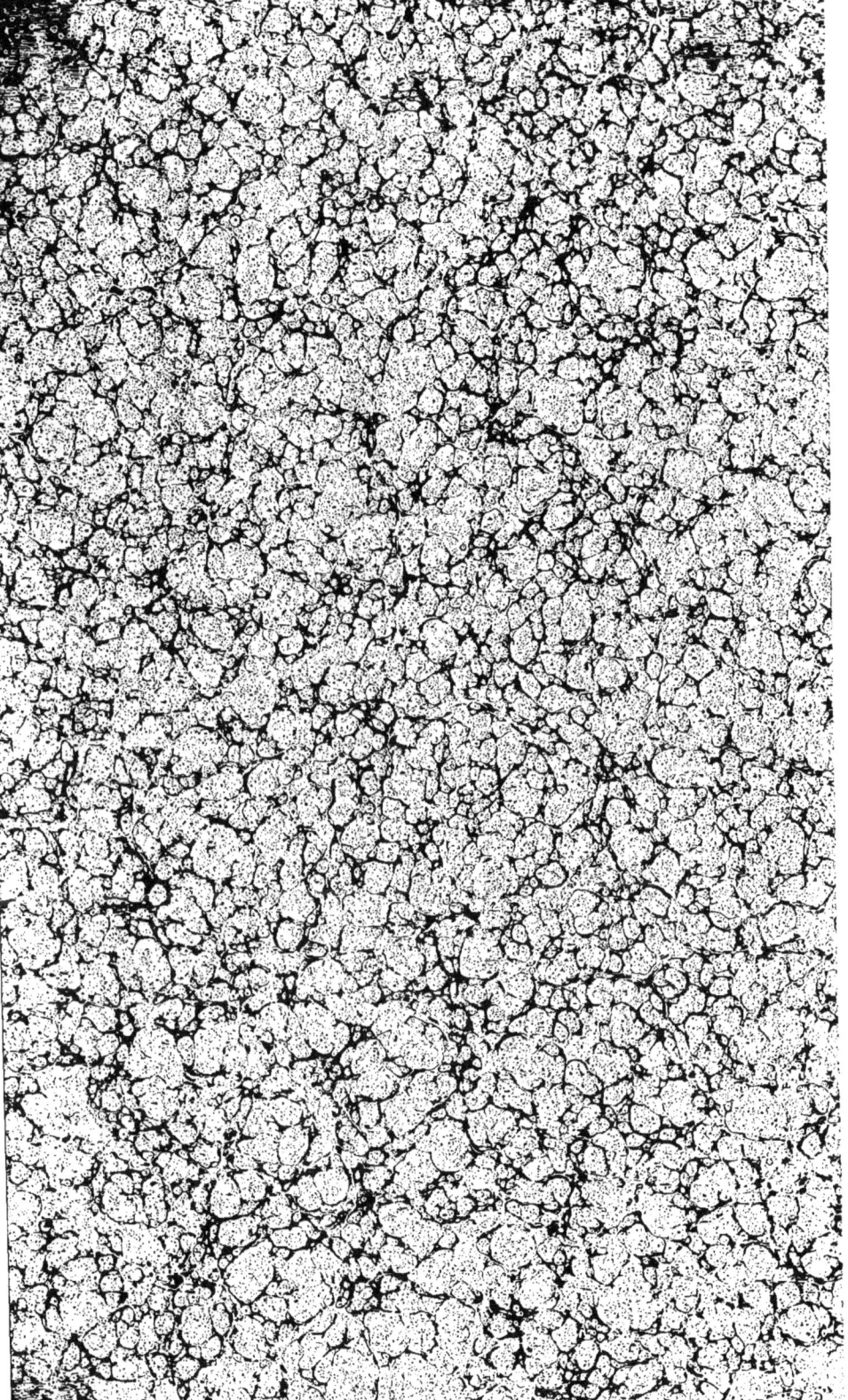

G
C

7944

HISTOIRE

UNIVERSELLE

DES RELIGIONS.

PARIS. — IMPRIMERIE DONDEY-DUPRÉ,
46, rue Saint-Louis, au Marais

HISTOIRE

UNIVERSELLE

DES RELIGIONS

Théogonies, Symboles, Mystères, Dogmes, Livres sacrés.

ORIGINE DES CULTES,

FOURBERIES SACERDOTALES, PRODIGES ET MIRACLES, SUPERSTITIONS, CRIMES DES PRÊTRES, MŒURS, COUTUMES ET CÉRÉMONIES RELIGIEUSES.

MYTHOLOGIES

de l'Inde, de la Chine, du Japon, de la Chaldée, de la Perse de l'Égypte,
des Celtes, des Germains, des Slaves, de la Grèce, de l'Italie, et généralement de tous les peuples de l'Asie, de l'Afrique,
de l'Europe, de l'Amérique et de la Polynésie,

DEPUIS L'ORIGINE DU MONDE JUSQU'A NOS JOURS.

PAR UNE SOCIÉTÉ D'HOMMES DE LETTRES ET DE SAVANTS,

SOUS LA DIRECTION

DE J. A. BUCHON.

Magnifique édition splendidement illustrée.

V

RELIGIONS

DE LA PERSE, DE LA CHALDÉE ET DE L'ÉGYPTE,

PAR CHARLES CASSOU.

PARIS.

ADMINISTRATION DE LIBRAIRIE,

26, RUE NOTRE DAME DES-VICTOIRES, PRÈS LA BOURSE

1845

RELIGIONS

DE LA PERSE, DE LA CHALDÉE

ET DE L'ÉGYPTE,

PAR CHARLES CASSOU.

RELIGION DE LA PERSE.

CHAPITRE PREMIER.

La Perse est le seul pays d'Orient qui, du temps des Grecs et des Romains, soit entré dans l'histoire positive de l'Europe. — La raison de cette particularité se trouve dans le caractère souverainement actif de sa religion, fondée sur le principe de la lutte au sein même de la Divinité. — Résultats pratiques de la dualité persique. — Livres symboliques des anciens Perses, le Zend-Avesta. — Délimitation des pays où les livres de Zoroastre furent primitivement connus.

La Perse est la seule des nations orientales que l'antiquité ait bien connue. Tandis que l'Inde et la Chine, situées aux extrémités du monde oriental, n'apparaissaient aux Grecs qu'à travers l'aube indécise des traditions, que l'Égypte et la Chaldée, presque à leur porte, ne se montraient à eux que dans les monuments d'un âge antérieur et comme enveloppées dans les bandelettes de leurs momies, le peuple de Darius et de Xerxès, loin de s'enfoncer dans les ténèbres de son origine ou dans le fabuleux éclat de l'éloignement, se présentait aux avant-postes de l'Attique pour se faire reconnaître. Portant tour à tour le nom de Perses, de Mèdes et de Parthes, il entre forcément dans les grandes affaires de l'Europe ancienne, comme nation définie, organisée, politique, pouvant lutter avec les deux puissances de Rome et de la Grèce, qui semblent pour nous s'être partagé à elles seules l'histoire du monde et former toute l'antiquité. Asiatiques par la magnificence de leur luxe, par leurs idées de pompe, et par l'influence de leur beau ciel, les Perses, par la vivacité et le positif de leur esprit, par leurs notions précises de la vie civile et politique, se sont fait une place parmi les nations de l'Occident. La molle Ionie, cette transition entre les climats et les natures de l'Orient et de l'Occident, fut le champ de bataille où les soldats d'Athènes et ceux du grand roi échangèrent leurs cartels.

Pour ces Grecs civilisés qui traitaient de barbares tous ceux qui ne subissaient pas les doux entraînements de leur langue et de leur poésie, pour ces sybarites de la gloire et de la science qui reléguaient insouciamment au delà des fabuleux monts Riphées, dans les régions hyperboréennes, toutes ces hordes nomades qui, parfois entraînées par le galop de leurs chevaux rapides, venaient tomber à l'improviste au milieu de leurs cités florissantes, les populations du Nord et de l'Est n'étaient que les fantastiques créations des sorcières et des monstres, se livrant à de bizarres accouplements par-delà les lumineuses terres du soleil. Et cependant, pour les Grecs, les Perses étaient des ennemis et non des barbares. Sans doute, cette armée du grand roi qui perçait les montagnes pour s'ouvrir un passage, qui châtiait la mer de ses tempêtes, et desséchait dans sa marche les fontaines et les rivières, perdait encore un peu à leurs yeux ses proportions de réalité, et son immense et lointaine arrière-garde allait rejoindre dans l'imagination les fabuleuses légions des Titans; mais Marathon, Salamine, les Thermopyles, c'étaient là des noms trop pleins de souvenirs, trop importants dans l'histoire de la Grèce, pour ne pas donner un caractère humain et défini à ceux qui y avaient combattu. Cimon, Thémistocle ne rappelaient-ils pas Darius et Xerxès? Étaient-ils donc des barbares, ces rois qui permettaient aux Juifs captifs sur les rives de Babylone de retourner dans leur patrie pour y relever leur temple, qui accueillaient Thémistocle banni par l'ostracisme? Était-ce un peuple sans gloire, celui qu'Alexandre ne jugeait pas indigne d'être gouverné par lui? Rome, plus tard, fut obligée de partager le monde avec les grands rois de Perse. La ville de Ctésiphon fut pour elle une barrière insurmontable. Pour l'avoir dépassée, Crassus et Valérien perdirent la vie. Schapour et Chosroès rappelèrent la grandeur de Darius.

A d'autres le soin de retracer ces hauts faits, de raconter l'enfance de Cyrus, la glorieuse défense des Thermopyles, de peindre la magnificence des satrapes, les merveilles de Persépolis; à d'autres de rappeler, dans des temps plus rapprochés, les noms de Hafiz et de Saadi, gracieux poëtes dont les productions originales ont jeté sur la Perse ces reflets de poésie métaphorique et colorée dont nous faisons honneur à tout l'Orient; de rappeler aussi Ferdousi, qui écrivit l'histoire avec les pinceaux d'Homère, trempés dans les rayons du soleil d'Asie; à nous la tâche moins brillante de rechercher les origines des Perses, d'assister au travail de leur enfantement, d'étudier les premiers pas tremblants qu'ils firent sur cette terre, de plonger dans le chaos de leurs annales, comme les chercheurs de perles dans les flots du golfe Persique, et d'en rapporter le germe précieux de leur civilisation ultérieure. Que d'autres suivent sur les marchés d'Ispahan ou de Téhéran cette agile favorite qui cherche dans la boutique du marchand l'homme préféré de sa maîtresse; qu'ils entrent dans leurs riches mosquées si remplies à l'heure de midi, et étudient l'indolent fumeur de haschisch, la dame de condition suivie de son esclave, le médecin juif, le dellah, le barbier qui s'était acquis le surnom de *silencieux*, toutes ces scènes enfin des Mille et une nuits, racontées par l'intarissable Schéhérazade; ce que nous aimons, nous, à peindre d'un peuple, ce sont ses premiers tressaillements à la vie. Nous aimons à le voir se détacher, pour ainsi dire, du sein de la terre sa mère, à rechercher sa cosmogonie et les traditions les plus lointaines de sa mémoire; nous prêtons l'oreille aux dernières instructions de la Divinité laissant échapper l'homme de ses mains, et aux premiers vagissements de cet homme pour prononcer dans sa reconnaissance le nom de celui qui l'a créé. « Le symbole est partout frère aîné de l'histoire, » a dit un poëte; c'est dans le symbole primitif que nous étudions l'humanité. Toutes ces puissantes et poétiques théogonies qui, sous des climats différents, firent pendant des siècles l'orgueil et l'espérance de nombreuses générations, et resteront comme autant de manifestations diverses du même sentiment religieux, voilà notre domaine. Comme ce vieillard des tombeaux dont parle Walter Scott, qui parcourait les champs de bataille de l'Écosse pour faire revivre de son ciseau sur les pierres tumulaires les noms minés de mousse des martyrs du covenant, ainsi nous allons nous asseoir sur les grands sépulcres des divinités anciennes pour méditer sur ce que pèse leur poussière. Il y a du bonheur aussi à se glisser à travers les fentes des murs lézardés d'un temple, à soulever d'une main curieuse ces larges rideaux de lianes et de lierres qui en ferment l'entrée comme des portières, à pénétrer dans les topes de l'Inde, dans les grottes de l'Égypte, afin d'y recueillir quelque fétiche ou quelque momie oubliée par le vieux Saturne, le plus puissant de tous les dieux, et de classer tous ces fantômes de l'intelligence passée dans le pandémonium de l'histoire. Sur toutes ces reliques peut-être parviendra-t-on à épeler, comme sur autant de lettres, le secret que gardait le sphinx accroupi à l'entrée du temple égyptien.

Le temps use les mots comme les choses, les idées comme les corps. Quel fut le son primitif que murmura à l'oreille de l'homme quand il voulut se faire connaître, ce suprême auteur de la nature que le Juif appelle *Jéhova*, le mahométan *Allah*, le Chinois *Tien*, le Grec Θεός, que l'Allemand et l'Anglais appellent *God*, et que nous appelons *Dieu*? Celui dont le monde entier ignore le vrai nom, avait-il une appellation propre dans cette langue universelle qu'on dit avoir précédé tous les idiomes des peuples? Si ce nom fut entendu de la terre, ce dut être dans ces siècles d'une perfection imaginaire que toutes les cosmogonies placent à l'origine des sociétés, et où les hommes sans science savaient tout, ou du moins, ce qui est la même chose, ne s'enquéraient de rien, ne trouvant en dehors d'eux rien qui provoquât une pensée.

Où fut situé l'Éden des Perses? et puisque tous les peuples se donnent individuellement comme les fils aînés de la création, dans quel lieu, suivant les traditions persiques, commença l'humanité? « O Sapetman Zoroastre, j'ai créé un lieu de délices et d'abondance; personne ne saurait en produire un pareil. Si cette terre de bonheur n'était venue de moi, aucun être n'aurait été capable de la créer. Elle se nomme *Airyana Vedj*, et elle surpassait en beauté le monde entier tant qu'il peut s'étendre. Rien ne fut jamais comparable aux charmes de cette terre de délices que j'ai créée... Le premier séjour de bénédiction et d'abondance que j'ai créé fut Airyana Vedj. » Tels sont les mots par lesquels s'ouvre le *Vendidad*, l'un des livres sacrés de la Perse, et qu'Ormuzd, le dieu du bien, donna à son prophète Zoroastre, sur une montagne. Les Naçkas, dont fait partie le Vendidad, sont des livres symboliques comme en possèdent toutes les religions, analogues aux *Védas* de l'Inde, aux *Kings* de la Chine, aux *Bibles* des Hébreux, aux *Évangiles* des chrétiens. Depuis des milliers de siècles, le Mazdeisnan récite sans les comprendre les prières interminables qu'ils renferment, litanies sans cesse répétées des attributs d'Ormuzd. Conservés par la vénération persistante des descendants des Perses, ces livres ont perpétué la langue primitive dans laquelle les écrivit Zoroastre, et qui depuis longtemps n'est plus que la langue morte de la liturgie; cette langue est le zend, et de là est venu aux livres sacrés des Perses le nom de *Zend-Avesta* (c'est-à-dire, la Parole).

Le Zend-Avesta se composait de vingt et un *Naçkas* ou parties; il n'en reste aujourd'hui que le vingtième, appelé Vendidad, quelques anciens fragments désignés sous les noms de *Ieschts* et de *Neaescht*, le livre de la liturgie, connu sous le nom de *Yaçna*, et le *Vispered* ou recueil d'invocations. Notre illustre Anquetil Duperron alla le premier, dans le dernier siècle, chercher ces livres dans l'Inde, et les fit connaître à l'Europe

Sans rechercher ici à quelle époque appartiennent ces écritures, quel progrès elles signalent dans le développement des idées théologiques, nous leur demanderons la géographie de cette paradisiaque Airyana créée par Ormuzd au commencement des âges ; nous y étudierons le premier théâtre de cette nation des Perses qui, peu considérable, sans doute, lors de la mission de son grand révélateur Zoroastre, devait s'étendre, sous la dynastie des Grands Rois, des bords de l'Indus jusqu'à l'Asie-Mineure. Cette géographie est loin d'avoir la rigoureuse précision de la science ; l'énumération simple et sans description de quelques localités, méconnaissables sous les caractères merveilleux dont la mythologie les environne, c'est là toute la mappemonde de l'univers, toute la carte de cette délicieuse Airyana. « Il est difficile, dit le savant orientaliste M. Burnouf, il est difficile dans l'état actuel de nos connaissances, de fixer même approximativement les limites géographiques de cet idiome (le zend). Mais on peut déjà avancer qu'au nord le nom de la Sogdiane (*Çughdha* en zend), au nord-ouest celui de l'Hyrcanie (*Vehrkana*), au midi celui de l'Arachosie (*Haraquiti*), sont des preuves aussi incontestables que nouvelles de la nationalité du zend dans ces provinces. Le triangle que formerait une ligne passant par ces trois points laisserait certainement au midi, à l'ouest et au nord, plusieurs pays où cette langue a dû fleurir, mais il embrasserait déjà la plus grande partie des contrées où les renseignements que nous a conservés l'antiquité classique placent une nation puissante, celle des Ariens, nation dont le nom se trouve en zend comme en sanscrit, et pour laquelle le zend dut être l'idiome national, comme il fut plus tard pour les Perses proprement dits l'idiome de la religion et des lois. Il comprendrait, en un mot, non-seulement ce que les anciens appelaient l'Ariane dans son acception la plus étendue, mais encore quelques contrées plus ou moins célèbres, soit par leur fertilité, soit par le rôle qu'elles ont joué dans l'histoire, et qui, pour la plupart, portent des noms dont la langue zende peut rendre raison. »

Ce n'est point là la Perse moderne, aux mille caravansérais, aux forêts de minarets, aux bains publics parés de marbre, aux riches manufactures de tapis pluchés. Dans ces limites ne sont ni Ispahan, surnommée la *moitié du monde,* ni le golfe Persique, quoique la population semi-aquatique des pêcheurs de perles prétende avoir pour patron Djemschid, le Saturne de l'âge d'or de l'Ariane, ni l'opulente Persépolis, quoique ses ruines retracent les scènes les plus anciennes de la mythologie zende, et que le plus considérable de ses débris porte encore le nom de Trône de Djemschid. Roustam, le principal héros des légendes persanes, les franchit souvent sans doute, mais ce n'est point la langue du Zend-Avesta qui a servi à tracer ce proverbe écrit sur la façade du pont de Babaroux :

> Le monde est un vrai pont : achève de le passer,
> Mesure, pèse tout ce qui se trouve sur le passage,
> Le mal partout environne le bien et le surpasse.

Ce n'est pas non plus dans le foyer central de l'empire des mages tel qu'il fut connu par les Grecs, ce n'est ni dans les villes célèbres du Tigre et de l'Euphrate, ni à la cour de Nemrod, ni à celle de Sémiramis, que fut écrite cette géographie; la Chaldée et la Babylonie n'y sont point nommées. L'ignorance la plus grossière ou le plus superbe dédain y règne. Rien en dehors de l'Ariane ne préoccupe le législateur, et c'est là un haut caractère d'antiquité. Dans sa pensée, l'Ariane est bien la seule terre connue, la seule existante. Le cours de l'Oxus est la ligne génératrice de toute cette mappemonde; les lieux qu'elle embrasse et auxquels Ormuzd a donné des noms, ce sont : *Çughdha*, la Sogdiane des géographes grecs; *Moûru*, la Margiane des anciens et le Mérou des modernes; *Bakhdi*, la moderne Badghis suivant M. Burnouf; *Nicaya*, le Nésaya des anciens; *Haroya*, le pays d'Hérat; *Vehrkana*, l'Hyrcanie; *Hara-*

quiti, l'Arachosie, et quelques autres qui n'ont pas de correspondants dans la langue des Grecs.

On voit donc ici un peuple tout à fait primitif au premier jour de son existence, sachant à peine les noms des lieux qu'il habite. Il y a loin de cette ignorance confiante, qui se qualifie elle-même la *parole* d'Ormuzd, à la Genèse de la Bible. Moïse, on s'en aperçoit tout d'abord, a eu des maîtres savants ; le cours du Jourdain n'est pas plus la limite de son horizon visuel que celle de son intelligence ; il a vu d'autres lieux que la Judée ; il les décrit avec précision, et son tableau de la dispersion des races parties des sommets de l'Ararat est presque un système ethnographique. Dans le Zend on trouve la même prétention aux faveurs exclusives de la Divinité, mais elle est du moins justifiée. Le peuple de l'Ariane ne connaît pas d'autre peuple que lui-même. Les répétitions incessantes qui se trouvent dans ses livres, ces litanies qui disent cent fois la même chose avec de légères variantes, ce sont les bégayements de l'enfance qui s'essaye à nommer les objets placés autour d'elle. Le nom de Mèdes, celui de Perses, que ce peuple doit immortaliser bientôt, il l'ignore encore, il ne se donne pas à lui-même de nom collectif. A cela rien d'étrange : lorsqu'on parle de soi-même, on dit moi, et ce peuple n'a encore ni rivaux ni alliés pour le désigner.

Quant aux Grecs, ces grands parrains des peuples, ils attribuaient au nom de Mèdes une origine toute romanesque. C'était la fameuse Médée qui, abandonnant le royaume de Colchide, était venue régner sur les peuplades de l'Oxus et leur imposer son nom. Mais Hérodote, le père de l'histoire, est un véritable enfant par sa crédulité naïve, et si les peuples primitifs ne voyaient rien en dehors de leur pays, les Grecs voyaient leur pays partout. Pour eux, l'Ariane était une contrée presque inconnue dont ils changeaient, suivant leur caprice, les limites flottantes ; elle ne leur présentait aucun caractère de fixité et d'organisation en royaume ou en province. Les géographes de la Grèce ou de Rome comprirent sous son nom tous les pays avoisinant l'Indus, le Paropamise et les rivages méridionaux de la Caspienne, et ils les reléguèrent vers le pied des monts Célestes et le pays des Sères (la Chine).

Si on y regarde de près, on restera convaincu qu'un même pays fut le berceau de ces trois grands peuples de l'antiquité asiatique : les Chinois, les Hindous et les Perses. Tous les trois ont conservé le souvenir traditionnel d'une haute montagne sur les flancs de laquelle ils seraient peu à peu descendus, se dirigeant en sens divers, montagne qui dans leurs idées religieuses constitue le grand pivot, le nombril de la terre, montagne des montagnes, s'élevant jusqu'aux cieux et en soutenant la voûte, comme l'Atlas de la mythologie grecque. Les Chinois la nomment le Kouen-lun, les Hindous le Mérou, les Perses l'Albordj. Ces monts imaginaires qui n'occupent aucune place dans la carte du globe, en occupent une considérable dans les cosmogonies des trois peuples. Pour la Chine, le rapprochement est un peu forcé peut-être, quoiqu'on ait pu voir dans notre volume sur les religions de ce pays combien leur Kouenlun était populaire parmi les sectateurs de Confucius. Mais nul doute ne pourrait s'élever sur la parenté des habitants de l'Ariane et de l'Hindoustan. Les mêmes voix des torrents, les mêmes frémissements des grandes forêts, les mêmes chants d'oiseaux ont bercé leurs premières idées et donné à leur langage ses intonations et son rhythme. Les mêmes spectacles de la nature enfantèrent dans leurs cerveaux les mêmes croyances religieuses, les mêmes symboles. Plus tard, lorsque les deux enfants de la même famille quittèrent leur berceau et se séparèrent pour accomplir chacun sa destinée dans le monde, les souvenirs du berceau s'effacèrent, et, chose que la science n'explique pas encore, la différence de leurs croyances prit un caractère d'opposition. Le nom des divinités de l'Inde devint chez les Perses le nom des démons ou des mauvais génies, comme cela arrive presque toujours pour les dieux qu'on rejette après les avoir adorés. Mais des fragments d'hymnes conservés dans les deux liturgies sont comme le secret retentissement des antiques invocations adressées aux astres sur le mont des monts. La langue des Hindous trouva dans les molles régions du sud-est des inflexions plus douces, une cadence plus musicale; celle des Ariens venus dans l'ouest conserva mieux le cachet de la langue de l'enfance; mais les lois d'une même filiation rattachent le sanscrit des Védas au zend des livres de Zoroastre. Et ces rapports ne sont pas seulement de ceux qui font classer des langues plus ou moins analogues dans un certain rameau générique; la distance des branches au tronc n'est ici que celle-là même qui sépare deux sœurs. Sorties de la même tige, ces langues reçoivent encore une sève commune, et on voit qu'elles ont dû longtemps se confondre ensemble. Seulement, après un examen attentif, on dirait que le zend est le prolongement direct du tronc primitif; il en a la rectitude et la simplicité, tandis que le sanscrit, quoique retenu par le nœud générateur, a jeté plus au hasard ses feuilles divergentes. La première est donc plus grossière, et beaucoup moins abondante et flexible; c'est la langue de l'enfant resté attaché à la maison paternelle et y continuant la vie des aïeux; le sanscrit s'est policé en courant le monde. Les livres sacrés de Zoroastre ont eu de plus cette fatale influence sur le zend, qu'ils l'ont enchaîné dans son imperfection, et immobilisé, pour ainsi dire, dans le degré de développement qu'il avait pris au moment où ces livres furent écrits. Immuable comme la parole d'Ormuzd, et par conséquent improgressive, la révélation rendit nécessairement immuable et improgressive comme elle la langue dans laquelle elle avait été faite; et si elle lui communiqua cette dureté de granit qui l'a conservée jusqu'à nous, elle lui en laissa aussi la rudesse.

Les livres de Zoroastre, tout en gardant les traces de cette ancienne parenté avec les Hindous, n'en rappellent point le souvenir. De même, il nous arrive souvent, en trouvant dans notre cerveau des idées reçues par la lecture, mais dont l'origine nous échappe, d'en faire honneur à notre initiative. Dans sa route vers l'ouest, le peuple de l'Ariane, s'il conserva la langue de ses ancêtres, en oublia le nom. Nous avons dit qu'il ne connaissait dans l'univers que sa patrie, nous nous sommes trompés. Il connaissait encore un autre pays, le Touran. Le fleuve de l'Oxus l'en séparait. Si l'Ariane ou l'Iran (ces deux noms sont synonymes) résumait pour lui toutes les félicités et toutes les vertus, le Touran résumait à ses yeux tous les vices et toutes les misères. L'Iran et le Touran se rappellent sans cesse dans les traditions persiques, comme l'ombre rappelle la lumière, l'écho le bruit, comme Ahriman, le dieu du mal, rappelle Ormuzd, le dieu du bien. L'Iran est la terre de prédilection du premier, le Touran est le sombre royaume de l'autre. En deçà de l'Oxus ont établi leur paisible séjour les bons génies, Ormuzd et la brillante cour des Amschaspands et des Izeds; sur l'autre, se livre à ses maléfices Ahriman avec ses Dews. C'est sur cette frontière de l'Oxus qu'est née cette fameuse théogonie de la dualité des principes ; et les faits physiques s'y sont tellement mêlés aux faits de l'histoire, les faits historiques aux conceptions abstraites de l'intelligence, qu'il est presque impossible de dire où la réalité finit, où la fable commence. Il est surtout difficile de savoir si ces longs récits légendaires des guerres des Iraniens et des Touraniens ne sont pas les créations d'une imagination poétique, dramatisant, par la personnification, la lutte du Midi contre le Nord, des tempêtes boréales contre les douces influences du soleil, la lutte des hivers précoces contre les printemps éternels. Comme les Grecs, les Iraniens n'auraient-ils pas donné des corps au vent et aux frimas, et de tous ces rochers couverts de l'immuable cape blanche des neiges, n'auraient-ils pas fait autant d'êtres fantastiques promenant la rigueur de leur souffle sur les contrées désolées du Nord?

En deçà de l'Oxus était l'Éden, cette délicieuse Airyana créée par Ormuzd. Ici, les vivifiants rayons du soleil prolongeaient indéfiniment les saisons des fruits et des fleurs, faisant alterner l'une avec l'autre; les brises, enlevant ses parfums à la chevelure ondoyante de la terre, y faisaient respirer à l'homme la jouissance avec la vie; les gras pâturages y disparaissaient sous les nombreux troupeaux de chevaux et de bœufs marquetant de leurs robes reluisantes le tapis vert des prairies; les jours y étaient d'azur, les nuits argentées; une nature toujours souriante était l'éternelle révélation de dieux amis de l'homme. Ces dieux apparaissaient à l'Iranien dans l'onde claire des ruisseaux, qui roulaient mieux que des paillettes d'or inutiles, puisqu'ils portaient la fertilité et l'abondance sur leurs rivages; il les voyait se jouer dans l'air transparent d'un ciel chargé d'atomes de poussière, dans les ondulations des moissons jaunissantes qui semblaient se courber ou se relever sous leurs légers pas, dans les joyeuses éclaircies de la forêt harmonieuse, où mille oiseaux prêtaient leurs voix à ces légers fantômes que l'imagination nous montre se poursuivant d'arbre en arbre comme une joyeuse troupe d'enfants en vacances. A tous les jeux de la lumière, à tous les accidents de la perspective, il donnait une personnification plus ou moins indécise; chaque oiseau était comme Iris un messager des dieux envoyé vers les mortels, et au milieu du calme de la nature, il entendait le vol mystérieux des Férouers, ces types ou plutôt ces âmes immatérielles que la mythologie de l'Avesta donne à toutes les choses de la nature, dédoublant, pour ainsi dire, la réalité et l'illusion. A chaque instant, les Naçkas sacrés célèbrent le bonheur de l'Iran, où n'existent ni nuit obscure, ni vent froid, ni germe de mort, ni pourriture. « J'ai donné l'éclat à l'Iran, dit Ormuzd à Zoroastre, j'ai donné l'éclat à l'Iran abondant en troupeaux, en peuples, plein de choses désirables, rayonnant de lumière; dans l'Iran, j'ai porté l'intelligence, j'ai aussi porté la gloire; allez dans ce grand lieu, fait pour le roi pur, dans lequel il y a beaucoup d'hommes purs, qui sont tout lumière, qui donnent libéralement, qui me sont agréables ; allez dans ce grand lieu fait pour le roi pur, qui est tout assemblée, tout fruit, tout intelligence, tout lumière; mettez-y un pied; et dans ce lieu grand, fait pour le roi pur, il y aura mille chevaux, il y aura mille troupes d'hommes et d'animaux et des enfants d'un mérite distingué ! »

Toutes les fois que l'esprit du législateur des Perses se reporte vers ce premier séjour de ses ancêtres, sa phrase tressaille comme son cœur; les images riantes se présentent à lui, l'éclat de cet Éden primitif l'illumine, et l'invocation à Ormuzd, l'auteur de ces bienfaits, s'échappe spontanément de sa bouche. Encore aujourd'hui, les écrivains orientaux mettent au nombre des quatre endroits de l'Asie les plus célèbres par leur situation délicieuse le Soghd de Samarkand, l'ancienne Sogdiane.

Mais comme le spectacle change rapidement sur l'autre rive de l'Oxus! Dans ces contrées que rien, suivant les idées des Iraniens, ne borne au nord que le chaos et les ténèbres, la nature porte le deuil du soleil, c'est l'affreux séjour des larves et des gnomes, de ces spectres malfaisants qui se nourrissent de la fange infecte des lacs et des vers impurs de la mort, qui courent en lueurs blafardes devant les voyageurs égarés pour les conduire dans les précipices, et se rient des malheurs qu'ils causent aux mortels. C'est là le domaine de toutes les personnifications du mal, de ces êtres bizarres et fantastiques éclos des lourds sommeils et du cauchemar des rêves. Dans ces campagnes ouvertes aux vents glacés, aux tourbillonnantes tempêtes, le soleil ne parvient jamais à réchauffer assez la terre pour faire sortir de la glèbe neigeuse l'imprudent bouton de la primevère. Les épaisses forêts, au lieu de laisser jouer le soleil dans leurs éclaircies, ne laissent voir que les cadavres des grands arbres tombés, semblables à des apparitions; au lieu du chant des oiseaux, c'est le féroce rugissement des bêtes fauves et le sifflement d'innombrables couleuvres que renvoient en écho aux douces harmonies de l'Iran, les profondeurs insondables des forêts de l'autre rive. « Des différentes contrées du Nord, dit le Vendidad, accourt Engreméniosch, plein de mort, ce chef des Dews. Brisez en vainqueur les fleuves du Touran, brisez et affligez les Dews du Touran. »

De l'opposition des deux climats, de l'opposition des caractères des deux peuples, l'un, livré aux calmes travaux de l'agriculture, l'autre, à la vie nomade et aventureuse, sortit le sabéisme des premières peuplades de l'Iran. Dans leur reconnaissance envers le soleil et les astres, qui versaient la fécondité sur leurs terres, elles leur adressèrent un culte sur la montagne, vouant à toutes les malédictions de leur colère les monstres des contrées du Nord. Lorsque la caste des prêtres fut née de ces premières conceptions religieuses, et que, devenue puissante, elle chercha à les systématiser en un corps de doctrines, elle ne fit qu'idéaliser la lutte, donner un sens mythique aux traditions nationales, discipliner toutes les forces de la nature en armées d'esprits célestes, sous deux chefs puissants, Ormuzd et Ahriman. Le dogme qui en résulta fut la réalisation la plus complète et la plus poétique de cette dualité qui existe au fond de toute chose, au fond de la nature physique comme au fond de la nature morale.

Nous ne discutons point encore la valeur métaphysique de ce dogme; seulement, nous dirons tout d'abord qu'une religion doit être surtout une morale, et que la morale de la dualité de principes est celle qui pousse le plus énergiquement à la vertu et aux grandes actions. Le christianisme, qui a beaucoup emprunté à la religion du Zend-Avesta, a calqué Satan sur Ahriman, et a donné à cet ange du mal le pouvoir de contre-balancer presque les bienfaits de la croix. Le législateur des Perses, comme les premiers législateurs des chrétiens, avait bien compris que c'est l'obstacle qui fait souvent le triomphe et toujours le mérite. Aussi la nation perse, nous l'avons déjà dit, se distingue-t-elle essentiellement des peuples orientaux par son esprit pratique et agissant, et se rapproche-t-elle du rationalisme occidental.

Au milieu de ces existences végétatives de l'Asie, au milieu de ce nuageux mysticisme, où apparaissent, ensevelis à moitié, les sectateurs innombrables de Brahma et de Bouddha, elle fonda, dans l'antiquité, un puissant empire, et mit un pied en Europe, cette terre du bon sens et de la réalité humaine. Tandis que les brahmanes, en partant du dogme de l'unité et des émanations divines, se perdaient, inactifs et insouciants, dans le sein panthéistique de Dieu, représenté à la manière d'une araignée ou d'une chrysalide, qui tire de soi-même tous les fils dont elle tisse le monde, le Perse, plus simple et plus vrai, ne se demandait pas : pourquoi penser? pourquoi agir? puisque, parties de Dieu ou dieux eux-mêmes, les hommes ne pouvaient améliorer leur nature; mais devinant, à ses instincts contraires et aux forces opposées de l'univers, qu'il était né pour la lutte, que, placé entre le bien et le mal sensible, il devait suivre l'un et combattre l'autre, il trouvait dans la lutte même un sens à la vie, un mobile puissant d'action. La maladie et la santé, la jouissance et la privation, n'étaient point pour lui de vaines apparences. Il voyait même dans l'existence d'un ennemi de l'homme un motif de confiance, car l'ennemi lui révélait un ami. Partout le mal, mais aussi partout le bien; partout le danger, mais aussi le secours; partout les phalanges impures des Dews, mais partout l'égide étincelante des bons génies. Vous rappelez-vous cette ardente mêlée aux champs de Troie, où Homère fait combattre des deux côtés les hommes et les dieux? La bataille est longue et acharnée; hommes et divinités luttent d'opiniâtreté et d'adresse; chaque héros y combat à côté d'un céleste protecteur. Jupiter, assis sur les sommets de l'Ida, et planant sur ces scènes de mort, se complaît dans les jeux de la force. C'est ainsi qu'a conçu la vie l'habitant des rives méridionales de l'Oxus. Les guerres des Touraniens et des Iraniens ont servi de thème à toutes les gigantomachies du monde.

Envisagé au point de vue de la création matérielle, le principe de la lutte des contraires devient un principe d'harmonie, la loi de toute organisation. La chimie, la physique, toutes les sciences le proclament comme condition génératrice de toute production. Les fluides contraires s'attirent, l'alcali s'empare de l'acide. Plutarque l'avait remarqué il y a longtemps : l'harmonie de ce monde est une combinaison des contraires, comme les cordes d'une lyre et d'un arc, qui se tendent et se détendent. « Jamais, a dit Euripide, le bien ne se sépare du mal ; il faut qu'il y ait un mélange de bien et de mal pour que tout aille bien. » Le dogme de la dualité est au fond de toutes les théogonies ; il a produit les espérances du paradis, les terreurs de l'enfer. Partout il a fallu deux dieux distincts et rivaux pour régner sur ces deux empires.

Mais c'est trop longtemps rester dans les prolégomènes ; il est temps enfin de faire succéder à ces vagues aperçus des notions plus précises sur la mythologie des Perses, de montrer, par une exposition méthodique des dogmes du Zend-Avesta, comment Zoroastre, et avant lui quelques prophètes plus anciens de l'Ariane, comprirent l'agencement du monde et la lutte des principes qui le gouvernent. Nous trouvons dans l'histoire de la religion de la Perse deux époques de développements : une époque de création première et une époque de réforme ; le système de la cosmogonie de l'univers appartient à la première ; l'état civil et moral des Perses fut plus particulièrement l'œuvre de Zoroastre.

CHAPITRE DEUXIÈME.

COSMOGONIE.

Premier être de la création, Kaïomors ou l'homme-taureau. — Valeur symbolique de ce signe; taureau céleste. L'homme-taureau représenté sur les monuments de Persépolis. — Ahriman l'entoure de piéges et le blesse à mort. — Germes des êtres sortis des diverses parties du taureau. — Les plantes, les animaux naissent. — Description du chien et de l'âne du Zend-Avesta. — Naissance du premier couple humain. — Meschia et Meschiane se détachent d'un arbre qui leur donne naissance. — Leurs premiers pas sur la terre. — Ils pèchent. — Leurs descendants peuplent le monde.

Nous ne prétendons point dire que les idées sur la création du monde que nous allons exposer soient tellement le produit de traditions nationales antérieures à Zoroastre, que ce législateur, tout en les consacrant, n'y ait rien ajouté, ni qu'elles forment un système tellement de toutes pièces que la fable et l'histoire n'y aient point apporté, pour combler les lacunes, leur contingent d'interprétations et d'analogies. Il faut considérer qu'il s'agit ici de l'histoire de l'enfance du monde, et que si l'homme est disposé à oublier les faits de sa vie passée, il oublie doublement ceux des premières années. Il faudrait le procès-verbal de la création, et nul homme n'est encore né pour le dresser. Les réformateurs prétendent souvent, il est vrai, à la gloire de l'avoir lu sur les tablettes du ciel, mais la plupart des réformateurs, à leur tour, n'ont point laissé la date de leur naissance dans l'état civil de l'histoire, et tel est le sort de Zoroastre. Comment distinguer alors ce qui le précède de ce qui le suit? Si donc nous croyons que la cosmogonie exposée dans ce chapitre est antérieure à l'apparition de ce grand législateur dans le monde, c'est que ses livres, loin de l'exposer, la supposent connue, et y renvoient, par allusion, des lecteurs qui étaient censés la connaître. Une religion ne s'improvise pas non plus en un jour. Chez les Hébreux, l'Évangile fut un complément de la Bible.

Dans toute l'histoire religieuse des Perses domine le principe de la dualité des forces; ce fut sans doute Zoroastre qui les appela des noms d'Ormuzd et d'Ahriman; mais nous donnerons à sa nomenclature un effet rétroactif, et nous baptiserons, pour ainsi dire, ces dieux avant la naissance. Dans l'époque dont nous parlons, le sabéisme régnait, et ces dieux étaient représentés par le froid et le chaud. Le premier être de l'univers persique, qu'on ne s'en étonne pas, fut le taureau, l'homme-taureau, Kaïomors. Est-ce là une conception sans lien aucun dans l'histoire des facultés de l'intelligence, une idée isolée n'ayant de base que dans le caprice? Nullement. Il n'y a peut-être pas d'extravagances, si grandes soient-elles, qui ne trouvent leurs analogues dans d'autres pays. On dirait qu'il existe une certaine logique, une nécessité même dans leur reproduction. L'imagination a beau être la folle du logis, elle est toujours excitée par l'impression; c'est dans l'impression des objets qu'elle trouve son initiative, et, commune à tous les hommes, l'impression ne peut varier indéfiniment. Si vous jetez les yeux sur les origines des peuples, partout vous trouverez des hommes-animaux, partout des centaures. Quel est cet animal que l'Égypte adore, que ses prêtres, versés dans la connaissance de toutes sciences, conduisent en pompe au sanctuaire, pour lui adresser leurs prières? c'est le bœuf Apis, symbole de l'agriculture, représentation d'Osiris.

Dans le zodiaque, le signe du taureau est l'une des douze demeures du soleil; c'est là que l'astre du jour entre en conjonction avec la lune. La terre semble alors tressaillir des embrassements des deux astres; les germes fécondants commencent à s'agiter dans son sein, impatients de pousser leurs jets à la surface. Le printemps vient de naître. Dépositaire de l'activité des deux astres, le taureau est devenu, dans l'esprit des peuples de l'Iran, agent lui-même de la nature, et a détourné à son profit une partie des hommages dus au soleil. C'est à lui, comme image de la vertu fécondante de l'astre du jour, qu'a été rapportée la création du monde terrestre ; car rien ne devait plus ressembler à la résurrection annuelle que la création première. « J'invoque et je célèbre, dit Zoroastre, le pur taureau, dépositaire de la semence de la lune, le taureau élevé qui fait croître l'herbe en abondance. » Dans les idées théologiques du Zend-Avesta, le taureau, le soleil et la lune sont presque toujours unis dans leur action sur le monde. Taschter, astre brillant et lumineux, l'un des Amschaspands, a un corps de taureau et des cornes d'or. Mithra, personnification du soleil, est représenté dans les monuments de Persépolis monté sur un taureau ; la lune est invoquée comme dépositaire, à son tour, de la semence du taureau. Sans cesse les reflets partis de chacun de ces trois termes d'une même idée s'entrecroisent et convergent dans un symbole complexe, logique, jusqu'à un certain point, dans sa confusion. Par ses caractères prononcés de la faculté génératrice, le taureau avait d'ailleurs un droit au privilége de représenter la puissance fécondante des astres à l'équinoxe du printemps, à cette époque où la nature ranimée ouvre son sein aux innombrables productions qui en jaillissent.

Du reste, ne cherchons dans les cosmogonies que ce qu'on peut y trouver, l'analyse des procédés de l'intelligence humaine pour arriver à la conception de cette grande énigme : le commencement du monde. Quant à la création en elle-même, lorsque les cosmogonies et la philosophie auront épuisé tous les modes de formation, elle sera encore à connaître. Ne vous est-il pas arrivé quelquefois, vous sentant près de dormir, de vouloir saisir le moment où vous passiez de la veille au sommeil? Vain effort! Ce moment vous échappe toujours. Telle est à peu près la tentative des peuples, lorsque, dans leurs cosmogonies, ils veulent expliquer comment ils tombèrent de la matrice divine. Si, dans le premier cas, c'est vouloir se sentir vivre au moment où on n'existe plus, n'est-ce pas dans le second vouloir se souvenir du temps où l'on n'existait pas encore? n'est-ce pas vouloir que le sommeil soit la veille, le néant l'existence? Aussi, à la place des notions d'une intelligence lucide et en plein exercice, ne vous attendez qu'aux incohérentes images du rêve, tour à tour gracieuses et terribles, tirant leurs couleurs et leurs traits non pas du néant, première patrie de l'homme, mais de la vie postérieure, des objets, des spectacles au milieu desquels un peuple a été jeté. Si, comme l'a dit un grand poëte, l'homme est un dieu tombé du ciel, souvenons-nous que le fleuve du Léthé coule à l'entrée de l'Élysée. Or, de quelque rive qu'on le traverse, on laisse toujours dans ses eaux le souvenir de la première existence.

Kaïomors, l'homme-taureau, première création de la mythologie persique, se trouve dans toutes les traditions primitives des peuples de l'Ariane; Ormuzd ne l'a point détrôné, et Zoroastre lui adresse à chaque instant ses prières; sans cesse il le qualifie de pur, d'excellent taureau, principe de toutes choses. Lorsque la science et les arts vinrent jeter leur éclat civilisateur sur l'existence des Perses, ces descendants des antiques Iraniens ne repoussèrent point ce grossier symbole de la création; la sculpture s'appliqua, au contraire, à le faire revivre sur les grands monuments de la nation; toutes les colonnes persépolitaines en furent surmontées, et on voit encore à Persépolis, sur des fragments d'anciens portiques, des sculptures mutilées, présentant le symbole cher aux populations de l'Ariane. Ce sont des animaux dont les jambes et le corps appartiennent au taureau; ils portent sur leurs épaules des ailes énormes qui leur couvrent le dos et la poitrine, et dont les larges plumes sont parfaitement exécutées. Avant la conquête musulmane, ces animaux avaient des visages d'hommes, mais le fanatisme iconoclaste des enfants de l'Islam a fait disparaître, là comme partout ailleurs, cette représentation de la face humaine. La barbe reste encore; elle est longue, soigneusement bouclée, à la manière des anciens rois de Perse, et fait préjuger du caractère noble et sévère qui devait être empreint sur ces figures. Les oreilles sont celles du taureau, et des boucles d'oreilles y sont suspendues; des cornes partant de la naissance des sourcils encadrent un diadème de forme cylindrique, qui pose sur leur tête. Une espèce de couronne, formée de feuilles de lotus et de roses, surmonte le diadème et les cornes. Depuis le haut de la couronne jusqu'à la corne du sabot, ces animaux ont dix-neuf pieds de hauteur.

Quelques voyageurs peu au courant de la mythologie persique avaient pris cet animal pour le *Martichoras* ou *mangeur d'hommes*, que Ctésias prétendait avoir vu dans l'Inde, et qui, disait cet écrivain, était doué d'une force extraordinaire, plus grand que le lion le plus grand, rouge comme le cinabre, couvert d'un poil épais comme le chien. Ces traits ne répondaient point à ceux des animaux de Persépolis, et des mythographes plus érudits ont su reconnaître dans ces représentations le père fabuleux de la création persique. Quel simulacre était plus digne de figurer sur les portiques du palais des rois perses que celui de l'auteur de la nation, du chef de la dynastie des Pischdadiens, dont le règne avait commencé dès les premiers jours du monde!

Suivant le Boun-Dehesch, le livre de la cosmogonie persique, à peine le taureau fut-il né, qu'Ahriman, jaloux de cet être, créé par une divinité rivale, multiplia autour de ses pas les embûches et les ténèbres. Kaïomors se vit environné des désordres du chaos; il marchait dans la nuit, la terre sous ses pas bruissait des sifflements des venimeux Kharfesters (animaux nuisibles). Ahriman ayant abandonné le ciel, sauta sur la terre, sous la forme d'une couleuvre; il courut sur l'eau des nuées, il courut sur le feu, se posa sur les arbres, vint enfin sur Kaïomors, souillant tout de son haleine empestée. Dans sa rage, il eût voulu détruire le monde entier, et il excita la légion ténébreuse de ses Dews contre les astres; mais loin de pouvoir anéantir le monde, pendant trente ans il fut impuissant contre Kaïomors. « Tu es venu en ennemi, lui avait dit le taureau avec défi, mais tous les hommes sortiront de ma semence, feront ce qui est pur, et leurs œuvres méritoires te terrasseront. » Trente ans s'étant écoulés, Ahriman recommença ses attaques; il souffla sur le monde une épaisse fumée, et blessa le taureau. Près de mourir, celui-ci recommanda au ciel de garantir du mal les êtres qui allaient sortir de son corps; et aussitôt l'homme sortit de son bras droit ou de la jambe droite de devant. De son bras gauche sortit Goschoroun, qui était comme l'âme du taureau et le type de l'espèce animale; son premier signe de vie fut un cri immense, aussi fort que l'eussent pu pousser mille hommes. Cherchant aussitôt des yeux quel allait être le nouveau chef de la création, et apercevant l'homme, Goschoroun se rapprocha avec effroi d'Ormuzd, et lui dit : « Ahriman va briser promptement la terre et blesser les arbres, les faire sécher avec une eau brûlante. Est-ce là cet homme dont vous avez dit : Je le donnerai, pour qu'il apprenne à se garantir du mal? — Le taureau est tombé malade, ô Goschoroun, répondit Ormuzd, de la maladie que cet Ahriman a portée sur lui; mais cet homme est réservé pour une terre, pour un temps où Ahriman ne pourra exercer sa violence. »

Goschoroun s'approcha du ciel des étoiles, il s'approcha de même du ciel de la lune et de celui du soleil, et il y vit le férouer (le type) de Zoroastre, que Dieu tenait en réserve pour rétablir, dans la suite des temps, le règne du bien sur la terre. Goschoroun fut alors dans la joie, et accepta la tutelle des animaux de la terre. Il n'est pas besoin de signaler à cet endroit de la cosmogonie l'invasion des idées de Zoroastre, qui a pris soin de marquer sa place dans le ciel dès l'origine du monde. Remarquons seulement que c'est à la violence du principe du mal que l'homme a dû son avénement à l'existence.

Cependant le firmament s'est illuminé de tous ces globes de

feux qui parcourent l'espace; la voûte du ciel s'est constellée de ces étoiles fixes, qui jettent leurs pâles lumières dans les profondeurs de la nuit; Taschter (Mercure), Behram (Mars), Anhouma (Jupiter), Anahid (Vénus), Kevan (Saturne), s'élancent comme des coursiers étincelants dans leurs routes encore inconnues; et les terribles Mouschever (comètes) commencent à balayer de leurs longues queues la poussière dorée de l'éther. Le soleil lui-même guide la course errante de ces dernières planètes et les retient dans les bornes tracées, afin de rendre vaines les frayeurs qu'elles inspirent à la terre.

Une lutte acharnée entre les génies rivaux de l'univers continue à entraver l'œuvre de chacun des jours de la création; les forces vives appelées à l'action opèrent une série de violents cataclysmes. Après la formation du firmament, Ahriman rallia encore ses Dews; mais le ciel, comme un soldat qui a endossé la cuirasse, se présenta à sa rencontre pour lui livrer bataille. Les férouers des guerriers à naître et des saints, tenant à la main la massue et la lance, s'étaient préparés à l'attaque. Ahriman n'osa affronter leur choc. Libre dès lors de poursuivre son œuvre, Ormuzd confia à l'astre Taschter le soin de préparer la terre à recevoir les germes des plantes et les productions animales. Aidé par quelques génies secondaires, celui-ci se montra tour à tour sous la figure d'un homme, d'un taureau et d'un cheval, et, sous chacun de ces corps, versa pendant dix jours des torrents de pluie sur la terre. Ce déluge de trente jours, en inondant la terre, fit périr tous les animaux malfaisants dont Ahriman l'avait couverte; puis, un vent céleste ayant soufflé, les eaux s'écoulèrent dans les grands bassins des Zarés (mers), et la terre reparut.

Des myriades de crapauds avaient remplacé les Kharfesters, dont la pourriture leur avait donné naissance, et Taschter descendit sur le zaré pour y pomper les eaux nécessaires à un nouveau déluge. Il avait pris la figure d'un cheval blanc à longue queue; et le Dew Aperesch l'ayant aperçu se hâta de prendre celle d'un cheval noir, et il s'élança sur lui avec violence. Terrassé par surprise, Taschter courut un farsang (mesure de distance) devant lui, mais bientôt, appelant le secours d'Ormuzd, il revint contre son adversaire, et ce fut le tour du Dew de prendre la fuite. Taschter fit alors pleuvoir pendant dix nuits et dix jours; le Dew Aperesch voulut encore s'y opposer, mais la foudre, semblable à une massue, le frappa, et il tomba en poussant un cri affreux. Les crapauds furent anéantis, le vent vint encore une fois chasser les eaux.

Alors parurent sur la surface de la terre des aspérités qui allaient devenir les montagnes. Pivot de cette gigantesque architecture, le mont Albordj commença à montrer sa tête; en deux cents ans, il grandit jusqu'au ciel des étoiles, en deux cents ans de plus, jusqu'au ciel de la lune, en deux cents encore, jusqu'à la lumière première, et les astres accomplirent dès lors autour de lui leur course circulaire. De sa base sortirent toutes les chaînes secondaires, comme de la racine d'une plante parasite sortent des milliers de rejetons, comme se ramifie en veines innombrables une grande artère. Rampant sur la surface du globe, les lignes de l'Albordj en formèrent la charpente et les nervures; et pendant cent soixante ans qu'elles mirent à croître, ces montagnes partagèrent la terre en vastes plaines, en gorges arides et en fraîches vallées. De ces monts, deux étaient destinés à acquérir une sinistre renommée dans la mythologie persique: c'étaient le Tchekaet Daeti et le mont Tireh. Ils formèrent les piliers du redoutable pont Tchinevad, sur lequel les hommes vont à la mort rendre compte de leurs actes. Au sommet du Tchekaet est la porte du Douzakh (l'enfer), autour de laquelle bourdonnent sans cesse les hideux essaims des Dews.

Au sommet de l'Albordj jaillit la source Ardouisour, et de sa vasque immense s'épandirent sur la terre tous les zarés (mers) et tous les fleuves. De ce *palais des ruisseaux*, comme dit le Zend, coulent, au midi, sur l'Albordj, cent mille canaux d'or, et chaque canal est tel qu'un homme à cheval n'en parcourrait les circuits qu'en quarante jours. Tout vient de la source Ardouisour, la santé de l'homme et les nuées qui chassent la sécheresse.

La terre fut inondée une dernière fois des eaux de l'Ardouisour, mêlées à celles que l'astre Taschter fit tomber encore pendant trente jours, et quand elle surnagea sur les eaux, elle se trouva divisée en sept parties. Au centre des six autres était le Khounnerets, qui correspond à l'Iran; tout à l'entour, coulait le zaré Ferakh-Kand. C'est dans les ondes de ce zaré que furent jetées les cinquante-six semences d'arbres qui étaient sorties de la queue de Kaïomors, et que des oiseaux volèrent distribuer sur tous les points du monde. L'arbre crut alors sur la surface du sol comme le cheveu sur la tête de l'homme, et les vents agitèrent cette belle chevelure des forêts, qui compta en un jour dix mille espèces d'arbres mères. En un jour, dix mille espèces de plantes étalèrent au soleil le riche écrin de leurs couleurs et de leurs formes.

Pendant ce temps, d'autres génies, rapides agents des volontés d'Ormuzd, avaient confié à la douce chaleur de la lune les semences animales du taureau. Deux taureaux, mâle et femelle, en naquirent, et leurs caresses produisirent les deux cent quatre-vingt-deux espèces qui peuplent l'air et les eaux. L'onde des fleuves et des mers frémit sous la nerveuse nageoire des poissons; les ailes des oiseaux agitèrent les colonnes élastiques des airs. Nous ne pouvons ici énumérer les espèces d'animaux que décrit à plaisir la cosmogonie persique; les êtres de cette histoire naturelle rappellent les Chimères et les Harpies de la fable grecque, les gnomes et les figures hybrides de l'astrologie du moyen âge. Mais parmi ces animaux, il en est un que la dévotion des peuples de l'Iran entoura de respects, et mit presque au rang de l'être humain, c'est le chien, ce compagnon, cet ami de l'homme; à son égard, le silence serait de l'ingratitude. « Le chien a été donné pour prendre soin des hommes et protéger les animaux, dit le Boun-Dehesch. Lorsque les hommes et les animaux s'unissent, le chien Soura se trouve dans le monde et veille sur eux. C'est lui qui d'un seul homme a fait venir un si grand nombre d'hommes, secondé de l'eau Ardouisour. Son poil lui sert d'habit. Il veille avec activité et avec grandeur. » Dans la suite, nous trouverons le chien auprès du lit des mourants, où l'a conduit la liturgie des Parses, pour épier leur dernier regard ; nous le retrouverons sur le terrible pont de Tchinevad, protégeant contre les Dews le passage des âmes pures.

Chez tous les peuples, la nature a rapproché le chien de l'homme, comme une joie de plus dans ses joies, comme un muet consolateur dans ses peines. Le chien ne possède-t-il pas le don des larmes, ce noble attribut de l'homme, qui fait à lui seul toute son excellence. Pour le vigoureux enfant de l'Iran, le chien était un compagnon dans ses courses, un soutien dans ses luttes. Que, chasseur aventureux, il allât traquer dans les steppes du Touran un ennemi ou une bête fauve, ou que, par instinct d'activité, il s'abandonnât au galop rapide d'un cheval qui l'emportait comme une vivante rafale, le chien, attaché à son flanc, n'accusait jamais la rapidité ou la longueur de la course, toujours prêt à s'élancer au moindre signe sur la proie convoitée. S'il aimait mieux faire paître dans les gras pâturages des rives méridionales de l'Oxus ses troupeaux nombreux, le chien, sentinelle vigilante, ne demandait point de salaire pour faire rentrer, le soir, les bêtes dans le parc, et n'ambitionnait pas d'autre récompense que de coucher à l'entrée, fier de régner par l'autorité du maître sur ce peuple docile. Le Boun-Dehesch le représente comme le protecteur de la génération humaine. N'est-ce pas, en effet, le chien qui veille sur les cabanes des hameaux et les palais des villes, à ces heures silencieuses de la nuit, pleines de mystère et de charmes, image du chaos primitif d'où sort également la vie ? S'il avait l'orgueil de l'homme, le chien, à ces heures solennelles où tout sommeille dans la nature, où ne s'entend que le char vaporeux du silence, pourrait se croire le maître de la création. Quel est le voyageur qui, gravissant aux clartés des étoiles un mont au bas duquel s'abrite toute une ville endormie, n'a pas senti passer dans son âme, rapide comme l'éclair, une pensée de destruction ou de conquête?

Si l'on veut se faire une idée de la bizarrerie des premiers animaux du Khounnerets qui furent comme les essais des créations animales, on en pourra juger par la description de l'âne, le chef des animaux purs; c'est un amalgame de jambes, d'yeux, de bouches, de membres de toutes sortes, comme on n'aurait pas même imaginé d'en donner à la Chimère des Grecs et qu'il en passe quelquefois sous l'œil demi-clos du sommeil. « L'âne du Zaré-Ferakh a trois pieds, six yeux, neuf bouches, deux oreilles et une corne. Son corps est blanc; sa nourriture est céleste : il est pur. De ses six yeux, deux sont à la place des yeux, deux sur le haut de la tête, et deux au poitrail : avec ces six yeux il voit celui qui fait le mal, et le frappe. Des neuf bouches, trois sont à la tête, trois au milieu de chaque côté; chaque bouche est de la largeur du corps. Pour ce qui est de ses trois pieds, combien de milliers de moutons peuvent s'asseoir dessous chaque pied qu'il pose sur la terre, aller autour et dessus! A sa corne, il a comme des trous d'or, d'où sortent mille cornes. Il donne la vie au chameau, au cheval, au taureau, à l'âne grand ou petit; avec cette corne, il frappe tous les Kharfesters; ceux qui font du mal, il les brise. »

L'univers était créé; les mers avaient partagé le globe en continents et en hémisphères; les eaux avaient reçu dans leur sein les poissons; les quadrupèdes avaient fixé leurs tanières sur la terre, les oiseaux leurs nids sur les arbres et les montagnes. Les astres dans leur course régulière faisaient alterner les nuits avec les jours. Restait à créer le maître de cette nature, vide encore malgré ses milliers d'êtres, celui qui devait continuer contre Ahriman la lutte des bons génies de la création, l'homme enfin. Lorsque Kaïomors mourut, la semence destinée à produire l'homme était sortie de son bras droit ; le soleil la purifia, et au bout de quarante ans il sortit de terre le corps d'un Reivas formant un arbre de quinze ans qui avait quinze feuilles. Cet arbre représentait deux corps humains en un seul, à peu près comme Adam et Ève avant le sommeil décrit par la Genèse.

Le livre de la cosmogonie persique dit que les corps étaient disposés de manière que l'un avait la main dans l'oreille de l'autre (*phallum in utero*), lui était uni, lié, faisait un même tout avec lui. Ils étaient si bien unis l'un à l'autre, qu'on ne voyait pas lequel était le mâle, lequel était la femelle. Ormuzd dit qu'il a donné d'abord la main et ensuite le corps, et qu'après avoir donné le corps il y a mis la main ; qu'il a produit l'action propre au corps, et qu'il a donné le corps pour qu'il fasse son œuvre. Lorsque chacun des deux êtres eut été formé de corps d'arbre en corps d'homme, la main donnée du ciel y fut placée et l'âme s'y mêla sur-le-champ. »

S'il était permis de joindre un petit commentaire à ces textes, qui auraient besoin peut-être d'être traduits en latin pour être intelligibles, et que ce commentaire n'éclaircira guère, nous dirions que la semence du taureau destinée à former l'homme fut divisée en trois parties, que deux furent portées au ciel par le génie Nériosengh, et qu'elles servirent à former la *main* et l'*âme*. Le corps était sorti de la troisième partie abandonnée à la terre.

Lorsque le Reivas fut séparé, ses deux parties formèrent le mâle et la femelle : Meschia et Meschiane, auteurs du genre humain. Leurs noms étaient le signe de leur courte existence, ils contenaient comme racine le mot *meschi*, la mort. Meschia et Meschiane avaient été créés dans un état de bonheur ; ils devaient se montrer humbles de cœur, purs dans leurs pensées, purs dans leurs paroles, purs dans leurs actions et ne point invoquer les Dews ; telles étaient les conditions de ce bonheur, tels furent aussi, pendant quelque temps, les désirs de leurs cœurs. Ils trouvèrent la joie dans un doux commerce; reconnaissants envers Ormuzd, ils lui rapportaient l'œuvre de la création. « C'est Ormuzd, disaient-ils dans leurs invocations, qui a donné l'eau, la terre, les arbres, les bestiaux, les astres, la lune, le soleil et tous les biens qui viennent d'une racine pure, d'un fruit pur. » Mais Ahriman ne tarda pas à courir sur leurs pensées et à se présenter à eux comme l'auteur de toutes ces merveilles; et Meschia et Meschiane le crurent, et ainsi commença leur péché. Ils sentirent alors la faim et le froid; pendant trente jours ils mangèrent et se couvrirent d'habits noirs.

Ces trente jours écoulés, ils allèrent chasser. Une chèvre blanche s'étant présentée à eux, ils sucèrent le lait de ses mamelles qui leur fit beaucoup de plaisir. Avec la nourriture naquirent en eux de nouveaux instincts et de nouveaux besoins; après le lait, un Dew leur présenta des fruits, et ils trouvèrent à les manger une jouissance plus grande encore. Leur nature s'épaississait de plus en plus, et chaque jouissance matérielle leur enlevait cent facultés primitives. Trente jours plus tard ils rencontrèrent un mouton gras et blanc et l'immolèrent. Puis, après avoir frotté le bois avec le fer, ils en firent jaillir du feu; ils soufflèrent dessus avec la bouche, et allumèrent un brasier sur lequel ils firent rôtir le mouton. Une partie fut offerte aux bons génies, l'oiseau Kehrkâs l'emporta au ciel. Meschia et Meschiane continuèrent à se livrer à la chasse et à se couvrir du poil des bêtes. Un jour, en creusant la terre, ils y trouvèrent du fer, et l'ayant aiguisé sur la pierre, ils s'en servirent pour abattre des arbres et s'en construire des logements. Fiers de se suffire à eux-mêmes, ils oubliaient de plus en plus chaque jour de remercier Ormuzd, et à mesure qu'ils rapportaient tout à eux-mêmes, ils concevaient un sentiment d'envie l'un contre l'autre. Ils tournèrent enfin contre eux-mêmes ce fer qui avait exalté leur orgueil; l'un marcha sur l'autre, le frappa et le blessa, et chacun tournant le dos à l'autre s'en alla de son côté. Le génie du mal triompha : O hommes, adorez les Dews, s'écria-t-il; et Meschia répandit du lait en leur honneur.

Il y avait cinquante ans que l'homme et la femme s'étaient séparés, quand le désir survint à Meschia (ce n'était pas la femme) de s'unir à l'ancienne moitié de lui-même. « Que je voie votre serpent, dit-il à Meschiane, car le mien s'élève fortement. (*Boun-Dehesch*, p. 379, dans Anquetil Duperron.) Meschiane ne s'y opposa point : O frère Meschia, répondit-elle, je vois votre grand serpent qui s'élève comme un drapeau. Après cela, ils se virent, et en se voyant ils le firent avec excès, disant en eux-mêmes : Il y a cinquante ans que j'aurais dû faire cela. » Au bout de neuf mois, il naquit un couple mâle et femelle. De ces enfants chéris, la mère nourrit l'un et le père l'autre. De Meschia et de Meschiane vinrent encore sept couples mâles et femelles, tous frères et sœurs. Chacun d'eux engendrait à cinquante ans et mourait à cent. C'est aux descendants d'un de ces couples (Siahmak et Veschak) qu'il faut rapporter les générations des quinze espèces de peuples qui se sont multipliées sur la terre. Le peuple qui resta dans l'Iran eut pour chefs Houscheng et Gondjeh ; c'est d'eux que sont venus les Perses.

Telle est la genèse persique, dont le Zend-Avesta ne contient pas l'exposé, mais à laquelle il fait sans cesse allusion. Elle est spécialement consignée dans le Boun-Dehesch. Ce livre, écrit en pehlvi, est nécessairement postérieur à l'Avesta, qu'il cite souvent; les sectateurs de Zoroastre l'attribuent cependant au même auteur, et le mettent au même rang que les Naçkas. La cosmogonie que nous venons d'exposer existait-elle dans les traditions antérieurement à Zoroastre, et ce législateur ne fit-il en l'adoptant que lui donner une consécration nouvelle? Dans l'état fragmentaire où nous sont parvenus les livres de la religion de l'Ariane, la question est insoluble. Telle qu'elle est, cette genèse ne vaut ni plus ni moins que celle rapportée par les livres religieux des autres peuples.

Il y en a de plus poétiques, de plus rapprochées par la naïveté et la grâce des récits, de ces premiers jours de l'existence où l'homme, posant un pied inexpérimenté sur la terre, subissait le charme des merveilles de la nature; il y en a aussi de plus savantes qui par de transparents symboles traduisent les premiers sentiments de l'homme, et analysent l'invention des premiers arts. Mais ce que nous admirons dans la religion des Perses, c'est la réforme de Zoroastre. Il parut peu important, sans doute, à celui-ci de refaire les fables de la cosmogonie; c'est sur la morale et l'état civil qu'il exerça une influence puissante. Mais bien des siècles vont s'écouler avant le jour qui doit voir naître Zoroastre, et le récit de ces temps où les traditions se forment, où les principes des croyances se débrouillent, est ici indispensable pour rattacher cette cosmogonie à l'œuvre dogmatique du législateur de la Perse.

CHAPITRE TROISIÈME.

TEMPS ANTÉHISTORIQUES.

Dynastie pischdadienne sortie de Kaïomors et de Meschia.—Invention des arts.—Règne des premiers rois jusqu'à Djemschid. — Siècle d'or sous ce prince, qui règne sept cents ans. — Description de l'Iran. — Ormuzd, consulté par Djemschid, lui promet de faire disparaître de la terre tous les maux. — Invention du vin ; la maladie d'une jeune fille du palais en fait apprécier la valeur. — Djemschid établit quatre classes dans la société. Il s'attribue les grandes œuvres de son règne, et se fait adorer. L'Iran se révolte ; Dhohac détrône Djemschid. — Dhohac fait peser sur l'Iran un impôt de deux hommes par jour, dont les cervelles servent à calmer les souffrances que lui causent deux excroissances de chair.—Le forgeron Caveh, à qui l'on vient d'enlever ses enfants, lève en l'air son tablier de cuir, et en fait l'étendard de la révolte. — Féridoun, descendant de Djemschid, est reconnu roi. — Guerre des Iraniens et des Touraniens.— Naissance de Roustam, le héros des épopées persanes. — Travaux incroyables de ce guerrier ; son cheval Rakhsch. — Roustam combat le guerrier Aulad, tue dans sa caverne le Dew blanc, délivre le roi Kaous, prisonnier du roi du Mazenderan.—Série d'aventures; il combat contre son fils et son petit-fils sans les connaître.

Les historiens persans ont pris l'histoire où s'arrêtait la cosmogonie, et puisant leurs autorités dans les rêves d'une imagination brillante, ils ont rattaché aux premiers descendants de Meschia et de Meschiane l'anneau de leurs dynasties royales. Ils ont même revendiqué Kaïomors pour chef des Pischdadiens (distributeurs de justice), dont le règne commence ainsi avec le monde. Ils le montrent beau, plein de majesté, d'une haute stature, entreprenant la première organisation des hommes, leur enseignant les premiers arts de la vie, à filer la laine des troupeaux, à se construire des cabanes. Avec lui, la lutte idéale des bons et des mauvais génies passe dans l'histoire; ce roi d'une ville de chaume soutient plusieurs guerres contre des ennemis puissants, qui ressemblent encore beaucoup aux Dews de la mythologie; les tigres, les lions et les panthères qu'il embrigade contre eux nous avertissent assez que nous sommes aux environs de l'Éden persique. On peut voir aussi dans ces batailles les premiers efforts de l'homme pour s'assujettir les forces de la nature. Siamak, fils de Kaïomors, périt victime de son courage; Houscheng, le véritable père de la nation iranienne, succède à son aïeul Kaïomors. C'est de Houscheng, dont le nom peut s'écrire aussi Pischad, qu'est venue la dynastie moitié symbolique, moitié historique des Pischdadiens.

Houscheng continua l'éducation de l'espèce humaine; il lui apprit à quitter les cabanes de feuillages pour des habitations de planches équarries et rabotées, et à s'aider pour ses travaux du fer tiré des entrailles de la terre. Il dressa encore les chiens pour la chasse; mais ce qui lui mérita surtout les honneurs de la postérité, et influa sans doute sur l'état moral de ses sujets, ce fut la composition d'un livre de maximes que les historiens transcrivent avec complaisance. Nous avouerons sans trop de peine que la Rochefoucauld et la Bruyère ont un peu dépassé le monarque pischdadien dans l'analyse du cœur humain; mais au lendemain de la création, ces maximes pouvaient paraître neuves; c'étaient comme les premiers jalons de la route morale de l'homme, lui indiquant par où il fallait passer afin d'arriver à une honnête mort. Il y a quelque chose de gracieux, d'ailleurs, dans le spectacle d'un peuple au berceau s'efforçant d'imiter un peuple vieillard; car d'ordinaire, les maximes sont l'ouvrage des sociétés qui comptent de nombreuses années d'expérience. C'est en revenant sur la vie passée que l'homme pose ses observations en règles morales, avec l'intime regret de ne les avoir pas suivies, et l'illusion que ses neveux pourront les suivre. Mais hélas! les maximes ressemblent souvent au mot de Médée, que le grand chansonnier a traduit à contre-sens avec une douce ironie :

> Je vois le bien, et ne fais que le mal.

Or, voici quelques-unes des maximes que contenait le livre de Houscheng, intitulé *Éternelle sagesse,* titre qui prouve du moins que ce roi savait à quoi s'en tenir sur l'originalité de son œuvre.

<blockquote>
Ne punis jamais sur un léger soupçon, car tu ouvres la porte à d'amers repentirs. Quand le doute sera dissipé par des preuves certaines, le regret t'assiégera; mais à quoi servira alors le repentir ?

— Si tu veux empêcher la médisance de s'attacher à toi, garde-toi de mal parler des autres.

— Le roi qui dérobe au cultivateur sa subsistance, mine les fondements de son palais et fait tomber le toit sur lui-même.

— Ne t'enorgueillis pas tant des charmes de ta voix, car des roseaux réunis à des cordes de soie sont encore plus harmonieux que ta parole. N'attache pas un si grand prix à ta vue, car le moineau discerne les objets à une distance de vingt farsangs. Ne vante pas si haut la puissance de ton oreille, car le lièvre perçoit les sons à dix lieues de distance. Faible mortel! tu parles de la finesse de ton odorat, et une souris peut sentir à la distance d'une portée de flèche.
</blockquote>

Une de ces maximes portait qu'il ne fallait regarder avec mépris personne, parce que dans tout corps pouvait respirer un ami, et une âme noble sous une enveloppe rapiécée. D'autres célébraient le plaisir du pardon, le devoir de fuir les envieux et les flatteurs, de garder en tout un juste milieu, etc. Quant à cette dernière :

<blockquote>Lorsque la fortune ne se déclare pas pour toi, tu te débats en vain,</blockquote>

le fatalisme des historiens musulmans l'aura sans doute prêtée à un roi adorateur du génie du bien.

Tehmuras, fils et successeur de Houscheng, mérita le nom de *Divband*, vainqueur des Dews, pour les guerres continuelle qu'il soutint contre les mauvais génies. Les traditions nationales rapportent qu'il les expulsa de l'Iran et les rejeta dans les déserts et les mers. Schiras, son premier ministre, dont les poëtes persans ont célébré la sagesse, combattit même les Dews à l'aide de leurs propres enchantements, et les força à lui livrer les secrets de la lecture et l'art de tracer les lettres. Plusieurs famines affligèrent l'Iran sous le règne de Tehmuras, et l'élégant Saadi en a peint ainsi les horreurs : « La multitude sans secours avait nuit et jour les yeux tournés vers le ciel;

le jour elle contemplait l'orbe du soleil; la nuit elle regardait le disque de la lune, et cette vue des deux astres était tout son aliment. Pour adoucir les tourments de cette infortune et amortir les flammes de la faim, le monarque, avec le conseil des grands de son royaume, décréta que les riches ne feraient plus qu'un repas par jour, celui du soir, et que celui du matin serait partagé entre la multitude. » Tehmuras, après avoir enseigné aux hommes à dresser les chameaux, les ânes, les bœufs et toutes les bêtes de somme, mourut en laissant le trône à Djemschid, son neveu.

Le règne de Djemschid est un des plus glorieux de la dynastie pischdadienne; il atteignit des bornes immenses, il dura sept siècles. Djemschid est le Salomon de la Perse antique pour sa magnificence et sa sagesse, et la mythologie en a fait un saint. Il en est aussi le Saturne; par la douceur d'un gouvernement paternel, il inaugura dans sa patrie l'ère d'un long âge d'or. « Sous le règne de Djemschid, dit le Zend-Avesta, les animaux ne moururent point; l'eau, les arbres fruitiers, les choses que l'on mange, ne manquèrent pas pendant le règne du brillant Djemschid; il n'y eut ni froid, ni chaud, ni vieillesse, ni mort, ni passions déréglées, productions des Dews. » Alors parut le premier prophète de l'Iran, le grand Hom, auteur de la première loi des hommes. C'était aux prières adressées à ce précurseur de Zoroastre que le pur Vivengham avait dû la faveur d'obtenir un fils aussi brillant que Djemschid. Ce prince sembla ne vouloir consacrer sa vie qu'à justifier une si haute intervention. Animé du noble désir de répandre autour de lui les vertus et le bonheur, il demanda à Ormuzd de lui faire connaître ses volontés. « Le pur Djemschid, chef des peuples et des troupeaux, lisons-nous dans l'Avesta, est le premier, ô saint Zoroastre! qui m'ait consulté, moi, qui suis Ormuzd, comme vous me consultez aujourd'hui. Je lui dis, moi, qui suis Ormuzd : « Soumets-toi à ma loi, pur Djemschid, fils de Vivengham; médite-la, porte-la à ton peuple. »

Mais le pur Djemschid répondit : « Je ne suis pas assez juste pour pratiquer ta loi, la méditer et la porter aux hommes. » — Alors je lui dis, moi, qui suis Ormuzd : « O Zoroastre! si Djemschid ne peut pas pratiquer ma loi, la méditer, ni la porter aux hommes, du moins qu'il rende heureux le monde qui m'appartient; qu'il rende mon monde fertile et abondant; qu'il en ait soin, qu'il le nourrisse, l'entretienne et le gouverne. » Djemschid consentit aux propositions d'Ormuzd, mais à la condition que sous son règne la mort et les maux disparaîtraient du monde, et Ormuzd lui accorda cette grâce; il lui mit en même temps dans les mains un poignard dont la lame et la poignée étaient d'or. Le roi l'ayant pris, fit quelques pas du côté du soleil, et il en fendit la terre en s'écriant : « Que Sapandomad soit dans la joie. » Et aussitôt la terre se couvrit d'animaux domestiques, de bestiaux, d'hommes, de chiens, de volatiles, de feux rouges et brûlants; dès lors les champs toujours dorés ne perdirent plus leur parure.

En reconnaissance de ces bienfaits, Djemschid, qui ne s'était point senti assez pur pour promulguer de son temps la loi difficile de Zoroastre, en établit les premiers principes, et, avec les conseils de Hom, travailla à élever en l'honneur d'Ormuzd un culte simple et en rapport avec l'intelligence de ses peuples. Il donna aux Iraniens leurs vêtements traditionnels, le *kosti* et le *saderé*, et fixa des fêtes et des cérémonies en petit nombre aux époques climatériques de l'année; ces fêtes rappelaient les moments de la création. Cette première religion de Hom et de Djemschid porta le nom de *poériodékesch*, ou première loi. Parmi les fêtes établies par Djemschid, la plus brillante fut le No-rouz, ou le premier jour de l'année. Pour l'Iran, ce jour était celui où le soleil, au bout de sa course, la recommençait en entrant dans le signe du Bélier. La fête devait durer six jours et retracer dans ses cérémonies les événements considérables de la genèse persique : le triomphe de Kaïomors, pendant les premières années, l'apparition à la vie de Meschia et de Meschiane, etc. Non-seulement les Parses, sectateurs modernes de Zoroastre, qui furent rejetés de la Perse vers le Kirman et l'Inde par l'invasion musulmane, célèbrent religieusement encore aujourd'hui le No-rouz, mais les musulmans qui règnent à Ispahan et à Istakhar n'ont pu la déraciner des usages du peuple vaincu. Au risque d'encourir le reproche d'hérésie de la part de leurs coreligionnaires de l'Ouest, les conquérants de la Perse n'osèrent contrarier les vœux d'un pays qui, tout en acceptant l'islamisme, s'était fortement prononcé en faveur de cet antique anniversaire de la naissance du monde et de l'Iran. Djelad-euddin-melek-schah rétablit le No-rouz peu de temps après la chute des Séleucides, mais en s'efforçant toutefois de lui donner un caractère différent. La multitude des Persans modernes a perdu la trace de l'origine de cette fête, et croit fermement célébrer en ce jour l'élévation d'Ali au kalifat. Le 20 de mars, donc, le roi de Perse, accompagné de ses ministres et d'un grand cortége, sort de la capitale pour aller passer une solennelle revue de ses troupes. Le champ de manœuvres se trouve dans une vaste plaine au milieu de laquelle on a élevé une tente magnifique; les chefs des villes et des provinces y attendent le roi pour lui offrir leurs présents. Pendant plusieurs jours, le roi reste dans le camp, présidant aux courses de chevaux qui s'y font, et distribuant les prix aux cavaliers, jeunes enfants de quatorze ans, seuls admis à concourir. On se pare dans ce jour de ses plus beaux habits; jeunes et vieux se visitent et s'embrassent, et surtout s'envoient en présent une espèce de confiture qu'ils appellent *guez angoubine* et dont la confection se perd, sans doute, dans les origines de la nation perse.

Il est d'autres fêtes encore que la tradition fait remonter à Djemschid; mais leur description trouvera place ailleurs. Nous reprendrons ici le récit de l'histoire de ce prince. Durant les années de son long règne, la terre, comme l'avait promis Ormuzd, ne connut ni la mort ni les calamités, et les historiens orientaux ont donné l'essor à leur langage métaphorique pour peindre la douce influence de son empire. La race humaine, pour parler leur langage, passa des ténèbres de la tyrannie et de l'injustice dans les sources vives de l'équité. Toutes les classes de ses sujets se reposèrent dans les jardins du contentement et de la quiétude, sous les berceaux d'une sécurité inaltérable. La prospérité faisait éclore les fleurs du bonheur dans le voisinage du pavillon impérial, et la victoire empruntait l'éclat de ses couleurs à la surface polie d'un glaive fortement trempé. Sans souci du lendemain, joyeux du moment présent, les groupes se livraient à la danse et aux jeux, s'asseyaient à des banquets sans cesse renouvelés, et faisaient retentir l'air de ces chants :

« La terre est un jardin qui s'enivre des parfums de la rose ; la brise matinale caresse la chevelure d'une forêt de hyacinthes ; les bords des ruisseaux se couvrent de tapis de verdure ; la montagne ceint ses flancs de guirlandes de tulipes ; le vieux monde reçoit une fraîche jeunesse ; la terre, dans sa parure de fleurs, ressemble au ciel ; le plaintif rossignol célèbre la constance de la rose ; partout des chants d'amour, partout des chants de joie ! Venez, puisons à pleines mains dans le coffre ouvert de l'opportunité ; abandonnons-nous à la joie de notre âme. Car, qui sait si demain nous le pourrons encore ? Quand la barque de notre existence aura sombré dans le gouffre, à peine nous restera-t-il le temps d'avaler une gorgée d'eau. »

Ainsi les historiens persans décrivent le règne de Djemschid. Sans rival, sans égal parmi les hommes, joignant à la beauté du corps la beauté indestructible de la vertu morale, ce prince assujettit à son empire les sept climats de la terre, et de tous les points les hommes accouraient recevoir ses leçons. Mais l'Iran était surtout l'objet de ses prédilections, et pour en faire le parterre du monde, il avait envoyé aux extrémités du globe de fidèles messagers qui devaient y recueillir les productions les plus curieuses. Toutes les plantes convergèrent ainsi vers le berceau du genre humain, et lorsqu'elles y eurent étalé leurs riches variétés de feuillages et de fleurs, Djemschid s'appliqua à les classer par familles, distinguant avec soin les plantes utiles des mauvaises. Les monts furent aussi fouillés et contraints de livrer les métaux qu'ils recelaient dans leur sein; après en avoir fait les outils domestiques et agricoles, on en façonna les armes des guerriers; et le terrible attirail des batailles, les sabres, les cottes de mailles et les poignards, furent inventés dans les loisirs d'une longue paix. Tout aussi dangereux peut-être et plus brillants, l'or, l'argent, les rubis et les saphirs travaillés par la main encore inhabile de l'artiste, servirent à l'ornement des femmes.

Le vin, cette liqueur qui réjouit le cœur de l'homme, dit la Bible, et qui, suivant le Boun-Dehesch, augmente le sang, compléta le nombre des inventions de Djemschid. Voici à quelle occasion on en vint à apprécier sa vertu. On avait de bonne heure remarqué le goût exquis des fruits de la vigne, mais les grappes perdant leur saveur à l'époque de l'hiver et du printemps, Djemschid avait ordonné qu'on en exprimât le jus et qu'on le renfermât dans des tonneaux. Depuis, il allait chaque jour visiter ce breuvage et le goûter. Mais il le trouva un jour tellement amer qu'il conçut contre lui une vive répulsion, et que s'imaginant que c'était un poison, il fit boucher hermétiquement les tonneaux, qui furent relégués dans un coin. Or, il arriva que dans le palais de Djemschid une belle et charmante jeune fille fut saisie de douleurs si violentes qu'elle appelait la mort pour y mettre fin. Elle se dit alors à elle-même, que pour se délivrer plus rapidement de ces tortures le mieux serait de boire de ce poison dont elle avait entendu parler. Son âme quitterait ainsi le monde, sans qu'une plus longue maladie laissât sur son corps les traces de l'agonie. Enchantée de son idée, la jeune fille la mit à exécution, et elle n'eut pas plus tôt avalé quelques gouttes de ce vin, qu'elle en éprouva du soulagement, et que ses souffrances en furent rapidement diminuées. Elle en but encore quelques gouttes, et le sommeil, qui depuis plusieurs nuits désertait ses paupières, s'empara d'elle, et la plongea tout un jour et toute une nuit dans un salutaire repos. Au réveil, sa santé était entièrement revenue. Le bruit de cette guérison miraculeuse s'étant répandu, Djemschid en fut transporté de joie, et, recourant depuis lors pour lui-même à ce breuvage, il en ordonna l'usage modéré parmi ses peuples, ce qui lui valut le titre de royal médecin. Les poëtes se mirent alors à chanter le vin : « Le vin, disaient-ils, est un souverain remède, si vous en usez avec modération; mais il produira le résultat du poison, si vous en buvez à coupes pleines. »

Les Persans modernes, qui ne partagent point contre cette liqueur la haine des autres enfants de l'Islam, ont élevé à Ispahan un superbe monument appelé le magasin du vin ; des bouteilles de cristal de Venise, des flacons et des jarres, y renferment les vins précieux de Géorgie, de Caramanie et de Schiraz. L'intérieur de l'édifice est splendide, quoique nu. Sur le revêtement des murs, qui sont tous en jaspe, on ne voit de toutes parts, depuis la base jusqu'au centre de la voûte, que des niches de mille sortes, remplies de vases, de coupes, de bouteilles de toutes façons et de toutes formes; le cristal, la cornaline, l'agate, l'onyx, l'ambre, l'or, l'argent, les pierres fines, sont les matières diverses dont elles sont fabriquées. Autour de ces vases s'enroulent capricieusement les sentences des poëtes sur les bienfaits de la liqueur qu'on vend dans cette espèce de temple. Voici une sentence qui rappelle celle de Djemschid : « La vie est une ivresse, le plaisir passe, le mal de tête demeure. »

Le bonheur matériel de ses sujets, l'absence de crimes et de maux, dispensaient presque Djemschid de promulguer des lois ; cependant il s'appliqua à classer les hommes comme il avait classé les plantes, mais sans vouloir les astreindre à rester éternellement de génération en génération dans la même classe. Il en fit quatre, relatives aux principales occupations de l'homme en société : celle des prêtres et des savants, celle des guerriers, celle des agriculteurs, et celle des artisans. Djemschid, suivant les historiens persans, disait des premiers, que la pointe de leur plume, courant chargée d'encre sur le papier, était le rossignol du jardin de l'éloquence, et que leur parole, posant le fondement des croyances, était plus puissante que le sabre des guerriers posant la base des royaumes. Des militaires, il disait que le langage de leur glaive inexorable était le commentaire des textes de la victoire et du triomphe; des cultivateurs du sol, que tous les biens du royaume étaient le fruit de leurs sueurs, et qu'ils étaient les pères nourriciers du genre humain. Quant aux artisans, peu nombreux encore dans cette société primitive, il ordonna qu'on ne les chargeât pas d'impôts, et qu'ils pussent se livrer à tous les progrès comme à toutes les fantaisies de leur imagination.

Djemschid bâtit plusieurs villages et quelques villes, entre autres la fameuse Persépolis, qui porte encore le nom de Takhti-Djemschid, ou trône de Djemschid. On rapporte qu'en creusant les fondements, on trouva le vase merveilleux nommé Dschem, rempli du breuvage le plus précieux, image à la fois du miroir du monde, du miroir magique et de la coupe du salut. Le nom moderne d'Istakhar (creusé dans les rochers), donné à cette ville, indique qu'elle fut construite dans une position élevée. Ses ruines couvrent aujourd'hui le sol, et la plus vaste de ces ruines, désignée à la fois par les noms de *trône de Djemschid,* de *maison de Darius* et de *quarante colonnes*, a excité depuis longtemps l'admiration des voyageurs. Le sol sur lequel elle repose est une plate-forme taillée dans le roc, dont les quatre côtés répondent aux quatre points cardinaux. On ne peut monter sur la plate-forme que par le côté occidental où se trouve un magnifique escalier double de cinquante-cinq marches; chaque marche a vingt-deux pieds de longueur et trois pouces et demi de hauteur. Le constructeur n'eut pas besoin d'employer beaucoup de blocs de marbre, car dans l'épaisseur de chaque bloc on a pu tailler de dix à quatorze marches. On les gravit facilement à cheval. Au sommet, le premier objet qui frappe les yeux est un immense portique, sur la partie intérieure duquel sont sculptés les deux taureaux à têtes humaines, que nous regardons comme les symboles du taureau Kaïomors, le père de la nation perse et le chef de la dynastie de Djemschid.

Après avoir fait de si grandes choses, il était permis peut-être, sinon d'oublier qu'elles avaient été accomplies par la faveur d'Ormuzd, du moins d'en concevoir quelque orgueil. Djemschid s'en attribua l'honneur. C'était ce premier signe de révolte qu'Ahriman semblait épier. Un jour que le prince, retiré au fond de son palais, était à discuter avec lui-même, d'après la logique des ingrats, quelle part revenait à Ormuzd dans les merveilles de son règne, le Dew entra subitement dans sa chambre par la fenêtre, et se tint près du roi. Comme celui-ci, étonné, lui demandait qui il était : « Djemschid, lui répondit le Dew, je suis un ange céleste, venu pour te donner un conseil. Sache que tu te trompes, si tu t'imagines n'être qu'un homme. Les hommes tombent de maladie ou de mort ; toi seul tu n'as éprouvé aucune de ces calamités qui pèsent sur l'espèce humaine. Qui donc l'eût pu, sinon un dieu ? Oui, un dieu, et telle fut longtemps ta condition dans le ciel ; le soleil, la lune et les étoiles étaient sous ta puissance. Tu n'es descendu sur la terre qu'après avoir réglé les affaires du ciel. Mais tu as oublié toutes ces choses, et c'est moi, ange du ciel, qui viens t'en instruire. Fais-toi donc connaître aux hommes, ordonne-leur de t'adorer, et que ceux qui refuseront de se prosterner devant toi soient jetés dans les flammes. »

A certaines heures de solitude, ces conseils, qu'ils viennent de la voix sourde de l'orgueil ou de celle d'un mauvais génie, sont toujours funestes, et Djemschid ne tarda pas à s'édifier de ses mains des autels, au pied desquels l'adulation précipita les courtisans et la force traîna les rebelles. Cinq cents lieutenants parcoururent l'univers, portant des statues de Djemschid, devant lesquelles ils forçaient les populations à se prosterner. Une foule de malheureux périrent dans les flammes. Depuis ce moment, le règne de Djemschid ne fut plus qu'une cruelle tyrannie; de toutes parts s'élevèrent des protestations et des murmures. Des complots tramés par les soins de Dhohac, un prince des montagnes, présentèrent celui-ci comme l'instrument de la vengeance divine; et Djemschid, traqué de pays en pays, de la Perse dans l'Inde et de l'Inde en Chine, dut être bientôt éclairé sur la valeur de ses illusions. Dhohac l'ayant surpris à Damavend, au moment où ce grand monarque déchu rentrait en Perse, il le fit scier en deux parties, depuis la tête jusqu'aux pieds. Nous laissons aux moralistes les points d'exclamation que cette fin inspire. Le Zend-Avesta admet que Djemschid alla d'abord aux enfers, mais qu'il en fut retiré aux prières de Zoroastre.

Dhohac n'appartenait point à la race de l'Iran. Suscité par la colère divine, il était venu avec une armée des contrées de l'Ouest pour la satisfaire; mais l'Iran, coupable dans son chef, ne gagna rien à la chute du brillant Djemschid. Pendant mille ans que dura la dynastie de Dhohac cette terre fut couverte de ténèbres épaisses et de crimes. L'histoire, qu'il est impossible ici de ne pas regarder comme symbolique, rapporte que Dhohac avait sur l'extrémité de chacune de ses épaules une excroissance de chair, qui, pour la forme, ressemblait à un serpent, et que chaque jour, pour apaiser les souffrances que causaient au roi ces excroissances, deux cervelles d'hommes y étaient régulièrement appliquées; c'étaient peut-être deux divinités de la race conquérante auxquelles on faisait des sacrifices humains. Cet impôt du sang souleva contre Dhohac les familles dont il décimait chaque jour les membres, et le sauveur de l'Iran parut enfin; ce fut un forgeron de la ville nommée depuis Ispahan; il s'appelait Caveh. Comme à bien d'autres malheureux pères, on lui avait enlevé ses deux fils pour la pâture des serpents. Caveh, lorsque cette nouvelle lui fut annoncée, travaillait à sa forge. Aussitôt, abandonnant ses outils, il se précipite hors de sa maison, et se met à parcourir la ville en appelant ses concitoyens à la vengeance. Dans sa précipitation, il avait oublié de quitter son tablier de cuir; ce tablier devient bientôt l'étendard de la révolte; autour de ce signe, qui par ses vibrations semble communiquer aux esprits une espèce de fascination, des rassemblements s'opèrent; de tous côtés, on crie, on s'arme. Une armée nombreuse se trouve organisée en un instant; elle offre l'empire au forgeron. « Sois notre roi, nous t'acceptons, s'écrie-t-elle, » lorsque celui-ci la consulte sur les suites de la révolte.

La fortune a de ces caprices : du malheureux artisan de la veille elle fait souvent le roi du lendemain, comme pour prouver que la distance n'est pas grande du trône à l'échoppe. L'empire romain, à son déclin, offrit dans ses annales une page qu'on pourrait ici rattacher à l'histoire de Perse. Comme Caveh, le forgeron Marius fut un jour porté à l'empire par une armée enthousiaste, et voici quelle fut sa harangue : « Camarades, dit-il aux soldats le jour où il fut proclamé, je sais qu'on peut m'objecter le métier que j'ai fait dans ma jeunesse: me blâme donc qui voudra; mais fassent les dieux que je manie toujours le fer au lieu de m'abaisser, comme Gallien, dans le vin et les fleurs, dans l'ivrognerie et la débauche. Oui, qu'on me reproche tant qu'on voudra d'avoir été forgeron, pourvu que l'ennemi reconnaisse que j'ai forgé le fer pour sa ruine. Mais, à votre tour, mes chers camarades, n'oubliez pas que le prince que vous venez de choisir n'a su et ne saura jamais que tenir une épée. » Peu de jours après, Marius était surpris à l'écart par un soldat qui avait autrefois travaillé avec lui comme ouvrier, et que le forgeron devenu empereur avait négligé peut-être. Le soldat lui plongea son épée dans le sein en lui disant : « La reconnais-tu, toi qui l'as forgée ? »

Caveh n'eut pas le sort de Marius, il n'en avait pas eu non plus l'ambition périlleuse. « Vous savez tous que je ne remplirais pas convenablement les devoirs d'un roi, répondit-il aux proclamations de son armée. Je ne puis donc accepter le trône. » On se rappela alors qu'il existait un prince de l'antique famille de Djemschid et d'Houscheng, nommé Afridoun ou Féridoun, et qui cachant avec soin une naissance importune à Dhohac, s'était enfui loin du théâtre de ses crimes. On alla le trouver, et Caveh lui remit les troupes et les trésors. La bataille décisive fut enfin livrée près de Damavend; et l'usurpateur fait prisonnier fut mis à mort. Féridoun ramena dans l'Iran les vertus et le bonheur exilés depuis Djemschid, et prolongea encore de cinq cents ans l'âge d'or. Les livres zends le célèbrent dans les mêmes termes que Djemschid, et l'appellent le premier prince de l'ancienne loi, le plus célèbre des Pischdadiens. « Féridoun est le premier, dit Ormuzd à Zoroastre, parmi les hommes de la première loi, ces hommes pieux et purs, précieux devant moi, dont les désirs ont été remplis, utiles aux hommes, donnant libéralement, prompts à exécuter mes ordres; il est le premier qui ait chassé l'envie, tué la mort, banni les maux, l'avarice et la passion. »

La fin du règne de Féridoun ne fut point aussi calme et aussi prospère que le début; ce prince eut le malheur de voir ses deux fils, Tour et Salm, entre lesquels il avait partagé le monde, se faire une guerre acharnée. Sous ce roi commença aussi cette longue et poétique rivalité de l'Iran et du Touran, qui devait jusqu'à Zoroastre teindre tant de fois de sang les eaux de l'Oxus (le Djihoun,) et produire le fameux Roustam, l'Hercule de l'épopée persane. Le Touran venait d'être initié à la civilisation des peuples méridionaux par Tour, fils de Féridoun; et combattant désormais avec les mêmes armes, les barbares de ce pays trouvèrent dans leur antique haine une énergie qui, mal servie jusque-là, n'avait pu que rarement se satisfaire. Sous Minotscher, successeur de Féridoun, ils entrèrent plusieurs fois dans l'Iran et le livrèrent au pillage et aux flammes. La guerre était au plus fort de sa violence quand naquit Roustam, qui allait en être le héros. Sa famille possédait des terres nombreuses dans le Sistan, et son chef Zal s'était déjà acquis à la cour de Minotscher un grand renom de sagesse et de bravoure. Les poëmes historiques racontent qu'un jour où Zal était à la chasse, il arriva au pied d'une tour sur laquelle il vit une jeune fille d'une rare beauté. Ils se regardèrent l'un l'autre, et aussitôt ils s'aimèrent. Zal n'avait aucun moyen d'atteindre le haut des murailles, mais un expédient se présenta fort à propos à l'esprit de la belle recluse. Dans ce temps déjà, rien ne donnait de l'esprit aux filles comme d'être enfermées. Elle prit un couteau et fit tomber sous le tranchant sa longue chevelure noire. Elle en forma aussitôt des tresses qui, tombant jusqu'au pied de la tour, permirent à Zal d'y monter. La jeune fille s'appelait Roudabeh ; elle était fille de Mihrab, roi du Kaboul et prince de la maison de Dhohac. A la suite de cette entrevue périlleuse, Zal et Roudabeh conçurent l'un pour l'autre un violent amour qui fut couronné par le mariage.

Depuis lors, Roudabeh perdit chaque jour sa fraîcheur ; on la voyait, triste et inquiète, verser parfois sans motif des torrents de larmes ; son corps s'alourdissait ; ses joues, jusque-là couleur de rose, prenaient les teintes fanées du safran. Zal partageait son chagrin et semblait craindre quelque malheur. Mais l'oiseau Simorg lui apparut un jour et lui dit : « Pourquoi ce chagrin ? pourquoi la rosée est-elle dans l'œil du lion ? De ce cyprès d'argent, de cette belle au visage de lune, viendra pour toi un enfant qui recherchera la gloire. Les lions baiseront la poussière de ses pieds ; le nuage n'osera point passer au-dessus de sa tête. Par sa voix, sera déchirée en pièces la peau du léopard guerrier qui rongera ses deux griffes. Tout héros, tout guerrier au cœur d'acier, qui entendra le bruit de sa massue, qui verra sa poitrine, son bras et sa jambe, ne tiendra pas devant lui. Pour le conseil et la sagesse, il sera grave comme Sam (père de Zal) ; dans la colère, il sera un lion belliqueux ; pour la stature, il sera un cyprès, et pour la force un éléphant. »

Roustam vint au monde sans causer de souffrance à sa mère, et sa jeunesse fut environnée de prodiges comme sa naissance. Ce fut sous le roi Kaï-kobad, rejeton de la race de Houscheng, qu'il commença la série de ses immenses travaux. Lorsque le roi Kaï-kaous monta sur le trône, il avait déjà rejeté trois fois les Touraniens au delà du Djihoun. Kaï-kaous est resté célèbre dans le Zend-Avesta et dans l'histoire musulmane de la Perse, pour avoir fondé sur une montagne une cité magnifique qui, d'après les descriptions, paraît être Egbatane, la moderne Hamadan, où fut enterré le philosophe Avicenne. Battus à plusieurs reprises, les Touraniens se tenaient depuis quelque temps en repos, lorsque les habitants du Mazenderan et des bords de la Caspienne voulurent essayer, eux aussi, de briser cette suprématie de l'Iran qui pesait sur le monde. Le roi de ce pays réunit une puissante armée, et, fort du concours que lui prêtait le dew Sepid ou génie blanc, il marcha contre l'Iran. Kaï-kaous était jaloux de la renommée de Roustam, et comme il estimait ses nouveaux ennemis moins redoutables que les Touraniens, il voulut se réserver à lui seul la gloire de les vaincre. Il s'avança donc vers le Mazenderan; mais l'ennemi lui résista avec tant d'énergie qu'il vit ses troupes taillées en pièces, et lui-même fut forcé de se rendre prisonnier. Il fallut recourir alors aux services du guerrier qu'on avait écarté; et sur l'invitation de Zal, Roustam partit aussitôt pour aller délivrer Kaï-kaous. Nous laisserons Ferdousi raconter les aventures du voyage du héros et de son cheval Rakhsch.

« Roustam continua sa route comme un voyageur, s'avança avec rapidité, et arriva à un endroit où le monde était privé de lumière : c'était une nuit noire comme la face d'un Éthiopien : on ne voyait ni les étoiles ni la lune; tu aurais dit que le soleil était dans les liens, et les étoiles dans le nœud d'un lacs. Roustam lâcha la bride à Rakhsch et arriva bientôt à un endroit où il vit la terre toute couverte de la robe de soie des moissons. Les vieux y redevenaient jeunes; ce n'était que verdure et eaux courantes. Tous les vêtements de Roustam étaient comme de l'eau sur son corps. Le héros ayant besoin de repos et de sommeil, il ôta de dessus sa poitrine sa cuirasse de peau de léopard : la coiffe de son casque était mouillée de sueur; il étendit l'un et l'autre au soleil, desserra la bride sur la tête de son cheval, et le laissa aller dans les champs couverts de moissons. Pour lui il se fit une couche d'herbes, comme le lion, et s'étendit dessus pour se reposer. Quand le gardien de la plaine vit le cheval dans la prairie, il se mit à courir en poussant des cris : il se dirigea vers Roustam et Rakhsch, et donna un fort coup de bâton sur les pieds du guerrier au corps d'éléphant. Quand celui-ci se réveilla de son sommeil, le gardien lui dit : « O Ahriman! pourquoi laisses-tu aller ton cheval dans les moissons? pourquoi le lâches-tu contre celui qui ne t'a pas fait de mal? » Roustam, doué d'intelligence, s'irrita de ces paroles, sauta sur le gardien, le saisit en même temps par les deux oreilles, qu'il serra et arracha de la racine sans prononcer aucune parole bonne ou mauvaise; aussitôt cet homme prit ses oreilles en hurlant et tout hors de lui.

» Dans ce pays vivait Aulad, guerrier d'une haute réputation, plein de courage et de jeunesse ; c'est vers lui que se rendit le gardien criant encore, les mains et la tête pleines de sang. Au récit que lui fit celui-ci d'un homme semblable à un Dew noir, armé d'une cuirasse de peau de léopard et d'un casque de fer, qui lui avait arraché les oreilles, il bondit de colère et de fureur. Comme Aulad se trouvait dans ce moment dans un jardin, au milieu d'une nombreuse assemblée de guerriers, il tourna bride avec ces hommes et se dirigea vers l'endroit où se tenait le héros au corps d'éléphant. Lorsque Aulad, avide de combats, fut près de Roustam, celui-ci appela Rakhsch, s'assit sur la selle, tira son épée tranchante, et arriva comme un nuage qui renferme le tonnerre. « Quel est ton nom? dit Aulad à Roustam, quand ils furent en présence, quel homme es-tu? qui est ton roi et ton appui? Il n'est pas permis de passer ainsi par le chemin des lions pleins de courage ! Pourquoi as-tu jeté ton cheval dans les champs ensemencés et coupé les oreilles à ce gardien ? Je vais rendre le monde à jamais ténébreux pour toi, et jeter ton casque sur la terre. » Roustam lui répondit : « Mon nom est le nuage, et si le nuage va combattre le lion, il fera pleuvoir des coups de lance et d'épée et prendra les têtes des chefs. N'as-tu pas entendu parler dans toutes les assemblées du lacs et de l'arc du héros au corps d'éléphant ? Toute mère qui met au monde un fils comme toi, tu peux dire qu'elle coud un linceul et qu'elle verse des larmes. »

» Roustam tira alors du fourreau son épée redoutable, suspendit son lacs roulé à l'arçon de la selle, et, semblable à un lion qui tombe au milieu d'un troupeau, il fondit sur la troupe d'Aulad. D'un seul coup d'épée il coupait facilement un homme en deux. Par les coups qu'il porta il mit les chefs sous ses pieds ; leur troupe s'enfuit en pleurant et désespérée. Les vallées et les plaines se remplirent de braves à cheval qui se dispersaient dans les montagnes. Roustam courut comme un éléphant furieux, sortant son lacs roulé soixante fois autour du bras ; et lorsque Rakhsch fut près d'Aulad, le jour devint pour ce guerrier ténébreux comme la nuit. Roustam lança son lacs, et la tête du fier Aulad fut prise dans le nœud. Il descendit de cheval, lia les deux mains à son prisonnier, le poussa devant lui, se remit sur sa selle, et lui dit : « Si tu me dis la vérité, si tu viens me montrer la demeure du dew blanc, si tu me guides vers l'endroit où est retenu prisonnier le roi Kaous, qui fut la cause de tous nos malheurs, je prendrai au roi du Mazenderan sa couronne, son trône et sa lourde massue. Tu commanderas à ce pays et à son roi. » Aulad répondit : « Tu obtiendras par moi tout ce que tu voudras. Je te montrerai toutes les villes et tous les chemins qui conduisent à l'endroit où le roi Kaous est prisonnier, je t'indiquerai la demeure de Bid et du Dew blanc, car tu m'as donné une bonne nouvelle. Entre deux montagnes est un endroit de terreur, au-dessus duquel aucun aigle ne vole. Là, au milieu de deux cents autres cavernes, se trouve l'entrée d'une caverne merveilleuse, dont on ne saurait mesurer l'étendue. Pendant la nuit, douze mille Dews courageux veillent sur les montagnes. Poulad, fils de Gandi, est leur chef. Bid et Sandjeh sont leurs gardiens. Le seigneur de tous ces Dews est le Dew blanc, sous lequel la montagne tremble comme un saule. Tu verras que son corps est semblable à une montagne; sa poitrine et ses épaules sont larges de dix cordes; et malgré tes bras, tes mains et ta bride, ton épée tranchante, ta massue et ta lance, ta haute stature et ton expérience, il ne te sera pas facile de combattre ce Dew. Tu n'es qu'un seul homme; et quand tu serais de fer, te frotterais-tu à cette lime d'Ahriman? »

» Roustam sourit à ces paroles et lui répondit : « Si tu restes avec moi, tu verras ce que cet homme au corps d'éléphant fera lui seul contre cette terrible troupe. Maintenant, montre-moi le chemin qui conduit à l'endroit où est Kaous, et marche. » Cela dit, plein de joie il s'assit sur Rakhsch. Aulad courait devant lui comme le vent. Ils se dirigèrent vers la ville où se trouvait le roi. Quand il y entra, Rakhsch poussa un hennissement semblable au tonnerre. Kaous l'ayant entendu, comprit aussitôt ce que Roustam avait fait depuis le commencement jusqu'à la fin. Il dit aux Iraniens : « Nos mauvais jours sont arrivés à leur terme. Le hennissement de Rakhsch a frappé mes oreilles. Ce bruit ranime la vie dans mon cœur. » Au même instant arriva devant Kaous le héros brillant comme le feu, et plein d'ardeur pour les combats. Lorsqu'il fut près de Kaous, tous les grands se rassemblèrent autour de lui. Roustam interrogea le roi sur ses longues souffrances; Kaous le pressa contre son sein, et s'informa de Zal et des fatigues que le héros avait éprouvées dans son voyage. Puis il lui dit : « Il faut partir avec Rakhsch, à l'insu de ces magiciens, et prendre sur l'heure même la demeure du Dew blanc et exposer de nouveau à la fatigue ton corps, ton épée et tes flèches. Puisses-tu le tuer, car il est le chef et le soutien de ces troupes. Les yeux de mes compagnons d'infortune se sont obscurcis par l'effet de la tristesse, et ma vue affaiblie est devenue trouble. Les médecins qui m'ont vu me font espérer la guérison par le moyen du sang, du cœur et de la cervelle du Dew blanc. »

» Le héros au corps d'éléphant se prépara donc pour le combat, et partit la ceinture serrée, la tête remplie de haine et de projets belliqueux. Il prit Aulad avec lui et poussa Rakhsch comme le vent. Courant toujours sans prendre de repos, Rakhsch arriva dans les sept montagnes où se trouvaient des troupes nombreuses de Dews. Roustam demanda alors conseil à Aulad, et celui-ci lui répondit : « Quand le soleil sera chaud, les Dews se livreront au sommeil, et alors tu pourras les vaincre dans le combat. Maintenant, il faut attendre. Plus tard, tu ne verras aucun Dew, excepté quelques magiciens qui feront la garde. Alors peut-être pourras-tu les vaincre, si celui qui donne la victoire t'accorde son secours. Roustam ne se hâta pas de partir jusqu'à ce que le soleil fût dans son plein; il lia fortement Aulad de la tête aux pieds et s'assit sur les nœuds du lacs; puis tirant du fourreau son épée terrible, il poussa un cri semblable au tonnerre, et prononçant son nom à haute voix, il se précipita comme la foudre au milieu de l'armée des Dews et fit voler leurs têtes. Nettoyant ainsi son chemin de sa lance, il fut bientôt à l'entrée de la caverne, demeure du Dew blanc. La caverne était pareille à l'enfer, les ténèbres l'empêchaient de voir le corps du magicien. Le héros resta quelque temps le glaive à la main. Ce n'était point un lieu où l'on vît clair, et d'où l'on pût prendre la fuite. Le héros s'étant frotté les paupières et lavé les yeux, chercha pendant quelque temps et découvrit au milieu des ténèbres une masse qui remplissait toute la caverne. Cette masse de couleur noire était immense et portait une crinière comme celle d'un lion. Roustam vit le

Dew plongé dans le sommeil ; mais il ne se hâta pas de le tuer, et poussa un cri semblable au cri du tigre. Le Dew s'étant réveillé, s'avança pour combattre ; il enleva une meule de moulin, et, semblable à une épaisse fumée, il arriva sur Roustam. Le cœur du héros fut rempli de terreur, et il craignit de tomber sur la pente étroite et rapide dans laquelle il était entraîné. Il s'irrita comme un lion furieux, donna au Dew un coup de son épée tranchante sur le milieu du corps, et par sa vigueur jeta sur le sol une main et un pied qu'il avait coupés à cette masse énorme. Le blessé s'attacha à Roustam comme un éléphant sauvage et un lion furieux. Avec un seul pied il continua de combattre, bouleversant toute la caverne, et saisit le héros par la poitrine et par le bras, espérant le terrasser. Roustam, de son côté, saisit fortement le Dew de la même manière. Ils s'arrachèrent l'un à l'autre des lambeaux de chair, et la terre toute imbibée de sang devint de la boue, car de leur corps découlait un ruisseau de sueur et de sang. A la fin le héros glorieux enlaça le Dew, le saisit avec le bras, le souleva comme fait un lion, l'éleva plus haut que son cou, et le jeta sous ses pieds. Il le jeta sur le sol, et avec tant de force qu'il fit sortir la vie de son corps. Puis il enfonça son poignard dans le cœur du Dew et arracha le foie de son corps noir. Le cadavre remplissait toute la caverne. Le monde était devenu comme une mer de sang.

» Le héros alla alors débarrasser Aulad de ses liens, lui confia le foie du Dew, et se mit en route pour aller délivrer Kai-kaous et les guerriers iraniens. Kaous recouvra sur-le-champ la vue au moyen du sang du Dew que l'on versa sur ses yeux. »

Le roi du Mazenderan, malgré les coups que Roustam avait portés à sa puissance par l'extermination des Dews, ses alliés, se disposa à continuer la guerre. Ce prince, qui était magicien, espérait triompher par son art des guerriers de l'Iran. Les deux armées combattirent pendant plusieurs jours sans que la victoire se déclarât pour aucun parti. Le roi du Mazenderan, vivement poursuivi par Roustam, se changea tout à coup en un énorme quartier de roche. En vain les soldats ennemis essayèrent de remuer cette pierre, ils ne purent y réussir. Roustam la souleva, et ayant menacé le roi du Mazenderan de la briser en mille éclats, celui-ci, convaincu de l'inutilité de ses enchantements, reprit sa forme naturelle. Le prenant alors par la barbe, Roustam l'emmena près du roi Kai-kaous, après quoi il le fit couper en mille morceaux. Kai-kaous ordonna d'exterminer tous les Dews, distribua le butin à son armée, et tint la promesse que Roustam avait faite à Aulad, en nommant celui-ci roi du Mazenderan.

Kai-kaous retourna au milieu de sa cour, où il célébra en public les grandes actions de Roustam. Ce héros, après quelques jours de fêtes, revint comblé de présents vers son vieux père.

Afrasiab, roi du Touran, n'avait pas manqué de profiter de la captivité de Kai-kaous pour faire une irruption dans le Khorassan; mais Roustam avait à la fois le bras qui exécute et la tête qui conçoit. Tout en volant lui-même à la délivrance du roi de l'Iran, il avait, dans cette espèce d'interrègne, assumé tous les pouvoirs, et en avait usé pour faire marcher une armée vers l'Oxus. Cette armée avait nettoyé d'ennemis toute la rive méridionale. Mais à peine Roustam était-il de retour dans son royaume feudataire du Sistan, qu'il en fut rappelé par le danger que courait de nouveau l'empire du côté du Touran. Cette fois la guerre fut longue et acharnée, et malgré la présence de Roustam, l'armée ennemie combattit trois jours et trois nuits de suite. Mais enfin Roustam vainquit comme toujours; son élan l'emporta assez avant dans les contrées ennemies, et l'amour l'y retint. Tehmineh, fille d'un gouverneur du Touran, sut lui plaire, et le père, loin de contrarier leur mutuel penchant, ne balança pas à les unir par le mariage. Mais comme Roustam et le gouverneur de la ville touranienne avaient un égal intérêt à tenir secrète une union que semblait leur interdire la haine de leurs rois, une fois la paix conclue, les amants, qui s'étaient abusés sur la durée de leurs liens, durent se séparer. Roustam en quittant Tehmineh, qui était grosse, lui remit un bracelet destiné à l'enfant dont elle devait accoucher.

Quand le fils de Tehmineh et du héros de l'Iran vint au monde, on lui donna le nom de Sohrab. Héritier des vertus guerrières de son père, nul plus que lui ne se distingua dans es exercices de l'enfance, nul parmi les jeunes gens près d'entrer dans l'armée ne montra plus d'énergie et d'adresse. Ses exercices de jeune homme étaient déjà des prodiges de bravoure ; il appela bientôt l'attention d'Afrasiab. Celui-ci, depuis la dernière paix, n'avait cessé de songer aux moyens de la rompre et de détruire la dynastie de Kai-kaous. Il crut enfin avoir trouvé dans Sohrab un héros digne d'être opposé à Roustam ; sans préliminaires, il jeta quelques troupes sur les terres de son ennemi ; et Sohrab, mis à la tête de l'armée, fut chargé de pousser en avant. Lorsque le fils de Tehmineh vint faire ses adieux à sa mère, celle-ci, craignant autant pour la vie de son fils que pour celle de son époux, révéla à Sohrab le mystère de sa naissance, lui recommandant, les larmes aux yeux, de fuir la rencontre de Roustam. Sohrab prit aussitôt son parti. « Puisque telle est ma naissance, dit-il, Kai-kaous n'en est pas moins mon ennemi ; je le tuerai donc et je mettrai Roustam, mon père, à sa place ; puis avec les forces de l'Iran je reviendrai combattre les Touraniens, et des deux peuples je n'en formerai qu'un. » Plein de son projet, il rejoignit joyeusement son armée, et franchit avec elle les limites des deux états. Ses progrès furent d'abord rapides, et à l'entrée de la campagne se passa un petit événement qui rappelle un des gracieux épisodes de la Jérusalem délivrée : le combat de Clorinde et de Tancrède. La fille d'un prince iranien, nommée Gourd Aferid, voyait depuis quelques jours le château de son père assiégé, et assistait du haut des remparts à des scènes lugubres de dévastation et de cruauté. Enflammée de colère, elle se revêt un jour d'une armure brillante, couvre sa tête d'un casque, et se présente à la porte du château, provoquant à un combat singulier le chef de l'armée du Touran. Celui-ci n'eut garde de refuser. Gound Aferid avait la taille de Sohrab, et des deux côtés c'était le même courage. Le combat fut long et opiniâtre : même adresse à lancer et à éviter la flèche ou le javelot, même souplesse à pousser comme à parer un coup de lance. Enfin Sohrab, irrité de la longueur de la lutte, se précipite avec fureur contre son adversaire, et du choc renverse son casque. La chevelure de Gound Aferid, qui se déroule sur ses épaules, trahit alors son sexe, et le fils de Roustam cesse à l'instant de combattre pour porter secours à l'héroïne. Gound Aferid succombait sous le poids de la fatigue et de son armure, elle ne demanda point à recommencer la lutte. Elle rentra avec tous les égards dus à son courage dans le château paternel, qui tomba quelques jours plus tard au pouvoir de l'armée touranienne.

Chaque jour l'ennemi faisait des progrès rapides. Depuis quelque temps, on avait, comme c'était l'usage en pareille circonstance, expédié des courriers vers le Sistan pour avertir Roustam ; mais Roustam ne venait pas. C'était avec une inconcevable tristesse qu'il avait vu arriver des messagers, jusqu'à ce jour accueillis avec bonheur ; il était agité de noirs pressentiments dont il ne pouvait se rendre compte, et pour la première fois ne sentait aucun désir d'aller combattre l'ennemi vaincu tant de fois. Roustam était loin cependant d'imaginer que Sohrab fût son fils, car depuis son retour dans le Sistan il n'avait point reçu de nouvelles de Tehmineh. Un moment, le héros refusa de quitter ses états, et s'attira le ressentiment de Kaï-kaous. Mais l'Iran voyait son salut tellement attaché au bras de Roustam, que Kaous, après avoir répondu au refus du héros par des injures, fut contraint de lui envoyer de nouveaux ambassadeurs avec des supplications nouvelles. Roustam partit enfin.

Cependant Sohrab voulait avant tout éviter une rencontre avec Roustam, et ayant appris que ce héros n'était pas à la tête de l'armée ennemie, son cœur s'était exalté d'espérance. Pouvant ainsi mettre d'accord sa bravoure et son respect pour son père, il avait envoyé au camp de Kaï-kaous défier le plus brave des guerriers de l'Iran. A cet instant, Roustam venait d'y arriver; il se présenta. Les deux champions s'avancèrent l'un contre l'autre en présence des deux armées rangées en bataille; la lutte fut terrible et longue; deux fois interrompue par l'égalité des forces, elle fut deux fois reprise avec le même acharnement. Roustam enfin succomba, et Sohrab tirait son poignard pour lui percer la gorge, quand l'Iranien s'écria que la loi des combats ne permettait pas de tuer son adversaire avant de l'avoir deux fois terrassé. Une nouvelle lutte commença donc, et ce fut le tour de Sohrab d'invoquer la loi. Les glaives brillèrent alors pour une lutte suprême, et tout ce que l'humiliation d'avoir été une fois vaincu, tout ce que l'entraînement de la haine et le secret tressaillement qui saisit le guerrier en présence d'un dernier coup dont la vie est l'enjeu, peuvent communiquer d'énergie, anima le bras et le cœur des combattants. Sohrab fut vaincu, et Roustam le perça de son poignard. Près de rendre l'âme, le jeune héros se plaignit ainsi : « Ma mère m'avait donné les marques auxquelles je pourrais reconnaître Roustam, mon père, et je le cherchais. Pourquoi le destin envieux a-t-il fait tomber les malheurs sur ma tête ? J'espérais voir mon père, et le destin m'a ravi cette consolation. » En entendant ces mots, Roustam se précipita sur le corps de Sohrab, et ses mains ayant trouvé le bracelet sous la cuirasse, son désespoir n'eut plus de bornes; il jeta son casque et s'arracha les cheveux, en déplorant le funeste silence de son fils. Sohrab revint un peu à lui, pour consoler son père, mais bientôt après il expira. La paix fut encore une fois conclue entre l'Iran et le Touran, et Roustam, insensible à tout autre chose qu'au chagrin d'avoir perdu son fils, se retira dans sa principauté auprès du vieux Zal. Ils se hâtèrent d'écrire à Tehmineh pour lui apprendre la terrible nouvelle et l'appeler près d'eux à Nimrouz; mais le coup qui frappa cette pauvre mère fut si vif qu'elle succomba. Roustam lui avait envoyé le bracelet en signe de reconnaissance, elle le transmit à Schehrouse, sa cousine, que Sohrab avait épousée avant son départ du Touran, et qui était alors grosse de lui. Peu de temps après, Schehrouse mit au monde un fils qui fut nommé Barzou.

Sous le règne de Kaï-kosrou, successeur de Kaï-kaous, les mêmes circonstances amenèrent des aventures analogues à celles qui avaient marqué la dernière campagne. Les chroniqueurs de la Perse se sont plu à les raconter avec ce merveilleux qui fait le charme des poëmes de l'Arioste. Barzou eut la jeunesse de son père et son habileté dans les exercices militaires, il fit renaître dans l'esprit d'Afrasiab toutes les espérances interrompues par la mort de Sohrab. Les prédictions des devins aidant, une nouvelle entreprise contre l'Iran fut résolue. L'infatigable Roustam était toujours sur la brèche; toujours l'objet de l'envie, il s'en retournait près de son père dans l'intervalle de deux batailles; mais le danger menaçait-il, les courtisans, fanfarons en temps de paix, se montraient les plus effrayés en temps de guerre, et étaient les premiers à implorer pour eux-mêmes le bras du héros. Quand les deux armées furent en présence, Roustam et Barzou s'en détachèrent pour lutter corps à corps. Au premier choc, le prince du Sistan, chargé d'années, fut blessé et mis hors de combat; aussitôt son fils Féramerz se jeta dans la lice pour couvrir son père, et le combat, recommencé entre de plus jeunes athlètes, fut fatal à Barzou; le sang de Roustam ne pouvait faillir. Barzou fut amené prisonnier au camp iranien, où le deuil et les plaintes n'étaient pas moins profonds que dans celui du Touran, car on y désespérait des jours de Roustam. L'art des médecins parvint enfin à triompher des blessures du héros, qui put se remettre en route vers ses états. Il emmena avec lui Barzou, et l'enferma dans une citadelle.

A peine Schehrouse eut-elle appris le sort de son fils, que, n'osant confier son secret à personne, elle quitta subitement sa patrie, résolue à chercher partout le lieu de captivité de Barzou et à le délivrer. Elle passa donc dans l'Iran avec ses trésors, et au moyen de cette clef d'or qui ouvre bien des portes, elle fut assez heureuse non-seulement pour trouver la route de la citadelle où était enfermé son fils, mais pour faire tomber ses liens. Fuyant alors en toute hâte, Barzou et sa mère étaient sur le point de toucher la terre protectrice du Touran, quand le vieux Roustam, qu'on avait instruit de leur fuite, parut sur leurs derrières. Un combat singulier s'engagea aussitôt, et Barzou fut vaincu. Il allait recevoir le coup fatal, si sa mère ne s'était écriée : « Arrêtez, arrêtez, seigneur; ce guerrier est votre petit-fils; j'en jure par ce bracelet d'or, par ce gage sacré que vous avez fait remettre à Tehmineh, mère de Sohrab. » Roustam éperdu jeta le glaive et sauta au cou de Barzou. Après les premiers moments donnés à la surprise et aux compliments, Roustam conjura Schehrouse et son fils de venir se fixer au Sistan, près de lui et du vieux Zal, et il eut la joie de les voir accepter son offre. A leur passage dans la capitale de l'Iran, Kai-kosrou les combla d'honneurs.

Depuis ce jour, Barzou combattit sans cesse dans les guerres du Touran à côté de son père, et dans une rencontre offrit le combat singulier à Afrasiab lui-même. On ne sait à qui serait restée la victoire, si les deux armées s'ébranlant à la fois n'eussent changé cette lutte individuelle en une mêlée générale. Les Iraniens, comme toujours, furent vainqueurs. Afrasiab, poursuivi jusqu'aux extrémités de ses états, traqué de royaume en royaume, finit par se réfugier en Chine. Maître du Touran et de l'Iran, Kai-kosrou se donna pour successeur Lohrasp, et fit monter sur le trône d'Afrasiab un fils de ce prince, nommé Djahn.

Nous touchons à l'époque d'une grande révolution sociale. Les temps sont accomplis; la terre d'Iran va enfanter son Messie. Le saint férouer entrevu dans le ciel par Goschoroun, lors de la chute du taureau, et qui lui fut promis comme vengeur des crimes d'Ahriman, frémit déjà et s'agite au milieu des âmes des générations futures; il descend pour venir animer le corps que l'Iran honorera bientôt sous le nom de Zoroastre. Malgré les magnifiques prétentions de sa cosmogonie et de ses poëtes, la Perse n'est encore connue que des tribus nomades qui courent sur ses frontières du nord; Zoroastre va lui donner en sa personne une représentation puissante. L'idée qu'il apporte constituera à sa patrie une vie nouvelle, plus large et plus caractéristique.

Un peuple n'arrive à s'inscrire dans les grandes annales de l'humanité qu'autant qu'il s'est fait l'incarnation d'une idée, d'un état social particulier, et peut-être chacune des grandes familles humaines a-t-elle eu pour mission de poursuivre le développement d'un principe distinct. A lui seul, Zoroastre va résumer bientôt tout le passé de sa patrie; les luttes du Touran et de l'Iran vont trouver une consécration spirituelle et morale dans sa réforme religieuse; il présentera aux esprits grossiers et tenaces le leurre des souvenirs nationaux, et en détournant un peu ces souvenirs de leur origine naturelle, il les reliera à l'idéal de l'avenir. Quand ce grand législateur aura paru, sa patrie s'identifiera tellement en lui que les noms de Perse et de Zoroastre se feront écho dans l'histoire.

Zoroastre est un de ces grands interprètes des secrets du ciel comme le monde en compte à peine cinq ou six; hommes sans doute, mais qui, planant par leur nature sublimisée au dessus de l'humanité, attirent à cette hauteur, comme de radieux soleils, toutes les pures et subtiles exhalaisons de la terre, et s'en forment une nuée dorée dont le voile rend leur grandeur plus colossale encore. Moïse, Confucius, Hermès, Zoroastre ! génies de la même famille, apparus dans l'enfance des peuples pour en être les premiers instituteurs ! Rien ne semble avoir précédé leurs doctrines sur la terre qui les a portés que les vagues murmures d'une conscience effrayée ou coupable. Ils dressèrent la carte cosmogonique des peuples et organisèrent le monde plutôt en vue du présent et de la terre qu'en vue de l'avenir. On était dans le voisinage de l'Éden ou de l'âge d'or, et l'idéal de la société pour ces législateurs, confiants encore dans la nature de l'homme, fut le premier siècle de la création. Mais quand parurent Bouddha, Jésus et Mahomet, le monde était vieux, l'illusion sur l'excellence de la nature humaine n'était plus permise. D'ailleurs, comme si la terre ne présentait plus assez d'enchantement aux instincts de l'homme, ces législateurs crièrent comme les premiers : En haut les cœurs; mais non tant pour remercier le ciel de la demeure qu'il avait donnée à l'homme, que pour y chercher une future demeure. Ils reconstruisirent l'édifice social par le couronnement, et ils en firent reposer la première assise dans le ciel. Soit que le monde fût assez corrompu pour que les vertus de ces derniers législateurs se présentassent aux yeux d'une manière surhumaine, soit qu'appuyés sur le piédestal des institutions du passé, qu'ils venaient consacrer de nouveau en se les assimilant, leur tête en parût plus haute et tout à fait au-dessus des régions terrestres, ils furent élevés au rang de dieux, tandis que les premiers n'avaient point eu d'autels.

CHAPITRE QUATRIÈME.

Vie de Zoroastre.

Zoroastre a été, de tous les fondateurs de religion que l'Orient a produits, le plus connu de l'antiquité grecque et latine. A l'exception d'Hérodote, qui s'est borné à montrer l'esprit de ses institutions, tous les écrivains de la Grèce, historiens ou philosophes, ont esquissé quelques traits de cette grande physionomie. Les livres sacrés de ce législateur existent, et les Perses ses sectateurs les conservent avec ce respect indiscuté que portent les dévots aux objets du culte. Malgré tant d'indices précis, malgré tant de preuves de son existence terrestre, Zoroastre, comme tous les grands réformateurs anciens, n'a laissé à l'histoire ni la date de sa naissance, ni celle de sa mort. Les Grecs le font venir à dix époques différentes et sous vingt climats, à tel point que les critiques, qui croient toujours combler les lacunes en y mettant leur esprit, ont imaginé de compter six Zoroastres : un Chaldéen, un Syrien, un Perse, etc. D'autres critiques, pour concilier toutes les difficultés, ont nié l'existence réelle de tous ces personnages, et ont fait du nom de Zoroastre un nom commun, comme celui de Mage ou de Pharaon. Dans ce système, Zoroastre vivant toute la durée du développement de la religion des mages, peut être à la fois contemporain des brahmanes, de Ninus et de Platon, se montrer ici le créateur des arts magiques, ailleurs, un roi bactrien, ailleurs encore le maître de Pythagore.

Zoroastre, d'un autre côté, envisagé comme législateur humain et individuel des Perses, a une histoire très-détaillée parmi ses sectateurs, histoire concernant sa naissance, sa jeunesse, ses voyages et sa mission. On ferait facilement un volume avec les traditions conservées sur les actes de sa vie. Étrange contradiction des témoignages humains! Par quelle espèce de travail intellectuel, si Zoroastre a existé, sa personne a-t-elle pu dépouiller, dans la suite des siècles, cette forme corporelle de l'homme qui, plus encore que l'âme, semble marquer les variétés de l'espèce et donner aux divers êtres l'identité physique, gardienne de l'identité morale, cette forme sans laquelle le principe vital, étincelle de la Divinité, n'appartient pas plus à l'homme que l'air qu'il respire, que la lumière qui inonde sa paupière? Ces yeux, cette bouche, ces membres, causes d'abord, et plus tard, représentation concentrée de nos pensées, qui font autant d'êtres distincts des émanations de Dieu égarées dans l'existence, Zoroastre ne les aurait-il jamais possédés? Son nom même, cette dernière trace de l'homme dans le monde, ne fut-il qu'un son vague, plus vague mille fois que l'image de nos rêves? Les Grecs ont écrit ce nom sous les formes diverses de *Zoroaster, Zabratos, Zaratas, Zaradas, Zarardes*; les mahométans l'écrivent *Zerdust*; les érudits prétendent que le zend porte *Zerethoschtro*. Mais quelle bouche étrangère donnera à cet assemblage de lettres l'intonation primitive de la langue perdue? A laquelle de ces appellations eût répondu durant sa vie l'être que nous nommons Zoroastre? Peut-être à aucune. On dirait que lui-même avait pressenti cette profonde inanité de la personnalité humaine, lorsqu'il disait dans ses oracles :

> Ne changez pas les noms barbares,
> Car ces noms ont été donnés de Dieu;
> Ils ont en eux une puissance ineffable.

Quel étrange exemple de la crédulité humaine, si Zoroastre ne fut en réalité qu'un nom abstrait et générique, que cette longue légende remplie de faits et de dates que le dévot conserve dans son souvenir comme l'authentique relation des événements terrestres arrivés au législateur de la Perse! Quelle puissance que celle qui peut ainsi donner à une pure conception de l'esprit une personnification si énergique, dans un calque défini arrêter une fugitive parole, un insaisissable écho, et faire promener une idée dans le monde des corps!

« Que sais-je? » c'est par ces mots que le sceptique Montaigne résume tous les chapitres de ses *Essais*; c'est par ces mots qu'il faut commencer le récit de la vie de Zoroastre. L'histoire des Perses écrite par les Grecs ne ressemble point à celle que nous retracent les écrivains nationaux, et la date de la naissance du grand législateur varie entre eux de cinq cents à six mille ans avant Jésus-Christ. Pour accorder les renseignements si divers venus de ces deux sources, les critiques ont fait de Kai-khosrou, Cyrus, de Lohrasp, Hystaspe. Le fils et le successeur de Lohrasp fut Kai-gustasp; suivant les mêmes critiques, Gustasp serait le Darius fils d'Hystaspe des Grecs, et c'est sous son règne que serait né Zoroastre, c'est-à-dire cinq cents ans seulement avant notre ère. Il nous faudrait être beaucoup plus savant que nous ne le sommes, et surtout vouloir le paraître, pour réunir ici toutes les objections qui se sont élevées contre cet arrangement commode. Nous nous bornerons à en produire quelques-unes. Comment, si Zoroastre avait vécu sous ce Darius qui porta la guerre dans les colonies ioniennes, aux portes mêmes de la Grèce, n'aurait-il pas été mieux connu des écrivains et des philosophes grecs, ses contemporains? Comment ceux-ci auraient-ils tant varié sur la date de sa naissance, et ne se fussent-ils pas mieux enquis des actes du grand homme qu'ils regardaient eux-mêmes comme le législateur des Perses? Mais autre sujet de doute. La religion de Zoroastre était, à leurs yeux, celle des Perses de Cyrus; et Cyrus, il faut l'avouer, vivait avant Darius. Aristote passa une partie de sa vie avec Alexandre le Grand, au milieu des mages, et il fait remonter l'existence de Zoroastre à cinq mille ans avant la guerre de Troie. Plutarque, si précis dans tout ce qui concerne le culte des adorateurs du feu, admet le même chiffre. D'autres écrivains le font contemporain de Ninus et des grandes monarchies assyriennes, dans la durée desquelles est comprise la période fabuleuse des Grecs. « La dernière guerre de Ninus, dit Justin, fut dirigée contre le roi des Bactriens, Zoroastre, que l'on dit avoir trouvé les premiers arts magiques et considéré avec attention les principes du monde et le mouvement des astres.»

Il est difficile, après cela, de concevoir comment le dix-huitième siècle a pu accréditer l'opinion que Zoroastre était né aux approches de l'ère chrétienne. Il est étonnant surtout qu'Anquetil Duperron ait contribué à l'établir. Les livres zends qu'il apporta en Europe, en 1762, fournissaient-ils sur ce point des lumières si vives que les anciennes en fussent entièrement éclipsées? Sans doute Zoroastre paraît, dans le Zend-Avesta, à côté d'un *Gustasp*, mais ce nom, qui se décompose suivant les règles du zend (qu'on nous permette cette étymologie empruntée à M. Burnouf), en *vista* et *açpa*, signifie *seigneur de chevaux*, et c'est une allusion à la vie errante des anciens peuples de l'Ariane. Ces syllabes se mêlent à une foule de noms en usage parmi eux; plusieurs de leurs personnages ont porté ce même nom; et affirmer que le Gustasp sous lequel vécut Zoroastre est nécessairement le premier Darius des Grecs, c'est vouloir que saint Louis, Louis XI, Louis XIV, tous les Louis enfin de nos annales soient le même personnage. Rien, en outre, n'est plus opposé à la vie du Darius des Grecs que celle du Gustasp de l'Avesta.

Les traditions rapportent que Zoroastre naquit à Urmi, ville de l'Aderbaïdjan, sur la frontière de l'Assyrie, voisinage qui explique jusqu'à un certain point le nom de Mède et de Perse que différents auteurs lui ont donné. On était alors au milieu du sixième siècle avant notre ère. Lycurgue et Solon, à cette époque mémorable de l'histoire du genre humain, donnaient des lois à la Grèce, l'Inde recevait les dogmes de Bouddha, et les deux grands philosophes de la Chine, Lao-tseu et Confucius, vivaient encore.

Zoroastre comptait les anciens rois de la Perse au nombre de ses aïeux paternels et maternels. Sa généalogie se trouve établie dans une prière *parsie*, que le dévot mazdeisnan récite en jetant des odeurs dans le feu. « Zoroastre, fils de Poroschasp, fils de Peterasp, fils d'Hetchedasp, fils de Tchakhschenosch, fils de Peterasp, fils de Hédéresné, fils de Herdaré, fils de Sepétaméhé, fils de Vedest, fils d'Ezem, fils de Resesné, fils de Dorouantchour, fils de Minotcher, fils de Féridoun. » Dogdo, mère de Zoroastre, était issue de la même race. Dans les livres zends, Zoroastre est souvent désigné par les mots Sapetman Zoroastre, ce qui signifie Zoroastre descendant de Sapetman ou bien excellent Zoroastre, pour le distinguer, ce semble, de quelque autre personnage du même nom.

Poroschasp était riche et considéré parmi les Ariens; il est représenté dans le Zend-Avesta comme un de ces grands possesseurs de troupeaux qui durent à une époque reculée se partager les vastes pâturages de l'Ariane, et tels qu'étaient Djemschid et Houscheng, « chefs d'un peuple nombreux, de cent bons chevaux, de mille bœufs et de dix mille lièvres. » Dans son temps, où commençaient déjà à s'infiltrer dans les simples croyances de son pays les doctrines de l'Occident, Poroschasp, attaché par sa fortune et sa naissance à l'ordre primitif, avait suivi les pures traditions de Djemschid et de Féridoun, et c'était aux prières du prophète Hom qu'il avait dû le fils qui allait annoncer la parole d'Ormuzd. « Quand Zoroastre vint dans le monde, dit le Zerdust-Nameh, l'iniquité y régnait, les peuples étaient sans juges et sans morale. Ahriman étendait partout son empire. »

Dogdo, étant grosse de cinq mois et de vingt jours, eut un songe effrayant; elle crut voir une nuée noire qui, semblable à l'aile d'un aigle, voilait la lumière du soleil et couvrait la terre d'épaisses ténèbres. Cette nuée creva, et elle en vit tomber des animaux de toute espèce, des tigres, des lions, des loups, des serpents. Ces animaux, armés de dents aiguës, se répandirent aussitôt dans toute la maison où se tenait Dogdo; et l'un d'eux, plus cruel que les autres, se jeta sur elle en poussant d'affreux rugissements, lui déchira le ventre et en retira Zoroastre. Comme ce monstre essayait de l'étouffer dans ses griffes, les hommes qui se trouvaient présents jetèrent de grands cris, et Dogdo anéantie implora des secours. Mais, ô surprise! on entend l'enfant de cinq mois prononcer des paroles. « Cessez de craindre, disait-il; ces bêtes ne pourront rien contre moi. Le Seigneur veille à ma défense : apprenez à le connaître, ma mère. » Dogdo vit alors paraître un jeune homme, beau comme la lune dans son plein, éclatant comme Djemschid; il tenait dans sa main un livre; il le lança contre ces bêtes, et elles disparurent aussitôt de la maison. Il prit ensuite l'enfant, le remit dans le ventre de sa mère, souffla sur elle, et Dogdo se retrouva grosse. Le jeune homme lui annonça alors la future destinée de celui qu'elle portait dans ses entrailles : « Le roi du ciel protége cet enfant, lui dit-il; le monde est plein de son attente; c'est le prophète que Dieu envoie à son peuple : sa loi mettra le monde dans la joie, il fera boire dans la même source le lion et l'agneau; ne redoutez pas ces bêtes féroces; celui que Dieu secourt, quand le monde entier se déclarerait son ennemi, pourquoi craindrait-il? » Le jeune homme à ces mots disparut, et Dogdo se réveilla. Au neuvième mois de grossesse elle accoucha d'un fils, que la terre devait connaître sous le nom de Zoroastre. Tout le monde fut surpris de le voir venir au jour en riant, contrairement à l'usage des enfants, qui pleurent le plus souvent au sortir du sein de leur mère, et on en augura quelque chose de grand.

Il semble que rien d'ordinaire ne puisse arriver aux hommes extraordinaires. Plus un homme s'élève au-dessus de l'humanité par la puissance de son intelligence et de sa vertu, et plus une admiration crédule et grossière s'efforce de l'en séparer par le merveilleux des actes physiques de la vie. La beauté calme et simple d'une existence pure, le seul rayonnement d'une intelligence élevée mais humaine, sont pour la foule des spectacles sans valeur. Mon Dieu! nous avons beau nous en défendre nous-mêmes, rationalistes que nous sommes, les lois de notre nature nous portent toujours à la métaphore, qui est une espèce d'idolâtrie de l'esprit ; nous donnons des rayons de feu au front de l'homme de génie, des rayons de miel à la bouche de l'orateur éloquent. Qu'on s'attende donc ici à voir Zoroastre assailli dès le berceau par la troupe artificieuse des Dews, mais qu'on ait foi aussi dans la prophetie de ce beau jeune homme qui est apparu à Dogdo, comme apparaîtra plus tard l'ange Gabriel à Marie ; Zoroastre sortira vainqueur de leurs maléfices.

Il y a surtout un certain prince des génies nommé Douranseroun, espèce d'Hérode, qui se fait l'agent de toutes les machinations des Dews. Il n'a pas plus tôt appris la naissance de Zoroastre, qu'il monte à cheval et arrive à la maison de Poroschasp avec sa troupe. L'enfant tetait, et ses joues, qui effleuraient le sein blanc de sa mère, ressemblaient, disent les chroniqueurs, au printemps dans sa primeur. Douranseroun, sans pitié, ordonne qu'on s'en empare, et saisissant lui-même le fer, il se dispose à l'immoler ; mais à son premier mouvement sa main se dessèche. Il s'enfuit alors plein de confusion, et sa hideuse cohorte se replie sur ses pas comme une couleuvre. Un autre jour, ce chef des Dews enlève Zoroastre et le porte dans le désert. Là, il allume un grand bûcher, et l'y jette. Mais les flammes, loin de consumer l'enfant, le caressent de leurs langues capricieuses. Il s'était endormi bercé par leur doux sifflement comme par un chant de nourrice, lorsque Dogdo, courant à sa recherche, arrive près de lui. Nouvelles machinations, nouveaux miracles. Zoroastre est exposé dans un chemin étroit que suivent les taureaux en allant à l'abreuvoir, les taureaux passent et se rangent, de crainte de lui nuire. Il est jeté sur le chemin des chevaux ; l'un d'eux l'enlève soigneusement dans ses pieds, tandis que les autres bondissent à l'entour, et s'en allant le dernier, il le dépose à la place où il l'a pris. Les Dews découvrent des tanières où les loups ont leurs petits; ils tuent les louveteaux qu'ils disséminent à l'entrée, et puis placent au milieu des cadavres le berceau de Zoroastre; les loups rentrent, poussent des cris de fureur, sautent sur le berceau, mais s'arrêtent à la vue de l'enfant, qui sourit au milieu de cette boucherie.

Impuissant à lutter seul, Douranseroun s'adjoint Tourberatorsch, autre chef de magiciens; mais leurs artifices croisés n'ont pas plus de pouvoir, et Tourberatorsch vaincu se fait lui-même le panégyriste de sa victime. Ormuzd le force à prophétiser la destinée de celui qu'il était venu détruire. « Cet enfant, s'écrie-t-il, sera un prodige de sainteté : il montrera au peuple la voie pure; il apportera le Zend-Avesta par ordre du Dieu pur et victorieux, et le roi Gustasp embrassera sa loi. » Les entreprises des Dews n'en allaient pourtant pas moins leur train, et il n'y avait pas de piéges que ne méditassent ces terribles artisans de fourberies. Une fois, Zoroastre étant malade, l'un d'eux s'offrit même pour le soigner, et lui apporta une panacée qui devait, disait-il, le guérir immédiatement. Mais Zoroastre ne l'eut pas plus tôt dans la main qu'il la jeta à terre, et foudroyant le Dew du regard : « Ame de boue, lui dit-il, je n'ai point besoin de ton remède. »

La terre, et surtout l'Iran, était alors tellement couverte de mauvais génies et de magiciens, que Zoroastre en était entouré comme d'une nuée de sauterelles, et que leurs artifices formaient comme un épais réseau autour de ses pas. Il en était assiégé à son lever et à son coucher, dans la rue, à table, dans le temple. L'homme qui lui tendait une main suppliante en sollicitant sa charité, était un Dew; un Dew celui qui lui donnait un jouet en louant sa gentillesse, tout aussi bien que son camarade d'école, qui, ne comprenant pas sa dignité future, lui faisait subir quelque inconvenance d'égalité. L'ami de son père, son médecin, son valet étaient des Dews. Le petit Zoroastre avait beau les repousser avec sa phrase énergique : « Arrière, âme de boue! » ce fut sans avoir un instant de répit contre leurs incessantes poursuites qu'il arriva à sa quinzième année. On conçoit que, si telle était la population d'Urmi, Zoroastre songeât de bonne heure à s'en séparer. Il quitta donc à cet âge sa patrie et se dirigea vers l'Occident. Ses biographes le font aller en Chaldée, cet antique foyer de lumières où devaient aussi s'éclairer les Juifs et Pythagore. Nous ne discuterons pas ici le point de savoir si Zoroastre, loin d'être instruit par les mages, ne fut pas lui-même l'auteur du magisme; nous suivons les développements de sa légende.

Après une absence assez longue et lorsqu'il eut atteint l'âge de trente ans, Zoroastre revint dans sa patrie, non point seul et ignoré, comme à l'époque où il en était parti, mais avec une nombreuse suite de disciples. Dans les contrées scientifiques de la Médie et de l'Asie-Mineure, l'éducation prenait ordinairement la forme du prosélytisme, et chaque savant avait plutôt des adeptes que des disciples. Ce fut bien autre chose lorsque le futur législateur de la Perse, après un assez court séjour dans sa patrie, se dirigea vers l'Iran. Au cortège ordinaire de ses disciples, s'était jointe une foule innombrable de femmes et d'enfants, les mères et les sœurs, sans doute, de ses disciples. Toute cette foule, qui ressemblait à une peuplade en émigration, arriva un jour sur les bords d'un fleuve (l'Araxe). Il ne se trouvait pas de bateaux amarrés à la rive, et le cœur du philosophe s'émut à l'idée que les femmes seraient obligées pour le traverser de se jeter toutes nues à la nage et arriveraient sur la rive opposée dans cet état peu conforme à la décence. Un moment il eut la pensée de revenir sur ses pas, mais une voix s'étant fait entendre, lui cria de marcher en avant. Zoroastre, plein de confiance, mit alors de la rive le pied sur le fleuve, et l'onde fit résistance de manière à offrir à ses pas la surface solide d'un pont; tout le cortège passa à sa suite. La marée basse avait fait le miracle de Moïse, la gelée fit sans doute celui du législateur de la Perse. Lorsque Zoroastre entra dans l'Iran, l'année était à son déclin; la nature subissait à la fois les dernières attaques de l'hiver qui décoche ses derniers traits en fuyant, et les premières influences du radieux printemps. Près de mettre le pied sur cette terre promise, il eut un songe où se mêlaient à la réalité du passé les présages de l'avenir. Il était difficile à un Perse de ne pas entrevoir même dans ses rêves cette éternelle lutte que l'Iran, contrée du Midi, avait eu à soutenir contre le Nord, soit que ses ennemis fussent les frimas ou des peuples nomades. Zoroastre vit donc en songe une armée de couleuvres qui venait du côté du nord. Sortant par milliers de terre, ces hideux reptiles s'amoncelaient sur le chemin et en fermaient toutes les issues; mais insensiblement une armée plus nombreuse encore surgit du côté du midi, et, s'étant jetée sur la première, remporta la victoire.

Dès ce moment, les rêves se pressèrent chaque jour davantage dans la tête du fils de Dogdo; souvent le sommeil s'était enfui que le rêve durait encore et lui représentait les scènes confuses mais brillantes de la nuit. Son état ordinaire était une espèce d'ivresse dans laquelle les objets n'étaient pas tout à fait naturels, mais pourtant, sous d'autres proportions, conservaient la consistance des corps. Ses longues méditations lui enlevaient le sentiment des choses communes; la réalité, la vie ambiante disparaissaient dans cette vue en avant qui lui montrait sa patrie dans un état bien différent de ce qu'elle était pour un œil autre que le sien. Il entendait bourdonner dans sa tête comme des voix inarticulées que le bruit du monde et des affaires l'empêchait de saisir; il sentait dans son cœur des aspirations dont il ne devinait pas le but. Pour se livrer entièrement à cette voix d'en haut qui ne parle que dans la solitude, disent les prophètes, il se retira sur le fameux mont Albordj. Il éprouvait le besoin d'être seul et de donner un cours au flot d'idées qui l'oppressait; une crise intellectuelle s'opérait en lui. Ce fut sur cette haute montagne qu'il reçut les premières communications d'Ormuzd. Arrivé à moitié chemin du sommet, il entendit l'ordre de monter plus haut encore, et il parvint aux cimes voisines du ciel, où il écouta aux portes du palais d'Ormuzd les sons mystérieux qui s'en échappaient.

Les sectateurs de Zoroastre ont vu dans cette retraite sur l'Albordj un ravissement au ciel, pendant lequel Ormuzd fit assister son prophète au spectacle des splendeurs célestes, et lui dicta sa loi : « Alors, racontent les traditions, Bahman, éclatant comme le soleil, et la main couverte d'un voile, se présenta à Zoroastre par l'ordre d'Ormuzd, et lui dit : Qui êtes-vous? que demandez-vous? » Zoroastre lui répondit : « Je ne cherche que ce qui plaît à Ormuzd qui a fait les deux mondes ; mais je ne sais ce qu'il veut de moi. O vous qui êtes pur, montrez-moi le chemin de la loi. » Ces paroles plurent à Bahman. « Levez-vous, lui dit-il, pour aller devant Dieu ; là, vous recevrez la réponse à ce que vous demandez. » Zoroastre se leva et suivit Bahman, qui lui dit : « Fermez les yeux et marchez promptement. » Vous eussiez dit qu'un oiseau l'enlevait et le portait devant Dieu. » Lorsque Zoroastre ouvrit les yeux, il vit la gloire du ciel : les anges vinrent en grand nombre à sa rencontre, chacun lui demandant quelque chose et le montrant au doigt. Etant arrivé près de Dieu, il lui adressa d'abord sa prière, et le consulta ensuite sur différents sujets, comme avait fait Djemschid. Le Zend-Avesta n'est que le procès-verbal du sublime dialogue qui se tint au sommet de l'Albordj entre le dieu et son prophète.

Ormuzd ayant expliqué à Zoroastre les principaux dogmes de la religion mazdéenne, le congédia avec ces paroles : « Allez et enseignez, annoncez aux peuples ce que vous avez vu, vous qui êtes leur pasteur. Prononcez l'Avesta devant le roi Gustasp pour qu'il protége la loi. Apprenez-lui à me connaître ; qu'il soit plein de bonté et de miséricorde ; instruisez de ma part tous les mobeds (les prêtres) ; récitez ma parole ; les Dews et les magiciens se cacheront devant elle. » Zoroastre descendit alors de la montagne ; et jusqu'au bas il rencontra, échelonnés sur les degrés, des anges, ministres des volontés d'Ormuzd, qui l'instruisaient des diverses cérémonies et usages à introduire parmi le peuple de l'Iran.

Dépouillée de tout merveilleux, la retraite de Zoroastre dans les montagnes paraît un fait réel de sa vie, et les historiens grecs la mentionnent. Suivant Pline, le législateur des Perses passa vingt ans dans les lieux déserts, n'ayant pour nourriture que du fromage. Comme Pline est naturaliste, il ajoute que ce fromage était fait de telle sorte qu'il ne se gâta pas pendant tout ce temps. En revenant parmi les hommes, Zoroastre alla droit à la cour de Gustasp, suivant l'ordre qu'il en avait reçu d'Ormuzd. Tous les grands de l'Iran et les sages les plus célèbres s'y trouvaient dans ce moment réunis. Quand le philosophe se présenta devant le roi, celui-ci était assis sur le trône; il reçut ses salutations sans surprise, comme s'il eût paru l'attendre.

Zoroastre n'eut pas plus tôt fait quelques ouvertures sur sa mission, qu'il se vit circonvenu de la foule des savants, qui se livrèrent, pour faire montre de science, aux plus subtiles discussions. Infatués de leur mérite et croyant pouvoir facilement amener cet étranger à la profonde admiration qu'ils professaient pour eux-mêmes, ils l'avaient d'abord invité à s'asseoir; mais quand il eut commencé à parler, ils se mirent à s'entreregarder les uns les autres, et se voyant de plus en plus embarrassés par son éloquence et sa sagesse, ils regrettèrent d'avoir désiré le roi pour témoin de leurs prouesses en dialectique. Le roi, qui s'amusait de leur embarras, prolongeait à dessein la lutte, et ils finirent par se déclarer fatigués. Gustasp fit donner un magnifique logement à Zoroastre; et, dès le lendemain, les luttes de paroles recommencèrent; avec les luttes, les défaites des sages de la cour; l'homme divin, disent les légendes, lançait contre eux sa langue, comme une épée aiguë. Pour cacher leur défaite, ceux-ci eurent l'air alors de céder de bonne grâce, et au lieu de combattre contre leur rude antagoniste, se prirent à l'interroger avec un semblant de déférence. Chaque jour, de plus en plus enhardi, et sentant à ses progrès sa mission s'imposer plus fortement à son cœur, Zoroastre levait un coin du voile et découvrait ses grands projets de législation, ses communications avec la Divinité. Enfin, une grande assemblée fut convoquée ; le fils de Dogdo avait annoncé qu'il y révélerait de grandes choses; il s'y présenta en effet comme un prophète, et parla ainsi : « Je suis envoyé de la part de Dieu, qui a fait les sept cieux, la terre et les astres, de ce Dieu qui donne la vie et la nourriture journalière, qui prend soin de ses serviteurs, qui vous a donné la couronne, qui vous protége, qui vous a tiré du néant, et par la faveur duquel vous commandez. » Puis, Zoroastre présentant l'Avesta à Gustasp : « Dieu m'a envoyé aux peuples, ajouta-t-il, pour qu'ils écoutent cette parole, l'ordre d'Ormuzd qui est l'Avesta-Zend. Si vous suivez ses prescriptions, vous serez couvert de gloire dans l'autre monde comme vous l'êtes dans celui-ci. »

Gustasp n'éprouva pas un coup de la grâce ; il ne se sentit pas subitement illuminé ; il goûta même assez peu les passages de l'Avesta dont Zoroastre lui fit lecture, et demanda des miracles pour croire à sa mission. Les savants, qui confessaient la pureté de la morale de l'étranger, désiraient eux-mêmes voir tomber leurs derniers scrupules devant quelques manifestations saisissantes d'une force surhumaine. On convint de lui verser de l'airain fondu sur le corps, et Zoroastre accepta l'épreuve. Pendant qu'on lui versait sur la poitrine le métal liquéfié, le prophète lisait l'Avesta, et le métal coulait sans entamer la peau. Il se releva pour planter un cyprès qui dans quelques jours devint si gros, que dix grandes cordes pouvaient à peine l'entourer. Dès lors une foule d'autres miracles vinrent attester, suivant les désirs du roi, la puissance de Zoroastre. Un matin, un palefrenier des écuries royales trouva le cheval de Gustasp sans jambes, elles étaient rentrées pendant la nuit toutes les quatre dans le ventre de l'animal. L'envoyé d'Ormuzd récita quatre passages de l'Avesta : les jambes revinrent une à une, et le cheval bondit avec plus de vigueur que jamais.

Le roi de l'Iran commençait à croire, mais ni le salut de l'humanité ni même celui de son royaume n'était ce qui lui importait le plus; pour lui, il eût voulu employer le savoir et la puissance de son hôte à satisfaire une foule de désirs bizarres, comme il en passe par la tête des enfants. Les quatre demandes qui suivent n'étaient pas toutefois trop déraisonnables, et un philosophe eût pu les avouer. Gustasp désirait voir le lieu qui lui était destiné dans l'autre monde; conserver son corps à l'épreuve de l'ennemi et de ses armes, en vue des combats qu'il aurait à soutenir quand il ferait publier la loi; savoir ce qui arriverait de bien et de mal dans le monde, et connaître exactement l'état de l'univers; enfin, conserver son âme rester dans son corps jusqu'à la résurrection. C'etait beaucoup demander pour un seul homme, et le roi, réduit à se borner à une seule des quatre questions, demanda à voir le lieu qui lui était destiné dans l'autre monde. Zoroastre se mit aussitôt en prières, célébra l'office du *daroun*, pour lequel il offrit du vin, des parfums, du lait et une grenade, prit ensuite une coupe remplie de vin, la bénit en récitant l'Avesta, et la présenta au roi. Celui-ci n'eut pas plus tôt bu quelques gouttes de la liqueur, qu'il s'endormit comme un homme ivre. Pendant trois jours, Gustasp ne se réveilla pas, et dans son extatique léthargie, son âme fut ravie près du trône d'Ormuzd. Elle vit là sa représentation spirituelle ou son type idéal, que les Perses appellent *Kerdar*, il brillait de l'éclat que lui avaient communiqué ses bonnes œuvres, et occupait une place élevée à côté des âmes des saints à venir. A son réveil, Gustasp remercia Dieu en s'écriant : « O Dieu des deux mondes, jamais votre empire ne finira. » Il appela ensuite Zoroastre, lui rapporta ce qu'il avait vu, et ordonna à tous ses sujets d'embrasser sa loi.

Depuis lors, Zoroastre eut son trône élevé dans la salle

des conseils du roi, et devint l'arbitre des affaires de l'empire ; chaque jour, il lisait quelques fragments de l'Avesta et initiait les savants à ses doctrines. Les prêtres de la religion de l'Iran durent venir s'instruire près de lui, et il leur enseigna qu'il y avait différentes espèces de feux dans la nature, depuis celui qui sert dans le foyer de la maison aux usages de la vie, jusqu'à ce feu intérieur qui brûle dans la tête de l'être humain et éclaire son intelligence ; il leur apprit ainsi à les honorer tous et à adorer Ormuzd, qui en est l'auteur, dans la représentation matérielle du feu allumé sur les autels. Il leur décrivait en même temps les instruments propres aux cérémonies et la forme des temples destinés au culte du feu. Le jour où fut achevé le premier Atesch-gâh (temple du feu), le cœur des serviteurs d'Ormuzd, dit la légende, fut dans la joie, et celui des adorateurs des Dœws dans la tristesse. Cet atesch-gâh avait été érigé sur le mont Revand, devenu depuis célèbre dans la mythologie mazdéenne. Le feu qu'on y honora avait été le produit d'un effet miraculeux. Le tonnerre en tombant l'avait allumé sur la selle (bar-zin) de Gustasp, et le feu en avait pris le nom de *feu Bourzin*. Les sectateurs modernes de Zoroastre l'appellent Si-rouze, et le considèrent comme le feu des laboureurs.

Ce fut un grand jour pour Zoroastre que celui où il put enfin, suivi d'une foule immense dont il semblait le dieu, aller sur le mont Revand adorer dans un nouveau temple le nouveau Dieu qu'il était venu annoncer aux peuples. Cette consécration du dieu était à la fois la consécration de son prophète. Là, en face de ce feu, symbole de la loi nouvelle, il pouvait hautement proclamer sa mission, et avec cette insistance commune à tous les messies, parler de lui-même comme d'une personne divine pour laquelle il confondait son propre respect avec celui de ses sectateurs. « Dieu, touché de compassion pour ses serviteurs, leur dit-il, m'a envoyé vers eux. Portez-leur ma loi, m'a-t-il dit. Apprenez-leur à quitter la mauvaise voie. Celui qui éloignera son cœur du mal, jouira du bonheur éternel. Le Dieu du monde m'a envoyé vers vous, ô roi pur et juste, en me disant : Allez, dites à mes serviteurs de ne pas renoncer à mes commandements. Apprenez aux peuples de la terre à quitter la voie du maudit Ahriman, et à suivre ma voie, celle de la justice. Qu'ils fassent de plus attention aux miracles du pur Zoroastre, pour que leur âme vive sans crainte.

« Voici les instructions que j'ai reçues d'Ormuzd et que je vous répète de sa part :

« Le monde n'est que néant aux yeux de celui qui l'a fait. Vous voyez ces dômes ronds (montrant le ciel et l'atesch-gah); ils réunissent sans distinction les rois et les sujets, les maîtres et les serviteurs.

« Voici ce qu'Ormuzd dit aux intelligents mobeds (prêtres), ce que dans le monde personne n'a jamais dit ni publiquement, ni en secret : *L'eau de la grandeur est la droiture, celle qui n'est ni trop, ni trop peu.* Si cette vérité a déjà été annoncée, mes paroles sont vaines ; mais si on n'a jamais rien apporté de semblable, il ne faut pas regarder mes paroles avec un cœur mauvais. Que les hommes sachent que c'est la parole du Dieu pur et non celle des Dews impurs, car les Dews ne parleraient pas ainsi, et ne béniraient pas Dieu de cette manière. De tous ceux qui sont venus comme prophètes, qui ont donné la loi aux peuples, personne n'a jamais appris ce qui est en terre, et ce qui arrivera, si ce n'est le pur Zoroastre qui, selon le Zend-Avesta, a dit ce qui sera. Sachez que jamais prophète n'a prié avec un cœur pur, droit, plein d'humanité et sans défaut, si ce n'est Zoroastre, le maître de la loi pure, qui a loué Ormuzd et a été près de lui. »

Après avoir de cette sorte communiqué, pour ainsi dire, ses lettres patentes, Zoroastre exposa les instructions d'Ormuzd dont nous parlerons plus loin. Gustasp partagea l'enthousiasme du prophète, et avec le zèle ardent d'un néophyte mit la première gloire de son règne à faire construire des atesch-gah dans tout son royaume; chacun de ces temples posséda une copie du texte sacré de l'Avesta que Gustasp eut soin de faire transcrire sur des peaux de bœufs. Le nombre de feux auxquels on éleva alors des temples indique que l'espèce de culte rendu à cet élément n'était pas chose entièrement neuve. On lit dans le Boun-Dehesch que le feu *Farja*, auquel on érigea un temple, avait été particulièrement honoré par Djemschid sur le mont Kharesom; que le feu *Goschasp*, auquel on en éleva un autre, avait déjà eu sur le mont Asnévand des autels, élevés par Kai-khosrou. Gustasp construisit encore des temples pour honorer le feu *Foursin* et le feu *Behram*. Auprès de ces temples furent placés des prêtres qui prennent dans la liturgie parse les noms de Herbeds, de Mobeds et de Destours. Le plus remarquable des atesch-gah fut construit à Balkh, seconde capitale de l'empire, où s'était retiré Lohrasp, depuis qu'il avait laissé le trône à son fils. Le temple s'élevait près du palais, et attirait les regards par la beauté de son architecture et de ses ornements. A côté, Zoroastre planta un cyprès qu'il disait avoir apporté du paradis, et grava sur son écorce ces mots : Gustasp a embrassé la véritable religion. Il demanda en même temps au roi de faire élever autour du cyprès un pavillon couvert d'un dôme, et celui-ci consacra à ce monument des sommes immenses. Le pavillon renfermait deux salles, dont le toit était d'or, le plancher d'argent, les murs d'ambre et ornés de pierres précieuses. Les images de Djemschid et de Féridoun furent sculptées sur la façade. Ce temple devint célèbre dans la suite par le pèlerinage que les Iraniens furent obligés d'y faire.

Des courriers furent expédiés aux extrémités de l'empire avec des extraits de l'Avesta, et des instructions précises sur le culte et les cérémonies à pratiquer. On enjoignait aux gouverneurs d'abandonner les anciennes superstitions et de faire propager dans le ressort de leurs administrations la loi du souverain; les plus éloignés du centre devaient venir s'instruire auprès de

Zoroastre lui-même. Le bruit de cette réforme eut bientôt parcouru toute l'Asie; l'Inde, qui semblait tout oublier autour d'elle pour se livrer à ses profondes méditations sur les incarnations de Vichnou, s'émut dans son immobilité séculaire, et prêta l'oreille à cette annonce d'un Dieu nouveau qu'elle n'avait pas elle-même enfanté. L'Inde, nous l'avons dit, avait avec l'Iran de vieux liens de parenté. Avant de se diriger les unes vers le sud, les autres vers l'ouest, leurs populations avaient eu une vie commune sur quelque haute montagne du centre de l'Asie; maintenant encore leur religion comme leur langue gardait de cette vie antérieure des traces manifestes. Les Arii de la Perse, comme les Aryas ou purs de l'Inde, avaient adoré les mêmes astres sur le lieu commun de leur origine, et quelques noms de divinités étaient encore les mêmes sur les bords de l'Oxus et sur ceux du Gange. Or, à cette révélation subite d'une religion nouvelle que les hérauts d'un prince puissant venaient proclamer jusque dans l'Inde, les brahmanes, qui se croyaient à eux seuls le droit de créer des dogmes, s'indignèrent comme d'une révolte contre leur pouvoir.

Il en était un parmi eux qui les dominait tous par l'éclat de son savoir et de ses vertus; sa renommée ne se bornait pas seulement à l'Inde, elle était parvenue jusque dans l'Iran, et avait attiré à son école plusieurs sages de la cour de Gustasp; ce brahmane se nommait Tchengreghatchah.

Ce fut avec un frémissement de colère qu'il apprit qu'un imposteur (du moins jugeait-il alors ainsi Zoroastre) avait apparu dans les riches contrées de l'Iran et y avait séduit les peuples avec leur roi. Il se hâta d'écrire à Gustasp pour lui témoigner la douleur qu'il avait ressentie de sa condescendance surprise et du fatal entraînement de son prosélytisme. « Un imposteur, lui disait-il, un hypocrite a séduit l'Iran, ce qui n'était arrivé ni sous Féridoun, ni sous Kai-kaous, ni sous Djemschid. Les Iraniens se sont abandonnés à un jeune homme, et ont adopté le mensonge. Ce qui me surprend le plus, c'est que Djamasp, mon disciple, que j'avais instruit avec sollicitude pendant plusieurs années, et qui depuis est devenu votre ministre, ait également revêtu la livrée de l'imposteur. » En finissant sa lettre pleine d'injures, comme les savants croient pouvoir s'en adresser au nom de la science, il annonçait au roi sa prochaine arrivée dans l'Iran, où il voulait lui-même confondre Zoroastre en face de la cour.

Gustasp, quoique plein de confiance dans la mission de son hôte, n'avait point encore ce fanatisme qui le poussa plus tard dans des guerres funestes; il ne s'indigna point de la lettre insolente du brahmane; il le convia, au contraire, à venir éprouver par lui-même les arguments du législateur de l'Iran. « Ce que vous avez appris de Zoroastre est vrai, lui répondait-il; nous avons embrassé sa foi, non parce qu'elle servait nos passions, mais parce qu'elle nous a paru vraie et bonne. Nous ne nous sommes rendus qu'à sa science et à son habileté; nous avons entendu ses paroles, lu ses livres, fait venir des savants de divers pays pour le réfuter, nul n'a pu rien lui opposer; venez vous-même à votre tour; sur votre route vous trouverez tous les secours qui vous seront nécessaires. Nous ne vous souhaitons pas d'être plus heureux que les autres, mais nous espérons, au contraire, que comme eux vous honorerez celui que vous serez venu combattre. »

Les communications dans l'antiquité n'étaient pas aussi promptes qu'elles le sont aujourd'hui, et Tchengreghatchah, depuis le départ de sa lettre, avait mis le temps à profit pour repasser dans sa tête tout ce que les religions et les philosophes avaient enseigné sur les grandes questions de Dieu, de l'être, de la création. Quoique depuis cet instant il ne dormît plus ni nuit ni jour, ce ne fut qu'après deux ans d'études continuelles qu'il se crut enfin maître de toute la science humaine et capable de répondre à plus de questions que ne saurait en adresser un homme dans toute sa vie. Enfin, il se prépara au départ. Toute cette science entassée, comprimée dans sa tête, communiquait à son corps un frémissement fébrile; toutes ses idées dansaient et se heurtaient; les réponses se mêlaient aux questions, les questions appelaient les réponses. Assistant déjà en idée à la lutte, il poussait ses arguments avec triomphe à son adversaire, puis semblait attendre les siens avec un sourire de défi, et ses disciples voyaient sa figure passer alternativement par toutes les impressions de la colère, de la satisfaction et de l'ironie. Dans le feu de cette bataille imaginaire, dont son cerveau était le champ clos, il écrivit à quelques-uns de ses acolytes, grands savants de l'Inde, pour les inviter à l'accompagner. « Je pars, leur mandait-il, pour combattre un imposteur dans l'Iran; préparez-vous comme des lions à m'accompagner. Que les hommes de l'Iran, les étrangers et ceux à qui cette loi pourrait parvenir sachent que la vraie science est dans l'Inde. Je veux étonner par mes merveilles l'Iran et Zoroastre lui-même. » Il fit savoir en même temps à Gustasp qu'il se mettait en route, et des courriers partirent en toute hâte dans toutes les directions de l'empire, appelant les savants nationaux et étrangers à Balkh, où allaient se tenir ces solennelles assises qui devaient décider de la mission de Zoroastre.

Quel programme pourrait représenter le monde d'idées que Tchengreghatchah se proposait d'y soumettre à la discussion? Pendant tout le voyage, de peur d'en embrouiller le réseau, il n'ouvrit point la bouche, et les sages qui l'accompagnaient l'imitèrent dans ce silence obstiné. Il arriva enfin. Il demanda sept jours pour se reposer. La grande assemblée fut donc convoquée pour le huitième, et le brahmane s'y présenta. Le roi l'attendait sur son trône, au milieu d'une vaste enceinte déjà remplie de savants, de grands de la cour et d'une foule immense, curieuse de voir et d'entendre. Deux trônes furent apportés. Tchengreghatchah se dirigea vers l'un, Zoroastre prit place sur l'autre. Le visage tranquille de ce dernier rayonnait d'une douce lumière et attirait les regards de tous les sages.

Gustasp ouvrit alors la lice par ces mots : « Il n'est ici

question de combattre ni avec la lance ni avec envie. Les prodiges, les questions, les paroles, voilà les armes qu'on doit employer pour dissiper les doutes.

Tchengreghatchah se leva alors et revendiqua pour lui le droit de poser des questions. « Nous sommes convenus de deux choses, roi juste : la première, que j'interrogerai cet homme qui prétend être prophète, et que s'il me répond, j'embrasserai sa loi et la ferai recevoir aux amis que j'ai dans l'Inde ; la seconde, que s'il ne peut répondre vous le punirez sur-le-champ. »

Le génie vaste et puissant de Zoroastre ne pouvait s'accommoder de cet ordre méthodique ; aussi prit-il immédiatement la parole : « Permettez, dit-il, avant toute discussion, que je vous lise ou que je fasse lire par quelqu'un de vos disciples un des *naçkas* (livres) que j'ai reçus de Dieu ; il vous sera loisible ensuite de me poser telles questions qu'il vous plaira. » La lecture commença au milieu d'un grand silence, et voici ce qu'on lisait dans l'Avesta : « Vous triompherez de tous vos adversaires, disait Ormuzd à Zoroastre. Il y a dans l'Hindoustan un brahmane nommé Tchengreghatchah, personne ne l'égale en sagesse. Telles sont les questions qu'il vous fera, et voici les réponses à ces questions. » Ce naçka, qui est perdu, énumérait à la suite toutes les questions que le brahmane avait accumulées pendant deux ans dans sa tête.

L'étonnement, l'admiration, succédèrent chez Tchengreghatchah à la confiance qu'il avait témoignée jusqu'alors. « Comment ! s'écriait-il pendant que la lecture s'achevait, comment, moi, qui suis parvenu à la vieillesse, tout ce que Dieu m'a enseigné depuis mon enfance jusqu'à présent, ce que j'ai appris, l'Avesta me l'a présenté devant les yeux ! Quelle est la science qui peut avoir découvert ce secret ? Et ce que j'ai appris pendant deux ans, ces questions qui m'ont coûté tant de peines et auxquelles je croyais qu'on ne pourrait répondre en deux cents ans, cet écolier vient de les lire et d'y répondre !

Je reconnais là l'œuvre de Dieu. » Le brahmane fit aussitôt adhésion à la loi de Zoroastre, et après s'être fait instruire sur la manière d'adresser ses prières à Ormuzd, il lui demanda la pureté du corps, celle de l'âme, et une place dans le ciel.

Les sept jours qui suivirent cette conversion mémorable furent consacrés à des fêtes pendant lesquelles la plupart des savants, accourus pour être les témoins de la discussion, reçurent l'institution sacramentelle avec les enseignements du prophète. Zoroastre se montra souvent à la foule avec Tchengreghatchah et l'embrassa publiquement. A son départ, il lui donna une copie de l'Avesta.

De retour dans son pays, le brahmane vit accourir autour de lui tous les savants et tous les autres hommes qui étaient habitués à le reconnaître pour leur maître; le bruit de sa conversion s'était déjà répandu confusément jusqu'à eux, ils venaient en savoir les détails. Tchengreghatchah n'eut pas de peine à leur faire partager sa nouvelle croyance, et, suivant les légendes, plus de quatre-vingt mille sages et chefs de l'Inde, du Sind et de plusieurs autres royaumes, embrassèrent la loi de Zoroastre. Un des caractères de cette loi, c'était le prosélytisme. Tandis que quelques religions tiraient autour d'elles une ligne de démarcation et rejetaient avec orgueil les trois quarts du genre humain hors de la foi et de la vie future, Zoroastre, animé d'un immense amour de l'humanité, voulait étendre à toute la terre les bienfaits de sa loi. Si nous sommes ennemi de tout fanatisme qui veut s'imposer par la force, nous croyons qu'une religion qui ne cherche pas à se propager manque de foi dans la vérité de ses dogmes.

Les légendes font voyager Zoroastre pendant vingt ans depuis la conversion de Tchengreghatchah. Comptant sur le zèle de ce puissant apôtre pour remuer les populations du sud et de l'est, il se dirigea lui-même vers l'ouest, vers ces fameuses contrées de la Babylonie et de la Chaldée, où il avait reçu autrefois la première initiation; il venait maintenant leur apporter en échange de la science humaine la parole d'un Dieu.

Cependant ce culte nouveau qui, parti du petit royaume d'Iran, s'étendait rapidement de proche en proche, n'était pas accepté sans contestation à son centre même, et Zoroastre, irrité de quelques résistances, devait souiller de son fanatisme l'éclat d'une conquête noblement entreprise. Roustam, ce glorieux pilier de l'antiquité de l'Iran, vivait encore; chargé d'ans et de gloire, il gouvernait toujours avec Zal, son père, la province feudataire de Sistan donnée à ses aïeux. Le héros au corps d'éléphant occupait une trop grande place dans l'antique histoire de sa patrie; sa renommée était trop liée aux vieux usages, à la religion de Djemschid et de Féridoun, pour accepter des nouveautés qui menaçaient de renverser tout un passé de gloire. Aussi ne voulut-il point accepter la foi de Zoroastre. En vain Gustasp lui envoya-t-il des messages et des ambassadeurs pour l'y inviter, Roustam répondit que le dieu qui avait soutenu son bras dans ses immortels travaux lui suffisait, et valait bien le dieu du nouveau prophète. Gustasp, excité par Zoroastre, résolut de le contraindre, et les armées de l'Iran se tournèrent contre celui qui les avait jusque-là conduites à la victoire. Gustasp, à leur tête, arriva dans le Sistan. Roustam et Zal l'attendaient désarmés, et en fidèles feudataires, ils remplirent à son égard tous les devoirs d'une hospitalité princière; ils lui laissèrent même élever à son aise des ateschgah; se contentant pour eux, aussi peu soucieux de luttes théologiques que de flatterie envers les croyances du prince, de protester en s'abstenant. Gustasp n'avait rien gagné sur leur esprit, quand d'autres soins l'arrachèrent tout à coup à sa propagande religieuse.

Le vieil ennemi de l'Iran venait de manifester avec éclat son opposition aux institutions nouvelles du prophète; indomptable et turbulent, il avait reçu avec mépris les envoyés de Gustasp qui étaient allés lui signifier l'ordre d'élever des temples au feu, et se passionnant maintenant pour la loi de

Djemschid, c'était au nom des antiques croyances désertées par l'Iran qu'il renouvelait la guerre éternelle des Afrasiab et des Pischdadiens. Héritier de la haine de ses ancêtres, Ardjasp avait cru enfin pouvoir surprendre son ennemi au milieu de ses préoccupations religieuses, et venger l'outrage fait par Kaikaous à son père. Les malédictions prononcées par Zoroastre contre le Touran n'avaient fait qu'aigrir encore davantage l'humeur du prince. «Accordez-moi cette grâce, ô source Ardouisour, disait le législateur dans le Zend-Avesta, que Zérir anéantisse celui qui possède de grands biens, qui diminue la paix, le Dew, l'adorateur des Dews, mon ennemi Ardjasp, puissant dans le monde.» Défiés ainsi au nom de la divinité nouvelle, les Touraniens avaient répondu à cette provocation par une invasion terrible. A peine leur départ était-il connu, qu'ils se présentaient devant Balkh, où s'etait retiré Lohrasp, depuis qu'il avait laissé le trône à son fils. Un des premiers à adopter le culte du feu, ce prince avait fait construire là de nombreux atesch-gah, et passait sa vieillesse au milieu des colléges de prêtres. Malgré sa valeur, il ne put défendre sa capitale. Les Touraniens la forcèrent, abattirent les temples et éteignirent le feu sacré dans le sang de ses prêtres. Quelques auteurs prétendent que Zoroastre se trouvait parmi eux, et qu'il reçut dans la mêlée une mort obscure.

C'etaient ces fatales nouvelles qui avaient contraint Gustasp à quitter précipitamment le Sistan. En partant, il voulut engager Roustam à le suivre; mais le héros refusa d'aller combattre pour une foi qui n'etait pas la sienne, et le roi de l'Iran, réduit à ses propres forces, fut entièrement défait. Gustasp, cependant, avait un fils renommé pour sa bravoure, dont les livres zends célèbrent les exploits et les vertus. Il se nommait Espendiar, et les Iraniens étaient accoutumés à voir en lui le boulevard de l'empire, depuis la retraite de Roustam. Mais de bonne heure il avait eu le malheur d'exciter par sa gloire la jalousie de son père, et pour lui plaire, il avait dû entreprendre une foule d'expéditions dont Gustasp espérait ne pas le voir revenir; toujours victorieux pourtant, il avait promené ses armes dans l'Aderbaïdjan et l'Inde. A peine de retour, de vils courtisans, pour servir les passions de leur maître, avaient accusé ce jeune prince de tenir des discours séditieux, et cette victime de la jalousie paternelle expiait maintenant sa gloire dans les fers. Ce fut au bras de son fils que Gustasp, réduit aux dernières extrémités, se vit contraint de recourir. Le prince Espendiar, vers lequel on expédia aussitôt, reçut le message avec une soumission filiale, qui faisait dans sa personne un heureux contraste avec sa haute bravoure. Loin de songer à faire des conditions pour l'avenir, des récriminations contre le passé, ses réponses courtes et fières témoignèrent à la fois de son respect pour les ordres paternels et du sentiment de sa dignité. L'annonce de la mort de Fanschivard, le fidèle compagnon de ses exploits, alluma surtout son désir de combattre. Son apparition dans le camp des Iraniens y ramena la victoire; il battit le Touran, immola le fougueux Ardjasp, meurtrier de Lohrasp et de Fanschivard, et revint, couvert de lauriers, les déposer avec une confusion respectueuse au pied du trône de son père. Mais ce roi cruel semblait avoir perdu dans son enthousiasme religieux tous les sentiments tendres et généreux de la nature; il ne reçut le sauveur de l'Iran que pour lui imposer une dernière entreprise d'où le brillant Espendiar ne devait pas revenir. Sa jalousie et son fanatisme trouvèrent une égale satisfaction à pousser l'un contre l'autre Roustam, rebelle à la foi de Zoroastre, et son fils, dont la gloire lui était importune. Espendiar périt sous les coups du héros du Sistan.

Tels furent les principaux événements qui signalèrent la vie de Zoroastre et l'introduction de sa réforme. Le dernier combat de sa loi contre le passé fut une défaite; le jeune Espendiar, ce pur et désintéressé défenseur de l'Avesta, tombe devant le vieux Roustam, grandiose personnification de l'antiquité iranienne, devant ce dernier boulevard de la religion et des institutions de Djemschid. Roustam ne semble avoir tant vécu que pour rappeler, en deçà des temps historiques, l'esprit du Taureau primitif planant sur les réformes du nouveau prophète, et le forçant de transiger avec les croyances du premier âge du monde. Zoroastre triomphe dans l'Inde et la Chaldée, il fléchit sous l'empire du passé de sa patrie. Il se vengera sans doute de Roustam et de Zal, en ne les nommant pas dans l'Avesta; mais il sera contraint de compter avec les mages, avec le culte des astres dont ils furent les derniers gardiens; il sera contraint de donner une consécration éclatante à la religion de Djemschid, et d'ouvrir le palais d'Ormuzd aux apôtres de la première loi.

La pensée qui frappe en parcourant les détails de cette vie plus ou moins fictive du législateur de la Perse, c'est de voir combien il est difficile au bien de se produire sur la terre; partout l'imposture et la tyrannie semblent ses inévitables ministres; partout se montre cet ironique spectacle : Satan ouvrant la porte du ciel. Zoroastre n'a eu de sectateurs que le jour où il a frappé les yeux de chair de Gustasp et de sa cour par des prodiges; la guerre, le glaive des batailles ont été les ailes de sa parole. Jamais révolution morale ne s'accomplit sans beaucoup de sang répandu. Les religions ont beau être pacifiques, et leurs dieux ne demander ni le sang des taureaux ni celui des boucs; c'est toujours des hommes qu'on leur offre pour victimes. Heureux les législateurs qui n'ordonnent point de tels sacrifices, et qui, trop faibles pour arrêter ce cours naturel des choses, n'en sont pas du moins eux-mêmes les instigateurs, comme le fut un instant Zoroastre! Le plus pacifique, le plus saint de tous, a légué cette parole au monde : « Je suis venu apporter non la paix mais la guerre. » Le maître ne demandait, il est vrai, que la guerre contre les passions; mais le fanatisme des prêtres commenta cette parole dans le sens matériel d'une ambition turbulente.

CHAPITRE CINQUIÈME.

MYTHOLOGIE DU ZEND-AVESTA.

Difficulté de distinguer les faits réels de l'histoire, des conceptions de la fable sacrée. — Zoroastre adopte la tradition de l'Ariane, touchant le mystère de la création du monde. — Nécessité pour les religions de consacrer, comme introduction à leurs dogmes, les croyances dont elles sont une évolution. — Hom, premier prophète de l'Iran ; dualité persique ; Ormuzd, dieu du bien ; Ahriman, dieu du mal ; le *Temps sans bornes* où l'Éternel a précédé ces deux divinités rivales. — Valeur métaphysique du système de Zoroastre. — Lutte des deux principes avant la création. — Créations alternatives des deux principes. — Êtres surnaturels. — Les Amschaspands, les Izeds, les Férouers, composent la cour d'Ormuzd. — Les Dews, les Darvands, les Daroudjs, celle d'Ahriman. — L'existence du monde doit durer douze mille ans. — Fin du monde. — Paradis et enfer temporaires. — Résurrection. — Salut universel de l'humanité.

Un nuage épais couvre l'origine de tous les peuples, et ce nuage, semblable à ces vapeurs qui versent sur les bords du Nil des pluies de scorpions, porte dans ses flancs tout un monde d'êtres fabuleux et fantastiques. Derrière ce rideau qui sépare les temps historiques des temps de la création, les forces vives de la nature et l'énergie libre de l'homme s'ébattent au hasard et luttent de violence. La guerre, les discordes, premiers fruits des instincts de l'homme, s'y produisent avec toutes les scènes terribles et pittoresques d'une lutte corps à corps. En contemplation devant la force, les hommes, dont les organes, neufs encore, offrent à l'imagination inexpérimentée un puissant ressort, donnent à ces scènes des proportions gigantesques ; la tradition idolâtrique les enveloppe du mystère de la distance et de l'enthousiasme du conteur. Au lieu d'hommes livrés à leurs fougueuses passions, ces rudes combattants deviennent des demi-dieux ; le nuage capricieux qui flotte autour d'eux donne à leurs gestes des formes fantastiques, et, cachant leurs pieds, ne laisse voir à l'œil étonné que leurs figures imposantes et caractérisées s'agitant dans les contours changeants de la lumière. Parfois, on voit le matin, dans les pays de montagnes, des traînées d'un brouillard épais descendre le long d'une gorge vers la plaine. La base de la montagne en est entièrement couverte, mais tout au-dessus et dans les régions de l'air, les cimes des pics s'en détachent et ressemblent à des châteaux féeriques suspendus entre le ciel et la terre. Ainsi en arrive-t-il aux premiers héros de l'humanité. Aux confins de la fable et de l'histoire, l'épopée et le dogme religieux ne diffèrent point; les faits humains et les faits divins se mêlent; les hommes et les dieux s'envoient des reflets réciproques; les uns changent sans cesse de nature avec les autres. Si les hommes touchent de la tête le ciel, les dieux touchent du pied la terre. La tradition populaire, confiée à la mémoire des générations, donne aux conceptions les plus abstraites de l'esprit un cachet de réalité, de même que cette eau calcaire qui, répandue sur les frêles pétales de la fleur, leur communique la consistance de la pierre.

Ainsi se sont formées les mythologies des peuples orientaux; la fable s'y mêle sans cesse à l'histoire, la réalité à la fiction; on ne sait si les dieux de leurs panthéons ne sont pas les divinisations de leurs premiers héros, ou si ces longues dynasties de rois et de héros ne sont pas des créations imaginaires du dogme religieux, que l'orgueil national a fait ensuite descendre du domaine de l'idéalité pour en doter l'histoire de la patrie. Relativement à la Perse, il sera toujours impossible de préciser le degré de réalité et de symbolisme qu'il y a dans cette interminable rivalité de l'Iran et du Touran, dans la lutte des Roustamides contre le renaissant Afrasiab, qui reparaît sur les bords de l'Oxus avec la périodicité de la saison des tempêtes. Qu'a pu faire Zoroastre en face de ce passé fabuleux de la patrie? Le combattre? Il fut défait, nous l'avons dit, par le vieux génie de l'Ariane personnifié dans le séculaire Roustam! Zoroastre eût voulu passer l'éponge sur les traditions de ses ancêtres, que son infructueux labeur eût moins servi ses projets qu'une conciliation de ces traditions avec ses doctrines. Les révolutions morales ne peuvent jamais être aussi radicales que le disent ceux qui s'en font les apôtres. L'humanité ne jette pas là un beau jour sa personnalité comme un vieux vêtement; les nations ressemblent fort, au contraire, à ces nobles entêtés qui tiennent plus à leurs aïeux qu'à leur postérité; si elles admettent un progrès, elles veulent que ce soit moins une révolution que le développement d'un germe qu'elles renfermaient déjà en elles-mêmes. Les religions n'ont jamais été, en effet, que des évolutions pour les peuples au milieu desquels elles se sont produites. Zoroastre eût-il honoré particulièrement l'Iran de ses doctrines, si déjà ce pays n'avait été la terre favorisée d'Ormuzd, si déjà elle n'avait attiré ses faveurs exclusives? Or, si le passé faisait croire à une manifestation nouvelle de la Divinité, cette révélation n'était acceptable qu'à la condition d'être fille de l'ancienne et de la reconnaître pour sa mère.

Le peuple tient aussi plus aux mots et aux formes extérieures qu'aux choses, et il est plus facile qu'il ne le semble de faire glisser dans des cadres vieillis de nouvelles images; le christianisme ne dédaigna pas ce moyen, et longtemps ses doctrines se propagèrent sous l'attirail des cérémonies du paganisme.

Jésus-Christ donnera la Bible pour base à l'Évangile; Zoroastre fit des légendes de l'Iran l'avant-scène du mazdéisme. Les mythes de Kaïomors, de Meschia et de Meschiane furent consignés dans l'Avesta. Mais à cette révélation du monde matériel, il ajouta celle du monde moral; sur les légendes conservées dans la forme, il édifia le système de l'être divin conçu dans son essence et ses attributs, et il lui rattacha l'être humain par les liens de la morale et de la métaphysique, bien autrement forts que ceux de la filiation matérielle. Refondant ainsi, suivant les besoins de sa théorie, les traditions cosmogoniques, il composa un de ces vastes monuments qui embrassent des règles pour toutes les actions de la vie, un culte, une morale, une loi civile, et jusqu'à une médecine.

La folie de la divinité traversa souvent le cerveau des fondateurs de religion ; dupes eux-mêmes de leur grandeur, ils se plurent à croire qu'un abîme, en effet, les séparait de l'humanité prosternée à leurs pieds. Zoroastre ne prétendit jamais qu'à la gloire de réformateur, et ses sectateurs ne lui élevèrent point d'autels. Le dernier venu d'une longue série de prophètes apparus dans l'Iran depuis l'antiquité la plus reculée, il se dit le plus grand de tous ; cela devait être : celui qui venait réformer le passé devait le dominer de sa sagesse. Mais Zoroastre honore Djemschid et Féridoun ; il honore surtout Hom, son précurseur, et le premier qui eût adoré Ormuzd sur les montagnes. Selon lui, ce personnage avait enseigné dans les premiers âges, et c'était à ses prières que Vivengham avait obtenu du ciel le fils qui porta le nom vénéré de Djemschid. Considéré tantôt comme un arbre de vie, tantôt comme une liqueur eucharistique, que les prêtres distribuent aux enfants de l'Iran, Hom avait déjà perdu à cette époque le dernier vestige de personnalité ; et la ressemblance de son nom avec celui du Om des Hindous, personnage tout aussi vague que celui des Perses, en a fait un être symbolique. La légende l'a confondu parfois avec la Divinité ; la raison a vu dans ce mythe comme le débris, et, pour ainsi dire, l'écorce d'un grand homme usé dans son entité, par le temps qui mine et anéantit tout, jusqu'aux individualités les plus caractérisées. Par delà les temps dont l'histoire garde la mémoire, Hom donna peut-être des lois aux ancêtres des Iraniens et des Hindous, à une époque où ces peuples n'étaient point encore séparés.

Le caractère capital de la religion persane, c'est cette fameuse dualité du bien et du mal qui en marque tous les développements et la résume. Ici ces deux principes de la Divinité prennent une personnalité et un nom ; chacun a ses ministres qui perpétuent à l'infini et sous toutes les formes la lutte de leurs auteurs. Le principe du bien porte dans les naçkas le nom d'*Ahura Mazda* (seigneur grandement savant). De ce nom, qui se trouve écrit Aurmzd sur les monuments de Persépolis, sont venus les désignations grecques d'Ormisdas, Oromazes, et le moderne Ormuzd. Mazda a fourni le nom de Mazdéisme, sous lequel on désigne la religion de Zoroastre. Le mot d'Ormuzd est comme un abrégé de tous les attributs; le dévot mazdeisnan invoque ainsi le principe du bien :

« J'invoque et je célèbre le créateur Ahura Mazda, lumineux, resplendissant, très-grand et très-bon, très-parfait et très-énergique, très-intelligent et très-beau, éminent en pureté, qui possède la bonne science, source de béatitude, lui qui nous a créés, qui nous a formés, qui nous a nourris, lui le plus accompli des êtres intelligents. »

Le principe du mal se nomme *Aghro Maynius*, méchant esprit; il prend aussi le nom de *Petyaré*, contraire; c'est l'Ahriman des Grecs. Ses attributs sont une négation des attributs d'Ormuzd; il se définit par son rival, c'est son antithèse vivante. Son nom l'indique : Petyaré. Zoroastre admet-il un être supérieur à Ormuzd et à Ahriman, leur créateur et leur maître? Est-il vrai qu'à ses yeux ces deux principes ne fussent que deux créations secondaires qui se résolvaient dans un principe d'unité? Les livres zends se prêtent à cette interprétation; mais le législateur de l'Iran semble s'être étudié à ne pas se prononcer sur ce point; il recula sans doute devant l'idée de faire d'un dieu essentiellement bon, le créateur du mal, de faire dériver du même être les souffrances et les joies, les bonnes et les mauvaises pensées, de confondre ainsi dans l'unité du créateur les deux pivots de la morale et de la loi. Aussi, s'il lui arrive parfois de céder à cette logique de l'esprit qui réclame un seul maître pour le monde, il rejette cet être primitif par-delà les espaces et les siècles; il le nomme le *temps sans bornes, Zervane Akerené, durée incréée*. Mais dans ces profondeurs mêmes de l'être, le législateur pratique de l'Iran va chercher les deux germes de la création postérieure, et y retrouve Ormuzd et Ahriman avant leur manifestation même. Il a compris le vide de ces subtilités métaphysiques qui, sous prétexte de spiritualiser l'être primordial, minent la croyance en lui plus qu'elles ne la consolident; il a senti qu'il faut aux peuples des personnifications délimitées plus encore que des abstractions, et il a fortement enté ses deux principes du bien et du mal, non pas dans cette immensité crépusculaire qui a tant fatigué les yeux contemplatifs et rêveurs des brahmanes de l'Inde, mais dans la conscience même de l'homme, dans les sentiments de sa double nature. Le Temps sans bornes, la lumière incréée, s'il le comprit, il ne chercha point à le faire comprendre. Il connaissait par l'Inde les fatales conséquences du dogme énervant de l'unité, et il jugea de moindre importance une erreur théologique que le défaut de mobile pour les actions de l'homme. Aussi insiste-t-il fort peu sur les attributs de ce Temps sans bornes qu'il nomme rarement, et auquel il n'assigne aucun rôle dans sa mythologie.

« O vous, feu agissant dès le commencement! s'écrie-t-il dans un endroit du Zend-Avesta, je m'approche de vous, vous principe d'union entre Ormuzd et l'*Être absorbé dans l'excellence, ce que j'ai la discrétion de ne pas expliquer.* »

Les néoplatoniciens connurent *le temps sans bornes* du métaphysicien de l'Iran; les noms d'*Abîme* et de *Silence* qu'ils employèrent pour désigner l'être par excellence n'en étaient qu'une traduction. Pythagore emprunta à Zoroastre sa *Dyade* engendrée par la *Monade* parfaite. Mais qu'a gagné l'intelligence à reculer la Divinité, avec l'école savante d'Alexandrie, par-delà les temps, l'espace et la manifestation? Des sons qui frappent l'oreille et ne disent rien à l'esprit. Quelle idée se fait-on du *temps sans bornes*, de l'*être sans l'existence*, de l'*Abîme*, du *Silence?* Ce sont là des impossibilités, des non-sens de langage, des transactions de mots avec l'imagination, pour fixer dans l'esprit des choses insaisissables. Le temps, par-là même qu'il est temps, a des bornes; l'être pour être (je demande pardon de cette logomachie) a besoin d'existence. Et n'est-ce pas, en effet, ajouter beaucoup à la grandeur, à la dignité de Dieu, que de l'idéaliser dans une unité impalpable qui va s'anéantir dans les régions sans limites et sans lumière de l'abîme et du silence?

Pour nous, imitons la discrétion à la fois commode et prudente de Zoroastre, et revenons à son système. L'auteur de l'Avesta a montré la même réserve quand il s'est agi de déterminer quel fut le premier créé d'Ormuzd ou d'Ahriman. Il résulte de ses livres qu'ils furent contemporains, et que l'un se posa dès le commencement en opposition de l'autre, comme l'ombre sort du même fait qui produit la lumière. Comment l'idée du bien serait-elle née, si le mal n'eût pas été conçu? La première manifestation du temps sans bornes fut donc une double création. Les sectateurs de Zoroastre se sont divisés depuis en plusieurs sectes philosophiques. Les uns considèrent les deux principes comme absolument égaux en puissance et en durée; d'autres font Ahriman inférieur à Ormuzd; à leurs yeux Ahriman n'est qu'un ange rebelle à qui le péché aurait valu un sceptre. D'autres enfin admettent cette théorie expliquée tout à l'heure, qui consiste à confondre, à l'origine des temps, les deux principes dans l'unité de *Zervane Akerené*.

Trois siècles de disputes, de guerres et de persécutions, ne suffirent pas au commencement de notre ère pour déterminer entre les ariens et les catholiques la nature de Jésus-Christ vis-à-vis de son Père; les ariens prétendaient que Jésus, en tant que personne distincte du Père, avait été créé; qu'il avait été, il est vrai, la première des créatures, mais que s'il participait à la Divinité comme ayant été éternellement dans la matrice éternelle, sa manifestation, sa production était arrivée dans le temps. Nous ne croyons pas que les mêmes discussions aient eu lieu entre les mages touchant la nature d'Ormuzd; la question est pourtant la même. Ormuzd est la manifestation intellectuelle du temps sans bornes, c'est le Temps sans bornes lui-même passé à la vie agissante; le substratum de ses attributs, son image resplendissante, la délimitation de son infinitude toujours lumière et lumière immense; il participe tellement à l'essence de l'être primordial, que les métaphysiciens du mazdéisme n'auraient pas regardé comme une hérésie de prétendre que du moment qu'Ormuzd était, Zervane Akerené n'était plus. Le Temps sans bornes et Ormuzd étaient le même être, non pas sous deux personnes distinctes, mais à un état différent.

Le rival d'Ormuzd, nous l'avons nommé, c'est Ahriman, personnification de la mort, du mal, des ténèbres, de la matière. En métaphysique, Ahriman n'est pas un être positif, c'est une opposition, un néant de l'être, et à la fois une nécessité de l'être; pour nous servir d'une image commune, c'est le second bout d'un bâton. Dieu n'a pas eu besoin de lui donner l'existence; il s'est posé lui-même comme une limite du bien, du brillant, du vrai, de toutes les qualités. Dans la pratique, Ahriman est un chef plein de vie, fougueux, infatigable, animé d'une insatiable soif de destruction, toujours prêt à pousser les noires cohortes de ses Dews contre la lumière qui blesse ses regards, contre les créations d'Ormuzd qui lui donnent le vertige de la colère. Comme Ormuzd, il vit par lui-même; contemporain du dieu du ciel, il est immortel comme lui; sa puissance est égale à la sienne; la lutte est la loi de leur commune haine; mais ils ne peuvent se détruire l'un l'autre.

Le Zend-Avesta nous fait assister aux conversations de ces deux êtres avant la naissance des temps. « Au commencement du monde, dit Ormuzd à Zoroastre, il (Ahriman) me dit : O vous, qui êtes l'excellence, je suis le crime; l'homme ne sera pas pur dans ses pensées, dans ses paroles; il n'y aura ni intelligence, ni parole, ni action, ni loi. »

Une fois en présence l'un de l'autre, la création commença. L'initiative dut appartenir à Ormuzd ; comme négation du bien, le mal avait pour ainsi dire dans le bien sa racine, et ne pouvait venir qu'après lui. Si Ormuzd n'eût point produit la lumière, Ahriman n'eût jamais enfanté les ténèbres : « J'ai agi le premier, dit Ormuzd, ensuite ce Petyaré (contraire). Le premier lieu, la ville semblable au Behescht (paradis), que je produisis au commencement, moi qui suis Ormuzd, fut Airyana, donné pur. Ensuite ce Petyaré Ahriman, plein de mort, fit dans les eaux le grand serpent, auteur de l'hiver. Le second lieu, la seconde ville semblable au Behescht que je produisis, moi qui suis Ormuzd, fut Çughda, abondant en troupeaux et en hommes. Ensuite ce Petyaré, plein de mort, fit les mouches qui donnèrent la mort aux troupeaux. » La parabole du bon grain et de l'ivraie de l'Évangile ressemble beaucoup à ceci. Quand le père de famille a fait ses semailles, vient son ennemi qui sème le mauvais grain par-dessus. Quant à Ahriman, il a passé tout entier dans le corps de Satan.

Ici s'introduit dans la mythologie de Zoroastre une autre personnification qui vient accomplir son rôle dans l'œuvre de la création ; c'est la parole, l'*Honover*, élevée au caractère d'être agissant, intermédiaire entre les objets de la nature et Ormuzd. « Je la prononce continuellement et dans toute son étendue, dit Ormuzd, et l'abondance se multiplie. » De toute éternité, cette parole, ce verbe, produit le monde ; c'est la voix qui en nommant les choses, les appelle du sein du néant à l'existence et les y retient. Puissance magique de la parole ! Ce souffle émané de la Divinité, en passant à travers le cœur du poëte, fait jaillir, du chaos de l'intelligence un monde d'idées et de formes, créations parfois plus fortes que la réalité même ; dans la bouche de l'orateur, il communique le vertige de l'enthousiasme ou d'une noble fureur à l'immense assemblée qui l'écoute. D'un mot la parole façonne les cœurs et les renouvelle ; d'un mot elle retient les tempêtes humaines et les déchaîne. Murmuré par les lèvres, le nom d'un ami paraît plus cher. Le génie gracieux de la Grèce honora le Verbe sous le nom de la muse de l'éloquence; l'ancienne philosophie le reconnut pour le grand ouvrier de la nature. Manifestation sensible de Dieu, c'est lui qui dans les espaces déserts, dans la silencieuse immensité, appela l'homme au commencement des siècles; par le verbe l'homme répondit : Me voici ! Splendeur de l'intelligence, radiation de l'être, le verbe dans le christianisme se confondit avec l'être primordial lui-même. Zoroastre avait commencé sa brillante fortune.

Zoroastre consulta Ormuzd, lisons-nous dans l'Avesta, et lui dit : « O Ormuzd, absorbé dans l'excellence, juste juge du monde, quelle est cette grande parole donnée de Dieu, cette parole vive et prompte, qui existait avant le ciel, avant l'eau, avant la terre, avant les troupeaux, avant les arbres, avant le feu fils d'Ormuzd, avant l'homme pur, avant les Dews, avant les Kharfesters, avant le monde existant, avant tous les germes purs donnés d'Ormuzd? »

Et Ormuzd répondit : « Le pur, le saint, le prompt Honover, ô Sapetman Zoroastre, je vous le dis clairement, était avant le ciel, avant l'eau, avant la terre, avant les troupeaux, avant les arbres, avant tous les germes purs donnés d'Ormuzd. J'ai prononcé la parole avec grandeur, moi qui suis absorbé dans l'excellence, et tous les êtres purs qui sont, qui ont été et qui seront, ont été faits, ont couru dans le monde. Maintenant, je la dis cette parole, je la prononce continuellement dans toute son étendue, et l'abondance se multiplie. »

Avant qu'Ormuzd appelât les êtres à l'existence, le Temps sans bornes s'était rapproché de l'humanité en devenant le *temps long*, grande période, d'une révolution terrestre devant durer douze mille ans. Dans cette période, qui n'était qu'une image de l'année solaire, les mois se changeaient en milliers d'années; et chacune des phases de la grande année du monde reproduisait en grand l'état et les vicissitudes de l'univers aux diverses positions du soleil sur le zodiaque. Dans les trois premiers mille ans, printemps du monde, Ormuzd resta absorbé dans sa puissance et sa gloire. Soit qu'Ahriman fût encore sans force ou qu'il n'eût point encore amassé dans son cœur cette haine qu'il déchaîna plus tard, la création n'exista que dans la pensée d'Ormuzd. Mais au bout des trois mille ans, Ormuzd, pressentant la puissance prochaine d'Arihman, lui proposa la paix. « Je lui ai donné le Hom bien préparé, dit-il à Zoroastre, je lui ai donné le Miezd en abondance; malgré cela, il n'a pas voulu faire le bien. Il ne veut pas faire le bien, quand même on lui arracherait la peau dans sa largeur, en commençant par la ceinture. » Ormuzd se prépara donc au combat en donnant l'être aux astres, au soleil, à la lune, agents puissants de la lumière; Ahriman opposa à leurs clartés les sombres ténèbres de la nuit, le voile épais des nuages. Le soleil et les astres n'étaient que des représentations matérielles de sa puissance, Ormuzd préposa à leur garde et au maintien des lois qui soutiennent la création une brillante armée d'esprits célestes, l'ornement de sa cour, et les pétulants ennemis de son rival. Ces génies se partagent en deux classes, les Amschaspands et les Izeds. Les premiers sont au nombre de six, leur puissance est immense; Ormuzd n'est que le premier des Amschaspands. Après lui vient Bahman, le dieu de la bienveillance de Plutarque; de concert avec Ormuzd, il travailla à la formation du monde, depuis il veille particulièrement sur le ciel et sur les animaux; Ardibeheset, dieu de la vérité, préside au feu; Schahriver préside aux métaux et aux richesses; Sapandomad, génie femelle, veille sur la terre; Khordad donne les plaisirs et l'intelligence et fait couler l'eau; Amendad, fait multiplier les grains et les arbres : génie de la fécondation, il l'est aussi de l'immortalité. Le nom d'Amschaspand dérive du primitif *amrita-çpenta*, immortels saints. Ces immortels sont les représentations de ces puissances qui conservent l'univers, de ces attributs inhérents à la Divinité que le génie humain, ami de l'anthropomorphisme, a élevés à l'état d'êtres distincts, et auxquels il a presque partout imprimé le cachet de la personnalité. La Grèce en fit des dieux ; Jupiter rappelle Ormuzd ; Cybèle, Sapandomad ; le christianisme en composa ces milices d'Archanges, de Trônes, de Dominations qui tempèrent de leurs ailes diaphanes l'éblouissant éclat de la lumière incréée. Pour les premiers habitants de l'Iran, ces puissances n'étaient que les manifestations sensibles de la force créatrice : les astres, les vents et les mers. Zoroastre, tout en les idéalisant dans des créations intellectuelles, dégagea d'au milieu d'elles le brillant Ormuzd, primitivement une des sept puissances, maintenant leur principe unique et leur créateur suprême. Ainsi, le législateur des Perses, sans détruire ces riches et gracieuses créations du polythéisme et du génie poétique, arrivait par un effet tout naturel à la conception de l'unité divine.

Cependant Ahriman a aperçu dans les régions pures de l'air ces êtres brillants qui les sillonnent, et aussitôt il a appelé sa puissance en aide à sa colère ; lui aussi a prononcé l'honover de la mort, et en face des six Amschaspands se sont dressés six monstres infernaux. Ce sont Akouman, Ander, Savel, Tarmad ou Nekaed, Tarik, Zareteh. Préposés au mal, chacun a reçu une délégation de la puissance d'Ahriman, chacun porte en soi les vices opposés aux vertus de l'Amschaspand qu'il a mission de combattre. Ormuzd sent alors le besoin de renforcer la cohorte de ses ministres ; vingt-huit Izeds, puissances secondaires, viennent à sa voix se ranger autour des Amschaspands, et se distribuent entre eux l'intendance des diverses parties du monde exposées aux insultes des Dews. L'Ized Serosch est le lieutenant d'Ormuzd sur la terre, comme Bahman l'est dans le ciel ; Behram, armé de massues et de flèches, est placé aux avant-postes de l'empire lumineux pour épier les intrigues d'Ahriman et lancer les premiers traits tout en poussant le cri d'alarme. Mithra, dont nous ferons connaître le rôle important dans la mythologie des Perses, est un médiateur entre Ormuzd et les créatures. Il a pour ministre le génie de la droiture, Raschné-rast; Khorschid assiste le soleil; Ardouisour, la vierge des eaux, est le génie de la source qui porte son nom.

Ahriman, à son tour, a nommé les Darvands, et les Darvands ont surgi des ténèbres, découpant leurs formes hideuses sur le fond uni de la lumière; à chaque création d'Ormuzd, son rival répond par une création nouvelle. Ormuzd donne un ange à chaque chose, à chaque être; à la plante comme à l'animal, à l'eau comme au métal; il donne des protecteurs à l'année, au mois, au jour, à chaque heure, à chaque instant de la nuit et du jour; Ahriman remplit l'espace et le temps de nuées de Daroudjs, de Paris, de Kharfesters, de génies mâles et femelles. Le ciel des Perses est un champ de bataille où d'innombrables légions d'êtres invisibles se livrent la nuit et le jour d'incessants combats; les ténèbres ramènent le jour, le jour ramène les ténèbres; ainsi alternent les victoires et les défaites des deux partis. Le sauvage Pégouan sort tous les matins de sa maison, une poignée de riz dans une main, un flambeau dans l'autre. Il court tout autour de sa maison en poussant de grands cris, cherchant le malin esprit pour lui donner sa nourriture et en obtenir la tranquillité de la journée. Les Grecs nous racontent qu'ainsi faisaient à peu près les Perses; qu'ils avaient des paroles pour appeler les Izeds, qu'ils en avaient d'autres pour prier les Dews de s'éloigner et de ne leur point faire de mal. Mais c'est là une impiété dont le Zend-Avesta ne présente aucune trace; la haine des mauvais génies et d'Ahriman s'y produit, au contraire, à toutes les pages avec une vive énergie. « Prononcez, dit Ormuzd, ces paroles qui donnent pleinement la victoire et la santé : récitez les huit honovers. Ces paroles extermineront Eschem; elles extermineront Nesosch; elles extermineront Hamrid; elles extermineront Pitrid; elles extermineront Khrou et ce qui lui ressemble;

elles extermineront Bouédé et ses productions ; elles extermineront Mavid ; elles extermineront Kafiz ; elles extermineront les Paris, qui obsèdent le feu, l'eau, la terre, les bestiaux, les arbres ; elles extermineront Khiveh, qui attaque le feu, l'eau, la terre, les bestiaux et les arbres ; et toi, Ahriman, qui ne sais que le mal, elles t'extermineront des lieux, du feu, de l'eau, de la terre, des troupeaux, des arbres, de l'homme juste, de la femme juste, des astres, de la lune, du soleil, de la lumière première, de tous les biens donnés par Ormuzd. »

Les Amschaspands, les Izeds et les Anges ne sont pas les seules existences invisibles de la mythologie persique ; les Férouers occupent une grande place dans le Zend-Avesta. Zoroastre, idéalisant de plus en plus le règne matériel et sensible, l'a décalqué, pour ainsi dire, en un monde immatériel, invisible, qui en est la projection lumineuse. De même que tout corps se réfléchit dans le miroir des ondes, que tout son se répète dans l'écho, de même, suivant la mythologie du Zend-Avesta, tout être se dédouble en deux parties semblables, quant à l'identité, mais différentes en substance ; l'une est le type, l'autre la réalisation. Chose bizarre, l'image précède ici l'objet ; l'objet n'est que l'image prenant corps et passant à la manifestation. Le monde sublunaire est la représentation matérielle et sensible du monde céleste ; les actes qui s'accomplissent ici se reflètent là haut dans leurs infinies variétés. Ces types supérieurs, ces modèles d'êtres existants dans l'essence d'Ormuzd, ces pures émanations dont les corps terrestres ne sont que les espèces d'ombres ; ce sont les Férouers, (en zend, Farachi, de *fa*, au-dessus, et de *rach* vivre) ; Platon les appela les idées types ; elles dessinent leurs impalpables contours dans l'incommensurable immensité d'Ormuzd. Figurez-vous le monde couvert au-dessus de nos têtes d'un vaste miroir ; toute la terre se réfléchirait avec ses infinies productions sur cette surface. Eh bien ! ce monde réfléchi qu'on verrait se mouvoir et s'agiter au-dessus de nos têtes, c'est le monde réel des Férouers ;

ce monde au lieu d'être le calque de l'univers, a l'univers pour forme apparente. Le ciel dans son unité collective, les astres, les animaux, ont leurs Férouers; toute existence physique, toute existence même morale, toute vérité abstraite, la loi, le bonheur, la parole, ont des Férouers; Ormuzd même a le sien. « J'invoque les Férouers qui ont été créés au commencement, dit Zoroastre; celui d'Ormuzd, grand, excellent, très-pur, très-fort, très-intelligent, élevé au-dessus de tout ce qui est saint; les saints, purs, forts et excellents Férouers des Amschaspands, rois grands, agissants, clairvoyants, germes des eaux, ministres d'Ormuzd; les Férouers des saints de ce monde de maux, des hommes de la première loi; le saint et excellent Férouer de Kaïomors; les saints Férouers de mes parents; tous les purs Férouers des saints qui sont morts, de ceux qui vivent, des hommes distingués; je fais iescht au Férouer de ma propre âme. » Sur toutes les sculptures de Persépolis où se trouve un personnage royal, on voit planer au-dessus de sa tête son Férouer, petite figure semblable à ce personnage, et comme sa miniature.

A ces Férouers se rattache encore une conception philosophique pleine d'ingéniosité et de grâce. Ces Férouers, qui sont nos types, sont en même temps nos anges gardiens. Présents à toutes nos actions, à toutes nos pensées, il nous accompagnent sans cesse; et ces mouvements qu'imprime à l'air notre marche, leur sillage l'imprime aux colonnes plus élastiques de l'éther. Créés dans un état de perfection, sans cesse ils offrent à nos yeux la séduction de leurs beautés célestes, nous excitant à les copier. Ainsi l'Ange gardien habite en nous-même, nous l'y retrouvons à ces heures de méditation où nous nous plongeons dans les profondeurs les plus intimes de notre pensée pour nous examiner et nous saisir. Mirage réel, notre Férouer nous précède sans cesse, et nous conduit par cet attrait égoïste qu'a presque toujours le moi pour le moi. Quelle poésie originale dans cette double existence qui donne un support à toutes ces conceptions fantastiques, à toutes ces capricieuses arabesques que l'imagination décalque sur la vaste inanité des rêves! Cet idéal que poursuit le peintre avec son pinceau, le poëte avec sa plume, c'est le brillant et capricieux Férouer des choses qui se joue, insaisissable et capricieux, sur la toile du peintre, sur le papier du poëte, apparaît et se cache, et parfois s'y laisse fixer. Le Férouer, c'est cette voix mystérieuse qui parle à l'inspiré dans la solitude, à tous dans une grande émotion ; c'était le démon de Socrate, les saintes de Jeanne d'Arc.

C'est aussi l'image de ceux qui ne sont plus. Dans toute personne aimée, vivante ou éteinte, il est une expression de visage, un geste, une pose qui se sont gravés fortement en notre âme, et sous lesquels nous aimons à nous la représenter ; quand notre esprit parvient à saisir ce trait, sans doute que c'est son Férouer qui repasse devant nos yeux, et d'un coup de son aile invisible, nous fait jaillir au cœur le souvenir, et aux yeux quelques larmes. A cette croyance mystique et consolante se rapporte le culte des morts, cet hommage rendu à des êtres disparus de l'existence matérielle, mais dont nous nous sentons mystérieusement entourés. Pour satisfaire à ce besoin de l'âme, les Chinois offraient des sacrifices aux ancêtres, les Indiens aux Pitris, les Grecs et les Romains aux mânes, les chrétiens en offrent aux trépassés. Dans le mazdéisme, les dix derniers jours de l'année étaient consacrés aux morts; et dans cette fête lugubre des familles, le prêtre récitait cette invocation : « Nous offrons le sacrifice aux bons, aux forts, aux saints Férouers des justes, ceux qui descendent de leur demeure vers le temps de Hamaspathmaèdha. Alors, ils se répandent ici-bas pendant dix nuits, exprimant leurs désirs par les questions suivantes : Qui nous louera, qui nous offrira le sacrifice? qui nous invitera en portant à la main le lait de la vache et un vêtement, avec la prière qui fait obtenir la pureté? Quel est celui d'entre nous dont on prononcera le nom? Alors, l'homme qui nous offre le sacrifice en portant à la main le lait de la vache et un vêtement, avec la prière qui fait obtenir la pureté, ils le bénissent, satisfaits, favorables, les forts Férouers des justes, en disant : « Qu'il y ait dans cette maison un troupeau formé d'une vache et de ses veaux! qu'il y ait un cheval rapide et un taureau vigoureux! que ce soit un homme respecté, un homme sage, celui qui nous offre sans cesse le sacrifice en portant à la main le lait de la vache et un vêtement. »

Les Férouers sont les derniers êtres de la hiérarchie céleste, avec eux toute la création supérieure est achevée. Le Temps sans bornes, dont l'activité semble devoir compromettre le solennel caractère, a murmuré (*mussitavit*) quelques mots dans son sommeil, et deux êtres, principes de toute création postérieure, ont été produits. Ceux-ci, plus actifs, se sont donné des ministres. Les Amschaspands, les Izeds, les Férouers forment la série des pures productions d'Ormuzd. Dans cette mythologie, Zoroastre ne s'est point oublié; il a placé son Férouer parmi les excellents Férouers de l'Iran et de la loi, et a composé en son honneur une prière. « J'invoque, lit-on dans l'Avesta, le pur, le saint Férouer de Sapetman Zoroastre, auquel Ormuzd a pensé d'abord, qu'il a instruit par l'oreille et qu'il a formé avec grandeur au milieu des provinces de l'Iran. »

Lorsque Ormuzd et Ahriman eurent créé les puissances secondaires, ministres de leurs volontés, le sixième millénaire approchait de son terme; ces six mille ans représentés par les signes du zodiaque, le Bélier, le Taureau, les Gémeaux, l'Écrevisse, le Lion et l'Épi, avaient de plus en plus donné à Ahriman le temps de développer ses forces; la lutte allait s'engager entre les deux armées rivales. La création de l'homme taureau Kaïomors en fut l'occasion. Ahriman sentit que son temps était venu. Rassemblant ses noires cohortes, il se précipite à leur tête dans le royaume de son rival; mais son armée, effrayée de tant d'éclat, s'arrête en arrière; Ahriman seul pénètre jusqu'aux cieux. Arrivé sur le seuil, un frissonnement le saisit lui-même, il recule, et cachant sa défaite, il s'élance sur la terre sous la figure d'un serpent. De son infect venin il souille toutes choses, il l'insinue dans les plus profondes entrailles de la terre, dans le Taureau primitif, dans l'eau, dans le feu, symbole visible d'Ormuzd. Il rallie alors ses troupes dispersées, et de nouveau s'élance avec eux pour envahir le ciel; mais Ormuzd, avec l'éclatante armée des Amschaspands et des Izeds, suivie des Férouers des hommes, le refoula dans les profondeurs du Douzah lui et les siens. Le combat dura quatre-vingt-dix jours et quatre-vingt-dix nuits, et pendant cette longue mêlée, Ahriman et ses Dews, quoique vaincus, parvinrent à souiller jusqu'à l'air et la lumière. Ormuzd, dès ce moment, se vit arracher la moitié de son empire. La nuit, pour la première fois, jeta ses ombres sur la nature, et depuis lors revint périodiquement l'attrister. Le Taureau, blessé dans la lutte, périt, et à sa mort les semences des hommes, des animaux et des plantes contenues dans les diverses parties de son corps, furent reçues par les Izeds, qui les firent éclore. A cette partie de la cosmogonie de Zoroastre vient se rattacher la création de la terre et des êtres, telle que nous l'avons rapportée plus haut. Depuis la mort de Kaïomors, les Férouers quittant le Gorotman, espèces de limbes de l'existence, descendent tour à tour pour s'unir à la semence corporelle du Taureau et accomplir l'épreuve difficile de la vie, sourire et pleurer dans ses sentiers divers. Heureux l'homme qui pour les parcourir s'est guidé par les lueurs intérieures que le Férouer a fait luire à son esprit, qui s'est appuyé sur les institutions de Zoroastre! Pour lui, Ormuzd a préparé dès l'origine un glorieux séjour de délices; quand il aura combattu son dernier combat contre les Dews, il ira se reposer dans le Behescht. Ce n'est pas pour lui que le pont de Tchinevad, posé entre la terre et les régions de la vie future, sera étroit comme le tranchant d'une épée; ce n'est pas pour lui que l'Ized Raschné-râst, qui tient son terrible tribunal sur ce pont, aura des paroles de colère. L'âme du saint, quatre jours après sa mort, pourra s'y présenter avec confiance; les Dews, qui la poursuivent pour la revendiquer, se la verront arracher par les bons génies qui l'assistent à ce jugement décisif. Devant elle, le pont s'élargira de neuf piques, les âmes des ancêtres viendront au-devant d'elle, et le chien céleste, gardien des troupeaux, protégera son passage. Au milieu du pont, l'âme du juste s'apercevra elle-même dans une espèce d'apothéose; cette apparition sera son Férouer ou son Kerdar lumineux. « De moi-même j'étais pur, lui dira-t-il, mais par vos bonnes œuvres vous m'avez rendu plus pur encore. » Son Kerdar lui passera alors la main autour du cou, et l'amènera ainsi au milieu des plaisirs des esprits célestes, dans le Behescht où les âmes occupent des demeures plus ou moins rapprochées d'Ormuzd, suivant leur mérite.

Mais tel n'est pas l'accueil fait à l'homme qui, loin de ceindre autour de ses reins la ceinture du combat, s'est lâchement abandonné aux séductions d'une vie de mollesse et de crimes. Pour ce transfuge de la vertu et de la lumière, dès cette terre déjà la proie des Dews, Ahriman a préparé d'autres domaines. Comme au palais d'Ormuzd, on arrive au royaume de son rival par le pont de Tchinevad; la noire troupe des Dews en garde les abords, et reçoit les misérables hôtes que Raschné-ràst lui adjuge du haut de son tribunal. La sentence prononcée, ces affreux génies félicitent en ricanant l'âme coupable de ce qu'elle a eu le bon goût de préférer leur compagnie à celle des Izeds, et la poussent avec violence dans l'affreux cachot, en lui vantant ironiquement les splendeurs qui l'attendent. A elle aussi apparaît son Kerdar dans toute l'horreur de ses crimes. Rivé à sa chaîne; il lui reprochera ces crimes jusqu'à la résurrection.

Rien de plus logique que cette conclusion du combat du mazdeisnan sur la terre. Chacun des deux principes a son royaume et son peuple. La terre et le ciel se correspondent. Mais si Zoroastre a compris qu'il y avait un puissant mobile pour l'activité humaine dans cette collision de la terre, dans cette alternative de récompense et de punition ajournées à la vie future, son bon sens pratique, son instinct du vrai et de la justice, semblent, au risque d'une inconséquence, l'avoir gardé d'un excès où est tombé le dogme catholique. Ce philosophe, qui avait évité au commencement de son exposition de trop s'expliquer sur l'unité divine, de peur d'avoir à montrer ses émanations dans le temps, comme fatales et non modifiables; qui, pour tenir l'homme sans cesse éveillé sur les entreprises d'Ahriman, avait présenté cette puissance comme égale en puissance et en éternité à Ormuzd, recule maintenant devant l'idée de l'éternité des peines comme devant une monstruosité. Quoi! quelques jours d'épreuves sur cette terre, où l'homme est assailli tour à tour par les séductions et les violences du mauvais génie, décideraient d'une éternité de malheur, et Ormuzd abandonnerait ainsi à son rival des êtres coupables, sans doute, mais faibles après tout? Zoroastre ne s'est pas fait à ce point l'interprète des colères célestes; non, à la fin des âges, tous les morts ressusciteront; tous entreront après de transitoires expiations dans la gloire d'Ormuzd.

La résurrection doit avoir lieu à la fin des douze mille ans assignés à l'existence du monde. Les trois derniers mille sont presque entièrement abandonnés à Ahriman; mais plus celui-ci semble triompher dans l'univers, et plus pourtant la fin de son règne approche. Les fléaux de toute espèce, la peste, les maladies, les guerres, la famine, qu'Ahriman envoie coup sur coup pour accabler la création, ne font qu'accélérer le retour à la pureté et au bonheur; de l'épaisse nuit qu'il répand va sortir la lumière qui ne doit plus se voiler. « Ahriman, dit Plutarque, détruira son empire à force d'excès; la peste et la famine donneront le signal de la régénération; et les hommes, admis sans exception à la félicité suprême, mèneront tous la même vie, ne feront tous qu'une même république, parleront tous le même langage. » Cette résurrection, suivant les livres zends, sera précédée de la venue sur la terre des trois prophètes Oscheder Bami, Oscheder Mah, et Sosiosch, envoyés pour crier aux peuples de faire le bien, parce que les temps touchent à leur terme.

Lorsque le dernier jour du douzième millénaire aura accompli son cours, tous les êtres de la création auront depuis longtemps succombé sous les fléaux envoyés par Ahriman; mais Sosiosch, courant dans les airs, fera partout revivre les morts; les éléments qui avaient reçu les diverses parties des êtres les rendront à l'existence première; le jus de l'arbre de Hom, et le lait du Taureau, leur communiqueront une vie éternelle. Kaïomors ressuscitera le premier; après lui, Meschia et Meschiané, et l'innombrable suite de leurs descendants.

Pour la seconde fois, se fera une séparation transitoire des bons et des méchants. La scène du jugement dernier du catholicisme n'est qu'une reproduction de la résurrection mazdéenne, et cette parole consolante que doit prononcer Jésus-Christ : « Venez, les élus de mon Père, prenez place dans le royaume qui vous a été préparé depuis le commencement du monde, » Bahman, le premier des Amschaspands après Ormuzd, l'adressera également aux âmes des purs. « Tout ressuscitera, dit Ormuzd à Zoroastre... Par la voie donnée du temps, arriveront sur le pont Tchinevad, donné d'Ormuzd, les Darvands et les justes qui auront vécu dans ce monde saints de corps et d'âme. Ensuite les âmes fortes, saintes, qui ont fait le bien, s'approcheront protégées par le chien des troupeaux, couvertes de gloire. Ceux dont l'âme criminelle aura mérité l'enfer, craindront pour eux-mêmes. Les âmes des justes iront sur cette montagne élevée et effrayante. Elles passeront le pont Tchinevad, qui inspire la frayeur, accompagnées des Izeds célestes. Bahman se lèvera de son trône d'or, et leur dira : Comment êtes-vous venues ici, ô âmes pures, de ce monde de maux, dans ces demeures où l'auteur des maux n'a aucun pouvoir? Soyez les bien-venues, ô âmes pures, près d'Ormuzd, près des Amschaspands, près du trône d'or, dans le Gorotman, au milieu duquel est Ormuzd, au milieu duquel sont les Amschaspands, au milieu duquel sont les saints. »

Les pécheurs les plus récemment morts, et qui auront encore un reste d'expiation à subir, seront de nouveau précipités dans l'enfer, et pendant trois jours et trois nuits seront punis en corps et en âme par des châtiments plus durs que neuf mille ans de tortures. Ces trois jours seront un temps d'affliction pour tous les êtres; les purs mêmes seront contristés; car cette séparation rappellera toutes les douleurs de la première séparation de la terre, et les familles seront dispersées encore entre l'enfer et le ciel, suivant le mérite des membres. Les purs pleureront sur les Darvands, et les Darvands sur euxmêmes; car le père pur aura un fils darvand ; de deux sœurs, l'une sera pure et l'autre darvande.

Enfin, un grand cri s'élèvera des enfers, un cri déchirant qui demandera grâce pour tous: « O juste juge d'Ormuzd, dira-t-il, si nous eussions péché pendant neuf mille ans dans le monde, vous ne nous auriez pas punis plus rigoureusement. » Ormuzd, touché de compassion, leur ouvrira alors son royaume; les barrières qui séparaient le Dousahk et le Gorotman tomberont; la terre, unie dans une paix profonde, et placée à la hauteur du Gorotman, en reproduira toutes les joies. Les purs et les Darvands s'y embrasseront. La mère y retrouvera son fils, le père sa fille, l'ami son ami, le frère sa sœur; la famille humaine sera complète.

Il y a dans ce dénoûment suprême de l'existence une idée grande, généreuse et touchante, que le catholicisme a laissée à la religion de Zoroastre, en lui empruntant l'idée de la résurrection, et qui était bien faite pourtant pour s'allier avec les sentiments de charité et d'amour qui règnent dans la morale chrétienne. Mais le catholicisme, sorti du judaïsme, a subi l'influence de son origine; il a épousé les terribles et étroites colères de Jéhovah contre Satan; il a accepté la parole de malédiction lancée contre le serpent et ses victimes; tout le sang du Christ n'a pu apaiser la haine du Dieu du Sinaï. Combien en cela le mazdéisme est supérieur au dogme catholique! Au lieu de cet égoïsme des élus qui s'absorbent dans le bonheur des cieux, indifférents et insensibles aux cris d'angoisses qui s'élèvent de la terre et de l'enfer, les purs du mazdéisme sentent leur âme s'attrister des victoires d'Ahriman, et leur éclat se voile de leurs ténèbres. Tandis que les premiers jettent entre leur mémoire et leur joie présente un abîme, de peur de se ressouvenir de quelques amis, de quelques parents, qui expient des fautes légères dans d'irrémissibles tourments, les seconds intercèdent pour les Darvands. La prière pour les damnés n'est pas proscrite au Gorotman comme au Paradis catholique. « Porte tes regards, ô saint Ormuzd, s'écrie le juste, sur celui qui fait le mal; que j'aie la pure satisfaction de le voir connaissant la pureté du cœur. Fais-moi cette grâce, Ormuzd; accorde-moi ce saint avantage; que la parole détruise le démon; que leur chef, ne respirant que la pureté du cœur, prononce éternellement ta parole au milieu de tous les Darvands convertis. »

Ahriman, Ahriman lui-même, doit un jour, prosterné avec ses Dews, rendre hommage à Dieu, et lui offrir le saint sacrifice. Passant à travers les métaux coulants comme un fleuve de feu, cette couleuvre menteuse y laissera ses impuretés et ses crimes; il acceptera enfin le Hom et le Miezd que lui offrait Ormuzd au commencement des douze mille ans, et il s'unira à la nature d'Ormuzd. « Cet injuste, cet impur, qui n'est que Dew dans ses pensées, ce roi ténébreux des Darvands, qui ne comprend que le mal, au dernier jour il dira l'Avesta; il exécutera la loi; il l'établira dans la demeure des Darvands. » Tel est le dernier mot de la mythologie persique.

CHAPITRE SIXIÈME.

MORALE.

Dans le principe de la lutte établie au sein même de la Divinité, le sectateur de Zoroastre trouve la nécessité de combattre lui-même contre les productions de l'ennemi d'Ormuzd. — Différence entre la morale des Hindous et celle des Perses provenant de la différence du dogme métaphysique. — La matière n'est pas maudite dans la doctrine mazdéenne. Le jeûne, les macérations, le célibat des prêtres en vue d'une sainteté spéculative et individuelle, sont défendus. — Toute la morale consiste en actions conspirant au bonheur de l'État. — L'agriculture honorée.—Soins donnés aux animaux domestiques utiles. — Animaux purs, animaux impurs. — Guerre incessante contre ces derniers. — Castes. — Mariages. — Les Perses accusés d'épouser leurs sœurs, leurs filles et leurs mères. — Le Khétoudas. — Une noce chez les Parses modernes.

Les conséquences dernières du dogme mazdéen, en présentant au cœur une consolante espérance, à la raison une solution équitable, n'ébranlent point les bases de la morale et du culte. La réintégration des âmes dans leur primitive splendeur ne devant s'accomplir qu'à la consommation des âges, est trop lointaine pour appeler d'autres méditations que celles des sages et des savants, et, pour ceux-là, le flambeau de la philosophie interne les éclaire assez sans le recours aux prescriptions comminatoires de la révélation. Quant au peuple, aux hommes d'action trop occupés de la vie présente pour scruter les mystères de la vie future, cet espoir vaguement entrevu d'une béatitude définitive ne les éblouit pas au point de leur faire perdre de vue les images sensibles du paradis et de l'enfer placés de l'autre côté de la tombe, et cette sanction immédiate se traduisant ici en un pompeux spectacle d'indicibles jouissances, là en un appareil effrayant de tortures, n'a pas besoin d'être implacable et éternelle pour agir sur l'esprit. Le pardon final venant dans la longue suite des âges relever l'homme des erreurs de sa liberté, ajoute ainsi un trait à la bonté de Dieu, sans nuire à sa justice.

L'homme, du reste, n'agit pas toujours en vue de sa fin, il agit aussi par égard pour son origine, et la distinction du bien et du mal est ici si bien définie, que le mazdéisnan voit dans sa vie la nécessité d'un combat sans cesse ni trêve, semblable à celui que se livrent dans le ciel, dans les airs, partout, les innombrables milices d'Ormuzd et d'Ahriman. Enfant d'Ormuzd, le mazdéisnan est son homme lige, il doit en être le soldat, et joindre son action à celle des bons génies. Dans cette mêlée générale de toutes choses, il ne peut rester inactif, car les Dews, semblables au loup de l'Évangile, cherchent à circonvenir ceux qui sommeillent; comme à Sparte, dans les discordes civiles, il faut qu'il prenne parti; celui qui ne combat pas est un traître. Aussi, dès l'âge de quinze ans, le mazdéisnan revêt, pour ne plus les quitter, le *kosti*, ceinture qui forme vingt tours sur les hanches, et le *saderé*, espèce de chemise à manches courtes, qui laisse au corps son agilité; c'est là le costume sacré que Zoroastre donna à son sectateur, comme symbole de sa destinée militante. Sous ce costume, le Perse se montrera actif et énergique comme la flamme de ce feu qu'il adore; sa bravoure vaincra la lourde léthargie dans laquelle s'endort l'Orient, et marchera jusqu'en Europe.

C'est surtout dans la morale que ressortent les conséquences diverses de la conception de la Divinité chez les Hindous et les Perses. Les premiers, appuyant fortement sur l'unité d'un Dieu qui compose à lui seul tout l'univers avant les manifestations ou les émanations de son être, ne savent d'où faire sortir le mal; aussi le nient-ils. Dieu peut-il se développer autrement que d'après les lois de sa nature, et ses déploiements peuvent-ils se produire sans l'intelligence et l'harmonie qui sont ses attributs primordiaux? Émergeant de lui-même, au sein de l'abîme qu'il comble tout entier, fera-t-il éclore d'autres germes que ceux qui préexistent dans son être?

Comment tout ce qu'il crée ne serait-il pas forcément bon, parfait, participant à la Divinité? Faut-il s'étonner après cela qu'aux yeux des Hindous, les instincts, les passions, tous les penchants moraux et physiques qui agitent l'homme, ne soient que des résultats de lois absolues qu'il est tout au moins inutile de juger? Aussi ne considèrent-ils la douleur et le plaisir, le bien et le mal, que comme des accidents de substance, indifférents dans l'ordre moral, et inévitables dans la marche générale du monde; aussi l'homme, dans ce système, n'a-t-il point d'efforts à faire pour modifier sa nature et ses penchants. Son plaisir, mais non son devoir, consiste à se regarder passer et vivre, à s'absorber dans la connaissance oisive de soi-même, dans le spectacle improductif de ses impressions et des instants de son existence. L'inaction est la suprême sainteté.

Que cela ressemble peu au génie de l'Iranien! Dans Ormuzd, celui-ci trouve un type de perfection à imiter, dans Ahriman un type de laideur à combattre. Tandis que l'Hindou se fait un atome imperceptible du vaste tout, le mazdéisnan a le sentiment d'une forte personnalité qui, loin de se laisser absorber, déborde active et mobile sur tous les objets de l'univers. Soldat volontaire, il lutte contre la nature, pour ramener l'âge d'or de la délicieuse Airyana, de ce lieu d'abondance et de plaisirs donné par Ormuzd au commencement du monde. Que la terre redevienne fertile et riante, comme elle dut s'épanouir sous le premier regard du soleil, avant que le souffle pestilentiel et glacé d'Ahriman l'eût souillée, que les primitives vertus des aïeux refleurissent là où germent les buissons et les plantes vénéneuses semées par une main trop prodigue, telle est l'ambition du mazdéisnan, tel est son devoir.

De cette pensée naquit chez le peuple de l'Iran l'art de l'agriculture. Le nomade Touranien fauchant les moissons sous les pas de ses chevaux, n'était pas moins dangereux que l'hiver, et de là vint l'hostilité des deux races. La terre est la mère nourricière des hommes; c'est en fouillant son sein que l'Iranien trouvera à la fois un aliment à son activité, une satisfaction à ses besoins. Les biens ne sont point dans le mazdéisme réputés à crime ; l'abstinence n'est point l'idéal de la sainteté; Zoroastre n'a point organisé la terre en vue seulement de l'autre monde; dès celui-ci il veut que le règne de la félicité s'établisse. Le travail de la terre est noble et moral, le législateur le recommande sans cesse dans les Naçkas, comme une prière vivante. La main du laboureur est le poignard d'or de Djemschid, qui fait jaillir de terre les moissons, les animaux domestiques, les bestiaux et les hommes. Semer des grains avec pureté, c'est remplir toute l'étendue de la loi des mazdéisnans. Celui qui cultive la terre honore, par cette œuvre même, Sapandomad; Khordad fait couler pour lui ses ondes bienfaisantes; Amerdad veille sur les arbres et les plantes de ses jardins.

Zoroastre demanda à Ormuzd comment il fallait cultiver la terre pour la rendre féconde, et Ormuzd lui répondit :

« La terre la plus excellente, ô Sapetman Zoroastre, est celle que l'on unit bien, et dans laquelle on plante des grains, de l'herbe, des arbres, et surtout des arbres fruitiers; celle à laquelle on donne de l'eau, quand elle n'en a pas, ou que l'on dessèche, quand elle a trop d'eau. Si l'on a soin de remuer cette terre de gauche à droite, de droite à gauche, elle portera l'abondance de toutes choses. Comme un homme serre tendrement son ami lorsqu'il le voit, et que les enfants sont le fruit des embrassements qui se font sur le lit couvert d'un tapis, cette terre portera de même toutes sortes de fruits. Cette terre, ô Sapetman Zoroastre, que l'on aura remuée de droite à gauche, et de gauche à droite, dira à l'homme qui en aura eu soin : "Que tes villages soient nombreux et abondants ! Que tes champs portent avec profusion tout ce qui est bon à manger, des fruits et des grains ! » Si l'on n'a pas eu soin de remuer la terre de gauche à droite et de droite à gauche, cette terre dira à l'homme : « Que les mets purs et saints s'éloignent du lieu que tu habites! Que le Daroudj Nesosch te tourmente, et que pour fruits à manger tes terres ne te présentent que des frayeurs de cent espèces. » Celui qui observe ainsi la loi des mazdéisnans est aussi grand devant moi que s'il avait donné l'être à cent créatures, à mille productions, ou célébré dix mille sacrifices. Celui qui produit du grain brise les Dews. Lorsqu'on en produit selon le besoin, les Dews sont attérés. Produisez-en encore davantage, et les Dews pleureront de dépit. »

L'habitude des travaux agricoles portait naturellement le mazdéisnan à s'occuper du sort des animaux domestiques. Parmi ces animaux, les uns l'aidaient dans ses travaux, les autres, vivant sur les champs qu'ils engraissaient, lui fournissaient leurs toisons et leurs peaux pour son habillement, leur lait et leur chair pour sa nourriture. Le Zend-Avesta avait veillé aux intérêts de ces serviteurs muets; il imposait l'obligation de les bien nourrir et de les faire multiplier. Les frapper, les tuer sans raison, ne pas les garantir du voleur, du loup, du froid, du chaud, ne pas leur donner le couvert, l'eau, le foin, constituaient autant d'infractions sévèrement punies. Ce respect pour les animaux n'était point ici, comme dans l'Inde, le résultat de mystiques théories sur la métempsycose ou de la divinisation des êtres de la nature; c'était le devoir de la reconnaissance, et, pour ainsi dire, la loi du contrat tacite en vertu duquel le laboureur s'appropriait le travail et les richesses de l'animal utile. Les prescriptions à cet égard remontaient plus haut que Zoroastre; car ce législateur dit avoir emprunté au prophète Hom ces paroles de l'Avesta : « O Hom, ces paroles que vous avez prononcées sont célèbres : Je prie les animaux, parce que les animaux me prient à leur tour; je parle avec douceur aux animaux; j'appelle les animaux avec grandeur; je nourris les animaux; j'habille les animaux; j'entretiens les animaux en bon état. Ce sont eux qui me donnent la nourriture, et ce qui est nécessaire à la vie. »

Ormuzd ne faisait que répéter à Zoroastre, et d'une manière plus formelle encore, les enseignements donnés autrefois à Hom. « Je recommande de donner aux troupeaux ce dont ils ont besoin. Celui qui agira ainsi ira au Behescht. Procurez-leur les plaisirs, les pâturages; nourrissez ceux qui ne sont pas nourris; donnez un chef à ceux qui n'en ont pas. » Chez les modernes sectateurs de Zoroastre, c'est un usage généralement établi de conserver dans chaque maison un bœuf, un chien et une poule.

Dans cette attention du mazdéisnan à s'environner d'animaux domestiques, il ne faut pas voir seulement la simple utilité qu'il en retirait pour le travail des champs; ces trois animaux dont le Parse se fait l'hôte nous révèlent d'autres besoins. Le Parse, qui a perdu aujourd'hui en partie le sens de cette institution antique, ne considère plus ces animaux que comme propres à chasser les mauvais génies. Sans nul doute cette préoccupation entra aussi dans l'esprit du législateur. Poursuivi toujours par l'idée de lutte, aucun des êtres de la nature ne lui fut indifférent; ils se présentaient tous à ses yeux marqués du sceau d'Ormuzd ou de celui d'Ahriman. A ceux que leurs mœurs et leur sympathie rapprochaient de l'homme, il donna l'hospitalité du foyer ou de l'étable; et ces animaux domestiques formèrent autour de la demeure de l'homme comme un rempart contre les esprits pervers d'Ahriman; ils furent dans la maison une activité de plus, et souvent une distraction. Le bœuf servait au labourage; le chien accompagnait son maître dans ses courses, veillait aux troupeaux et à la maison; la poule ou le coq chantait le réveil du matin, rappelait le mazdéisnan à l'adoration d'Ormuzd et aux travaux de la journée. « L'oiseau Péroderesch (le coq céleste) élève la voix au gah-oschen (première heure du jour). Il l'élève avec force, pour que l'homme réveillé fasse des prières pures, dignes du paradis, et qui anéantissent les Dews; car le Dew Boschap, auteur du mensonge, court alors sur vous; lorsque la lumière se répand dans tout le monde existant, il endort l'homme. Ne vous laissez pas surprendre, vous n'auriez pas les trois dispositions célestes : la pureté de pensée, la pureté de parole, la pureté d'action. »

La distinction du bien et du mal appliquée à toute chose conduisit les Perses à classer les animaux en deux règnes, suivant qu'ils étaient utiles ou nuisibles; à chacun des deux règnes ils donnèrent pour chef un animal imaginaire composé de tous les attributs appartenant à l'espèce. La licorne fut le chef des animaux purs et utiles, et pour représenter ce type, on emprunta des membres divers à plusieurs animaux, particulièrement au bœuf, au cheval et à l'âne. C'était ce bizarre composé que Ctésias avait vu sans doute sur les murs de Persépolis, et qu'il décrivit ensuite comme un animal vivant. A la tête du règne d'Ahriman était une espèce de lion, le martichoras, mangeur d'hommes.

L'Hindou, plein d'une charité universelle pour tout ce qui a vie, fait chaque soir une prière d'expiation en mémoire des animaux qu'il peut avoir écrasés par mégarde sous son pied, anéantis de son souffle ou brûlés à la lumière de sa lampe. Le mazdéisnan porte loin la sollicitude pour les animaux d'Ormuzd, mais il déclare une guerre permanente aux Kharfesters; les tuer, c'est relever la terre d'une souillure : « Que pour purifier son âme et expier son crime, le coupable frappe dix mille de ces couleuvres qui se replient sur elles-mêmes et marchent sur le ventre; qu'il frappe dix mille grenouilles; qu'il frappe dix mille de ces fourmis qui traînent les grains et marchent à la file; qu'il frappe dix mille de ces mouches qui se reposent sur les différents êtres. »

La destruction des animaux nuisibles faisait même chez les Perses l'objet d'une fête célèbre nommée la fête de la mort des vices, que Plutarque et Agathias décrivent, et à laquelle Hérodote fait allusion dans ce passage : « Les mages diffèrent des autres hommes, et spécialement des prêtres de l'Égypte.

Ceux-ci, en effet, regardent comme un crime de mettre à mort aucun être vivant, à part ceux qui sont sacrifiés aux dieux. Mais les mages mettent tout à mort de leur propre main, excepté l'homme et le chien ; et ils apportent même à cela un grand zèle, tuant ainsi les fourmis, les serpents, ainsi que les autres reptiles, et tout ce qui vole. » Cette fête se célébrait dans le mois d'espandarmad, le dernier de l'année, et faisait partie de celle des laboureurs. On lui trouverait peut-être quelque analogie avec la bénédiction des bestiaux, que fait le prêtre catholique le jour de Saint-Roch, et avec les processions des Rogations. Le jour d'*espandarmad*, le mobed, revêtu des habits liturgiques, se rendait dans les champs et récitait cet office : « Au nom du juste juge Ormuzd, je lie la gueule de tous les Kharfesters, des Dews, des Daroudjs, des magiciens, des Paris, des Dews qui rendent aveugles, de ceux qui rendent sourds, de ceux qui affaiblissent, des pécheurs, des Aschmoghs, des loups, des suppôts de l'enfer, etc., » etc.

Zoroastre trouva établies dans l'Iran quatre castes, dont l'origine remontait, comme nous l'avons vu, à Djemschid ; il les consacra de nouveau, et, dans son code universel, spécifia les instruments et les devoirs particuliers à chacune d'elles. L'égalité s'accommodait très-bien de ce régime, car ces castes n'étaient point de droit divin ; elles ne venaient pas des différents membres d'un dieu comme dans l'Inde. Suivant les enseignements de la cosmogonie persique, il y avait unité dans l'espèce humaine ; elle descendait tout entière de Meschia et de Meschiané. Les castes n'étaient ici qu'une conséquence de cette nécessité qu'éprouvent toutes les sociétés naissantes de distribuer le travail suivant les principaux besoins de la vie commune ; et à ces besoins le peuple de l'Iran avait répondu par les quatre classifications primordiales de militaires, de savants, de laboureurs et d'artisans. Nul doute, du reste, que ces classes ne fussent même héréditaires à l'origine, et que la liturgie, qui s'allie ordinairement chez les populations primitives à tous les actes de la vie civile, ne leur donnât une existence sacramentelle. Le fils y succédait naturellement à la science et aux instruments de travail de son père, et prolongeait à travers les générations un nom connu et respecté. Ainsi se formaient des généalogies de laboureurs et d'artisans aussi illustres que les généalogies des militaires. Dans les sociétés peu remuées encore, l'ambition de l'homme n'aspire pas à faire autre chose que ce que faisaient ses aïeux, à moins que quelque circonstance en dehors du cours ordinaire de la vie n'arrache le laboureur à sa charrue, l'artisan à son atelier, et ne le pousse, comme elles firent du forgeron Caveh, dans le hasard des révolutions.

Chez les Perses donc, les castes étaient héréditaires par le fait et par convenance administrative, mais elles ne l'étaient pas de droit. Nulle part dans les Naçkas on ne trouve des prescriptions qui élèvent des barrières entre elles; les pures notions de l'égalité humaine s'y retrouvent au contraire fréquemment. « J'adresse ma prière à Hom, dit le sectateur de Zoroastre, à Hom qui fait que le pauvre devient un homme grand et riche. Je vous adresse ma prière, Hom, qui faites que le pauvre est égal au grand et au puissant. » C'était par la prise du kosti que tout mazdéisnan faisait adhésion solennelle à la loi de son pays, et entrait dans la grande famille de la nation. En devenant ainsi membre du corps de l'état, il prenait également rang dans une caste; jusque-là le père pouvait donner à son fils l'éducation professionnelle qui lui plaisait. Cependant, la mobilité des conditions dans les familles, pour n'être pas proscrite, était sans doute regardée comme un dérangement dans la société, et c'était ce motif qui faisait qu'on accordait moins de considération aux artisans qu'aux trois autres classes; ils sont rarement mentionnés dans les livres sacrés. Le marchand et l'artisan tiennent moins en effet au sol que le laboureur et le guerrier; ils vont où le vent de la fortune les entraîne. Le premier voit sa patrie sur le vaisseau qui porte ses marchandises, et chez nous, le compagnon qui part pour faire le *tour de France* ne revient pas toujours à l'atelier paternel. Il y a un état surtout qui, par l'objet de ses travaux, nous semble avoir dû inspirer de la défaveur aux adorateurs d'Ormuzd ; c'est l'état de forgeron, exposé sans cesse à éteindre ou à souiller l'élément du feu. Cette crainte a pris chez les Guèbres modernes un tel caractère de superstition, qu'il serait impossible de trouver chez eux un forgeron. Mais elle n'aurait pu exister à l'époque où les Perses formaient une nation et étaient forcés de se suffire à eux-mêmes ; le tablier de Caveh figurait du reste, depuis Féridoun, comme le plus glorieux des insignes, dans les armes des rois de Perse.

Une institution qui tendait encore à maintenir les Perses dans les professions patrimoniales, c'était celle du mariage entre parents, vivement recommandé aux mazdéisnans par la loi de Zoroastre. Par là, les familles devenaient de petits états, racines du grand état, et les mœurs patriarcales s'y conservaient sous un chef vénéré. Cette institution, nommée Khétoudas, a provoqué de la part des historiens les critiques les plus énergiques, et elle les aurait méritées si elle eût poussé les Perses, comme on le prétend, à de monstrueuses alliances entre frères et sœurs, entre filles et pères. Toute l'antiquité pourtant l'affirme, et on pourrait citer de Diogène de Laërce, de Tertullien, d'Eusèbe, des passages tout aussi formels que celui-ci de Clément d'Alexandrie : « La loi autorisait les Perses à s'allier à leurs mères, à leurs filles et à leurs sœurs. » Saint Jean Chrysostome met cette abomination sur le compte d'un faux jugement plutôt que sur celui de la corruption. Si, en effet, le khétoudas produisit les alliances incestueuses qu'on rapporte, il est permis de croire, en insistant sur la remarque de saint Jean Chrysostome, que les Perses, par le mariage entre parents, voulurent imiter ces unions de la première famille humaine dont les membres furent à la fois frères et époux, et qu'ils trouvèrent un côté touchant et poétique à voir le berceau où enfants ils avaient dormi ensemble se changer plus tard en couche nuptiale. Quelques auteurs modernes toutefois, et Beausobre entre autres, dans son Histoire du Manichéisme, ont cherché à relever les Perses de ces accusations, et en réalité, on ne trouve rien dans les Naçkas qui les justifie. On sait de plus que lorsque Cambyse voulut épouser sa sœur, la question était tellement nouvelle que les mages s'assemblèrent pour en délibérer. La réponse fut que la loi n'avait rien prévu. Chez les modernes sectateurs de Zoroastre, le mariage n'est autorisé qu'entre cousins germains.

A ce degré, le mariage est non-seulement sans inconvénient, mais c'est un des plus convenables arrangements de famille; presque toutes les législations le permettent, et le christianisme, qui, préoccupé d'une excessive pureté, employa toutes ses foudres pour le proscrire, a été ramené par les mœurs à ce point de départ. Outre ce sentiment de révolte qu'éprouve le cœur à l'idée d'OEdipe recevant dans la couche conjugale les caresses de sa mère, ce qui devait faire proscrire le mariage entre proche parents, c'était le besoin de conserver la pureté du foyer domestique. Pour cela, il fallait jeter un voile de pudeur sur les yeux des enfants de la même famille, pour que le frère pût regarder sa sœur, la sœur son frère, sans ressentir une rougeur soudaine et de secrets tressaillements; il fallait, en détruisant avant qu'elle pût naître toute espérance d'union future, écarter du cœur jusqu'à ces pensées de convoitise que fait naître le commerce des personnes de différent sexe et qui eussent pu ici, en donnant le change à d'autres sentiments très-purs, occasionner de graves désordres.

Mais au second degré, cette provocation précoce des sens était une garantie de la durée du bonheur dans le mariage. Le foyer demeurait pur, car les futurs époux n'habitaient pas d'ordinaire sous le même toit, mais ils se voyaient souvent, et avec le temps l'amitié se changeait en amour sans danger. Du reste, les fiançailles célébrées de bonne heure entre eux venaient, par une consécration anticipée, légitimer les premiers penchants du cœur et éviter au Perse le désordre qui résulte de l'effervescence des passions naissantes en lui indiquant l'objet sur lequel devaient se porter ses désirs. La pureté du mariage était doublée par cette fidélité même de la pensée, qui datait du moment où le cœur avait commencé à tressaillir dans la poitrine sous l'aiguillon des sens. Le nœud se resserrait de tous les souvenirs de l'enfance, de tout le charme des jeux anciennement partagés. Aussi, Zoroastre présente-t-il le khétoudas à ses sectateurs comme une action des plus méritoires. « Je fais yaçna au pur khétoudas, dit-il. De tout ce qui existe, de tout ce qui a existé, c'est la chose la plus grande, la plus excellente, la plus pure. Cette action procure l'abondance de tous les biens; c'est la pratique exacte de la loi des Mehestans. »

La faveur que Zoroastre accorde au khétoudas, il l'accorde au mariage en général, cette grande institution qui est la base la plus solide des sociétés et qui fait, avec la propriété, que le nom de patrie n'est pas un vain mot. Il avait compris que le mariage est le moyen le plus efficace, tout en assurant la dignité humaine, de donner à un pays des enfants nombreux et vigoureux, et il l'avait entouré de précautions et de cérémonies. Les auteurs grecs ont signalé à cet égard la vive préoccupation du législateur de la Perse. Hérodote et Strabon nous apprennent que les rois de cette nation faisaient tous les ans des présents à ceux de leurs sujets qui avaient le plus d'enfants. Aujourd'hui, chez les Parses, le jour de la naissance est célébré comme autrefois par des festins, et celui-là passe chez eux pour être favorisé du ciel qui possède des enfants de mérite et en grand nombre. Après la mort, les enfants sont comme un pont qui conduit au ciel, et c'est pour y suppléer que le mazdéisnan qui a été surpris par la mort dans le célibat, reçoit de la sollicitude de ses proches une femme et un enfant posthumes qui prennent son nom.

Et qu'on ne veuille pas voir dans cette excitation de la loi à la procréation des enfants un motif pour les Perses de chercher la satisfaction de leurs passions en dehors même des unions légitimes. Clément d'Alexandrie, qui prétend ne citer que les paroles de Xanthus, dit que les femmes étaient chez eux en commun, non dans le secret ou par la violence, mais du consentement des parties, et que la coutume autorisait la permutation. Qui ne se figurerait, sur la foi de ce texte, que les Perses s'abandonnaient sans règle ni mesure aux plus honteux désordres de la passion, et que l'Asie était un vaste lupanar où les liaisons les plus saintes n'avaient de durée que celle même du plaisir des sens. Cependant la loi de Zoroastre est loin de donner à entendre que les enfants, fruits d'un amour de hasard, fussent élevés en commun, afin que l'affection paternelle déroutée pût s'exercer sur chaque individu de toute une génération. Les Naçkas, au contraire, insistent beaucoup sur la sainteté des mœurs dans la famille, et n'admettent le divorce que dans des cas restreints. Le libertinage et le commerce criminel avec quelque femme que ce soit sont considérés comme l'œuvre des Dews, et passent pour diminuer d'un tiers les biens de la terre. Le législateur ne veut pas qu'on s'approche d'une femme dans un but unique de plaisir, mais dans celui de donner la vie à des rejetons ; et dans la crainte que les enfants ne soient souffreteux et malsains, il défend au mari de voir sa femme lorsqu'elle est dans ses jours critiques. Presque toutes les religions de l'Asie se sont préoccupées de la pureté corporelle tout autant que de la pureté morale ; l'usage des ablutions y est généralement prescrit. En Perse, les femmes dans leurs jours critiques étaient regardées comme impures, et il est très-longuement parlé dans les livres sacrés du lieu Armischt, où elles devaient se retirer à cette époque pendant huit ou neuf jours pour y faire leurs purifications.

Aujourd'hui, les descendants de ces Perses accusés de promiscuité, s'en tiennent à une femme au milieu des peuples polygames qui les environnent. Mais la loi reconnaît cinq espèces de mariages que le mazdéisnan peut contracter, non pas bien entendu à la fois, et c'est ce qui a pu faire croire à Hérodote, comme le remarque Anquetil, que les Perses prenaient beaucoup de femmes. En réalité, le mazdéisnan n'en pouvait avoir qu'une. Seulement, comme les enfants dans la vie patriarcale sont la plus grande des richesses, si cette femme légitime était stérile, elle pouvait et devait même dire à son mari ce que Sara dit à Abraham dans la Bible : « Voici que le Seigneur m'a rendue stérile ; prenez avec vous ma servante, peut-être aurez-vous d'elle des enfants. » L'homme recevait une bénédiction nuptiale avec cette seconde femme, et habitait avec elle dans la maison, où habitait également la femme en titre. Quant à celle-ci, l'impuissance de son mari ne lui conférait jamais le même privilége.

Comme le mariage, malgré de vaines déclamations, constitue l'importance de la femme, et qu'il n'y a pour elle en dehors qu'abaissement et esclavage, la femme chez les Perses, si elle n'avait pas toute la personnalité qu'elle a conquise dans nos sociétés modernes, était cependant plus qu'une chose. Grâce au mariage, un mari, en Europe, n'est plus pour sa femme cette espèce de grand lama, cet être qui se fait encore adorer dans l'Asie et chez les sauvages; il s'est borné dans le code à commander le *respect* comme dernière trace de son ancienne autorité. Mais dans l'Iran, du temps de Zoroastre, la chevalerie n'avait pas encore émancipé la femme. La loi prévoit bien le cas où une femme dira à son mari, *je ne veux pas de vous, je ne suis pas votre femme;* et alors, si elle est rebelle un jour et une nuit, le mari peut la répudier; elle permet bien aussi à la femme de demander le divorce pour de rares nécessités; mais le pouvoir de celle-ci ne va guère qu'à exiger de la part de son mari fidélité, et l'accomplissement du devoir conjugal au moins une fois tous les neuf jours. Dans l'intérieur de la maison, toute l'autorité appartient au chef; la femme est considérée comme sa fille. Comme celle-ci, après avoir ceint le matin le kosti, elle doit se présenter à son époux les mains sous les aisselles, lui faire néaesch (des prosternations), et lui dire neuf fois : *Que désirez-vous que je fasse?*

Nous ne savons si les Parses qui habitent aujourd'hui dans l'Inde ont conservé les usages de l'Iran dans la célébration du mariage, mais rien n'est plus brillant qu'une noce chez eux. D'ordinaire le fiancé, quand il est riche, fait venir chez lui, plusieurs jours à l'avance, les enfants de ses parents et de ses amis, et leur donne des habits, des chevaux et tout l'attirail nécessaire pour la fête; pendant un jour ou deux, il tient banquet, de même que le père de la jeune fille. Pendant ce temps, les deux fiancés se préparent à la cérémonie par les purifications du ghosel, qui consistent en une première ablution de tout le corps dans l'urine de bœuf, et une seconde dans l'eau. Au jour fixé, à la fin du gah-oziren, vers les cinq heures du soir, le fiancé se rend dans la maison de la jeune fille, et le mobed prononce sur eux une première fois la bénédiction nuptiale. L'époux emmène ensuite sa femme chez lui, la présente à ses parents et à ses amis, la fait asseoir avec eux à une table chargée de rafraîchissements et de pâtisseries, et toute l'assemblée ramène ensuite la fille chez son père. Le cortége est des plus brillants; souvent une bonne partie des biens des époux est employée à en augmenter la pompe, et le plus beau triomphe des femmes est d'avoir vu dépenser à leurs noces des sommes considérables. Le cortége se compose quelquefois de deux mille personnes, et parmi elles se fait remarquer le groupe des enfants des amis du marié, qui attirent de loin les regards par leurs habits tissus d'or et d'argent, par leurs superbes chevaux richement enharnachés, et par la longue suite de leurs domestiques parés de leurs couleurs. Après eux, viennent, portés en triomphe, les meubles, la corbeille de la mariée soigneusement étalée, son lit même. Le marié, magnifiquement habillé, s'avance ensuite à cheval au milieu de ses amis et de ses parents; la mariée est dans un carrosse formé de treillis de canne, et ses amies la suivent dans des voitures couvertes. Comme dans les mariages de nos campagnes du Midi, les parents et amis, munis de pistolets et de fusils, font retentir l'air de coups de feu, et des joueurs d'instruments de toutes sortes accompagnent la noce de leurs airs tour à tour graves et glapissants. La lueur d'innombrables torches ajoute encore à la beauté du spectacle.

Lorsque le cortége est arrivé à la maison du père, le mobed donne une seconde fois aux époux la bénédiction nuptiale. Pendant cette cérémonie, deux plats donnés par les fiancés et chargés de fruits ou de grains de blé, sont placés à droite et à gauche de l'officiant, et tout le temps que dure la récitation de la bénédiction, celui-ci jette ces fruits ou ces grains sur les époux qui sont devant lui se tenant par la main. Après cela, chacun s'en va chez soi, et le marié ramène dans sa maison sa femme avec une partie du cortége. La fête finit à trois ou quatre heures du matin.

Nous n'avons jusqu'ici parlé que de la morale politique, c'était à celle-là que se rapportaient presque toutes les prescriptions de Zoroastre. Le législateur des Perses n'avait point, lui, conçu ce rêve d'une sainteté purement spéculatrice qui, dans certaines religions, pousse le dévot à se prémunir contre les plus doux penchants de la nature et du monde, et l'isole de la société dans la poursuite de je ne sais quelle spiritualité égoïste et orgueilleuse. Le mazdéisme ne prêche ni le renoncement à soi-même ni les macérations du corps; il n'impute point à crime la satisfaction des besoins imposés par la nature, il ne jette pas dans le désert des troupes d'ermites et d'anachorètes dont le moindre défaut est de s'exalter dans le sentiment romanesque de leurs mérites, tout en restant inutiles à la société; il ne pousse point enfin les âmes dans la voie dangereuse du mysticisme, qui a pour les sens des retours bien funestes, grâce aux molles pensées dont il les berce, et qui en fermant l'issue aux passions, les fait souvent déborder en excès.

Chose étrange! dans cette religion fondée sur la lutte des deux principes, la matière, le corps ne sont point considérés comme des ennemis qu'il faille dompter; il n'y a pas ici hostilité entre le ciel et la terre, entre la vie future et la vie présente; celle-ci n'est pas sacrifiée à celle-là. La morale mazdéenne consiste non en extases et en méditations, mais en actions, et toutes les actions doivent concourir au bonheur du gouvernement. Ce bonheur de l'état ne s'obtient pas par des moyens différents de ceux par lesquels on se rend digne du ciel. On se souvient de ce que rapporte Hérodote sur la solidarité de tous les membres de la nation perse. « Il n'est permis à aucun Perse, dit-il, de prier pour lui seul; mais chacun, en faisant un sacrifice, doit prier pour le bonheur de la nation entière et de son roi, car lui-même se trouve compris dans la nation. »

On ne s'étonnera donc pas que les prêtres du mazdéisme n'aient point cédé à la folie du célibat, qui est loin d'être pour les sociétés où il est établi une garantie de morale. Je ne sais qui a dit que pour repeupler l'Espagne, décimée par tant de révolutions, on serait contraint de relever les couvents de moines. Les mobeds n'avaient aucun intérêt à séparer leur corporation de celle de l'état. Le jeûne était également proscrit par la loi des Perses : ce n'était pas en affaiblissant le corps qu'un mazdéisnan devait se préparer au combat contre les Dews. « Si l'on ne mange rien, lit-on dans les Naçkas, on sera sans force, et l'on ne pourra faire d'œuvres pures. Il n'y aura ni forts laboureurs ni enfants robustes, si l'on est réduit à désirer la nourriture. Le monde tel qu'il existe ne vit que par la nourriture. »

CHAPITRE SEPTIÈME.

CULTE.

Les formes du culte ne sont pas l'œuvre des fondateurs de religion, mais bien celle des prêtres qui succèdent à leur autorité. — Les mages, prêtres du mazdéisme. — Ils n'ont jamais fait un dieu de Zoroastre. — Symboles. — Le culte consiste en prières incessantes.— Les idoles sont inconnues dans les temples de la Perse.— Le feu matériel honoré comme reflet du feu immatériel et incréé. — Emprunts faits au culte mazdéen par le catholicisme. — Instruments du culte. — Description d'un temple du feu. — L'eau joue dans le mazdéisme un rôle aussi important que le feu. — Le Nereng-gomez. — Ablutions. — Le Hom, liqueur eucharistique. — Funérailles. — Culte particulier rendu à Mithra, un des Izeds de la mythologie persique.

Ce que nous allons dire a l'air d'un paradoxe, mais rien de plus vrai après réflexion : le culte, qui, aux yeux du plus grand nombre, constitue essentiellement la religion, n'est jamais l'œuvre des fondateurs de religion. Le culte pourtant est l'ensemble des formes extérieures et des formules de prières par lesquelles on adore la Divinité; et dans toute religion l'adoration de Dieu est le premier article du Décalogue. Si, d'un côté, on admet que Dieu se révèle lui-même directement, il semble qu'en présence de toutes les formes idolâtriques et impies qui se partagent le monde, il aura dû s'attacher surtout à faire connaître la manière dont il veut qu'on implore ses bienfaits et qu'on lui témoigne sa reconnaissance. D'un autre côté, si le novateur est un homme, ne cherchera-t-il pas, par l'introduction de signes extérieurs, sensibles et caractéristiques, à marquer tout d'abord la différence de sa doctrine d'avec celles qu'il vient détruire? Cependant, telle ne fut pas, l'histoire le démontre, la préoccupation de Bouddha, de Confucius, de Zoroastre; telle ne fut pas non plus la préoccupation du Christ.

Dieu descendrait du ciel pour faire une réforme du culte, pour tracer, comme l'architecte, les plans de son temple, en ordonnancer les décors, tailler le patron d'une chasuble ou d'un surplis! Y pense-t-on? Que lui importent d'insignifiantes cérémonies, certains gestes, l'étiquette des prosternations et des saluts? Dieu demande la prière du cœur. S'il venait sur la terre, ce serait pour la régénérer, non par un culte, mais par une loi qui ordonnerait aux hommes de s'aimer entre eux, et de réaliser par là dès cette vie le rêve du paradis.

Si le fondateur d'une religion ne prétend être qu'un homme, soyez assuré qu'il sera le plus grand des hommes, et que loin de chercher dans un but égoïste de domination à créer des simulacres et des formes liturgiques qui ne l'égaleraient tout au plus qu'à un habile maître de représentations et de décors, il portera d'autres pensées dans son cœur. Instruit dans le culte de la science des conséquences sociales produites par les dogmes religieux et civils du passé, inspiré par son amour de la vérité, il se fera l'écho de tous les besoins qui travaillent la société de son temps, étudiera les efforts tentés pour les satisfaire; et ce qu'il voudra apporter aux hommes, ce sera leur propre bonheur, pour l'offrir ensuite au Créateur, comme l'œuvre la plus méritoire. Dans cette pensée, il cherchera d'abord à jeter dans le monde une nouvelle idée morale, car l'idée morale est le levier qui remue les sociétés, si les signes extérieurs paraissent ensuite les mener. Rattacher à cette idée morale une solution harmonique des grands problèmes que se pose de toute éternité la raison, consacrer les progrès de la science sociale et de la science pure, donner une base nouvelle à l'art, à l'histoire, à la philosophie, jeter enfin dans un moule homogène les idées qui sont en fusion dans l'atmosphère des esprits, telle sera la noble tâche du réformateur. Cette tâche lui suffit. Il est trop grand pour s'occuper, non plus que Dieu, de détails de rituel; il dictera peut-être à ses disciples quelque prière simple et généreuse, comme le *Pater* des chrétiens;

mais si c'est avec le cœur qu'on la récite, peu lui importera que ce soit dans les champs ou dans un temple, sous le manteau ou la tunique. Seulement il leur dira sans doute que plus ils se réuniront en grand nombre pour la réciter dans une pensée de fraternité, et plus leur prière sera agréable à Dieu.

Plus tard, viendront les organisateurs, les arrangeurs méthodiques, qui, à mesure que l'idée nouvelle fera des prosélytes, les enrégimenteront par les liens de la discipline, leur donneront des signes de ralliement, créeront la police et l'administration spirituelles de la société régénérée, joindront aux commandements de Dieu ceux de l'Église; plus tard encore les casuistes et les artisans de formes, qui discuteront la largeur d'une draperie, les proportions de l'autel, les ornements des pontifes, le mode des instruments du sacrifice.

La religion se compliquera de détails oiseux, de rites sans relation avec l'idée, et Dieu, un moment apparu dans sa grandeur, sera bientôt, par les inventions de ses prêtres, enveloppé de voiles opaques, comme d'un suaire à travers lequel l'esprit ne pourra plus l'entrevoir. Il n'y a pas une religion qui ne débute par une révolte ouverte contre les formes du culte établi, qui ne proclame la vanité de ses pompes et les pieuses fourberies des prêtres; et cependant, dans la suite des temps, toute religion vient elle-même se retrancher derrière des formes, comme dans un fort impénétrable. Rien de plus sujet à modification et à changement que les rites; ils se compliquent dans les temps de crédulité, s'épurent dans les temps de doute. Les cérémonies moitié païennes du moyen âge n'étaient point encore inventées dans la primitive Église chrétienne; où sont aujourd'hui les cérémonies religieuses du moyen âge?

Comme dernière preuve de cette proposition que le culte n'est pas l'œuvre du fondateur, quel qu'il soit, d'une religion, à ce qui précède ajoutez ceci : qu'une fois ce fondateur disparu de la terre, ses disciples travaillent presque toujours à lui faire une place dans le culte, à le rapprocher le plus possible de la Divinité, quand ils ne le confondent pas avec elle. Ils avaient commencé à se partager la robe et le manteau du maître comme des objets d'une vénération affectueuse; ils finissent par les adorer comme des reliques sacrées. Héritiers de sa pensée et de ses enseignements, ils le grandissent par le respect et l'amour, quand ce n'est pas pour se grandir eux-mêmes. Le rituel, quand même le fondateur l'eût formulé, s'allongerait donc considérablement des honneurs à rendre à ce fondateur lui-même.

Les prêtres du mazdéisme ont porté un nom fameux dans l'antiquité. Toute l'histoire des Perses atteste leur haute influence dans l'état; toute la philosophie grecque, leur science. C'est d'eux que Clitarque disait qu'ils croyaient être les seuls que les dieux écoutassent. Ce furent eux encore qui vinrent les premiers saluer Jésus au berceau. Leur nom signifiait grands, excellents; ils s'appelaient les Mages. Dégénéré en celui de magicien, ce nom a servi depuis à désigner tous ces thaumaturges, illuminés ou imposteurs, qui, à l'aide de procédés occultes, prétendent se mettre en rapport avec la Divinité. Les mages sont les Athornés des Naçkas. Sans se recruter par la naissance, comme la caste sacerdotale des brahmanes, ils formaient, au moyen de l'institution sacramentelle du Nozoudi, une corporation puissante, hiérarchisée sous l'autorité de l'archimage, ou du destouran-destour, suivant la nomenclature perse. Quand les sectateurs de Zoroastre formaient une nation, toute cette nation organisée sous le rapport religieux échappait au pouvoir temporel pour tomber sous le sien. C'était une espèce de pape mazdéen, juge suprême des cas de conscience et des points controversés de doctrine, le lieutenant de la Divinité, le successeur de Zoroastre. On comptait au-dessous de lui trois ordres de prêtres : les destours étaient à la tête des circonscriptions provinciales; les mobeds, prêtres officiants, remplissaient les divers services de la liturgie; c'étaient les mages qui, au rapport d'Hérodote, pouvaient seuls sacrifier; les herbeds faisaient l'instruction religieuse, assistaient les mobeds dans le service des dâd-gah, et répondaient aux prières de l'officiant.

L'existence d'un corps sacerdotal si fortement organisé ferait croire tout d'abord à un système de liturgie des plus compliqués; il n'en est rien pourtant, et c'est avec raison que les mazdéisnans ont été nommés les puritains du paganisme. Un des caractères distinctifs de leur culte, c'est l'absence de tout emblème, de toute cérémonie d'adoration en l'honneur de Zoroastre; le fondateur a conservé ici ses proportions humaines, il est resté vis-à-vis d'Ormuzd ce qu'est Moïse vis-à-vis de Jéhovah, son prophète, son organe, et rien de plus.

Les symboles sont si rares dans le mazdéisme, qu'Ormuzd lui-même n'a pas de représentation humaine. Par une tradition de l'ancien sabéisme, il est adoré dans l'élément du feu, son image la plus sublimisée et la plus dégagée d'idolâtrie, reflet de la lumière incréée. Les Perses ne se prosternaient point devant des idoles, ces ouvrages des mains de l'homme, qui, suivant l'expression du Psalmiste, ont des oreilles et n'entendent point, des yeux et ne voient pas; jamais la superstition n'imagina chez eux d'élever sur l'autel la représentation matérielle des forces de l'univers. Si Xerxès incendia et démolit les temples de la Grèce, Cicéron nous apprend que ce n'était point par un vandalisme barbare, mais parce que les Grecs emprisonnaient dans des murailles les dieux à qui tout doit être libre et ouvert. Hérodote avait déjà remarqué dans son temps cette absence d'anthropomorphisme et d'emblèmes : « Quant aux rites des Perses, dit-il, ce que j'ai pu en apprendre, c'est qu'ils n'élèvent ni statues, ni temples, ni autels, et se rient de ceux qui en élèvent; cela vient, dans mon opinion, de ce qu'ils ne pensent point, comme les Grecs, que des dieux soient issus des mortels. »

La prière était l'acte religieux le plus recommandé au mazdéisnan. De même qu'Ormuzd soutient et perpétue la création par l'effusion continuelle de sa parole, de même son adorateur devait continuellement aussi prononcer l'honover, afin de combattre les incessantes attaques des Dews. De là ces litanies interminables, sans cesse les mêmes, qui tombent de la bouche du dévot, monotones comme les gouttes d'eau d'une fontaine, qui font de sa vie un continuel murmure ; de là ces oraisons, ces collectes à haute voix et à voix basse, que les mages en se relayant devaient perpétuellement entretenir, comme les vestales entretenaient le feu sacré sur l'autel de la déesse Vesta. Les cinq gâh (temps) du jour avaient leurs offices particuliers, et les matines, les sextes, les nones, les vêpres et les complies du catholicisme n'en sont qu'une imitation.

Dès le *gâh d'oschen* (minuit), le mobed devait ceindre le kosti autour de ses reins nus, serrer avec un cordon sur sa bouche le pénom, linge double de six à sept pouces, pour empêcher son haleine de souiller l'air, et adresser à Ormuzd la prière matinale. Les militaires, les laboureurs, ne commençaient leur journée que lorsque l'oiseau de Serosch (le coq) avait fait entendre le cri du réveil. Alors s'élevait vers le ciel cette prière répétée par un million de bouches : « L'abondance et le behescht (le paradis) sont pour le juste qui est pur. Celui-là est pur qui est saint, qui fait des œuvres célestes et pures. « Chacun répétait trois fois cette prière, puis dix fois la suivante : « C'est le désir d'Ormuzd que le chef de la loi fasse des œuvres pures et saintes. Bahman donne l'abondance à celui qui agit saintement dans le monde. Vous établissez roi, ô Ormuzd, celui qui soulage et nourrit le pauvre. »

Rien de plus juste que la prière, rien de plus noble que le sentiment de la reconnaissance se traduisant par la parole ; mais ne faut-il pas en abandonner un peu l'expression à la spontanéité d'un cœur ému, et les prêtres du mazdéisme, qui ont assez respecté la dignité de l'homme pour ne pas le courber devant de grossières idoles, n'ont-ils pas cherché à l'enchaîner d'un autre côté par les mille liens d'un formulaire minutieux? La récitation de ces patenôtres interminables qui font remuer les lèvres du mazdéisnan sans remuer son cœur, n'affadit-elle pas en lui le goût des choses saintes, n'immobilise-t-elle pas son intelligence dans le moule indestructible d'une pensée monotone? A force de les répéter, le dévot arrive à n'en plus écouter le sens; son âme ne coopère plus à l'œuvre de sa bouche; ces formules se matérialisent pour ainsi dire, et comme on ne s'attache plus au sens, ce sens finit par disparaître. Aujourd'hui les Parses qui récitent les prières du rituel zend ne les comprennent plus. Ces prières furent bien dictées par Zoroastre; mais après lui vinrent les mobeds qui les mirent en coupe réglée, les morcelèrent en versets, et les appliquèrent aux différents actes de la journée.

Quant aux objets du culte mazdéen, le principal, nous le savons, était le feu; Zoroastre conserva du sabéisme son symbole le plus poétique; et si toute religion a besoin de symboles, nul plus que cet élément subtil, brillant et pur, ne pouvait rappeler à l'intelligence l'Être divin; ses chaudes émanations donnent la vie à la nature, sa lumière, la couleur aux objets; par lui surtout Dieu manifeste ses bienfaits et son éclat; et la philosophie qui s'élève, en dédaignant les formes, jusqu'à la pure conception des principes, n'a pas trouvé d'appellation plus idéale, pour désigner l'Être divin, que celle de *lumière incréée*.

Il y a dans le sabéisme épuré de la Perse un haut caractère d'antiquité et en même temps une des plus pures applications du sentiment religieux. Le symbole n'a pas encore ici été vicié par cet esprit d'anthropomorphisme qui, aux époques de civilisation plus avancée, a coulé la figure de Dieu dans le moule de l'homme. Car la civilisation a produit ce résultat, que donnant un essor immense aux facultés de l'homme, elle a accru sa personnalité à ce point que celui-ci voulant peindre Dieu n'a pas trouvé de plus belle représentation à lui donner que soi-même. Se fût-il mêlé chez les Perses quelque confusion dans le culte du feu entre l'astre du soleil et le créateur de la nature, mieux eût valu encore adorer le disque étincelant de l'astre du jour qu'un fétiche à tête d'homme ou d'animal. Mais c'est à tort que les sectateurs de Zoroastre ont été appelés adorateurs du feu; ce n'est point à cet élément, considéré comme objet matériel, qu'ils adressaient leurs hommages; leur intelligence voyait à travers les flammes de l'atesch-dan le feu élémentaire entretenant le monde, et dont ces flammes n'étaient qu'une représentation sensible aux yeux du corps. C'était en l'honneur de ce feu surnaturel résidant en Ormuzd, que l'athorné allumait le feu matériel sur les autels des temples; c'était à lui que s'adressait son invocation. « O feu! je te sacrifie et je t'invoque; je porte purement, je porte saintement des odeurs dans le feu; je t'adresse des vœux, feu d'Ormuzd! Sois brûlant dans ce lieu, sois éclatant de lumière; sois une source d'abondance jusqu'au jour final. Pendant tout ce temps, donne-moi ce que je désire, ô feu d'Ormuzd! Donne-moi promptement une vie heureuse et brillante; donne-moi un bonheur, un éclat abondant, une nourriture abondante, des enfants en grand nombre; donne-moi une science excellente, une langue douce et moelleuse, une conception, une intelligence qui comprenne l'avenir. »

Il est convenu de regarder les Hébreux comme celui de tous les peuples de l'antiquité qui conserva le mieux sans alliage d'idolâtrie les pures notions du monothéisme. Le feu joua cependant chez eux un grand rôle, et cela forcément, par le caractère même de sublimité inhérent à cet élément. Quand Jéhovah se révèle à Moïse, c'est toujours au milieu des éclairs et de l'embrasement de l'atmosphère; dans le buisson ardent d'Horeb, sur les sommets du mont Sinaï, partout l'éblouissement de la lumière qui manifeste la présence de Dieu, empêche en même temps de fixer son image. Le feu brûlait constamment dans le saint des saints du temple de Jérusalem, et les lévites étaient chargés de l'entretenir, comme les athornés. Ce feu, dit Jéhovah à Moïse, brûlera toujours sur l'autel, et le prêtre le nourrira, en y mettant chaque jour du bois dès le matin. C'est là le feu perpétuel qui ne devra jamais s'éteindre sur l'autel. » (Lévitique, ch. vi.)

Le rituel de la liturgie catholique exige également la présence du feu dans tous les exercices du culte. Sur ce point les disciples du Christ se montrèrent les disciples non moins ardents de Zoroastre. Dans saint Jean, Jésus est sans cesse comparé à la lumière, et le commencement de son Évangile est plein d'émanations mazdéennes. C'est sous la figure de langues de feu que le Saint-Esprit descend sur les apôtres assemblés dans le cénacle.

Le feu est allumé devant l'autel chrétien comme devant le tabernacle des Hébreux. La lampe du sanctuaire, qui semble augmenter d'éclat aux heures mélancoliques et recueillies du jour finissant, ressemble, dans l'obscurité silencieuse des églises, à l'œil vigilant de Dieu fixé sur le monde. Des controverses s'élevèrent entre les premiers Pères de l'Église sur la légitimité de ces emprunts faits aux gentils; mais le symbole du mazdéisme triompha, et il apparaît d'une manière manifeste dans l'office pascal. C'est à peu près à l'époque de Pâques que l'année commençait chez les Perses. Alors tout semble se réveiller sous les rayons moins obliques du soleil; la chaleur revient ranimer la nature. C'est aussi à cette époque que le prêtre catholique bénit le feu nouveau, comme le mobed de l'Iran; et les prières qu'il prononce semblent copiées du Yaçna de Zoroastre :

« Que l'armée des Anges se réjouisse dans le ciel, dit-il; que leurs trompettes retentissent; que la terre éclairée de tant de splendeurs entre dans l'allégresse, et que devant la lumière de l'éternel roi, elle sente que les ténèbres ont disparu pour elle. Que l'Église embellie par les rayons de cette lumière soit dans la joie, et que la voix des peuples se fasse entendre. » Allumant alors ce feu après y avoir jeté de l'encens : « Nous savons, poursuit-il, ce que figure cette colonne que le feu fait resplendir en l'honneur de Dieu : nourri par la substance précieuse que prépare l'abeille, ce feu, bien que partagé, ne souffre aucune perte par la communication de la lumière. Seigneur, nous vous en prions, que ce feu consacré à l'honneur de votre nom persévère pour dissiper les ténèbres, et qu'accepté par vous en odeur de suavité, sa lumière se rattache à celle des feux supérieurs. »

Il n'est pas nécessaire de rappeler l'institution des vestales et les feux allumés sur le Gange, pour montrer que dans toutes les religions le feu a obtenu l'importance que lui assignait sa nature; mais dans le mazdéisme il eut une destination plus haute et plus marquée; et, à ce titre, il inspira aux prêtres et aux fidèles des soins de pureté et des respects qu'on n'eut pas ailleurs pour cet élément en général. Tout acte d'impureté à son égard fut ici puni comme une impiété; l'institution de brûler les cadavres des morts, si commune dans l'antiquité, était proscrite en Perse; les cimetières et les armischt, lieux où se retiraient les femmes dans le temps des ordinaires, devaient être éloignés des atesch-gah. Ne pas entretenir le feu pur, l'éteindre, ne pas y mettre d'odeurs, à minuit, verser de l'eau dessus, y brûler du nesa (scories du corps, les ongles, cheveux, etc.), mettre sur le feu sa main non lavée après avoir dormi, souffler sur le feu avec la bouche, y jeter du bois vert, ne pas rendre honneur à celui qui avait l'intendance du feu, employer à trop d'usages sans modération le feu de la maison, etc.; c'étaient là autant de péchés prévus par les lois religieuses.

Le peuple échappe rarement à la superstition, là même où les symboles sont les plus transparents et les plus purs; nul doute donc que pour beaucoup de sectateurs de Zoroastre le feu ne fût Dieu lui-même. De crainte de le souiller avec la bouche, les Parses aujourd'hui l'éteignent en faisant du vent avec la main ou avec un éventail; si c'est une chandelle, ils coupent le lumignon, et le portent au foyer pour qu'il s'y consume. Ils sommeillent dans le lit en face du feu ou d'une lampe allumée. Voici de plus un procédé singulier pour combattre l'incendie; loin de vouloir faire insulte au feu en cherchant à l'éteindre avec l'eau, les Parses l'attaquent avec des pierres, des tuiles, de la terre, défont la charpente, quand ils en ont le temps, et le forcent ainsi à s'éteindre, faute d'aliments. Ainsi dégénèrent en pratiques ridicules les plus purs symboles. Livrez aux prêtres les plus désintéressés des idées sublimes, si ce n'est pas par fausseté de jugement, ce sera par ce besoin naturel de raffiner sur les exercices du culte, qu'ils en tireront des conséquences aboutissant à la folie.

Comme nous l'a dit Hérodote, les temples des Perses ne contenaient ni statues, ni tableaux, ni personnifications quelconques de la Divinité; les êtres surnaturels, les Amschaspands, les Izeds, n'y étaient point anthropomorphisés comme les Anges du catholicisme; et à voir la nudité des murs du sanctuaire, on se croirait parmi les sectaires du protestantisme. Quelques instruments de sacrifice, des parfums, des vases, des fleurs et des fruits, c'est là tout l'appareil du culte.

Le principal de ces instruments, c'est le vase qui contient le feu; on le nomme atesch-dan; sa forme est celle d'un vase étrusque allongé; il a trois pieds et demi de hauteur, et pose sur un socle d'un demi-pied. Rempli de cendres jusqu'au bord, il forme une espèce d'autel sur lequel flamboient les tisons de bois sec et les essences qu'y jette continuellement l'athorné. Les prêtres du mazdéisme ont mis un certain pédantisme de position à rechercher les différentes espèces de feux. Ils distinguent, entre autres, le feu qui anime le corps des hommes et des animaux, le feu des arbres, le feu qu'on voit sur les montagnes, le feu du foyer. Le feu Adéran (chef des feux) est celui qui est allumé dans les temples ordinaires. Le feu placé dans chaque province, auprès du destour, porte le nom de feu Behram; il est le résultat de mille et un feux, pris de quinze espèces différentes; on y porte tous les ans les feux adérans du ressort. On touche le feu avec des pincettes de fer; une cuiller de même métal sert à y mêler des odeurs aux cinq gâhs du jour. L'avand, grand vase destiné à contenir l'eau bénite des purifications, le barsom, faisceau de branches d'arbres, des chenêts, des couteaux, des plats, complètent l'appareil du service religieux. Le prêtre ne doit s'approcher du feu que le pénom sur la bouche; ce pénom, qui joue un grand rôle dans la liturgie, est un carré de linge blanc; il constitue, avec le kosti et le sadéré, l'habillement traditionnel et religieux du mazdéisnan.

Les Parses donnent aujourd'hui le nom de *dérimhers* à leurs temples du feu. Voici comment Anquetil pénétra dans celui de Surate, lors du voyage qu'il avait entrepris dans l'Inde pour y chercher les livres de Zoroastre : « La lecture des livres liturgiques, dit-il, m'avait instruit des plus petites cérémonies de la loi; j'avais acheté des instruments de cuivre qui servaient dans les offices des Parses, des kostis, un sadéré, un pénom; mais ma curiosité n'était pas satisfaite. Je voulais entrer dans le temple des Parses, et y assister à quelque partie de leur liturgie. Connaissant la sévérité de leur loi, je croyais la chose impossible, ma présence, selon les livres zends, devant souiller le temple, et ôter aux prières toute leur efficacité. Aussi aucun étranger n'était-il jamais entré dans les dérimhers des Parses, si l'on en excepte le Mogol Schah Akbar, qui, loin d'honorer le feu sacré par des offrandes, l'avait souillé de sa salive. Cependant un petit présent et l'espérance de se promener par la ville dans mon palanquin, engagea Darab à satisfaire ma curiosité. Il prit pour cela un jour de pluie; j'étais habillé en Parse, accompagné d'un seul pion. Lorsque j'arrivai, il y avait peu de monde au dérimher. Darab vint me recevoir, et me mena à la chapelle du feu, où son fils officiait; c'était à six heures et demie du soir, au *gâh eves-*

routhrem. Lorsque je fus en présence du feu, que je regardais avec les simples Parses par le grillage qui fermait la chapelle du côté du nord, Darab me demanda si je ne lui ferais pas quelque petite offrande. En qualité de chrétien, lui dis-je, je ne puis faire ce que vous demandez. Darab ajouta, mais avec un air embarrassé mêlé de quelque chose de sinistre, que des musulmans, sans avoir eu le privilége de voir le feu, avaient fait des présents au dérimher. La position était délicate ; j'étais seul, sans autre arme que mon sabre et un pistolet de poche ; et si les dévots qui faisaient leurs prières m'avaient soupçonné pour ce que j'étais, je pouvais en un moment être sacrifié au zèle de la maison du feu. Sans paraître ému, je répondis à Darab, en haussant la voix, que j'étais venu pour voir le dérimher, et rien de plus. Ma fermeté lui ferma la bouche ; il me pria de parler plus bas ; il craignait encore plus que moi qu'on ne me reconnût. Il m'expliqua ensuite, à voix basse, l'usage des différentes parties du dérimher..... Je trouvai dans un coin du Yaçna-khaneh (lieu destiné à la récitation du Yaçna), les livres zends, pehlvis et persans. » Anquetil complète ailleurs la description du dérimher de cette manière : « A gauche est une petite chapelle, ou chambre carrée, nommée Atesch-gah, c'est-à-dire lieu du feu. Elle est grillée au nord et à l'ouest, où sont les portes, et voûtée en bois ; le sol est de pierre. Au milieu est une pierre d'un demi-pied de haut, nommée adoscht, qui porte l'atesch-dan. Devant le feu est une planche qui sert de siége à l'officiant. A droite est l'Yaçna-khaneh. »

L'eau, par la nature de ses propriétés opposées à celles du feu, semblait devoir être exclue de la liturgie mazdéenne ; elle y jouit pourtant d'une faveur égale à celle de l'élément d'Ormuzd. Elle partage avec le feu la gloire d'être la cause productrice de tout l'univers. Lorsque le Temps sans bornes sortit des profondeurs de l'être pour se manifester, l'eau et le feu, agissant à la manière de mâle et de femelle, composèrent Ormuzd, et Ormuzd, à son tour, donna la naissance à tous les êtres par le mélange de ces deux éléments. L'eau Ardouisour est le type idéalisé de toutes les eaux du globe; elle a reçu une personnification abstraite et sacrée, quelque chose comme la figure d'un Amschaspand ou d'un Ange : « Vous êtes étendue au loin, lui dit Zoroastre, dans le Yaçna, source Ardouisour, qui avez un corps de fille, pure, sainte, créée pure, qui vous élevez aimable et pure, qui avez le visage brillant; vous qui êtes grande, vive et pure, qui protégez bien, lorsque le barsom (faisceau de branches) en main, l'oreille droite, je m'acquitte de mon devoir envers vous, faites couler la semence de vos sources; portez-moi, source Ardouisour, dans le lieu des purs qui reçoivent la nourriture céleste; que mes vœux s'accomplissent. »

Dans l'imagination féconde du prophète de l'Iran, l'Ardouisour est tantôt une jeune fille, tantôt un coursier vigoureux; elle habite le palais des ruisseaux et se produit sous quinze espèces. On dirait que cette imagination se complaît à peindre sous des figures réelles les divers aspects, les formes capricieuses qu'affecte l'eau dans son cours, soit que sortant impétueuse et écumante de sa source, elle coule rapidement sur les flancs de la montagne, soit que ses filets amincis tombent en cascades des hauteurs d'un rocher, ou que, paisible et miroitante dans la surface unie d'un lac, elle balance mollement ses ondes au souffle des brises.

Destinée à purifier le corps de ses souillures, l'eau ici a acquis elle-même une pureté propre et idéale, que le mazdéisnan respecte, toutes les fois qu'il ne l'emploie pas à procurer la pureté des corps. Hérodote avait remarqué que les mages ne faisaient jamais de déjections dans les fleuves. Comme pour le feu, les casuistes du mazdéisme se sont évertués à distinguer les diverses sortes d'eaux, et ont donné à chacune des efficacités propres. Mais deux surtout sont d'un usage continuel : l'eau Padiave et l'eau Zour. L'eau Padiave est l'eau lustrale de toutes les religions ; le mobed la consacre au nom de la source Ardouisour, patronne des eaux. Elle sert aux nombreuses ablutions prescrites par le rituel, et chaque fidèle doit en avoir dans sa maison.

Mais l'eau Zour possède une vertu sacramentelle plus élevée. La liturgie mazdéenne lui attribue une puissance immense, et quoiqu'il nous soit impossible de bien indiquer à quels usages distincts elle était employée, nous savons que les cérémonies exigées pour la consacrer étaient bien autrement longues et importantes que celles par lesquelles on faisait l'eau Padiave. Elle paraît avoir été composée d'eau et de lait, et sa vertu de purification était absolue; avec cette eau on conférait aux enfants et aux hommes étrangers à la loi le caractère de mazdéisnan. C'était peut-être le saint chrême des catholiques.

Nous avons insisté sur les idées de pureté matérielle répandues dans le mazdéisme ; mais voici qui les heurte d'une manière bien soudaine. Cette religion qui va jusqu'à regarder comme causes d'impureté les souillures les plus naturelles, et que leur inévitable production semblait devoir amnistier, telles que le souffle de la bouche, etc., a mis au même rang que la céleste Zour un liquide qui, dans nos idées, est l'opposé de toute pureté et de toute bienséance. Ce liquide c'est l'urine de bœuf, que les livres zends appellent *Nereng-gomez-din*. Les hymnes en son honneur contenus dans les Naçkas sont pleins d'enthousiasme. Il sert à toutes les purifications; le mazdéisnan s'en lave les mains, les pieds et le visage; il en boit même; le prêtre l'offre en sacrifice à Ormuzd. La femme retirée dans l'armischt durant les temps critiques, s'en lave le corps, debout sur deux pierres padiaves; les fiancés en avalent quelques cuillerées avant d'aller recevoir la bénédiction nuptiale; enfin il n'est pas un acte important de la vie religieuse où le nereng-din n'intervienne.

Le rituel spécifie avec toutes sortes de minuties les actes à faire, les prières à prononcer pendant qu'on le recueille, les préparations que doit subir le vase destiné à le contenir. Le bœuf ou le taureau qui le fournit a été nourri pendant trois jours de nourriture pure; le mobed l'ayant conduit dans l'atesch-gah trace tout autour de lui trois keischs (cercles qui plus tard ont donné sans doute naissance aux cercles magiques de la sorcellerie). Tenant le vase qu'il a purifié trois fois en y versant de l'eau, il entre dans les keischs, et place ce vase sous le bœuf, recueille trois fois de l'urine, et trois fois la répand en récitant chaque fois les prières consacrées; à la quatrième fois, si le bœuf remplit le vase de manière à ce qu'il déborde un peu, la cérémonie est achevée. Si le vase n'est pas entièrement plein, le lendemain la cérémonie recommencera. Pendant tout ce temps un mobed placé en dehors des cercles veille avec attention à ce que tout se fasse selon les règles. Le résultat obtenu, l'officiant place un linge sur le vase, en ayant soin qu'il ne trempe pas dans le liquide, et le remet entre les mains d'un vicaire qui va le porter dans l'endroit du temple où se récite l'office du Yaçna.

Nous le répétons, rien qui heurte plus nos idées de bienséance que l'emploi d'un pareil liquide, et cependant si on n'a pas oublié les principaux traits de la Genèse persique, on aperçoit déjà dans cet usage une certaine logique, cette logique imperturbable des enfants. Ceci nous rejette en effet en pleine antiquité, au berceau du monde. Dans sa reconnaissance pour les animaux domestiques qui le nourrissent, dans sa vénération surtout pour Kaïomors, le Taureau, chef de sa race, l'Iranien n'a pas établi de distinction entre le lait bienfaisant et cette autre déjection de l'animal sacré; l'urine de bœuf lui a semblé une offrande pure, digne d'Ormuzd.

L'institution suivante nous ramène à des idées plus nobles et très-peu éloignées des nôtres. Le mazdéisme reconnaît comme sacramentel un troisième liquide; mais sa supériorité sur les deux autres est immense; si l'eau et le nereng-din communiquent dans les ablutions la pureté du corps, celui-ci est un breuvage qui donne la vie à l'âme. C'est le suc d'une plante qui porte le nom du premier prophète de l'Iran, du grand Hom. Le hom paraît être l'amomum des anciens, et ressemble à une bruyère à nœuds très-rapprochés ; on le cueille sur les montagnes du Kirman. Cette plante, renommée sans doute dans l'Iran pour ses vertus médicinales, fournit en outre à la liturgie des *barsoms*, faisceaux de branches que le mobed tient à la main dans presque toutes les cérémonies, et dont il se sert pour asperger les lieux d'eau Padiave. Le suc est particulièrement appelé *perahom*.

La préparation de ce breuvage constitue dans le mazdéisme le sacrifice, cet acte capital des religions de l'antiquité. Ici la victime n'est ni un être humain ni un animal ; c'est la Divinité elle-même qui s'infuse, pour ainsi dire, dans le mortier sacré où le mobed pile la plante, et qui vient se donner en nourriture à ses adorateurs. Par une confusion des attributs de la Divinité avec ceux de son prophète, le nom de Hom devient celui de la Divinité même se manifestant aux hommes. C'est sous ce nom qu'elle se donne, et pour rendre la communication de ses grâces plus frappante, elle se transforme en un breuvage que l'homme boit à la manière de ceux qui entretiennent la vie du corps. Voici l'invocation que Zoroastre adresse à Hom, et que le mobed récite dans le sacrifice de la transsubstantiation : « Je t'adresse ma prière, ô Hom ! Hom pur, qui donnes ce qui est bon, qui donnes la justice, qui donnes la pureté, la santé, qui as un corps excellent, éclatant de lumière, victorieux, de couleur d'or ; je t'appelle toujours grand, toujours victorieux, toujours beau, toujours principe de santé, toujours donnant l'abondance... Les Dews de mille espèces sont au-dessous, ô Hom ! de celui qui t'invoque ; sont au-dessous, ô Hom ! de celui qui te célèbre ; sont au-dessous, ô Hom ! de celui qui te mange. Par ces actions grandes et méritoires, les maux seront anéantis dans ce lieu. » (Yaçna, pag. 10.)

Les Naçkas donnent les détails du sacrifice; il est consommé par un djouti et un raspi (l'officiant et le desservant); le premier met et retire alternativement dans le mortier des branches de hom en prononçant des prières auxquelles répond le second. Celui-ci passe alternativement aussi à la droite et à la gauche de l'officiant, suivant les besoins du service, puis achève de piler le hom. Quand le suc est exprimé, le djouti, pour donner à ses prières l'efficacité assignée au sacrifice, boit le breuvage divin, en murmurant cet offertoire : « Pour cette seule coupe que je te présente, dit-il en tenant le calice, donne-moi trois, quatre, six, sept, neuf, dix pour un; récompense-moi ainsi. O pur Perahom! donne la pureté à mon corps. Veille sur moi, Hom, production excellente. Viens toi-même, source de pureté. Donne-moi, Hom saint, qui éloignes la mort, les demeures célestes des saints, séjour de lumière et de bonheur. »

Parmi les sacrifices consacrés par les diverses religions de l'antiquité, il serait difficile d'en trouver un qui rappelât d'une manière plus manifeste la messe catholique; le breuvage de hom est l'eucharistie elle-même. Ici la substance végétale, devenue Dieu par le mystère des paroles du prêtre, est donnée en nourriture aux fidèles. Le mazdéisme nous met ainsi sur la trace de cette institution mémorable et étrange de la transsubstantiation. Sans nous expliquer précisément l'enchaînement d'idées qui a pu conduire l'homme à identifier Dieu, l'auteur des biens de la terre, avec une plante servant à la nourriture de l'homme ou à sa guérison, il fait comprendre comment cette institution se produisit en Occident. Ce n'était pas en effet parmi les peuples positifs et rationalistes de l'Europe que cette mystique confusion d'un Dieu avec la substance d'une plante pouvait naître; aussi les Hébreux, qui, pour le caractère et le penchant à la vie pratique, se rapprochaient beaucoup des mœurs de l'Occident, traitaient-ils Jésus d'insensé quand il leur disait : « C'est moi qui suis le pain de vie descendu du ciel; le pain que je donnerai est ma chair pour la vie du monde. » Nous respectons profondément ce qu'il y a de sublime et de généreux dans une institution qui, réunissant toute l'humanité à la table égalitaire du père de famille, donne à chacun et à tous pour lien d'amour la substance même de Dieu; mais au point de la science nous devions montrer combien l'idée de l'incorporation de la Divinité dans la nourriture de l'homme était peu conforme au caractère rationaliste de l'Occident. Aussi dès que l'Europe put briser les liens de tyrannie et d'ignorance qui l'avaient asservie pendant tout le moyen âge à un ordre de choses en opposition avec sa nature, ce fut au dogme mazdéen de l'eucharistie que sa raison s'attaqua tout d'abord; et aujourd'hui pour la moitié du monde chrétien la communion n'est plus qu'un banquet commémoratif.

Il serait fastidieux de plonger plus avant dans les broussailles et les monotones détours de la liturgie. Il y a ici comme partout une foule de pratiques minutieuses sans signification et sans importance, introduites pour les convenances des prêtres ou par égard pour les exigences des mœurs locales. L'esprit de Zoroastre ne rayonne plus dans ces profondeurs.

Le chapitre précédent se terminait par des considérations sur la destinée finale des âmes, et nous y voyions les doctrines consolantes de Zoroastre relever l'homme de la malédiction éternelle prononcée contre lui par quelques religions, et rétablir, après des châtiments passagers, toute l'humanité dans sa pureté primitive au sein de l'éternel Zervane Akerené. Nous terminerons celui-ci par la description des cérémonies qui accompagnent dans la sépulture le corps inanimé de l'homme. La loi morale assigne à l'âme sa destinée, le culte s'empare des dépouilles mortelles. Les cérémonies funèbres des mazdéisnans témoignent de la lutte des deux idées contraires qui inspirent toutes leurs croyances. Le mazdéisme respectant dans le cadavre la dignité de la forme humaine, chef-d'œuvre de la création, honore dans cette demeure éphémère l'hôte qui vient de la quitter, et le mobed récite des prières et jette l'eau lustrale sur elle; mais le cadavre est en même temps, aux yeux du sectateur de Zoroastre, une source d'impureté. De crainte de souiller le feu, les Perses ne jetaient point leurs morts dans les flammes d'un bûcher, comme le faisaient presque tous les peuples qui les environnaient; ils ne les confiaient pas non plus à la terre; ils les exposaient aux oiseaux carnassiers.

On se souvient de cette touchante et originale peinture du convoi du pauvre, où un artiste de sentiment fait suivre le corbillard par un seul chien pour tout cortége; la même pensée semble avoir inspiré dans le mazdéisme la cérémonie du *sag dig*, « le chien voit. » A l'heure suprême de la vie, un chien était amené au pied du lit du mourant, pour épier son dernier regard, et recueillir ainsi dans ce regard le dernier rayonnement de la vie. Ce compagnon des courses et des périls de l'homme venait aussi recevoir encore une fois la nourriture de sa main mourante. (L'usage était de mettre quelque morceau dans la main du moribond.) Quand la mort était venue, les nésasalars (c'est-à-dire chefs des morts) déshabillaient, lavaient le cadavre, et le revêtaient d'un habit vieux; puis on apportait la bière qui devait le renfermer, et les mobeds récitaient l'office des morts en sa présence. Les prières achevées, on faisait une seconde fois le sag did, et les nésasalars, se tenant deux à deux par la main, portaient le cadavre dans le cimetière, appelé Dakhmé; la foule des parents et des amis suivaient le cercueil, se tenant également deux à deux.

Les dakhmés sont aujourd'hui ce qu'ils étaient dans l'antiquité. La loi de Zoroastre avait ordonné de porter les morts sur les montagnes ou dans des endroits éloignés des villages et des villes, de peur que les oiseaux carnassiers ne pussent apporter des débris de dépouilles humaines dans le voisinage des habitations; les modernes mazdéisnans se conforment encore à ces prescriptions. Leurs cimetières sont des tours rondes, faites de grosses pierres de taille, sans portes et sans entrée; on passe les corps par-dessus les murs d'enceinte. Quand on s'en approche, on voit s'en élever des nuées de corbeaux, de grailles et d'oiseaux carnassiers troublés dans leurs hideux repas. L'intérieur est partagé en petites éminences très-rapprochées les unes des autres, qu'on appelle *kesches*, et sur lequelles on couche les morts. Les morts ne séjournent pas longtemps sur les kesches; deux fois l'an, les nésasalars recueillent les os dépouillés par les oiseaux, et les jettent dans une fosse commune qui est au centre du dakhmé.

Nous ne terminerons pas ce chapitre sans nous arrêter un instant devant le symbole de Mithra. On s'étonnera peut-être de nous voir ne parler ici que sous forme d'appendice d'une divinité qui a tenu une place immense dans les panthéons de l'ancien monde, à laquelle l'Égypte, la Chaldée, la Grèce et Rome consacrèrent des autels, et dont le culte, répandu sous le voile des initiations secrètes, fut sur le point de devenir, un certain jour qu'Héliogabale régnait sur Rome, la religion du monde. Les monuments consacrés à ce dieu, et qui ont pris de lui le nom de mithriatiques, appartiennent à la fois à la philosophie et à l'art. Traiter des religions de la Perse, et n'indiquer qu'en finissant ce mythe solennel, paraîtra donc un oubli; car pour beaucoup de savants, Mithra est le soleil de la théogonie persique, autour duquel gravitent les autres divinités. Ils ont avec eux les témoignages de presque tous les auteurs grecs et latins, d'accord entre eux pour faire de Mithra un dieu créateur et primordial. Xénophon et Plutarque font jurer Cyrus et Darius par Mithra, comme les citoyens d'Athènes et de Rome devaient jurer par Jupiter dans l'agora ou au forum. Nul doute donc que Mithra n'appartienne à la mythologie des Perses, et on a pu voir plus haut dans cet ouvrage que Mithra est en effet une des puissances intellectuelles créées par Ormuzd; que c'est le plus puissant des Izeds, et que ses attributions sont fort étendues. Mais, suivant les Naçkas, ces attributions mêmes sont limitées, et émanent d'une puissance plus élevée. Entre le Mithra du mazdéisme subordonné aux Amschaspands et à Ormuzd, et le grand Mithra des populations chaldéennes, il y a tout un monde, la distance même qui sépare le Créateur de sa création.

Le Mithra des anciens Iraniens ne fut point en effet cette divinité qui s'introduisit à la faveur de la similitude des noms dans le culte des Perses, lorsque ceux-ci vinrent dominer sur les bords de l'Euphrate; ce Mithras-Mithra, divinité mâle et femelle, soleil et lune, dont le culte, rempli à la fois de voluptés mystiques et d'ascétisme, était deux fois en opposition avec les doctrines de Zoroastre. Une phrase d'Hérodote nous met sur la trace de la vérité historique : « Au commencement, dit-il, les Perses n'adoraient pas d'autres dieux que le ciel et le soleil, la lune, la terre, le feu, l'eau et les vents; mais depuis ils ont appris des Assyriens et des Arabes le culte d'Uranie. Or les Assyriens donnent à Aphrodite le nom de Mylitta, les Arabes celui d'Alitta; quant aux Perses, ils l'appellent Mithra. » L'origine de cette divinité hermaphrodite et de ce cortége de mystiques et voluptueuses cérémonies, qui a toujours accompagné les divinités de cette nature, n'est donc pas sur les bords de l'Oxus, mais dans les contrées de l'Euphrate; et c'est à la partie de notre livre qui traite de la religion de la Chaldée, que nous renvoyons l'exposition du culte de Mithra.

Quant au Mithra des livres zends, sans nous exagérer la nécessité de filiation qu'il y a dans de pareilles coïncidences, nous pourrions expliquer son introduction dans la mythologie mazdéenne par le voyage que Zoroastre, selon toutes les traditions, fit dans la Chaldée. Le philosophe entendit là si souvent des hymnes en l'honneur de cette grande divinité de l'Asie occidentale; ses maîtres, dans leurs entretiens secrets, insistèrent tellement sur l'importance de ce mythe, que le retentissement du nom de Mithra dut le poursuivre jusque dans l'Iran. Que pouvait faire Zoroastre? Nier cette grande puissance? C'était créer un antagoniste à Ormuzd. La passer sous silence? Il s'exposait à se faire plus tard accuser d'ignorance, lui révélateur. Le moyen de la ruiner, c'était non pas d'éteindre son auréole, mais d'en affaiblir les rayons, afin qu'ils fussent éclipsés par l'éclat de son dieu favori; c'était, tout en laissant à Mithra sa grandeur, de le faire dominer encore par Ormuzd; la grandeur de celui-ci s'accroîtrait du rapprochement même. Plus tard, si les Iraniens poussaient leurs conquêtes vers l'ouest, s'ils arrivaient à connaître la religion de la Chaldée, loin d'accuser Zoroastre, ils accuseraient leurs ennemis d'avoir pris pour leur grand dieu créateur une des intelligences secondaires de la mythologie mazdéenne, et autant Ormuzd l'emporterait sur Mithra, autant ils se regarderaient comme au-dessus des adorateurs de ce dernier dieu. C'est la pensée qui semble avoir préoccupé Mahomet, lorsqu'il donna rang à Jésus dans la série des prophètes, dont il se proclamait le dernier.

Mithra, selon les livres zends, n'a donc que le titre d'Ized dans la milice céleste : « C'est moi, dit Ormuzd à Zoroastre, qui ai fait Mithra... Lorsque les couleuvres ennemies désolent les provinces qui m'appartiennent, à moi qui suis Ormuzd, aussitôt le pur Mithra les frappe, ainsi que les Dews du Mazenderan. Mithra interroge avec vérité celui qui agit selon ma loi pure. » Toutefois les attributions de cet Ized sont si diverses, que sa puissance s'étend sur presque tout l'univers, et que du second rang elle domine même celle des Amschaspands; Mithra a son office particulier dans la liturgie, ce que n'ont pas les autres Izeds, et son yescht (espèce de prière) est le plus long après celui d'Ormuzd. Ses vertus y sont amplement célébrées; il y est appelé l'œil d'Ormuzd, le héros éblouissant, parcourant sa carrière avec grandeur, le plus élevé des Izeds, qui ne dort jamais, féconde les déserts, protége les pays. Armé d'une grande énergie, Mithra est plus spécialement chargé de combattre Ahriman et ses cohortes ; aussi a-t-il mille oreilles, dix mille yeux, et porte-t-il une massue avec laquelle il parcourt tout le vaste espace jeté entre le ciel et la terre. Transplantée sur les bords de l'Oxus, la grande divinité assyrienne a vu s'affaiblir son importance ; mais elle a conservé encore de nombreux débris de sa gloire ; elle jouit encore ici de l'universalité d'attributs. Elle n'est plus, il est vrai, l'être primordial et créateur ; mais elle a l'intendance de la création ; elle n'est pas le soleil, mais elle est spécialement attachée à ce grand astre pour diriger sa lumière ; elle ouvre les canaux aux fleuves, rend les terres fertiles, s'interpose comme médiateur entre Ormuzd et les Férouers descendus vers la terre ; et sur le pont Tchinevad protége le passage des âmes contre les entreprises d'Ahriman. Pour conclure enfin, si Mithra, dans l'Iran, eut un office et un jour particulier de l'année consacrés en son honneur, ce qui est aussi le propre des saints du catholicisme, il ne reçut pas plus que ces derniers un culte idolâtrique.

CHAPITRE HUITIÈME.

HISTOIRE DU MAZDÉISME.

La religion de Zoroastre s'étend des bords de l'Oxus jusqu'aux rives de l'Euphrate. — Sa diffusion dans les croyances des peuples occidentaux, en Judée, à Rome. — Adoration des mages à la crèche. — Introduction du christianisme en Perse. — Manichéisme reposant sur une conciliation entre les idées mazdéennes et chrétiennes. — Persécutions contre les chrétiens. — Soulèvement de l'Arménie. — Destruction de l'empire des Perses par les Arabes. — Dispersion des sectateurs de Zoroastre. — Débris de ce peuple dans l'Inde et le Kirman.

Dogme, morale et culte des Perses viennent de passer sous nos yeux; on a vu l'originalité de l'un, la sagesse de l'autre, la simplicité du troisième. Ce que cette religion jeta de gloire et de grandeur sur les peuples qui l'embrassèrent, l'histoire est là pour le dire. Les ruines de Persépolis nous parlent assez du perfectionnement des arts et de la civilisation parmi eux; quant à leurs guerres et à leurs conquêtes, les pompeux bulletins s'en étalent dans toutes les histoires de leurs ennemis, les Grecs et les Romains. Mais, encore une fois, notre tâche n'est pas de retracer ces choses.

Les savants n'ont point trouvé, nous l'avons dit, la soudure entre les documents émanés des auteurs persans et ceux qui nous viennent des Grecs, et nous ne saurions dire comment la religion de Zoroastre, qui prit humblement naissance à la petite cour des rois Pischdadiens, passa sur les bords du Tigre et de l'Euphrate, à Persépolis et à Babylone. Le fait seul nous apparaît dans son instruction saisissante. Le Zend-Avesta et Cyrus règnent à la fois sur les Perses dans le sixième siècle avant notre ère; et pour qu'entre les rois Pischdadiens de l'Iran et les puissants Achéménides connus des Grecs, la lacune ne paraisse pas trop grande, nous pouvons produire les médailles de Schapour, un des plus illustres successeurs de

Cyrus, qui, à mille ans environ de distance, se qualifie adorateur d'Ormuzd, *roi des rois de l'Iran*. Au revers, ces médailles portent gravé le symbole du culte mazdéen ; un pyrée, ou autel du feu, gardé par deux doryphores.

Fut-ce la religion qui, venant secouer fortement les peuples de Djemschid de la torpeur de l'enfance, les fit déborder hors du sol de l'antique Airyana, et les poussa vers les contrées occidentales? L'histoire ne mentionne nulle part les traces violentes du fanatisme persique en Occident. Par les guerres de Gustasp, par les principes mêmes de la morale de Zoroastre, nous savons seulement que la religion de l'Iran ne partageait point la molle oisiveté du brahmanisme, l'esprit d'exclusion et de suprématie du mosaïsme : « Je porte publiquement la parole à ceux qui sont instruits et à ceux qui ne le sont pas, et qui me font le mal, dit Zoroastre; ce que je demande à Ormuzd, c'est que le méchant devienne méhestan (mazdéisnan), qu'il soit sans péchés; que bientôt, où était le péché, on ne voie plus que des œuvres pures. » De ce désir de salut universel à la passion du prosélytisme, surtout au lendemain de la naissance de la foi, il n'y avait qu'un pas, et sans doute les Iraniens le firent. C'est ce que nous croyons entrevoir maintenant à travers cette phrase où Justin nous dit que la dernière guerre de Ninus fut dirigée contre Zoroastre, roi des Bactriens. Depuis la réforme, les peuples sectateurs de Zoroastre se sont tellement personnifiés dans leur chef, que c'est sous ce nom qu'ils apparaissent aux puissantes monarchies assyriennes, qu'ils vont troubler dans leur glorieux repos. Après Ninus, le flot de l'invasion mazdéenne, un moment arrêté, dut s'épancher avec plus de rapidité, et en peu de temps recouvrir toute la Médie. C'est au milieu de cet état de choses qu'apparut Cyrus.

Des auteurs modernes, et entre autres M. Reinaud, qui a fait un travail remarquable sur Zoroastre (Encyclopédie nouvelle), ont émis l'opinion que les Perses de Cyrus et les Achéménides n'étaient pas des descendants des Iraniens, mais sortaient d'une autre race, qui serait venue, postérieurement à l'établissement de ceux-ci, faire également son invasion. Les arguments à l'appui de cette opinion, on les trouve dans la lutte que Cyrus et Darius engagent contre les mages; on cite Smerdis, qui reconquiert un instant l'empire contre les envahisseurs; Cambyse, qui brûle, contrairement aux prescriptions de la loi de Zoroastre, le corps du roi égyptien. Nous répondrons d'abord par les médailles de Schapour, puis par une inscription gravée sur le tombeau de Darius, qu'on se plaît à représenter comme le plus direct persécuteur des prêtres de Zoroastre. Dans cette inscription, se trouve appliquée au fils d'Hystaspes la qualification même donnée à Zoroastre : « Instituteur des arts magiques. » Xanthus, expliquant la terreur qui s'empara des Lydiens à la vue de l'orage envoyé par Apollon, dit : « Les hommes, effrayés, tant par l'obscurité et l'ouragan que par les éclairs, foulés aux pieds des chevaux effarés par le bruit du tonnerre, sont saisis d'une terreur divine, et les oracles de la sibylle, ainsi que les prophéties de Zoroastre, leur reviennent dans l'esprit. Les Perses, à cette occasion, ont institué, d'après Zoroastre, de ne plus brûler les morts, et de ne plus souiller le feu d'aucune manière, confirmant alors cette chose établie en loi dès les anciens temps. »

Mais que répondre à l'argument du bûcher sur lequel Cyrus fait monter Crésus et les chefs lydiens, à celui de la fête du massacre des mages (magophonie), instituée par Darius? Reste toujours la question de savoir si les mages primitifs ne furent pas les prêtres de la Chaldée antérieurs à Zoroastre. Mais dans le cas même de la négative, le massacre des prêtres de Zoroastre par les Perses s'explique par la rivalité qui dut exister de tout temps entre les deux castes rivales des prêtres et des guerriers.

Aussitôt que la religion de Zoroastre devint dominante, s'éleva la puissance de l'archimage. Les auteurs anciens nous représentent ce prêtre comme une sorte de roi spirituel dans lequel les mazdéisnans, sous le nom d'Iraniens, et plus tard de Perses, s'habituèrent à voir le représentant de la nation, plus encore que dans leur chef politique. Pendant tout le temps de l'invasion vers l'ouest, ce fut autour de ce successeur de Zoroastre que se concentrèrent tous les honneurs et tous les pouvoirs; et ce Zoroastre, roi des Bactriens, dont parle Justin, n'était peut-être autre chose que l'archimage. Mais une fois assis dans leur conquête, tous les grands possesseurs de l'Ariane, devenus des chefs de provinces, comme Zal et Roustam, s'irritèrent de cette suprématie religieuse, et lorsque l'un d'eux, le prince de la famille des Achéménides, fut parvenu à sortir de pair et à se proclamer *le roi des rois*, il voulut s'affranchir aussi de la puissance des mages. La lutte amena tour à tour le règne de Cyrus, la restauration de Smerdis, le massacre des mages. Il y a un grand enseignement dans ces paroles de Cambyse mourant à ses amis : « Je vous enjoins à tous, leur dit ce monarque, en particulier à ceux qui appartiennent à la lignée des Achéménides, de ne pas permettre que la souveraineté retombe entre les mains des mages; s'ils la reprennent par la ruse, reprenez-la par la ruse; s'ils la reprennent par la force, reprenez-la par la force des armes. »

Il fut un temps, et dans certaines régions ce temps dure encore, où toutes les fois qu'un auteur rencontrait dans la religion d'un peuple étranger quelques sages principes de morale ou des notions pures de la Divinité, on en faisait aussitôt honneur à une dérivation directe du dogme des Hébreux. Quelque vieux patriarche de la Genèse était alors secoué de son sommeil séculaire; on lui mettait en main le bâton du pèlerin, et on le faisait voyager vers le peuple en question, pour aller porter chez lui une page détachée de la Bible. Lorsque les livres de Confucius furent découverts, la science sacrée fit faire à Cham un voyage posthume vers la Chine; Élie, suivant la même science, passe pour avoir été l'instituteur de Zoroastre. Malheureusement les auteurs grecs ne permettent pas cette illusion ; ils font naître Zoroastre, nous l'avons dit, aux dernières limites qui marquent le passage de la fable à l'histoire ; ils le font dominer avec ses mages, du haut des siècles, toute la science humaine, reconnaissant en eux les instituteurs des Égyptiens, des Hébreux et des brahmanes. C'est sur les Hébreux que nous insisterons, parce qu'ici la trace est manifeste. C'est en effet dans le fonds du mazdéisme que l'arbre génésiaque de Moïse semble avoir été planté, c'est de là qu'il tire ses sucs. N'eussent-ils pas été amenés plusieurs fois captifs à Babylone, les Hébreux auraient trouvé vivants au milieu des nations de la Palestine les dogmes de Zoroastre. Peuple sans puissance, imperceptible presque entre le grand empire des Perses et l'Égypte, d'où il s'était échappé un jour, et vis-à-vis de laquelle il était en tutelle, il n'avait pas tardé à rompre avec ses lointains dominateurs, et à chercher un abri contre eux dans la puissance voisine de ses frontières. Il trouvait ici dans les Perses rapport de culte et de croyance ; des deux côtés absence d'idoles, notions pures de l'unité de Dieu. Un courant d'idées mazdéennes s'établit donc de la Perse vers les bords du Jourdain, et tous les monuments attestent que c'est de là que le monde des Anges passa dans Israël.

Dans la suite, les deux sectes des saducéens et des pharisiens représentèrent en Judée le parti des idées persiques et celui de la réaction. Les saducéens, dominés par un esprit étroit de nationalité, croyaient, sur la foi de leurs prophètes, à l'élection exclusive d'Israël, et s'efforçaient de remonter au pur mosaïsme, en rejetant toute nouveauté des synagogues ; les pharisiens, au contraire, plus larges dans leurs théories, penchaient par esprit philosophique vers le syncrétisme des croyances environnantes, et voulaient surtout composer avec les dogmes de la Perse. Ce furent ces derniers qui, se laissant facilement éprendre par le côté poétique des symboles, ouvrirent l'espace qui séparait l'homme de Jéhovah à ces légions d'Anges fidèles et rebelles, qui passèrent ensuite dans le christianisme. Ces puissances intellectuelles avaient déjà pris rang dans les mythologies de l'Égypte et de la Grèce; or, on peut affirmer que toute théorie raisonnée et systématique des Anges entra dans le monde par le mazdéisme. C'est l'action combinée des Amschaspands et des Férouers qui produisit les idées prototypes de Platon, les nombres abstraits de Pythagore, les sept Éons des gnostiques. De cette même action sortirent aussi les célèbres *Sephiroth*, ou les dix émanations de la cabale juive. L'*Ensoph*, chef de ces émanations, que les cabalistes appelaient le Vieux des jours, l'Ancien des temps, n'était sous une figure différente de langage que le *Temps sans bornes* de Zoroastre. Comme si ce n'était point là assez pour nous mettre sur la trace des emprunts, un des livres de la théogonie cabalistique porte le nom de *Zohar*, la lumière. Dans ce livre, où la Genèse de Moïse est refaite au point de vue des idées pharisiennes, on croirait voir des mages interprétant la Bible.

Joignez à ce grand courant d'instruction directe sur la Judée, le retentissement que les conquêtes d'Alexandre et de ses successeurs donnèrent au nom des mages, vous aurez facilement le secret de cette légende de l'adoration des mages, qui s'est accréditée dans l'Église catholique. Ici le christianisme vient consacrer lui-même la haute suprématie du mazdéisme sur l'Orient.

Humilier les prêtres les plus puissants du paganisme devant le berceau du Messie naissant, c'était là une idée à la fois honorable pour la religion de Zoroastre et utile aux destinées du christianisme; idée qui avait une grande signification, car c'était dès le principe accepter l'héritage de la gentilité, et l'associer à l'œuvre de la religion nouvelle. Ne vous embarrassez pas trop du fait matériel de l'apparition de l'étoile qui marche devant les mages vers Bethléhem; ces signes manifestes du ciel ne heurtaient point les scrupules scientifiques des astronomes de l'antiquité. Ne voyez dans cette élection des mages qu'un aveu de la conscience des peuples, déclarant intime la connexion de la doctrine de Zoroastre avec celle que doit enseigner Jésus; et dans l'avénement d'un Messie nouveau, qu'une consécration des doctrines pharisiennes. Il n'est pas étonnant que, dans les Églises chrétiennes d'Orient, ce mythe de l'adoration des mages à la crèche ait acquis une valeur capitale. Suivant les traditions de ces Églises, Zoroastre avait entrevu lui-même la gloire future de Jésus, et prédit son avénement aux Perses : « Ce sera vous, mes enfants, lui fait-on dire, qui l'apercevrez avant toutes les nations; lorsque vous verrez paraître son étoile, allez où elle vous conduira, adorez cet enfant naissant, offrez-lui vos présents; car c'est le Verbe qui a créé le ciel. » Les chrétiens jacobites et nestoriens ont transformé les mages en rois de l'Orient, comme les catholiques; mais au lieu de trois, ils en font venir douze à Bethléhem.

Dans cette dernière version, qui a cours particulièrement en Syrie, les rois furent envoyés de la part de Mahir Schapour, qui alors était le roi des rois de Perse; ils avaient une suite de sept mille chevaux. Arrivés sur les bords de l'Euphrate, ils y laissèrent une grande partie de leur cortége, et poussèrent de là jusqu'en Judée. Quatre d'entre eux présentèrent de l'or à l'enfant Dieu, quatre de la myrrhe, quatre autres de l'encens. Toutes ces richesses avaient été cachées à l'origine du monde par Adam dans le creux d'un arbre; les patriarches s'en étaient transmis le secret à travers les siècles, avec ordre d'aller les offrir au fils de Dieu dès qu'il serait né.

Nous dirons tout à l'heure les facilités que présentèrent ces traditions à l'établissement du christianisme en Perse; il nous faut signaler ici un autre courant d'idées mazdéennes qui allait presque en même temps rajeunir le culte décrépit du polythéisme. Les dogmes de la religion des Perses débordaient de tous côtés, dans les croyances religieuses comme dans les théories des philosophes. L'Ized Mithra, depuis l'établissement des Perses sur le sol de l'antique Assyrie, avait merveilleusement grandi en puissance; il avait presque absorbé tous les attributs d'Ormuzd, et, de médiateur entre Dieu et les créatures, s'était élevé au rôle de créateur; la croyance populaire l'identifiait souvent avec le soleil. Ce fut arrivé à cet état de puissance que Mithra fut connu dans l'empire romain et en Grèce; et, propagé par les initiations à titre de religion secrète, son culte finit par dominer dans le monde. Jupiter ne fut que le second des dieux du polythéisme; les poëtes désapprirent Apollon, pour peindre le radieux Mithra descendant, sur ses coursiers fougueux, du sommet des monts.

Un jour, un prêtre fanatique de cette divinité monta sur le trône des Césars, et l'empire romain vit le singulier spectacle d'un successeur d'Auguste et de Marc-Aurèle prenant le nom de la divinité chaldéenne par un décret du sénat, et inscrivant sur ses médailles le titre de prêtre de ce dieu, à côté du vieux titre de pontife de Jupiter Capitolin. Ce prêtre était Avitus Bassianus, neveu de l'empereur Sévère, que le caprice des révolutions avait jeté dans un temple situé au pied du mont Liban. Dans ce temple, Mithra, ou le feu, considéré comme principe générateur, était adoré sous le nom d'Élagabal, et sous la forme d'une pierre noire. Reporté à l'empire par une révolution nouvelle, Avitus ne fut connu dès ce jour que sous le nom d'Élagabal ou d'Héliogabale. Dans son enthousiasme bizarre pour son dieu, il voulut le marier avec Vénus Astarté, et recomposer ainsi cette divinité double, mâle et femelle, si chère aux théogonies orientales. Avitus fit apporter et déposer avec pompe les simulacres des dieux sur des lits, dans le temple d'Élagabal; et ces fiançailles divines, conception bizarre d'un prêtre fou et fanatique, furent célébrées dans tout l'empire par des fêtes éclatantes. A voir cet empereur monter au Capitole avec un cortége de femmes, d'eunuques et de prêtres, coiffé de la tiare, couvert de la robe des mages, soie et or, les joues fardées et les paupières peintes, on put un instant se croire à Persépolis ou à Babylone, dans les fastueuses cours de Cyrus ou d'Arsace.

Cependant, depuis la bataille d'Arbelles, qui avait fait passer dans les mains d'Alexandre le sceptre de Darius, le mazdéisme, tout en se répandant autour de ses frontières naturelles par l'intervention même des armées grecques, avait perdu la pureté de son culte au centre de l'empire perse. Alexandre persécuta les sectateurs de Zoroastre, et surtout les mages, et ceux-ci se sont vengés du conquérant en l'envoyant brûler dans le Dousakh avec les Darvands. Mais lorsque les Arsacides eurent chassé les généraux d'Alexandre, l'empire revint aux usages des rois primitifs de la Perse, car les Arsacides ou Parthes n'étaient point des barbares, comme on semble le croire; ils formaient une puissante famille de la Bactriane, gouvernant cette contrée sous l'autorité du roi des rois, à la manière de princes feudataires. Toutefois la pression opérée par la conquête grecque avait été si forte, que, même sous cette famille nationale, les dogmes restèrent longtemps altérés et les cérémonies incomplètes. Les Sassanides, qui succédèrent aux Arsacides, donnèrent résolument à leur règne le caractère d'une restauration du magisme. L'événement qui les avait portés à l'empire semblait leur en faire un devoir.

Sassan, leur chef, descendait des anciens rois de Perse; il était né dans l'Inde, où sa race vivait pauvre et ignorée depuis six siècles. Comptant peu sur le vieil héritage des souvenirs de sa famille, mais poussé par l'amour des aventures, et aussi par le besoin d'utiliser ses bras ou son esprit, il pénétra dans l'antique patrie de ses ancêtres, et vint s'offrir pour garder les troupeaux à l'intendant des temples du feu d'une province de la Perse. A quelques jours de là, Babec (c'était le nom de l'intendant des temples) voyait en songe trois ministres de Zoroastre qui adoraient son serviteur. Tirant aussitôt de ce rêve un augure favorable à la destinée du jeune homme, il le fit venir près de lui, et l'interrogea sur sa famille et sa naissance. Sassan raconta les vagues traditions de famille conservées dans sa mémoire; et l'ambitieux Babec, émerveillé de cette coïncidence, ne balança pas à lui donner sa fille en mariage. De cette union naquit Ardschir ou Artaxare, qui, dans la suite, arracha le trône aux descendants d'Arsace. A peine affermi sur le trône, Ardschir livra aux Romains plusieurs combats, qui eurent pour résultat de rendre à l'empire de Perse les antiques frontières du temps des Achéménides; il tourna en même temps ses regards vers la religion, et s'efforça de la ramener à son unité primitive. A cet effet il assembla en concile les principaux mages de son empire, et ceux-ci firent parler leurs rêves et les oracles de Dieu. Un mage célèbre, nommé Erdaviraph, eut une extase qui dura sept nuits et sept jours, pendant laquelle son âme, transportée dans le ciel, vit ce qui se passe dans ce monde inconnu. Revenu de ce ravissement, il confirma les vérités enseignées par Zoroastre, et ce concile fut le signal d'une grande recrudescence de ferveur dans l'empire. Quelques philosophes pourtant refusant de se rendre à la révélation nouvelle, un mage proposa de faire devant eux l'épreuve du feu, subie autrefois par Zoroastre à la cour de Gustasp. Il se fit verser sur le corps nu dix-huit livres de cuivre fondu, à condition que les incrédules se convertiraient s'il n'était pas blessé; l'histoire, presque toujours crédule ou intéressée, dit que le mage sortit vainqueur de l'épreuve.

Les successeurs d'Artaxare continuèrent la restauration commencée, et le zèle de Schapour, le plus illustre des Sassanides et l'un des plus grands rois de Perse, amena dans l'empire une persécution contre les chrétiens, restée aussi célèbre dans l'Église d'Orient que celles de Marc-Aurèle et de Dioclétien en Occident. Mais avant d'en parler il ne sera pas hors de propos d'exposer en quelques mots l'introduction du christianisme au milieu des sectateurs de Zoroastre.

Les deux captivités de Juda et d'Israël pendant le règne des rois de Babylone, et plus tard les conquêtes d'Alexandre, avaient disséminé la race juive dans toute l'Asie occidentale. On trouvait des Juifs au milieu des Parthes, des Mèdes et des

Arabes, en Cappadoce, en Mésopotamie, en Bithynie. Dans ces pays divers, ils s'étaient, il est vrai, laissé pénétrer par l'esprit des institutions et des croyances environnantes, mais attachés pourtant par une noble opiniâtreté aux noms de Jéhovah et de Moïse, le temple de Jérusalem résumait pour eux toute la patrie absente. Lorsque la Palestine leur avait été rouverte, plusieurs familles, retenues sur la terre d'exil par les liens du commerce et des besoins contractés, avaient renoncé à ce privilége, et s'étant constitué au milieu des nations étrangères de petites synagogues où s'accomplissaient toutes les cérémonies du culte mosaïque, à l'exception du sacrifice, ne revenaient à Jérusalem qu'aux grandes solennités du temple. Dans ces synagogues, oasis de foi, pour ainsi dire perdues dans les déserts du paganisme, les frères de Judée en voyage recevaient amitié et secours, et si parmi eux se trouvait quelque docteur en réputation d'éloquence ou d'habileté dans la science des Écritures, les prêtres du lieu lui déféraient la parole et le priaient de développer devant les fidèles quelque texte sacré.

Lorsque les apôtres partirent du pied de la croix pour aller catéchiser le monde, ce fut dans ces synagogues qu'ils se montrèrent d'abord; ils trouvaient là un pied à terre, un centre de prédication où ne pouvaient manquer d'être bien accueillis des docteurs qui venaient de Jérusalem, la ville du prestige. L'œuvre de l'apostolat dans ces contrées savantes et amollies de l'Asie-Mineure, où l'esprit était habitué à se nourrir des spéculations de la pensée, fut confiée aux Juifs orientaux, nombreux de bonne heure dans la suite des apôtres, et plus propres que tous les autres, par leurs connaissances variées, à cette mission d'érudition et d'éloquence. Paul et Barnabé, qui sortaient de l'école du célèbre docteur pharisien Gamaliel, étaient les modèles de ces Juifs orientaux. Ayant acquis des idées de généralité dans la pratique des idées philosophiques, ils ne partageaient point l'esprit étroit et méticuleux des saducéens, que représentait saint Pierre, le chef des apôtres, et cette opposition avait amené à Antioche la querelle de Paul et de Céphas; ce n'était là que le retentissement dans le christianisme de l'ancienne lutte des pharisiens et des saducéens. La pieuse cohorte des disciples du Christ se dispersa donc pour aller visiter les coréligionnaires qu'ils avaient par le monde, et dans plusieurs villes les synagogues devinrent des églises chrétiennes. Pierre put écrire un jour à ses frères du Pont, de la Galatie, de Cappadoce, d'Asie et de Bithynie : L'Église élue de Dieu dans Babylone et Marcus mon fils vous saluent.

Les catholiques ont prétendu que cette Babylone est Rome, et tout le pouvoir des papes, en tant que successeurs de saint Pierre, est basé sur cette supposition; rien ne prouve pourtant que Pierre soit venu dans la capitale de l'empire romain, tandis qu'on sait très-bien qu'il alla dans les villes de l'Euphrate. Du reste, une figure de langage de nature à faire prendre Babylone pour Rome n'était point dans les idées pratiques et naturelles du chef des apôtres. Où était la similitude entre ces deux villes? Titus n'avait point encore renversé Jérusalem, jamais les Juifs, ces captifs de toutes les grandes puissances qui passaient sur la Palestine, n'étaient venus pleurer la patrie sur les rives du Tibre; et puis enfin, Rome apparaissait dans un lointain assez indéterminé. Ce voyage de Pierre fut une invention de Papias, qu'accueillit saint Jérôme dans sa mauvaise humeur contre Rome, et qui flattait trop les prétentions de l'Église d'Occident pour qu'elle ne passât pas rapidement en fait.

Quoi de plus naturel au contraire que Pierre allât à Babylone, et qu'il écrivît de cette ville aux autres Églises d'Asie? c'étaient là que vivaient encore les derniers descendants des dix tribus d'Israël emmenées en captivité. Quelques années auparavant, le roi Phraates, de la dynastie des Arsacides, avait permis au souverain pontife Hircan de demeurer en liberté à Babylone, et jusqu'en l'an 700 de notre ère, les Juifs y eurent un chef descendant de la race de David. Ceux qui s'appuient sur le témoignage de Pausanias et de Strabon pour prétendre que

Babylone n'était alors qu'un monceau de ruines, une ville déserte n'ayant que ses murs, sont plus poëtes qu'historiens exacts, et parlent par figure comme ils veulent faire parler saint Pierre.

Dans plusieurs villes cependant, les Juifs, dominés par la secte des saducéens, firent opposition aux prédications des apôtres et les mirent dans la nécessité de franchir le seuil des synagogues pour s'adresser aux gentils. Il fallut bien alors faire quelques concessions au polythéisme, et dire aux nations que elles aussi avaient été l'objet des sollicitudes célestes ; le christianisme dut en conséquence emprunter aux divers pays qu'il soumettait quelques cérémonies locales. Pour ne citer qu'un seul de ces emprunts, mais très-caractéristique, on se souvient de ce kosti ou ceinture sacrée que le mazdéisnan recevait à quinze ans comme symbole du combat qu'il s'engageait à soutenir contre le vice, production d'Ahriman ; c'était là la partie la plus importante du vêtement national et religieux des sectateurs de Zoroastre ; eh bien, ce fut ce signe qu'adoptèrent les chrétiens d'Asie : longtemps on ne les nomma que les chrétiens de la ceinture, pour les distinguer des peuples idolâtres ; chez eux, l'Évangile des apôtres s'appela également l'Évangile de la ceinture. La formule d'excommunication parmi les chrétiens de la Perse consiste encore aujourd'hui à déchirer la ceinture de celui qu'on repousse de la communion des fidèles. La confusion s'est tellement établie sur ce point entre les sectateurs des mages et les chrétiens, que les mahométans, pour recevoir les uns et les autres dans la religion de leur prophète, leur coupent la ceinture. Couper la ceinture en Perse, dit d'Herbelot, c'est renoncer à son infidélité et faire acte de mahométisme.

Le résultat philosophique qu'amenèrent et la résistance des Juifs aux prédications des apôtres et l'appel des gentils au christianisme est extrêmement curieux à observer. C'est un exemple de ces perpétuelles oscillations dans lesquelles flotte la raison humaine, et on y voit jusqu'où peut aller l'esprit de réaction contre les objets même qu'on a vénérés au point de départ. Les gentils en entrant dans le christianisme y avaient apporté leurs systèmes philosophiques, et la plupart des hérésies sous lesquelles faillit être submergée la barque de la religion naissante, ne furent que des sectes philosophiques reparaissant sous le vêtement de l'Évangile. Nous ne noterons ici que celles qui s'élevèrent au point de rencontre de l'esprit de suprématie de la Judée avec l'esprit de nationalité des Gentils. Les Juifs venaient de repousser les apôtres, et ceux-ci s'étaient vus forcés de prêcher hors des synagogues. Qu'était-ce à dire? Quoi les Juifs auraient été exclusivement possesseurs des vraies sources de la religion chrétienne, et ils avaient fait mourir Jésus et reniaient maintenant ses apôtres! N'était-ce pas là, au contraire, un symptôme manifeste de l'opposition de la loi de Moïse et de Jésus? voilà ce que dirent quelques philosophes païens entrés dans le christianisme. Ils prétendirent que la religion nouvelle était une révolution radicale contre la première loi ; que loin d'y avoir accord entre Jéhovah et Jésus, il n'y avait que la lutte d'une victime révoltée contre son tyran. Le sacrifice du Golgotha était le drame éclatant et terrible qui avait jeté des reflets sanglants sur l'antique apparition du Sinaï. Ainsi formulèrent leur haine contre les Juifs opiniâtres et exclusifs les sectes des nicolaïtes, des marcionites, des caïnites; on les vit déclarer une guerre incessante à Jéhovah, comme la divinité malfaisante du monde ancien, relever de la damnation éternelle tous les impies de l'Ancien Testament, Esaü, Coré, Dathan, Caïn et leurs pareils, et s'en faire des patrons. Ils rejetèrent donc l'Ancien Testament et élevèrent hostilement l'Évangile en face du vieux code d'une peuplade réputée ignorante. Ils s'indignèrent contre ce qu'ils appelaient les turpitudes judaïques, contre la circoncision surtout, dont les premiers Juifs chrétiens faisaient une condition du baptême, et ils demandèrent ironiquement s'il n'y avait pas d'autre endroit plus noble dans l'homme pour y placer le signe de la grâce.

Telles furent les idées qui produisirent l'hérésie de Manès ou Manichée, cet homme illustre qui jeta dans le monde occidental le dogme retentissant de la dualité des principes. Déplacé de sa base native par ces théories, le christianisme devait incliner, suivant la nationalité des hérésiarques, vers tel pays ou tel autre. Manès, né en Perse, disciple des mages, voulut lui donner pour support et pour germe les institutions de sa patrie, détrôner Jéhovah pour Ormuzd, Moïse pour Zoroastre, présenter enfin le christianisme comme une évolution naturelle, un amendement de la loi du Zend-Avesta. Quels étaient, pouvait-il objecter aux partisans des origines juives, les hommes venus les premiers adorer Jésus au berceau? N'étaient-ce pas les mages, ces prêtres vénérés de la Perse? Ils avaient suivi l'étoile apparue en Orient, tandis qu'Hérode, ce chef de la nation de Juda, plein de craintes pour son sceptre, cherchait à envelopper le législateur naissant dans l'affreux massacre des nouveau-nés de son royaume. Les catholiques, pour ajouter à la grandeur de leur Dieu, lui cherchaient des précurseurs et des prophètes dans tous les fondateurs des religions anciennes, et on les voyait arranger des passages d'auteurs anciens dans un sens favorable à cette idée. Il y avait sans doute dans cette politique un sentiment vrai de l'universalité des sources du christianisme. Mais enfin les grands législateurs des gentils devaient-ils être toujours crus lorsqu'ils prophétisaient le futur avènement du Christ, et jamais pour les enseignements qu'ils avaient apportés eux-mêmes au monde?

Poussant cette idée à l'extrême, Manès dépouilla Moïse au profit de Zoroastre. Dans sa haine contre le judaïsme, il alla jusqu'à combattre en grande partie les Évangiles écrits par des apôtres juifs, et surtout les Actes de saint Luc. Il s'attribua même une mission supérieure à celle des apôtres et une inspiration directe de la Divinité, comme l'avait fait du reste saint Paul lui-même, qui prétendit n'avoir été instruit ni par Pierre, ni par Marc, ni par Jacques, ni par aucun des douze, mais par le Fils de Dieu. Il s'appliqua dès lors à composer des livres où serait réalisée la fusion des doctrines de Zoroastre et de celles de Jésus. L'Église catholique a prétendu que Manès se fit passer pour la troisième personne de la Trinité, pour la manifestation du Paraclet, et parmi les formules d'abjuration qu'imposait l'Église grecque aux manichéens convertis se trouvait celle-ci : « Je nie que Zoroastre, Buddas, le Christ, Manichée et le soleil ne font qu'une seule personne. » Le savant et judicieux Beausobre a démontré, dans son Histoire du Manichéisme, la fausseté des fameux *Actes d'Archélaüs* et relevé le grand philosophe de la Perse des calomnies des augustiniens. Nous ne reprendrons pas ici ses objections, car nous n'avons voulu que marquer le point de jonction des idées chrétiennes et des idées mazdéennes. Nous dirons seulement que Manès, en empruntant à Zoroastre les deux principes du bien et du mal, envisagea le second principe à travers des idées qui avaient déjà cours dans les écoles platoniciennes. Il faisait résider le principe du mal dans la matière dont n'avait point parlé Zoroastre, et lui donnait l'éternité ainsi qu'à la lumière. Ne pouvant s'imaginer que rien vînt de rien, la matière était à ses yeux la masse des éléments qu'avait élaborés le divin artisan pour en façonner le monde. Mais cette matière avait aussi ses créations spontanées; c'était la matière qui donnait une existence positive aux démons et aux mauvais anges.

On rapporte que Manès, voulant attacher à ses doctrines une consécration divine, eut recours à un expédient qui, pour avoir été souvent employé par les fondateurs de religion, est à peine justifiable par ce besoin de frapper fortement le peuple au moyen de signes surnaturels en leur faveur. Manès voulut monter au ciel comme Zoroastre, converser avec la Divinité comme Moïse sur le Sinaï. Ayant découvert, dans un lieu solitaire, un antre arrosé d'une excellente fontaine et donnant accès dans une vallée charmante, il y transporta ses livres et ses papiers, du pain et des fruits secs autant qu'il en fallait pour subsister une année. Il annonça alors à ses disciples qu'il allait monter au ciel à travers les flancs de la montagne, et leur fit ses adieux en les ajournant à un an de là. Retiré dans la caverne, Manès, avec une pertinacité peu en harmonie avec une telle imposture, compulsa ses livres, médita son système et en arrangea les parties dans un nouvel Évangile. Puis, comme il possédait un admirable talent de peinture, il enrichit les marges des pages de belles illustrations, comme on dirait aujourd'hui, pour mieux parler à l'esprit par l'attrait de ces représentations sensibles. Ce procédé n'était point rare alors, et les figures symboliques de Manès devaient sans doute se rapprocher des abraxas des gnostiques. Les Persans appellent l'Évangile de Manès *Ertenk-mani*, livre des peintures de Manès. Ses dessins étaient si délicats et si fins qu'ils sont passés dans la poésie persane comme l'idéal de l'art, et que les poëtes ne trouvent pas de meilleur éloge à faire de l'œuvre d'un peintre que de la comparer aux figures de l'Ertenk-mani.

Manès avait voulu rapprocher les chrétiens et les mages; des deux côtés il fut accusé d'avoir voulu corrompre la foi. Ceci n'est-il pas singulier? Ce philosophe, que le catholicisme poursuivit de ses anathèmes comme le plus dangereux des hérésiarques, fut mis à mort dans sa patrie comme un apôtre trop zélé du christianisme. « Manès, dit d'Herbelot dans sa Bibliothèque orientale, après s'être fait admirer quelque temps, commença d'assembler des gens sous le nom de disciples qui s'opposaient au culte et aux cérémonies zoroastriennes. Cette nouveauté ayant excité des troubles, Sapor le fit mourir. » Quant à son genre de mort, ce fut celui que le même roi avait déjà fait subir à l'empereur Valérien. Il fut écorché, et sa peau remplie de vent fut suspendue aux portes de la ville. En voyant la parité de supplice infligé à un empereur romain et à un grand ennemi des institutions de sa patrie, on s'est demandé si l'écorchement était une pratique ordinaire chez les Perses. La question nous semble résolue affirmativement par ce passage de l'Avesta. Ormuzd, peignant la méchanceté d'Ahriman, dit à Zoroastre : « Il ne veut pas faire le bien, quand même on lui arracherait la peau dans sa largeur en commençant par la ceinture. »

La condamnation de Manès avait été prononcée au nom des doctrines de Zoroastre par un prince sassanide. L'esprit de restauration qui anima presque tous les membres de cette famille nationale fut fatal aux religions étrangères établies en Perse, et la mort du philosophe semi-chrétien ne fut que le signal d'une persécution terrible dirigée contre les chrétiens purs. Soit indifférence, soit équité naturelle, les rois de Perse avaient jusque-là traité ces hommes religieux avec humanité, et pendant les trois premiers siècles n'avaient opposé au progrès de l'Évangile que peu ou point d'obstacles. A l'époque de la persécution qui commença en 340, sous le règne du second Schapour ou Sapor, un archevêque résidait presque officiellement à Séleucie, et des évêques dans plusieurs villes de la Mésopotamie. La persécution montra combien les chrétiens étaient nombreux dans tout l'empire; l'Église en compta seize cents qui moururent pour la foi. Tous les martyrs de leurs idées ou de leurs croyances se ressemblent plus ou moins. De nobles enthousiasmes, un sublime mépris de la mort, une confiance sereine dans le triomphe prochain de leur cause, tels sont leurs traits généraux. Les subites conversions de quelques mages, de quelques eunuques, de quelque membre de la famille du prince frappé de la grâce auprès de ce trône d'où descendaient les édits de proscription, furent ici les accidents du lugubre drame. Des femmes, ces généreuses victimes de tous les amours, en relevèrent le tableau. Parmi les Thécla, les Tharba, les Danacha, les Tatana, les Maria, qu'eut alors à pleurer l'Église, n'y en eut-il aucune qui, touchée du généreux courage des confesseurs de la foi, mêla ici, comme il arriva souvent dans d'autres persécutions d'Occident, à l'amour du Christ cet autre amour, divin aussi, qui se déguise parfois, mais ne semble jamais s'éteindre dans le cœur de la femme? N'y en eut-il aucune qui, croyant mourir pour sa foi, ne fit qu'accompagner à la mort celui sans lequel elle ne pouvait vivre? Les Chérubins couvrirent ces mystères de leurs ailes, et si d'autres noms errèrent dans les cœurs, le nom seul du Christ sortit de la bouche des martyrs.

Les chrétiens persécutés usèrent de ce droit qui semble la dernière consolation des victimes, du droit de jeter l'insulte et le défi à la face des bourreaux; et s'il y avait quelque chose qui pût atténuer la lâche cruauté d'un pouvoir qui assassine un homme pour ses idées, cette atténuation se trouverait dans le vertige de colère qui doit s'emparer de l'homme tout-puissant en face de l'irritante provocation d'un adversaire courbé à ses pieds. Schapour, que les légendaires représentent comme un lion qui, ayant goûté le sang humain, bat ses flancs en mugissant de rage et de fureur à l'odeur d'une proie, disait aux chrétiens : « Vous me raillez, vous raillez mon culte pour obtenir plus facilement la mort; eh bien, vous la voulez, vous l'obtiendrez. » Les chrétiens accusaient les Perses d'adorer le soleil, d'élever des autels, de prodiguer des offrandes à un ouvrage matériel du Dieu créateur, au feu qui s'alimente de matières impures et s'éteint si l'homme ne vient à son aide. Les Perses répondaient avec raison que le feu n'était pour eux qu'un symbole sensible de l'excellence cachée de Dieu; qu'à travers ces flammes l'œil de l'esprit entrevoyait la lumière incréée. Mais entre deux religions différentes, les discussions de dogmes ne sauraient être sincères ; de part et d'autre on s'applique à confondre les symboles avec la réalité qu'ils représentent bien ou mal, et il n'est pas de culte si pur qui ne puisse être accusé d'idolâtrie. Du reste, en vue de l'instrument du supplice, le moment n'est pas fait pour s'entendre, et toute condescendance paraîtrait ici à la conscience une apostasie.

Schapour avait raison pourtant de dire à Simon, archevêque de Séleucie, et le héros de la persécution : « Vous m'adoriez autrefois, quand vous vous présentiez devant moi; pourquoi ne le faites-vous plus aujourd'hui ? » et Simon répondant : « Parce que je suis chargé de chaînes, il ne me plaît plus de vous adorer, » fait bien comprendre que cette adoration envers le feu, qu'on exigeait des chrétiens, n'était, de même que l'adoration du prince, qu'un hommage tout à fait exempt d'idolâtrie, rendu à des usages vénérés dans le pays; car évidemment les rois de la Perse ne se croyaient pas des dieux, et on ne voit chez eux aucune trace d'apothéoses.

Mais le fanatisme religieux n'était pas la seule cause de la résistance des chrétiens, de la cruauté des Perses. Il y avait là-dessous deux questions : une question d'intérêt et une question de nationalité. Les chrétiens avaient refusé de payer les impôts de l'État, et, se faisant d'une parole figurée une règle d'économie politique, ils avaient répondu aux officiers du fisc par ce texte de l'Évangile : « Vous avez été achetés un grand prix, ne vous faites pas les esclaves des hommes. » Jésus avait dit pourtant : « Rendez à César ce qui est à César. » En second lieu, si les chrétiens avaient joui jusqu'à Schapour d'une pleine sécurité, c'était par la raison qu'ils étaient persécutés dans l'empire romain, et que toute victime de Rome était assurée de trouver asile et secours à la cour des rois de Perse. Lorsque Constantin fit asseoir avec lui le christianisme sur le trône des Césars, tous les chrétiens de Perse passèrent pour les concitoyens des Romains et devinrent suspects à ce titre. Nous ne voulons pas affirmer qu'ils nouèrent des intrigues avec les empereurs de Constantinople, comme firent plus tard les évêques catholiques des Gaules avec Clovis; mais les rois des Perses eurent sans doute quelques raisons pour se tenir en garde contre les vœux secrets de leurs sujets chrétiens. L'édit de Schapour contre eux portait : « Renoncez aux dieux que César adore, renoncez à sa communion; » il semblait répondre à cet autre de Dioclétien, qui prononçait la sentence de mort contre les partisans de Manichée, « parce que cette secte était née en Perse, toujours ennemie du peuple romain. »

Joignez à cela la jalousie naturelle des Mages, la ferveur factice produite par leurs intrigues superstitieuses, et surtout les haineuses insinuations des Juifs restés dans le mosaïsme, et vous aurez une grande partie des motifs qui armèrent le bras de Schapour contre les adorateurs de Jésus. Du reste, sans vouloir rien dénaturer, mais aussi pour ne rien taire, il n'est pas inutile de dire un mot des chrétiens qui vivaient alors en Perse. Nous savons bien qu'il ne faut point juger les peuples par leurs chefs, mais enfin voici quel était Papas, l'archevêque de Séleucie, quelque temps avant la persécution.

Papas, suivant les écrivains religieux, avait converti son gouvernement spirituel en une espèce de satrapie. Imitant ici la magnificence des mages, comme imitait à Alexandrie la puissance des proconsuls ce pape Alexandre qui lança un jour un parti de cavaliers à travers les cellules des anachorètes de Nitrie, comme devaient plus tard imiter les grands suzerains les comtes-évêques du moyen âge, il vivait en prince séculier, dans un faste scandaleux. Les écrivains de l'Église le peignent comme un homme d'une intempérance et d'un emportement extrêmes, d'une ambition effrénée, dur et hautain pour les évêques ses frères et les prêtres de son église, au point de les traiter avec la dernière indignité.

Ses excès allèrent si loin qu'on dut convoquer un concile pour faire droit aux plaintes qui s'élevaient de toutes parts. Miles, évêque de Suse, s'y présenta comme son accusateur et le censura en ces termes : « D'où vous vient ce mépris pour vos coévêques, cette arrogance qui vous pousse à les poursuivre ? Regardez-vous comme des fables ces paroles du Christ : Que celui qui tient le premier rang parmi vous se fasse le serviteur des autres ? » Papas s'étant levé se borna à répondre : « C'est bien à toi, grosse bête, à m'apprendre ce que je sais mieux que toi. » Miles tire alors ses Évangiles de sa poche et les ouvre devant lui en disant : « Si vous avez honte d'apprendre votre devoir de moi, qui suis un faible mortel, apprenez-le du moins de vos yeux. » Mais Papas ayant fait un pas vers le pupitre où Miles avait placé ses Évangiles, frappa avec fureur le livre sacré. « Parle donc, s'écriait-il, Évangile, parle. » Les légendaires racontent qu'à l'instant même l'archevêque de Séleucie fut frappé de paralysie ; il n'en conserva pas moins son siége pendant douze ans encore. Simon, le martyr du temps de Schapour, lui fut seulement donné comme coadjuteur.

Après la mort de Schapour, la paix revint dans les Églises d'Asie ; les successeurs de Constantin, ariens ou polythéistes, persécutaient les chrétiens ; c'était pour ceux-ci un titre à la faveur du roi des rois ; et ils se multiplièrent librement, surtout en Arménie, tant que dura la paix entre Rome et Ctésiphon. Les prêtres et les évêques se virent souvent comblés de munificence et d'honneurs, et parfois même honorés de l'administration de villes et de provinces. C'est ce que témoignait deux siècles plus tard Yezdgerd, en reprochant aux chrétiens leur ingratitude. Ce grand roi de Perse, à qui l'empereur Arcadius, à son lit de mort, confiait la tutelle de son fils Théodose, avait longtemps lui-même favorisé cette classe de sujets de son royaume, avant de renouveler contre eux la persécution de Schapour. Au commencement de son règne, l'évêque Maruthas, envoyé de Constantinople à sa cour par son pupille Théodose, y avait reçu toutes sortes d'égards et d'honneurs, et y avait joui plusieurs années du titre avoué de directeur de toutes les Églises de Perse. Mais tolérés par l'indifférence des mages et croissant chaque jour en nombre, les chrétiens auraient voulu dominer, et plusieurs fois ils se portèrent à incendier les temples du feu. Ainsi fit l'évêque Abbas. Yezdgerd n'imputa point pourtant ce fait à tous les chrétiens ; le punissant comme un crime individuel, il se contenta même d'ordonner à Abbas de reconstruire le temple à ses frais. Mais celui-ci, après avoir fait acte de fanatisme, eût cru faire acte de faiblesse en se soumettant; il cria à la persécution, et une foule de chrétiens se montra disposée à le soutenir. Tous réclamèrent leur part de gloire dans l'action d'Abbas. « Oui, oui, disaient-ils, c'est nous qui avons détruit le temple du feu, qui avons fouetté les mages, jeté dans la rivière tous les instruments qui servaient à l'idolâtrie, qui avons souillé l'eau et le feu. » Le fanatisme des sectateurs de Zoroastre ne pouvait manquer de s'allumer au contact de ce fanatisme; une lutte s'engagea, et, comme il arrive toujours dans les querelles religieuses, les plus forts furent sanguinaires. Les discussions irritantes et de mauvaise foi avaient recommencé aussi des deux côtés entre les docteurs; et les dogmes des deux plus pures religions qu'ait produites l'humanité, devinrent, à travers une interprétation passionnée, des modèles de folie et d'immoralité. Voici en raccourci l'exposition du mazdéisme que faisaient les chrétiens :

« Lorsque le ciel et la terre ni aucune créature n'existaient point encore, Zervane, le grand dieu, offrit des sacrifices pendant l'espace de mille années, en disant : Peut-être qu'il me naîtra un fils, du nom d'Ormuzd, qui fera le ciel et la terre. Son ventre conçut alors deux enfants, l'un pour les sacrifices, l'autre pour dire : *Peut-être*. Lorsqu'il sentit les deux jumeaux remuer dans son ventre, il dit : Celui qui viendra au monde le premier aura mon empire. Celui qui avait été conçu pour l'incrédulité lui fendit le ventre et sortit dehors. Qui es-tu? lui demanda Zervane. — Ton fils Ormuzd, répondit-il. Mon fils est éclatant de lumière et répand une bonne odeur, répliqua Zervane, tandis que tu es noir comme les ténèbres, et que tu as la mine d'un mauvais sujet. Et comme il pleurait amèrement, son père, touché de ses larmes, lui donna l'empire pour mille ans, et le nomma Ahriman. Il engendra ensuite l'autre fils, qu'il nomma Ormuzd, et il ôta l'empire à Ahriman pour en investir Ormuzd, en lui disant : Jusqu'ici je vous ai fait des sacrifices; c'est maintenant à votre tour de m'en offrir. » Quant à la création du soleil et de la lune, bien qu'on ne sache point où les mythographes chrétiens prennent la mère et la sœur d'Ormuzd, ils en font le produit d'un inceste. « Ahriman, rapportent-ils, parla ainsi au milieu d'une grande assemblée : Qu'importe qu'Ormuzd ait su créer tant de jolies et charmantes choses, puisqu'elles sont dans les ténèbres, et qu'il n'a pas songé à créer la lumière ! S'il avait eu un peu de génie, il aurait couché avec sa mère, qui aurait ainsi enfanté le soleil Miher, et avec sa sœur, qui aurait donné naissance à la lune. Au sortir de la séance, le Dew Mahmi courut faire part à Ormuzd de l'heureuse idée d'Ahriman, et Ormuzd ayant mis le procédé en usage, le soleil et la lune parurent. »

Les mages disaient à leur tour : «Quel conte nous font les chrétiens, quand ils nous disent que Dieu est susceptible de jalousie, et qu'il créa la mort pour punir l'homme d'avoir mangé une figue cueillie sur l'arbre défendu ! ils accusent notre dieu d'inceste, et le leur est le fils d'un soldat nommé Panther, qui laissa à Joseph l'héritage de sa séduction.» A ces calomnies réciproques se joignit l'accusation capitale contre les chrétiens, d'entretenir des relations avec la cour de Constantinople, dans un but coupable, et la persécution commença. Elle prit en Arménie, grâce à la grande diffusion du christianisme dans cette contrée, le caractère d'une guerre religieuse. Il y avait là des chefs de famille puissants, vivant au sein de l'abondance et du luxe, dans des châteaux situés sur les versants des montagnes qui découpent le pays en gorges et en vallées. Ils ne consentirent pas, avec raison, à se laisser immoler comme des victimes muettes; ils s'organisèrent, au contraire, en ligue nationale, sous la conduite de l'un d'entre eux, Vartan le Mamigonien. Nous ne pouvons raconter ici, malgré l'intérêt qu'elle présente, les détails de cette guerre d'embuscades et d'escarmouches. Pendant neuf mois, les Arméniens défendirent leurs montagnes contre la fameuse cohorte des *Immortels*, corps d'élite qui avait succédé sans doute à la phalange macédonienne, et dans laquelle le soldat qui tombait était aussitôt remplacé. Ils furent enfin faits prisonniers, et tous ces hommes, habitués aux molles jouissances de la vie, quittèrent la fraîcheur et l'abondance de leurs montagnes pour les plateaux déserts et sablonneux du Khorassan, pour les vents de Samelie. « Leurs vastes palais, dit l'auteur qui raconte le soulèvement de l'Arménie chrétienne, étaient dans un délabrement affreux; tous les trésors et toutes les parures des femmes avaient été confisqués au profit du tyran; les belles vaisselles ne figuraient plus sur les tables, ni les coupes au fond desquelles ruisselait la joie. Le maître des cérémonies ne se tenait plus aux portes des salles somptueuses pour recevoir les convives. Des femmes délicates du pays d'Arménie, entourées dès leur berceau de toutes les recherches du luxe et de la richesse, et élevées sur des sophas aux coussins moelleux, sortaient nu-pieds de leurs humbles demeures pour se rendre à l'église ou à l'oratoire. Celles qui avaient depuis leurs jeunes ans l'habitude de se nourrir de cervelles, de moelle de veau et du gibier le plus jeune, maintenant se résignaient à apaiser leur faim avec des herbes et des légumes, sans penser à leurs mets délicats d'autrefois; leur teint se fana et leur peau se noircit, car tout le jour elles étaient hâlées du soleil; la nuit, elles s'étendaient sur la paille malpropre. Elles n'avaient à la bouche que des versets de psaumes, et leur consolation était la lecture des prophètes.... Les glaces de plusieurs hivers se fondirent; le printemps ramena plusieurs fois de suite les hirondelles nouvellement nées; mais les femmes des captifs chrétiens n'avaient pas la consolation de revoir leurs époux bien-aimés. »

Hysguerd pourtant finit par se relâcher de sa rigueur envers les Arméniens; il leur permit de se constituer en principauté avec la liberté de leur culte, et leur donna pour prince Mahan le Mamigonien, neveu de Vartan, premier chef du soulèvement.

A deux siècles de là, sous un autre Hysguerd, venait le moment pour les Perses sectateurs de Zoroastre d'être persécutés à leur tour. En 636, près de la ville de Kadesiyya, se trouvaient rangées en bataille deux grandes armées. L'une était composée de ces Arabes qu'avait jetés dans le monde le fanatisme de Mahomet. Par un hasard singulier, c'était un général nommé Roustam qui commandait celle des Perses. Mais ni les vieilles divinités de Djemschid et de Féridoun, ni la milice céleste de Zoroastre ne combattirent cette fois pour les derniers enfants de l'Iran, et l'étendard de Caveh fut pris par l'ennemi. Les Arabes, avec cette rapidité qui marqua partout leurs conquêtes, soumirent toute la Perse, et, de l'Oxus à l'Euphrate, la loi de Mahomet fut imposée aux consciences. Les temples du feu furent abattus avec une ardeur frénétique, les mages eurent pour alternative l'abjuration ou l'exil. C'était, dans l'antiquité, chose tellement convenue d'accepter la religion en même temps que les lois des vainqueurs, que peu de résistances éclatèrent à ce sujet.

Cependant, un certain jour, quelques milliers de Perses s'assemblèrent; des mages étaient à leur tête. Ils prirent avec eux des instruments sacrés dérobés au fanatisme des vainqueurs, les livres de leur prophète et le feu Behram, et se dirigèrent, comme une peuplade émigrante, vers le Cohistan, où ils espéraient pouvoir continuer en paix les pratiques de leur culte. Ils restèrent là vingt années, après lesquelles les mahométans vinrent les troubler dans leur retraite. Les proscrits allèrent un peu plus loin; ils descendirent vers le golfe Persique, et s'arrêtèrent à Ormouz. Quinze ans plus tard, les mahométans les y poursuivaient encore. Une dernière fois alors ils prirent les objets de leur culte et leurs livres sacrés; ils dirent un éternel adieu à la terre de la patrie, à la délicieuse Airyana des aïeux, et s'embarquèrent pour des pays qu'ils ne connaissaient pas.

La tempête les poussa vers le Guzarate, dans un pays riant

et fertile. Lorsqu'ils furent descendus à terre, un de leurs chefs alla saluer le prince indien de la contrée et lui fit des présents. Le rajah reçut en amitié ces arrivants, simples de mœurs et de religion comme son peuple, et leur donna des terres où ils bâtirent la ville de Sandjan. Quand ils y furent établis, le chef des mages leur rappela le vœu qu'ils avaient fait d'ériger dans la colonie un temple au feu Behram, et tous aussitôt se mirent avec ardeur à construire ce monument, qui, au milieu de l'exil, devint comme l'image de la patrie absente. Ce fut parmi les descendants de ces Perses, nommés aujourd'hui Parsis ou Parses, que notre illustre Anquetil-Duperron alla apprendre le zend et acheter une copie des livres sacrés de Zoroastre.

Pendant que cette émigration se dirigeait vers l'Inde, une autre se concentrait dans le Kirman, où les sectateurs de Zoroastre ont vécu jusqu'à ce jour, plus ou moins sujets aux tracasseries des mahométans. Il y eut aussi quelques familles qui, en dépit des persécutions, s'opiniâtrèrent dans leur foi, aux environs d'Ispahan; enfin quelques autres allèrent jusqu'en Chine, avec le fils de leur dernier roi, Hysguerd. Dans tous ces points divers, les Parses se font remarquer par la simplicité de leurs mœurs et la droiture de leur conduite; la plupart d'entre eux se livrent au commerce.

Ainsi finirent les descendants de Djemschid et de Cyrus. Quand un grand peuple, qui a longtemps représenté dans le monde une forme sociale et religieuse, cesse de former une nation, on voudrait, par égard pour sa grandeur passée, qu'il disparût tout entier; car rien n'est triste comme de voir des débris humains éparpillés sans foi et sans lien dans l'exil, ou s'agitant dans un labeur inutile sur le sol des ancêtres. Les ruines des monuments témoins d'une époque de grandeur s'illuminent mélancoliquement, à travers les siècles, du lointain reflet des souvenirs; le silence qui règne autour d'eux semble tenir assoupies les âmes des héros qui reviennent habiter les lieux de la vie. Mais ces débris d'un peuple qui s'agitent dans leur inanité, qui, déjà de l'autre côté de la tombe, paraissent animés de la confiance de la jeunesse, qui, sans idée d'avenir, sans regrets pour le passé, veulent recommencer la vie, ne ressemblent-ils pas à ce guerrier du Tasse, qui

Andava combattendo ed era morto?

Dans la pitié que les débris de la nationalité perse inspirent, il y a plus d'irritation contre une folle opiniâtreté, que de sympathie pour une infortune noblement supportée; car nulle trace n'existe chez eux de cette généreuse fierté qui révèle les fils des héros, nulle conscience de leur infortune, nulle dignité à porter le deuil de leur grandeur éteinte. S'ils savaient encore, comme Jérémie ou les captives d'Israël, accorder leurs lyres sur la terre d'exil, et chanter des paroles touchantes comme celles du prophète : Voyez s'il est une douleur égale à la mienne! Mais non. Les Parses, aujourd'hui, avec une pertinacité qui n'est plus qu'un entêtement sans but, jouent à peu près le même rôle que les Juifs depuis la ruine de Jérusalem; sans destinée sociale, parqués dans la vie individuelle, ils ne vivent que par l'instinct de conservation inhérent à l'être le plus humble de la création; de Zoroastre, dont ils récitent machinalement les prières, ils ne savent rien, pas même qu'il fut leur législateur; de ces fameux mages dont la science fut un flambeau qui brilla sur l'antiquité, ils n'ont pas même retenu le nom; ce n'est plus ce nom si respecté de mage que portent leurs prêtres.

Pourtant, dans ces débris qui devraient être pressés de s'éteindre, il y a encore, amère ironie! des sectes religieuses, du fanatisme, des collisions sanglantes. Serait-ce pour des idées? Non, les idées sont comme le pouls des nations, et le sang est rare dans ces rejetons sortis d'un tronc mort. Pourquoi donc? Pour des questions de liturgie et de discipline. Digne sujet d'occuper les loisirs des prêtres! Pendant quatre cents ans, les villes de l'Inde où se trouvaient disséminés des Parses se disputèrent la possession du feu Behram, et pendant quatre cents ans, suivant le caprice et la puissance des mobeds de différentes provinces, le feu se promena de Sandjan à Bansdoh, de Bansdoh à Naucari, de Naucari à Barsal, de Barsal à Odouari. Une question qui faillit faire couler des torrents de sang fut soulevée à l'occasion du pénom, ce linge double que le Parse met devant sa bouche pour prier. Les uns voulaient qu'on le mît aux morts, les autres s'y opposaient. Heureusement qu'il se trouva alors dans le Kirman un destour jouissant d'une grande réputation, qui vint pacifier ses coreligionnaires de l'Inde.

Dans l'origine des religions, les sectes ressemblent à de grands affluents qui viennent alimenter par leur diversité un grand fleuve; au déclin, c'est ce même fleuve, presque tari, qui, n'ayant pas assez de force pour imprimer une direction uniforme à ses ondes, éparpille ses petits filets d'eau sur un lit de sable qui les absorbe. Les premières sectes, en se fondant ensemble, contribuent à élever des systèmes de croyances, édifices moraux où s'abrite un peuple pendant une longue suite de générations; les secondes discutent des questions de mort. Autant réjouit la vue le spectacle de la jeunesse qui conçoit des projets, même hasardeux, de l'âge mûr qui les exécute, autant l'attriste le spectacle de la vieillesse au pas tardif, voulant imiter les souples allures de la jeunesse. La majestueuse immobilité de Niobé convient mieux au vieillard; plus son visage est calme et déjà dégagé de l'agitation de la vie, et mieux s'y joue le souvenir, cette âme des tardives années. L'humanité est le vaste réservoir des peuples; dans sa progression incessante, elle ne connaît de l'homme que la période croissante; toujours jeune elle-même, elle reçoit le dépôt des nations fatiguées qui se couchent dans la mort, après avoir rempli la mission assignée. Les peuples sont comme les coureurs des Panathénées, qui viennent prendre des mains des peuples qui tombent le flambeau de la vie, pour le porter plus loin.

Et quasi cursores vitaï lampada tradunt.

Le peuple de l'Iran remplit généreusement sa tâche. Respect pour ces débris, qui n'ont pas même su garder la mémoire du vieillard et jeter sur leur infortune la poésie des souvenirs!

RELIGION DE LA CHALDÉE

(ASSYRIE, BABYLONIE, SYRIE, PHÉNICIE).

CHAPITRE UNIQUE.

La Chaldée, située au centre de l'ancien monde, a pu être également le berceau des religions de l'Asie orientale et de la Grèce. — Babylone, la ville la plus ancienne du monde suivant les anciens, se trouve bâtie dans la plaine de Sennaar, premier théâtre des habitations humaines suivant la Bible. — La contemplation des astres par les premiers hommes errant à la suite de leurs troupeaux produit le culte du sabéisme. — Renommée des Chaldéens dans l'astronomie. — Le nom de Chaldéen cesse d'appartenir à un peuple pour devenir le nom particulier d'une caste de prêtres. — Attributions de cette caste. — Le prêtre chaldéen Bérose. — Cosmogonie du monde d'après ce prêtre. — Bel, la grande divinité de Babylone, son temple. — La grande statue d'or élevée par Nabuchodonosor dans le champ de Dura. — Les rois d'Assyrie sont des incarnations de Bel. — Le principe de la génération universelle du monde par le moyen des organes sexuels vient s'ajouter à celui de la puissance primitive du soleil. — Naissance des divinités femelles. — Fusion des deux principes mâle et femelle dans l'hermaphrodite divin. — Mylitta ou la Vénus androgyne des assyriens. — La fable d'Adonis. — Diffusion du culte assyrien en Phénicie, en Syrie, en Chypre, à Carthage. — Le culte s'y compose d'infâmes prostitutions. — Baal et Aschtaroth sont introduits même dans le temple de Jérusalem; dans ce temple sont construites des cellules où le collége des *efféminés*, consacrés à la déesse Aschtaroth ou Astarté, accomplissent leurs pieuses débauches. — Le culte de Mithra, qui résume le double principe du dogme assyrien, ne se montre dans ses développements que vers le second siècle de notre ère. — Description de l'antre de Mithra. — Initiations, mystères. — Rapports de ce culte avec le christianisme. — Les Druses modernes ont dans leur culte des cérémonies idolâtriques qui rappellent l'antique vénération de la Vénus hermaphrodite.

L'Asie a été le berceau des religions ; c'est une vérité que la voix des siècles a de tout temps proclamée, et que les recherches de l'érudition, à mesure que l'ancien monde s'est révélé au monde nouveau, ont de plus en plus mise en lumière. D'où nous vient le soleil nous est venue aussi la foi, et l'astre du jour semble avoir été le premier révélateur de la Divinité. En Orient se sont formés ces grands systèmes religieux, dont les noms, environnés de je ne sais quelle magie, inspirent encore du respect. Là se sont mûris au feu de l'amour et de l'enthousiasme le brahmanisme, la religion de Confucius, le mosaïsme, le bouddhisme, la mythologie du polythéisme grec et romain; là encore, au seuil des sociétés modernes s'est formé le christianisme. A la plupart de ces religions on peut assigner une patrie, un état social au milieu desquels elles se sont produites. Mais dans leur diversité, n'eurent-elles pas toutes à l'origine un principe générateur dont il serait possible de retrouver la filiation? Le concevoir appartient à l'intelligence de l'homme, le démontrer dépasse ses efforts d'érudition.

Toutefois, dans l'antiquité grecque et latine, où les questions d'histoire philosophique et de filiation de dogmes étaient encore peu en goût, où, du reste, les grands peuples de l'Asie orientale, les Chinois, les Hindous étaient peu connus, les géographes et les mythologues s'accordaient assez à déterminer le foyer de tous les cultes; et soit instinct, soit tradition, soit science, ils s'accordaient à le placer dans les contrées limitrophes de l'Euphrate et de la Chaldée. Située à une distance à peu près égale de la Perse et de l'Inde d'un côté, de l'Italie et de la Grèce de l'autre, l'antique terre de Bélus, couverte aujourd'hui de silence et de mort, pourrait bien avoir été le laboratoire primitif où s'ébauchèrent les systèmes religieux des peuples. La Chaldée se trouve dans cette fameuse plaine de Sennaar où, selon la Bible, se répandirent les premiers habitants du monde au sortir de l'arche.

Babylone, suivant les écrivains de l'antiquité, est la plus ancienne ville du monde sortie peut être de la gigantesque Babel que les fils de Noé, sur le point de se dire adieu et de se mettre en route pour aller peupler le monde, bâtirent afin qu'elle leur servit de point de ralliement. L'édification de cette tour, dans laquelle on veut voir un acte de rébellion contre Dieu, nous a toujours paru une idée sublime et touchante; c'était l'illusion confiante de cette famille humaine espérant venir plus tard visiter la patrie primitive; idée de fraternité et d'amour, rêve d'unité, élevant le signe de ralliement si haut vers le ciel, que de tous les points du monde on pût le découvrir. Mais c'était un rêve, comme la conception des meilleures choses; la tour ne s'acheva pas. L'accord des mœurs, des langues et des sentiments ne dura pas le temps même de l'édification ; et les hommes se dispersèrent oublieux de leur berceau et de leur projet d'union. Ce récit, qui n'exprime au fond que la prétention des Hébreux d'être la tige de toute l'humanité, mériterait d'être vrai. En l'admettant dans certaines mesures, nous y voyons la haute origine de la population des plaines de Sennaar, des Chaldéens des bords de l'Euphrate. C'est dans une ville de cette contrée, à Ur, que la Bible fait naître Abraham.

Les premiers hommes qui, attirés par le fleuve fertilisant de l'Euphrate, se fixèrent le long de son cours, étaient de puissants chefs de famille, vivant du lait des bestiaux et se couvrant de leur toison. Abraham et Lot, possesseurs d'immenses troupeaux qu'ils avaient hérités d'une suite puissante d'ancêtres livrés aux mêmes soins, menaient cette vie nomade; et ce fut sans doute à la recherche de nouveaux pâturages qu'ils passèrent dans la terre de Chanaan. Errant nuit et jour, insouciants et heureux, à la suite de leurs troupeaux, les pasteurs chaldéens se retiraient le jour, aux heures des grandes chaleurs, sous l'impénétrable fraîcheur des antres ou sous le frémissant feuillage des cabanes, laissant leurs troupeaux sous la garde du chien et des valets de la bergerie se répandre sur les coteaux. C'était le matin, le déclin du jour ou la nuit, qu'ils choisissaient pour se transporter d'un pâturage pelé par la dent des animaux vers un autre gras encore. C'était dans les heures graves et méditatives de la nuit qu'on descendait de la montagne aux approches de l'hiver, qu'on y remontait au printemps. Or, c'était à ces heures que le ciel et les astres leur présentaient les plus beaux spectacles. A l'aube naissante, le soleil chassait les dernières ombres et les dernières clartés qui tombent des étoiles ; le firmament repliait son manteau argenté ; l'orbe étincelant de l'astre du jour émergeant des flots d'or et de jaspe, montait à l'horizon comme le roi de l'univers ; au crépuscule, lorsque, fatigué de sa carrière, le soleil descendait insensiblement ; ses derniers reflets rougeâtres doraient encore le sommet des monts, que le ciel, jusque-là d'un impénétrable azur, se peuplait de milliers de clartés impatientes de scintiller. Le silence des nuits, les harmonies mystérieuses de la nature et des astres, cette succession de la nuit au jour, du jour à la nuit, toujours si émouvante pour ceux qui voyagent en plein air, durent de bonne heure exciter les Chaldéens à la contemplation des astres. Et pendant que le pas de leur monture entraînait leur corps, bien souvent sans doute leurs yeux suivirent dans le ciel le mouvement des globes lumineux. Dans ces milliers d'étoiles, ils en étudièrent plus particulièrement quelques-unes, s'intéressèrent à elles comme à des êtres vivants, et firent des observations sur leur forme, sur leur lumière et leur caractère. Celle-ci plus discrète se perdait dans la foule, celle-là, fière de sa lumière provocante et comme animée d'une personnalité active, cherchait à trancher sur la plèbe de ses innombrables compagnes. La lune, la reine des nuits et de la milice céleste, semblait, par son rapprochement de la terre, plus immédiatement en communication avec le globe terrestre, et le spectacle chaque jour nouveau qu'elle présentait dans sa course changeante devint le premier objet d'observations suivies de la part des pasteurs. Ils remarquèrent les heures diverses de son lever et de son coucher, variant dans son aspect à chaque semaine, aujourd'hui se levant toute grande et radieuse derrière un massif de grands arbres, quelques jours plus tard montrant un croissant timide et d'un caractère sinistre au-dessus du coteau voisin.

Après la division du temps en jours et en nuits, les Chaldéens ne tardèrent donc pas à fixer le mois lunaire, comprenant l'ensemble des variations de la lune. Le drame céleste alla se compliquant à leurs yeux de plus en plus; chaque jour les acteurs y dessinèrent plus nettement leur rôle.

Tel astre remarquable par sa vive clarté se montrait le soir avant tous les autres, et n'attendant pas que le soleil eût entièrement disparu sous l'horizon, semblait triompher d'aise à remplir seul un instant l'immensité des cieux; le matin, l'œil du berger le voyait encore, cédant à regret l'empire, ne se retirer que devant l'éclat grandissant du jour. Dans sa double apparition, cet astre reçut des anciens le matin le nom de Lucifer, le soir, celui de Vesper; la science le nomma Vénus, par une espèce d'hommage envers la plus belle des planètes. L'observation, de jour en jour plus attentive, distingua les étoiles voyageuses des étoiles fixes. Les premières furent nommées planètes, ce furent : Vénus, Mars, Jupiter, Saturne et Mercure.

Cependant le soleil continuait à dominer tout le système de l'univers; par lui se renouvelait chaque jour la création primitive sortie d'un jet de lumière qui avait pénétré la nuit et le chaos. On ne tarda pas à s'apercevoir que, de même que la lune, le soleil ne se levait chaque jour ni aux mêmes lieux ni aux mêmes heures; les vicissitudes de froid et de chaleur signalèrent sa proximité et son éloignement. Ce dut être avec une inexprimable terreur, qu'à sa première révolution les hommes suivirent son affaiblissement progressif et le virent de jour en jour plus languissant s'envelopper dans la gaze poudreuse des brumes du nord. On dut craindre que l'antique chaos ne reconquît son empire; et la tradition de ces frayeurs semble s'être conservée dans une fête qui se célébrait au solstice d'hiver à Babylone. Les femmes venaient s'asseoir sur le devant de leurs maisons, tournées vers le nord, épiant d'un regard contristé les pâles rayons du soleil.

Mais comme la lune aussi, le soleil après un certain nombre de jours reparut au point où il s'était montré lors de sa première explosion dans l'espace, et une nouvelle fête, celle-ci bruyante, animée, pleine d'espérances et d'enivrements, témoigna à l'astre de retour la reconnaissance des hommes. Pour se rapprocher davantage du ciel, les pasteurs chaldéens élevèrent l'autel sur quelque haute montagne ; les sacrifices qu'ils y offrirent furent les richesses mêmes qu'on devait à l'influence bénigne de l'astre du jour ; des fruits nés sans culture, quelques grasses victimes prises dans l'élite du troupeau.

Ainsi marchaient de front chez les tribus de la Chaldée la science et le culte ; ses chefs furent à la fois les plus anciens astronomes et les plus anciens prêtres. Chez eux, la découverte d'une loi sidérale était l'occasion d'une fête religieuse ; les équinoxes, les solstices eurent une grande importance dans le dogme et la liturgie ; et ces hommes qui par des calculs sur les observations du passé s'appliquaient à prévoir le retour des phénomènes célestes, passèrent pour avoir des communications avec les dieux et pour connaître l'avenir. Après avoir indiqué les temps où il était nécessaire de faire descendre les troupeaux de la montagne, ils établirent, quand l'agriculture eut fixé au sol les tribus de pasteurs, les époques où l'on devait ensemencer les terres, rentrer les moissons. Les éclipses, les comètes, ces grandes péripéties du drame céleste qui, par leur rareté, avaient le terrible privilége d'épouvanter les esprits, offraient un grand moyen d'influence aux prêtres chaldéens. Leur corporation puissante, profitant dans sa vie séculaire des observations de tous les membres, faisait de la science du passé sa propre expérience. Par les yeux des devanciers, elle avait déjà vu beaucoup de phénomènes du même genre consignés dans les tables astronomiques ; et elle était ainsi toute-puissante contre l'expérience individuelle du vulgaire ; sa science se traduisit souvent en oracles.

Ainsi naquit l'immense réputation des Chaldéens à la fois prêtres et astronomes. Dans Babylone, au centre du temple élevé à la grande divinité des Babyloniens, s'élevait la tour consacrée aux observations astronomiques ; et lorsque Alexandre s'empara de la ville de Ninus et de Sémiramis, on y trouva des tables de révolutions sidérales qui remontaient à mille neuf cent trois ans d'ancienneté. Quant à l'époque où les Chaldéens eux-mêmes faisaient remonter les premières règles de leur art, elle se perdait dans la nuit des temps. A les en croire, ils conservaient des observations astronomiques de quarante mille ans avant Alexandre, et ils comptaient, avant le déluge, dix générations de rois ayant duré cent vingt sarès de trois mille ans chacun. Sans croire à ces milliers de siècles accumulés par la mythologie et le symbolisme, on ne peut nier la haute antiquité des Chaldéens. Ces puissants empires d'Assyrie, ces fastueux domaines de Ninus et de Sémiramis qui, dans leur lointaine illustration, semblent avoir réalisé tout ce que l'intelligence humaine conçut jamais de plus grandiose, déclinaient déjà à la naissance des temps historiques, au moment où les Perses et les Grecs apparaissaient sur la scène du monde ; et ces derniers peuples n'en virent que le déclin. Ninive la grande cité, comme l'appelle la Bible, bâtie par Assur le lendemain même du déluge de Noé, avait accompli sa destinée avant que les Grecs fussent venus sur les rives du Tigre, et elle n'eut pour oraison funèbre que la malédiction d'un prophète des Hébreux. « Ninive est ravagée, s'écriait celui-ci : qui pleurera sur ta tête, d'où te viendra la compassion ? Tes petits enfants ont été écrasés sur la pierre des chemins, et tes chefs chargés de chaînes sont partis pour l'exil ; ton peuple ne se compose plus que de femmes ; la porte de tes murs est ouverte à l'ennemi ; le feu a dévoré tes monuments. Tes pasteurs sont morts, ô roi Assur; tes satrapes sont ensevelis dans la tombe; ton peuple s'est réfugié dans la montagne, et il n'est plus personne qui le rassemble. Ta ruine, ô Ninive, n'est pas une infortune obscure; tous ceux qui en ont entendu le récit, se sont serré de joie la main sur tes ruines, car il n'est personne qui n'eût éprouvé ta malice. »

Ce n'était pas là, en effet, une infortune obscure, et Ninive, depuis plus de deux mille ans, enfoncée dans le sol, vient de révéler, grâce à des fouilles récentes, quelle grandeur, quelle magnificence décora ses antiques monuments. Lorsqu'ils entrent en relation avec l'Asie occidentale, les Chaldéens, qui avaient sans doute autrefois formé le premier empire d'Assyrie, et constitué une nation propre, ne nous apparaissent plus, dans les documents écrits qui nous restent, que comme les prêtres de Babylone, composant un corps sacerdotal analogue à celui des brahmanes de l'Inde, à celui des mages de la Perse, et la Bible leur donne souvent le nom de ces derniers. Interprètes du ciel et de la terre, ils apaisaient, suivant Diodore de Sicile, les dieux par des sacrifices, prédisaient les mouvements des astres et les éclipses, possédaient la science des augures, expliquaient les songes et les prodiges d'après certaines règles fixes et sûres. C'était là leur occupation de père en fils; l'absence d'emplois politiques ou industriels les livrait tout entiers à ce commerce spirituel avec le ciel et les astres; et, dans cette contemplation perpétuelle des grands spectacles de la nature, dans cette attention à écouter l'harmonie des corps célestes, rien de terrestre ne touchait leurs cœurs; ils ne connaissaient pas l'envie même par son côté presque vertueux, l'émulation. Sans maître comme sans rival, chacun puisait dans le seul attrait de ses fonctions élevées le sentiment de son devoir. La caste chaldéenne ne relevait d'aucun magistrat civil; elle s'administrait elle-même. Pour subvenir au service des temples de l'Assyrie et de la Babylonie, de vastes domaines lui avaient été inféodés sur la rive droite de l'Euphrate, par les édits des princes, sous le nom de domaine sacré. Les Chaldéens avaient aussi quelques villes entièrement religieuses; telle était celle de Borsippe, dont une partie de ces prêtres avait pris le nom de borsippiens.

C'est à ce peu de mots que se réduisent les renseignements que nous possédons sur les prêtres chaldéens. A leur caste appartenait Bérose, qui porta en Grèce l'astronomie, science inconnue encore alors sur la terre de Minerve, et les prédictions de ce prêtre sur les variations des astres et leurs conjonctions étonnèrent à tel point les Grecs, qu'ils lui élevèrent une statue dans le gymnase d'Athènes. Dans la suite les astronomes grecs, et surtout Ptolémée, lui empruntèrent ses calculs sur la durée de l'existence du monde, que, sans égard pour les traditions de sa caste, il réduisait à cent cinquante mille ans.

Bérose avait écrit un traité sur le système théogonique de la Chaldée, et Eusèbe en a recueilli les fragments en tête de son traité de la *Préparation à l'Évangile*. Comme cet auteur vivait à une époque assez rapprochée de nous pour que les systèmes religieux de la Grèce et de la Judée eussent pénétré alors dans sa patrie, on voit dans sa théogonie un reflet de la Genèse de Moïse et des traditions helléniques. On pourrait soupçonner Bérose d'avoir voulu, en mêlant ces systèmes, les faire converger vers sa patrie, comme vers leur source primitive. Suivant lui, la matière est éternelle; avant que la main puissante du Créateur fût venue la pétrir et lui donner les formes variées qu'elle affecta depuis, elle était confuse et inerte; c'était la ténébreuse Omoroca, la *mère du vide et de l'inanité*. Abandonnée à elle-même et vierge, jamais une saillie, une forme, un contour, une couleur, ne se fussent dessinés sur son insaisissable surface, si un jet de lumière, traversant cette masse sans nom, ne lui eût donné, non pas l'existence, mais la vie sensible en la limitant. Ses formes, ses forces, ses germes latents et en puissance parurent alors. Le monde naquit de l'accouplement de la lumière et de la nuit.

L'être actif qui avait donné la manifestation et l'activité à Omoroca, porte le nom de Bel ou Baal dans la théogonie chaldéenne. Ce nom n'est qu'une déclaration de sa puissance; il signifie *seigneur, maître*. Le premier homme qu'il créa fut Alorus; cet être et ses premiers descendants avaient les deux sexes, et se reproduisaient eux-mêmes par couples. Bérose rapporte que l'humanité était à sa dixième génération, lorsque Xisuthrus fut averti en songe que le monde allait périr par le déluge, et reçut ordre de construire un vaisseau. Lorsque le temps serait venu, il devait transporter dans ce vaisseau toutes les choses nécessaires pour une longue traversée, y faire entrer des oiseaux et différentes espèces d'animaux, et y entrer lui-même avec sa famille. Fier de cette protection spéciale de Bel, Xisuthrus se conforma à toutes ses prescriptions, et bientôt son vaisseau vogua sur les eaux qui couvraient la terre. Les eaux étant venues à décroître, les heureux passagers se trouvèrent échoués sur une haute montagne, et, après avoir attendu que le sol délayé par les eaux se fût raffermi, ils sortirent de leur retraite, sacrifièrent à Baal, et disparurent; depuis ils ne se revirent jamais.

Les traditions cosmogoniques rapportées par Bérose ne paraissent pas avoir donné naissance en Chaldée à des livres sacrés tels que ceux qui dans d'autres pays ont constitué l'état social et politique; elles n'ont point eu pour sublime éditeur quelque personnage inspiré, quelque prophète réformateur comme furent Moïse, Zoroastre ou Bouddha. La caste des Chaldéens, qui se présente cependant à nous sous le même caractère sacré, et avec les mêmes priviléges que les lévites de la Judée, les brahmanes de l'Inde et les mages de la Perse, ne nous offre aucun monument écrit environné des respects des populations assyriennes; rien d'analogue aux Naçkas, à la Bible et aux Védas, ces encyclopédies religieuses qui règlent la vie de l'homme sous le rapport intellectuel, physique et moral, le passé comme l'avenir, le gouvernement civil comme l'hygiène publique, l'art comme la science, et témoignent de la haute influence du pouvoir sacerdotal dans les destinées des sociétés antiques. La religion, en effet, était chez elles l'âme de toute la civilisation. Les prêtres chaldéens ne nous apparaissent qu'avec leurs tables d'observations sidérales; l'astronomie résume toute leur vie; le sabéisme fut toute leur religion.

L'objet de la science des Chaldéens se confondait avec l'objet de leur culte. Ces prêtres ne désertèrent point les croyances de leurs ancêtres, qui, errant sur les pas de leurs troupeaux, avaient adoré la puissance créatrice dans les astres, sa manifestation la plus éclatante. Tous les corps lumineux, considérés comme le séjour et souvent même la personnification de divinités veillant sur le gouvernement du monde, eurent leur part d'hommage dans l'hymne universel que les Chaldéens adressaient à la voûte du ciel, considérée comme divinité collective, et comprenant toute la milice céleste. Roi modérateur de cette milice, le soleil, au char duquel semblait attachée l'innombrable cohorte des planètes, qui, par sa lumière et sa chaleur reproduisait chaque jour la merveille de la création première, acquit de bonne heure dans le culte une place proportionnée à son rôle dans le ciel, et passa pour le dieu créateur lui-même. Ce fut Bel ou Baal, quoique parfois on distinguât ce dieu du soleil. Tant qu'ils restèrent dans la vie nomade, les Chaldéens ne lui élevèrent point de temples fixes; l'autel où on l'adorait s'improvisait souvent sur la montagne; mais ils ne tardèrent pas pourtant à le représenter sous des symboles, et, suivant un usage commun aux peuples de la Palestine et de la Syrie, ils firent voyager ces symboles avec eux, de contrée en contrée, sur des chars. C'est ainsi que nous voyons, dans la Bible, l'arche des Hébreux transportée souvent d'une ville dans une autre. Enfin s'éleva à Babylone ce fameux temple de Bel dont les historiens grecs font remonter la fondation à Sémiramis.

« Sémiramis, dit Diodore de Sicile, éleva au milieu de la

ville de Babylone le temple de Zeus, que les Babyloniens appellent Bélus. Ce temple étant absolument ruiné, nous n'en pouvons rien dire de bien exact; mais on convient qu'il était d'une hauteur excessive, et que les Chaldéens y ont fait leurs principales découvertes en astronomie, par la facilité qu'ils avaient d'observer de cet endroit le lever et le coucher des astres. Tout l'édifice, construit d'ailleurs avec un soin extrême, était de brique et de bitume. Sémiramis plaça dans le fond trois statues d'or massif : celles de Zeus, de Héra et de Rhéa. Zeus était debout dans la position d'un homme qui marche ; il avait quarante pieds de haut et pesait mille talents babyloniens. Rhéa, représentée assise dans un chariot d'or, était du même poids; elle avait à ses genoux deux lions et à côté d'elle deux énormes serpents d'argent, qui pesaient trente talents. Héra, du poids de huit cents talents, était debout, et portait à la main droite un serpent qu'elle tenait par la tête, et à la main gauche un sceptre chargé de pierreries. Devant ces trois divinités était placée une table d'or, longue de quarante pieds, large de quinze, et du poids de cinq cents talents. Sur cette table on voyait deux vases élevés, chacun du poids de trente talents, deux cassolettes, chacune de trois cents, et trois cratères en or; le cratère qui était devant Zeus pesait douze cents talents, et les deux autres chacun six cents. »

Ces détails, les plus précis pourtant que nous trouvions dans les historiens grecs, ne nous apprennent que bien peu de chose sur la grande divinité de Babylone. Les mythologues grecs et latins avaient un procédé déplorable pour faire connaître à leurs lecteurs un peu curieux les divinités étrangères; il est vrai que ce procédé leur évitait toute recherche. Il consistait à assimiler ces divinités à quelques-unes des leurs, par la comparaison à peine indiquée de quelques attributs; puis ils disaient comme ici : « Les Babyloniens adorent Zeus ou Jupiter, que dans leur langue ils appellent Bélus, » et tout était dit. Pour les détails de culte et de liturgie, les historiens les rapprochaient tellement des cérémonies religieuses de leur patrie, qu'il ne tenait point à eux qu'on ne se crût toujours dans un temple d'Athènes ou de Rome. Tout ce qui était local disparaissait, et très-souvent même on n'avait pas le soin de transmettre le nom que portaient les divinités étrangères dans la langue de leurs adorateurs. Nous voyons ici Diodore de Sicile placer sans hésiter Rhéa et Héra (Junon) dans le fameux temple de Bel, à Babylone. Nous chercherons tout à l'heure ce qu'étaient ces deux divinités femelles.

On consacrait aussi à Bel des statues en dehors des temples, au milieu des plaines; car c'est bien à cette suprême divinité de Babylone qu'il faut faire attribution de celle que le grand Nabuchodonosor éleva dans le champ de Dura. Cette statue, au rapport de Daniel, dans la Bible, était en or massif et avait soixante coudées de haut et six de large. Tous les satrapes, magistrats, juges, gouverneurs de provinces et chefs militaires, avaient été convoqués pour l'inauguration. Quand ils furent tous réunis au pied de la statue, la voix d'un héraut retentit avec force, et prononça ces mots : « Vous, peuples, tribus et alliés, à l'heure où vous entendrez le son du tambour, de la flûte et de la trompette, tombez à genoux et adorez la statue d'or que le roi Nabuchodonosor a élevée; si, à l'heure même, il est quelqu'un qui ne l'adore pas, il sera jeté dans la fournaise ardente. » On sait l'histoire de Daniel et des trois Juifs qui refusèrent de se soumettre aux prescriptions du roi babylonien.

Peu de temps auparavant, ce même monarque avait fait payer cher aux prêtres chaldéens un caprice de son humeur tyrannique et fantasque, et montré que cette caste sacerdotale ne pesait guère, malgré son ancienneté, dans les destinées de l'empire. Nabuchodonosor ayant eu la nuit un songe dont il avait en vain cherché le matin à se rappeler le sens, fit appeler près de lui les prêtres de Bel, que la Bible appelle indifféremment arioles ou devins, mages et chaldéens. S'il ne leur eût demandé que la signification d'un rêve dont il leur eût fait le récit, une interprétation telle quelle ne se serait pas fait attendre; mais, par caprice ou par ironie pour la science de ces devins officiels, le roi leur demandait de lui raconter son rêve même. Ceci, réduit au jeu d'un prince contempteur du pouvoir religieux, aurait pu passer pour amusement même aux yeux du philosophe, mais il faut sans doute que toujours les peuples pleurent pour faire rire les rois, car le monarque babylonien disait aux Chaldéens : Si vous ne me retrouvez le songe qui m'a échappé, vous périrez tous, et vos biens seront la proie des publicains. Les prêtres répondaient en tremblant : Dites-nous, seigneur, votre songe, nous l'interpréterons ensuite; il n'est personne au monde qui pourrait vous le raconter, si ce n'est les dieux qui sont en communication avec les hommes. Ce fut en vain; le roi fit mettre à mort tous les savants de Babylone.

Dans presque toutes les sociétés antiques, vous trouvez ce même mépris pour la vie de l'homme, et le despotisme revêtu d'une grande puissance morale. Les prêtres représentants de la Divinité ne comptent pas plus eux-mêmes devant un roi qu'un insecte qu'on écrase sans remords. Une autorité si incontestée devait s'appuyer sur d'autres idées que celles qui constituent de nos jours la dignité souveraine. Nous disions plus haut que la religion dans les sociétés anciennes comprenait et dirigeait tout le mouvement social, il faut aller jusqu'à dire que le crime même s'appuyait sur elle, et que la tyrannie des princes trouvait en elle son appui. Nul pouvoir, si ce n'est un pouvoir divin, n'eût jamais pu, dans son dédain pour l'humanité, remplir le monde des excès que commirent les monarques de l'antiquité; et dans nos temps modernes, ce fut également au nom de la légitimité que les rois chrétiens crurent pouvoir se montrer tyrans impunément.

Les rois de Babylone passaient en effet aux yeux de leurs sujets pour des manifestations sensibles de la Divinité, et on adorait en eux son image. Pour aider à cette illusion, on cherchait à organiser l'empire et le palais royal sur le modèle du ciel. Les insignes du prince étaient les mêmes que ceux qui servaient à caractériser les fonctions du Dieu créateur. Le costume de ces statues était celui du roi, dieu du monde inférieur. Les circonscriptions territoriales de l'empire reproduisaient autant que possible les divisions de la voûte céleste, et les agents préposés à leur administration étaient des dieux secondaires remplissant sous la main du roi un rôle analogue à celui des dieux célestes subordonnés à Bel. La confusion alla loin dans l'attribution faite des pouvoirs divins au roi régnant, et il est permis de croire que Nabuchodonosor avait fait donner ses propres traits à la statue élevée dans le champ de Dura. La généalogie des rois assyriens devait, du reste, les rattacher par des liens étroits à la Divinité créatrice.

Les historiens grecs, avec leur idée fixe en religion de convertir toujours en dieux les grands héros des nations, ont pris le contrepied de la vérité dans ce qu'ils rapportent de la mythologie assyrienne. Au lieu de faire descendre les grands rois de Babylone de la Divinité, ils supposent tout le drame de la mythologie chaldéenne accompli sur la terre. Nembrod ou Saturne était, suivant eux, le fondateur de l'empire assyrien, et l'illustre Sémiramis était sa femme. De leur union étaient nés Jupiter, Junon, Bélus, Ninus, qui avait épousé sa mère. Tous les membres de cette famille, élevés au ciel dans la suite, avaient choisi pour séjour la planète le mieux en rapport avec leur caractère. Nembrod, le grand chasseur, s'était placé dans le signe d'Orion, entre les constellations du Grand et du Petit Chien qui le suivent et celle du Lièvre qui le devance.

C'est le contraire de ce système qui est la vérité. La contemplation des astres précéda en Chaldée tout système théogonique, et le ciel, loin de copier la terre, servit en tout de modèle à celle-ci. L'apothéose est grecque, la théophanie est assyrienne. Les rois de Babylone, de leur vivant, sont des incarnations de la Divinité et jouissent de ses prérogatives; après leur mort, ils ne vont point augmenter le nombre des dieux. Le soleil ou Bel règne seul dans les immenses espaces au milieu de la milice céleste. Cette assimilation des monarques assyriens avec la Divinité porte un cachet tout à fait oriental ; le nom même de Bel ou Baal se retrouvait dans la composition de la plupart des noms des rois de Ninive et de Babylone; il se trouvait dans ceux de Sardanapal (pal ou baal) et de Balthasar ou Belschatsar, sous lesquels s'écroula deux fois l'empire d'Assyrie. La qualité divine, du reste, n'obligeait pas plus en Chaldée que la noblesse chez nous, malgré la devise, et si les rois tenaient à imiter les dieux, ce n'était point par les bienfaits et la protection dont ceux-ci couvrent les hommes, mais par un fastueux éclat et une puissance illimitée. A ce point de vue, Sardanapal et Balthasar étaient dignes d'un trône. Ces magnifiques débauchés ont rempli à merveille le rôle des dieux paresseux d'Épicure, mais la détestable réputation qu'on leur a faite ne laisse pas d'être grandiose et poétique par plus d'un côté. Le premier, du reste, tenait à l'humanité par un vif sentiment des misères de ce monde, par une insouciance épicurienne et railleuse pour ses vaines pompes. Vaincu par Nabopolassar, fondateur du second empire d'Assyrie, il s'était retiré à Archiadé, et là, devenu tout à coup philosophe, tempérant par une douce ironie les regrets que devait lui faire éprouver à son insu son ancienne splendeur, il s'occupa à se construire un mausolée. Il se fit représenter dessus dans l'attitude d'un homme qui sourit et fait claquer ses doigts. Ceux qui n'auraient pas compris le sens de cette pose, pouvaient lire au-dessous cette inscription : « Sardanapale fils d'Anacyrdara. J'ai régné; j'ai bâti Tarse et Archiadé en même temps : maintenant, je suis mort, et il ne me reste que ce dont j'ai joui moi-même. Passant, mange, bois, fais l'amour; le reste ne vaut pas une chiquenaude. » La fin de Balthasar est plus connue. La nuit où Cyrus entrait à Babylone, il était retiré au fond de son palais, avec ses femmes et ses satrapes, buvant, dans les vases sacrés du temple, à sa divinité chancelante.

Malgré la fragilité de ces dieux terrestres, Cyrus, comprenant avec l'instinct des conquérants toute l'autorité que donnerait à sa royauté de fraîche date la consécration de la religion locale, ne résista pas à l'ambition de se faire lui-même le représentant de la divinité de Babylone. Dans une procession triomphale, il appela tous les prestiges du culte chaldéen à consacrer son autorité. Les cérémonies qui eurent lieu à cette occasion ajoutent quelques détails de plus à ceux que nous connaissons déjà sur le culte de Bel. Entré dans Babylone, Cyrus voulut se montrer à ses nouveaux sujets avec toute la pompe qui accompagnait d'ordinaire les rois de la contrée, et disposa tout pour aller visiter les champs consacrés aux divinités nationales. Le jour de la cérémonie, avant que le jour parût, des gens armés de fouets étaient distribués le long du chemin que devait parcourir le cortége, pour réprimer tout désordre. Quatre mille doryphores (porteurs de lances) stationnaient devant le palais, placés sur quatre rangs de profondeur des deux côtés des portes. La cavalerie se tenait sur la même place, pied à terre, et les soldats les mains sous leurs manteaux; les chars étaient également rangés des deux côtés en nombre égal. Les portes s'ouvrirent bientôt, et quatre superbes taureaux en sortirent, qui devaient être immolés suivant le rite chaldéen. Après les taureaux, venaient les chevaux consacrés au soleil; et ensuite le char de Bel (Jupiter). Ce char était blanc et orné de festons; le timon était doré. Un second char, consacré spécialement à l'astre du soleil, suivait; et enfin un troisième aux chevaux couverts de housses de pourpre, derrière lequel des prêtres portaient le feu sacré des Perses dans des bassins. Cyrus parut enfin, dans un appareil que les Perses ne connaissaient pas sans doute encore, mais sous lequel les Babyloniens se laissèrent facilement aller à saluer le successeur des Ninus et des Nabuchodonosor. Le vainqueur de Babylone était monté sur le char des rois d'Assyrie ; sa tête était couverte d'une tiare qui s'élevait en pointe ; il portait une tunique mi-partie de pourpre et de blanc, et des brodequins couleur de feu. Dès que Cyrus apparut dans cet éblouissant costume, tous les assistants se prosternant l'adorèrent, hommage inconnu jusque-là parmi les Perses. Lorsque le cortége fut arrivé dans les champs sacrés, on sacrifia d'abord à Bel les taureaux en les faisant brûler ; on consuma de même les chevaux en l'honneur du soleil, et des victimes furent ensuite offertes à la terre.

Les historiens qui rapportent ces cérémonies ont soin de dire, à plusieurs reprises, qu'elles étaient jusqu'alors inconnues aux Perses. La religion de Zoroastre, en effet, y était contraire, et il fallait que Cyrus jugeât ces cérémonies bien utiles à son ambition pour heurter comme il le faisait les croyances de ses anciens sujets, en souillant le feu par le sang des taureaux et des chevaux. Dans l'accomplissement de ces sacrifices, Cyrus avait consulté les prêtres chaldéens, et il avait trouvé les animaux sacrés sous des écuries bâties dans le vestibule même du temple de Babylone. Déjà depuis longtemps à cette époque l'usage de consacrer des chevaux et des chars au soleil s'était répandu dans la Syrie et la Palestine, contrées soumises aux lois et au culte assyriens, et le temple même de Jérusalem s'était plus d'une fois ouvert, avant le règne de Cyrus, pour recevoir dans son enceinte les animaux sacrés de Bel. On lit, en effet, dans la Bible que Josias, en montant sur le trône de Juda, ordonna de retirer du temple les chevaux et le char que son prédécesseur Achab avait placés dans le porche du temple en l'honneur de Baal, et que les cendres du char du soleil furent jetées dans le torrent de Cédron.

Nous avons parlé jusqu'ici de la religion de la Chaldée de manière à laisser croire que Bel, dieu créateur, recevait seul et sans partage les adorations des populations assyriennes. Il n'en est pourtant point ainsi; nous avons même vu, dans la procession triomphale de Cyrus, qu'on le distinguait parfois du soleil, et que celui-ci avait ses sacrifices propres. Mais ce sont surtout les deux idoles ou divinités femelles qui se trouvaient dans le temple de Babylone aux côtés de Bel, qui nous avertissent qu'il régnait dans le culte chaldéen un tout autre principe que celui de l'unité. En effet, soit qu'une modification se fût produite de bonne heure dans le sabéisme primitif, soit que ce culte eût reposé de tout temps sur un double principe, à l'idée déjà exprimée que les astres et surtout le soleil étaient les créateurs et les modérateurs de l'univers, se joignit l'idée de la génération universelle par des moyens analogues à ceux que possède l'homme pour la conservation de son espèce, de la génération, en un mot, par l'union de deux divinités mâle et femelle.

Quoique cette notion de la force créatrice soit assez naïve ou plutôt assez grossière pour paraître primitive et née spontanément dans le cerveau des premiers hommes, elle accuse pourtant certaines tendances mystiques et des méditations dont nous serions plus portés à faire honneur à une caste de prêtres. Dans un élan de reconnaissance et d'émotion à la vue d'un beau ciel et d'une grande nature, le cœur en attribue directement l'existence à un être qui les crée par sa toute-puissante volonté. Ce n'est que par un retour de la réflexion et par la constante recherche des secrets de la nature qu'un prêtre put en venir à imaginer le système de l'enfantement du monde par l'union de deux agents mâle et femelle, et à faire de cet acte même, exposé dans des symboles d'une nudité obscène, l'objet du culte religieux. « Le ciel, dit Plutarque, parut aux hommes faire la fonction de père, et la terre celle de mère. Le ciel était le père parce qu'il versait la semence sur la terre, la terre qui la recevait et devenait féconde paraissait être la mère. » Ce furent le plus souvent le soleil et la lune qui furent envisagés comme opérant par leur conjonction dans le signe du Taureau la fécondation du monde; et le Taureau lui-même dépositaire de la semence produite par les embrassements des astres, obtint une part d'adoration dans celle qu'on leur adressait.

Une fois cette idée admise dans le culte, tous les astres se présentèrent avec l'un ou l'autre caractère sexuel, gratifiés par la théologie d'affinités amoureuses, parcourant l'espace à la poursuite les uns des autres. Bel fut considéré par les Chaldéens comme dieu mâle, la matière *Omoroca* comme déesse vierge; et ils enseignèrent que c'était de leur union que le monde était né. Dans d'autres systèmes moins grossiers, qui eurent cours chez d'autres peuples et qui revenaient également au principe de dualité, on disait le monde sorti du mélange de la lumière et de la nuit, du bien et du mal.

Le système religieux des Chaldéens admit donc deux créateurs de l'univers; le principe mâle était Bel ou Baal; le principe femelle portait le nom de Mylitta, qui s'écrivait également Allitat, Alliteth et Alitat; c'était sous cette dernière forme que ce nom était venu d'Éthiopie, où, disait-on, le culte de la génération avait pris naissance. En passant chez les Perses, il s'était changé en celui de Mylitta. Bel avait les attributs du soleil, Mylitta ceux de la lune; mais leurs rôles n'étaient pas tellement distincts qu'on ne les prît souvent l'un pour l'autre. Comme c'était par leur union que la nature était fécondée, les symboles les représentèrent indivisibles dans l'acte même de fécondation; et quand les artistes dirigés par l'idée religieuse voulurent les représenter séparément, ils leur donnèrent à chacun les deux sexes, pour conserver la dualité des principes dans l'isolement même de l'individu. Bel constitua un être androgyne comme Mylitta. Enfin on ne s'étonnera pas, pour peu qu'on connaisse l'esprit d'exagération qui anime les prêtres, que les deux divinités dans cette confusion des sexes aient perdu le leur propre pour revêtir celui de leur co-être. La lune avait en effet dans la ville de Carrhès, en Mésopotamie, des temples sous le nom de dieu Lunus, et les Cypriens, qui avaient emprunté à l'Assyrie le culte de Mylitta, donnèrent à leur Vénus de la barbe, le corps et l'habillement d'une femme, la stature d'un homme. Cette habitude de concevoir la divinité sous les deux sexes explique la forme plurielle de Baalim et d'Élohim, que donnaient à leur dieu les populations de l'Asie occidentale ; elle explique encore cette parole que l'Élohim des Juifs prononce dans la Genèse : Faisons l'homme à notre image. Abraham, on le sait, était sorti d'Ur en Chaldée, et les idées chaldéennes étaient fort répandues en Palestine. Or, d'après la Bible, Dieu créant l'homme à son image le créa homme et femme (*ad imaginem Dei, creavit illum, masculum et feminam creavit eos*). Se fondant peut-être sur ce propos, Bérose rapporte que pendant la première période de la création les êtres avaient une double tête, l'une mâle, l'autre femelle, et les parties génitales des deux sexes dans le même corps.

Plusieurs mythographes ont vu dans cette usurpation de la virilité par les déesses femelles un reflet de la révolution politique arrivée dans l'empire d'Assyrie, révolution qui avait fait passer le sceptre dans les mains d'une reine ambitieuse et puissante, de la fameuse Sémiramis. Mais c'est venir bien facilement en aide à l'imagination des prêtres ; on peut être sûr que leur logique, cette logique impitoyable et absurde des enfants, devait seule les conduire à produire de tels symboles. Les prêtres, en raffinant sans cesse sur une idée, en la retournant sur toutes les faces, en traduisant toutes ses nuances par des symboles, finissent par la dénaturer et perdre eux-mêmes le sentiment de relation en bien et en mal de cette idée avec les autres objets de la pensée. Cet esprit de système est du reste le propre de tous ceux qui s'attachent trop fortement à une chose, des érudits et des artistes ; le monde ne leur apparaît plus qu'à travers leur idée fixe, et le raisonnement bannit parfois la raison de leurs œuvres.

Poussant encore plus loin le mythe de la génération universelle, on vit les prêtres chaldéens aller jusqu'à négliger même la personnalité des êtres divins pour n'adorer la puissance créatrice que dans les parties sexuelles de l'homme et de la femme isolées de toute autre manifestation. Des monuments coniques nous représentent des prêtres asiatiques accomplissant des actes d'adoration devant un autel sur lequel se trouvent le phallus et le ctéis devenus les seuls emblèmes de la Divinité. Ces mêmes emblèmes se retrouvent dans presque toutes les théogonies orientales. Dans l'Inde, non-seulement tous les dieux de la trinité brahmanique nous apparaissent chacun avec sa compagne : Brahma avec Saraswati, Siva avec Bhavani, Vichnou avec Lackmi ; mais l'hermaphrodite primitif (le lingam dans l'yoni, la colonne de feu dans la coupe) est exposé sur les autels aux adorations du peuple. Le lingam porte le signe du soleil, l'yoni le disque de la lune. Dans le fameux temple de Jagrenat, que les Anglais laissent encore subsister dans leurs possessions de l'Inde, les prêtres sont chargés d'orner de fleurs le lingam de l'idole. Dans les mystères de Cérès et de Cybèle, les organes de la génération recevaient de publics hommages, et les femmes portaient dans quelques lieux un phallus attaché au cou et pendant sur la poitrine. Enfin, des voyageurs ont prétendu retrouver le culte de la génération jusqu'en Amérique.

Qu'on juge de la perturbation qu'un culte de cette nature devait jeter dans les âmes et dans les sens. Quelles excitations à la volupté la foule des dévots ne devait-elle pas recevoir du spectacle de ces objets que la pudeur semblait faire un devoir de cacher, et qui s'étalaient ici sur l'autel dans toute la provoquante énergie de leur nudité et dans l'expression de leur rôle de fécondation ! Aussi la chasteté, cette muse timide et voilée de nos temps modernes, fut-elle inconnue à l'antiquité. La religion donnait en Assyrie et en Phénicie à des actes de débauche la valeur même d'un sacrifice, et les temples y furent des antres de prostitution et d'orgies.

Cependant le polythéisme n'avait pas tardé à s'introduire dans la dualité chaldéenne; on a vu Héra et Rhéa dans le temple de Babylone. Mais le polythéisme ne détruisit pas la conception primitive, tout en dédoublant, en démembrant les attributs de chacun des deux principes, en les distribuant entre une foule de divinités secondaires. Mylitta devint l'*Uranie* des Grecs en sa qualité de reine des cieux; Jérémie l'appelle dans la Bible *Mélécheth Haschamaïm*, la dame céleste. En tant qu'elle fécondait la terre, Mylitta prit le nom de *Cybèle*; celui d'*Hécate*, par allusion à la nécessité où elle était, tout en fécondant le monde par l'amour, de le renouveler par la mort. Avec le temps, les liens qui unissaient ces attributs se brisa, et la Grèce reconnut trois déesses dans la triple appellation de la Mylitta assyrienne. Ce n'était que dans les mystères secrets célébrés en l'honneur de ces divinités diverses, dans les voluptueuses cérémonies de leur culte qu'on retrouvait l'idée de la génération qui les reliait toutes trois à l'origine. C'était aussi un démembrement de la Mylitta assyrienne, et sa personnification la plus pure, que cette belle Vénus Aphrodite, sortie toute nue du sein des flots, mais qui, dans une époque de civilisation, se fit un voile de sa nudité même, tant l'art se plut à jeter d'idéal et de grâce décente sur la beauté de ses formes. C'était de la Palestine qu'était partie cette déesse, pour aborder à l'île de Cypre. « On vit flotter, dit Hésiode, sur la surface des eaux de la mer, un groupe d'écume blanche qui produisait et renfermait dans son sein une jeune fille. Cette écume s'approcha d'abord de l'île de Cythère; de là, poussée par les flots, elle fut portée sur la côte de l'île de Cypre, où le groupe s'étant tout à coup entr'ouvert, on vit sortir de son sein une jeune déesse, dont l'éclat, la beauté et la majesté étonnaient les regards. Dès le premier moment de sa naissance, l'aimable déesse se présenta à l'assemblée des dieux, qui la reçurent parmi eux; le dieu d'amour l'accompagnait, et les Plaisirs suivaient ses pas. » Malgré ce cachet de pudeur répandu par l'art de la Grèce sur les images de Vénus, son culte fut suivi de ce cortége de cérémonies voluptueuses qui entourèrent presque partout les autels des divinités de cette nature, et ce n'était pas une recommandation vaine que ces vers qu'un poëte épigrammatique avait écrits au bas d'un tableau d'Apelles représentant la déesse au sortir des eaux : « Hâtez-vous de vous éloigner, de peur que l'écume que Vénus exprime de ses cheveux humides ne rejaillisse sur vous. »

Toutefois, le caractère de la Mylitta assyrienne restait plus fortement empreint dans le culte de la Phénicie et de toute l'Asie antérieure. Dans la Vénus Astarté, dans la déesse de Syrie, épouse, suivant Lucien (*De la déesse de Syrie*), du Bel de Babylone, respirait l'idée de la génération primitive. Leur co-principe actif se tenait près d'elles et rappelait leur coopération dans la création du monde, tandis que les déesses du polythéisme grec avaient une existence indépendante et personnelle ; à peine connaissait-on leurs maris. Quant à Vénus, dont le nom réveille à notre pensée le souvenir de tout ce que l'art et l'imagination révèrent de plus beau et de plus majestueux, elle n'avait qu'un mari de hasard, ce boiteux Vulcain qui fut le produit d'une pensée ironique de quelque mythologue incrédule. Diane n'était non plus que la sœur d'Apollon. Dans les mythologies assyrienne et phénicienne, au contraire, le soleil, considéré comme dieu fécondant, plane partout, et les astres qui semblent par leur radiation répandre la semence sur la terre ne sont jamais séparés de l'adoration qu'on rend aux divinités femelles.

Dans la théogonie phénicienne dont Sanchoniaton nous a laissé des fragments, la lune porte le nom de Baalath, Beth et Mélécheth, c'est-à-dire dame du ciel. Kronos, son époux, avait en signe de sa royauté quatre yeux, deux par-devant et deux par-derrière ; il portait également quatre ailes sur ses épaules. Le dieu trouvait là le moyen de ne se fatiguer ni la vue ni les ailes, en veillant et volant toujours. Deux yeux et deux ailes se fermaient et demeuraient en repos, tandis que les autres faisaient leur office; symbole du temps, Kronos se reposait en veillant et en se reposant veillait. Kronos n'était pas précisément le dieu primitif de cette théogonie, il avait eu pour auteurs Ouranos et Ghé, la lumière et le chaos ou bien le ciel et la terre. Détrôné et mis en fuite par son fils, Ouranos espérait le gagner en lui dépêchant Rhéa, Dioné et Astarté ses filles; mais Kronos mit ces divinités dans ses intérêts et en fit ses femmes. Astarté eut le premier rang et prit pour emblème le signe du ciel où Kronos l'avait rencontrée; ce signe était le Taureau. Dans la suite, Astarté fut confondue avec la planète Vénus et avec la lune, et Kronos avec le soleil, avec Ouranos lui-même, dont le nom dérivant de *our* signifie en hébreu et en phénicien le *feu*, le principe du monde dans les croyances de l'Asie. L'existence du sabéisme mêlé au système de la génération se manifeste chez les Phéniciens, par cette habitude où ils étaient de prier en levant leurs mains vers le soleil, et par le caractère de dualité que portent leurs divinités, tant mâles que femelles. Leurs dieux mâles prennent le nom de Baalim ou d'Élohim, forme plurielle du masculin; leur fameuse déesse porte celui d'Aschtaroth, forme également plurielle du féminin. « Les noms Baalim, Baaloth, Éloïm, Élooth, Alonim, Alonoth, dit M. Lajard, dans ses Mémoires sur le culte de Vénus, employés avec forme plurielle, tantôt au masculin, tantôt au féminin, semblent même attester que dans la langue comme sur les monuments figurés, on avait cherché, par certains artifices, à exprimer que les idées d'unité et d'hermaphroditisme sont inséparables de l'idée de divinité. »

La déesse de la Syrie, Astarté, avait son principal temple à Hiérapolis. Ce temple était bâti sur une ouverture souterraine par où la tradition voulait que se fussent écoulées les eaux du déluge qui autrefois avaient couvert le monde, et c'était l'usage que les femmes, en commémoration de ce grand cataclysme de la nature, allassent deux fois dans l'année puiser des eaux à la mer pour les répandre dans le temple. Les eaux s'écoulaient par l'ouverture traditionnelle. Astarté, représentée avec les deux sexes, recevait là les adorations des populations de la Palestine. Les prêtres brûlaient des parfums devant ses autels. Pour elle les femmes pétrissaient de petits gâteaux de farine et de miel. Afin de se rapprocher du type de la déesse et de représenter d'une certaine manière la confusion des deux sexes dans une seule personne, ses adorateurs trompaient leur sexe propre, les femmes en s'habillant en hommes, les hommes en femmes; puis enfin, hommes et femmes, excités par ce culte provoquant, par ces cérémonies sensuelles, complétaient le symbole de la déesse en se livrant à des débauches infâmes dans le temple même.

C'était un usage généralement répandu dans tous les pays où s'était propagé le culte de la Mylitta assyrienne, à Sidon, à Byblos, à Corinthe, à Carthage, que les jeunes filles se prostituassent avant leur mariage aux nombreux étrangers qu'attirait dans ces villes l'espoir de plaisirs faciles. Strabon rapporte que le temple de cette déesse à Corinthe était si riche, qu'il avait à son service plus de mille courtisanes consacrées à l'espèce de culte qu'on lui rendait. Beaucoup de marchands et de patrons de vaisseaux qui y abordaient se ruinaient. Aussi, disait le proverbe, il n'était pas donné à tout le monde d'aller à Corinthe. Il n'était pas non plus donné à tous d'obtenir les jeunes filles de la Phénicie, bien qu'elles ne fussent pas prêtresses courtisanes, car la jeune fille gagnait à ce sacrifice de sa pudeur la dot qui allait lui valoir un époux, et l'étranger ne devait pas, en outre, oublier de déposer un petit présent sur les autels de la déesse. Les auteurs qui racontent ces honteux excès du culte de la génération, ont soin de nous dire que l'usage de la prostitution des jeunes filles n'entraînait pas la communauté des femmes et ne légitimait jamais l'adultère. Loin de là, c'était presque une pensée morale, selon eux, qui l'avait inspiré; cette satisfaction exagérée, donnée aux sens, ce tribut payé au pouvoir tyrannique de Vénus devait empêcher plus tard la femme de commettre des fautes et la garder par l'abus même contre ses futurs désirs. Il en était de cette dette comme de toutes les autres; payer de suite valait mieux qu'un protêt, qui a toujours pour résultat de faire croître indéfiniment la dette retardée. A Carthage, ville d'origine tyrienne, les jeunes filles étaient envoyées dans le temple de Sicca Veneria pour s'y prostituer.

Ce qui est étrange, c'est qu'un usage de même nature ait pu s'établir en Europe, sous le règne de la religion chrétienne. Dans certains fiefs et à une certaine époque, les seigneurs revendiquaient et faisaient valoir un droit de prélibation ou de prémices sur leurs belles vassales, et le vilain était forcé de se soumettre à ce que son seigneur, avec l'autorité de son pouvoir, vainquît la timide pudeur de sa jeune épouse; et l'Église au lieu de condamner cet adultère anticipé, le réclamait parfois elle-même pour ses propres seigneuries. Aujourd'hui encore, dans les contrées soumises à la religion de Mahomet, on voit d'impurs santons se coucher nus à l'entrée des mosquées, et des femmes aller leur baiser certaines parties du corps. Bienheureuses s'estiment celles que ces indolents vauriens daignent honorer de leurs faveurs.

Le nom de l'époux de la Mylitta assyrienne variait suivant les contrées; ici c'était Bel, là Kronos, plus loin Adonis. Mylitta elle-même portait les noms divers d'Astarté, de Héra, de Dercéto, de Mélécheth. Tantôt c'était la prédominance du principe mâle, tantôt celle du principe femelle qui se montrait dans les attributs et la forme des idoles; c'était Moloch chez les Ammonites, Chamos chez les Madianites, ailleurs Béelzébub, ailleurs encore Baal-Peor ou Béelphégor. Nonnius, dans un hymne au soleil, qu'on adorait à Tyr sous le nom grec d'Hercule-Astroclyton, lui disait : « Tu es Bélus sur les bords de l'Euphrate, Apis sur les bords du Nil, Saturne en Arabie, Jupiter en Assyrie, Mithras en Perse, Hélios à Babylone, Apollon à Delphes. » Mais dans toutes les contrées de l'Assyrie et de la

Phénicie, le culte, malgré ces différentes désignations de dieux, rappelait toujours l'idée complexe du sabéisme et de la fécondation universelle. Le mont Liban était réputé le théâtre des amours d'Astarté et d'Adonis; c'était là que le beau chasseur avait perdu son sang et la vie sous la dent meurtrière d'un sanglier. Aussi la statue de la déesse dans le temple de Byblos était-elle dans l'attitude de la douleur et d'une sombre tristesse; sa tête penchée n'apparaissait qu'à travers des voiles, et retombait sur sa main et sur sa poitrine; des pleurs coulaient de ses yeux. Les prêtres avaient converti cette terrible légende en un mythe. Adonis mourant sous la dent du sanglier représentait, selon eux, le passage de l'astre du jour dans les régions froides du nord et l'affaiblissement de son éclat sous les épais nuages d'hiver. Le deuil de la déesse était l'image du deuil de la nature. Les femmes de Byblos, dans la fête de commémoration qui se célébrait au solstice d'hiver, devaient couper leur chevelure et la déposer sur les autels d'Astarté; elles n'échappaient à ce sacrifice qu'en se prostituant en l'honneur et au profit de la déesse. Mêmes turpitudes dans le culte de Béelphégor, dont l'énorme phallus attirait principalement, suivant saint Jérôme, les adorations des femmes.

Placés au milieu de ces populations de la Palestine toutes adonnées au culte de l'hermaphroditisme, environnés de ces divinités dont le souffle voluptueux les pénétrait de toutes parts, les Hébreux se laissèrent souvent entraîner à la contagion des cérémonies païennes, et souvent aussi la voix de leurs prophètes s'éleva pour condamner leur infidélité. Moïse leur avait dit : « Si l'on trouve parmi vous, dans une ville que Jéhovah, votre Élohim, vous doit donner, un homme et une femme qui commettent le mal devant Jéhovah, votre Élohim, et qui violent son alliance en servant les dieux étrangers, le soleil, la lune et toute la milice céleste, vous amènerez à la porte de la ville l'homme et la femme qui auront fait une action si détestable, et vous les lapiderez. » Cet ordre avait été donné en vain. Impatients du joug d'un maître jaloux qui ne leur commandait que privations et austères cérémonies, les Hébreux, loin de l'action de Moïse, s'étaient promptement rejetés vers les dieux plus cléments de la Palestine ; ils avaient adoré le veau d'or, qui était un symbole du culte sabéen, et depuis lors, ils renouvelèrent vingt fois leur apostasie. Salomon, sur la fin de ses jours, séduit par l'influence de ses concubines étrangères, éleva des statues à Aschtaroth, l'idole des Sidoniens, au Chamos des Moabites, au Moloch ou Melcom des Ammonites, et fit du temple de Jérusalem comme un panthéon consacré à tous les Élohims de la Palestine. Baal, l'Élohim assyrien, vint s'asseoir triomphant dans le temple même de Jéhovah, et Astarté ou Aschtaroth introduisit dans son enceinte le cortége impur de ses courtisanes prêtresses. Achab y transporta plus tard tous les vases et tous les instruments nécessaires au culte de ces divinités, et construisit dans le vestibule des écuries pour les chevaux consacrés au soleil. Quatre cents prêtres célébraient les cérémonies du nouveau culte. De son côté, Jézabel, sa femme, se constituait prêtresse d'Astarté. Par ses soins, se bâtissaient dans le temple et dans un bois sacré qui l'avoisinait, de mystérieuses cellules qui devaient servir de séjour à des hommes et à des femmes consacrés à la déesse, et dans lesquelles s'accomplirent des mystères obscènes. Le nom d'efféminés que portent ces prêtres dans l'Écriture laisse assez deviner de quelle nature étaient leurs fonctions. Comme nous l'avons dit plus haut, le roi Josias purgea le temple de ces impuretés, chassa les prêtres des divinités étrangères, jeta les idoles et le char du soleil dans les flammes, et en fit disperser les cendres dans le torrent de Cédron. Il défendit en même temps qu'on consacrât à Moloch aucun enfant, fils ou fille.

Pendant la captivité de Babylone, Jérémie était passé avec une partie des Juifs en Égypte, dans les cantons de Magdal et de Taphnis, et là encore, les Juifs proscrits de la Judée par la vengeance de Jéhovah s'étaient empressés d'adorer les idoles étrangères, sans vouloir revenir à Jérusalem. Jérémie s'éleva avec indignation contre cette nouvelle apostasie des Juifs, dans le moment même où la main de Dieu s'appesantissait sur eux, et attribua à leurs coupables erreurs les malheurs de la patrie. « Si Jérusalem n'est plus qu'une solitude, disait Dieu par sa bouche, c'est parce que les Hébreux ont irrité ma colère en sacrifiant à des dieux étrangers, en adorant ceux qui étaient inconnus à eux, à vous et à vos pères. Aussi ma colère et ma fureur se sont allumées et elles ont embrasé la ville de Juda, et jusqu'aux places de Jérusalem. Pourquoi, me défiant par les œuvres de vos mains, êtes-vous allés vous établir sur la terre d'Égypte, où vous sacrifiez à des dieux étrangers, et où vous périrez livrés en opprobre aux nations? »

Les Juifs présents à ce discours étaient en grand nombre; il y avait surtout beaucoup de femmes, et celles-ci s'élevèrent avec force contre le prophète. « Nous n'accepterons pas de votre bouche, répondirent-elles, les paroles que vous nous dites au nom du Seigneur, mais nous exécuterons les vœux que nous aurons formés par notre bouche, en sacrifiant à Mélécheth Haschamaïm (la reine du ciel), et en lui offrant des présents, comme nous fîmes nous et nos pères, nos rois et nos princes, dans les villes de Juda et dans les places de Jérusalem. Bien nous en prenait alors; le pain, nous l'avions en abondance, nous étions heureux, et ne souffrions aucun mal. Mais depuis le temps que nous avons cessé de sacrifier à la reine du ciel et de lui présenter nos offrandes, nous avons manqué de tout et nous avons été consumés par l'épée et la famine. Et si nous sacrifions à la reine du ciel, si nous lui faisons des hommages, est-ce donc sans le consentement de nos maris? Est-ce contre leur défense que nous faisons ces gâteaux par l'offrande desquels nous l'honorons? »

Jérusalem, éprouvée par les attaques des peuples voisins, effrayée par les terribles prédictions des prophètes, se hâtait souvent de revenir après une apostasie au culte de Moïse, mais cherchant toujours des dieux tutélaires et faciles, elle revenait tout aussi vite à l'idolâtrie de ses voisins ou de ses vainqueurs. Aussi Ézéchiel, réprimandant ses concitoyens de leurs infidélités incessantes, s'écriait dans sa grossière énergie : « Jérusalem, tu as élevé dans ton sein un vaste lieu de prostitution, et tu t'es fait honneur de tes débauches ; à tous ceux qui passaient, tu as livré tes flancs, et tu as multiplié les crimes de ta honteuse fornication. Tu t'es livrée aux fils de l'Égypte, et ces excès ne t'ont point lassée. Tu t'es livrée aux Assyriens, et cette prostitution ne t'a point satisfaite. Sur la terre de Chanaan, tu t'es livrée aux Chaldéens, et jusqu'où n'as-tu pas poussé tes adultères ? Là encore tu n'as pas été satisfaite. Les courtisanes se donnent d'ordinaire pour un prix infâme, toi, on t'a vue l'or en main appeler les séducteurs. »

Il fallait donc qu'elle fût bien grande dans les croyances de toute l'Asie occidentale, la puissance des deux idées exprimées plus haut, pour que les Hébreux, constitués sur le principe de l'élection directe de Dieu, prémunis contre leurs voisins par des théories d'orgueil et de suprématie, sans cesse rappelés à leur origine par la voix terrible de leurs prophètes, ne pussent jamais s'y soustraire entièrement. C'est qu'en effet si les religions varient dans leurs innombrables symboles, deux ou trois principes métaphysiques leur servent de base à toutes, et que le sabéisme et l'idée de la génération des êtres par les organes de l'amour sont de ce nombre. Dupuis, dans l'*Origine des cultes*, n'a pas craint de chercher la base même du christianisme dans ces deux idées, détournées un peu, il est vrai, à travers le mythe de Mithras-Mithra qui, aux sommités de la question et aux derniers temps de l'empire des Perses, résume la double portée de la Mylitta assyrienne, astre et organe de la génération universelle.

Dans le mythe de Mithra, toutes les traditions, toutes les idées exposées jusqu'à présent se retrouvent à fleur de symbole, pour ainsi dire, et toutes les cérémonies du culte de cette divinité les rappellent. Mithra, nous le savons par Hérodote, représente, après la conquête des Perses, la Mylitta de la Chaldée. Sous le double nom de Mithras-Mithra, il constitue une dualité indivisible, l'unité-Dieu en deux personnes. Son nom, dérivé de *Mirh* ou *Meher*, indique que son essence primitive était le feu ou l'amour, et servait par conséquent de lien, de médiateur entre le principe actif et le principe passif. Dans ce mythe de Mithras-Mithra, le lien s'est fait centre, le médiateur a absorbé les deux principes opposés. Il apparaît maintenant comme étant à la fois Bel et Omoroca ou Mylitta, Kronos et Astarté, Ormuzd et Ahriman, le soleil et la lune. Quoique divinité mâle et femelle, la prédominance masculine s'y montre; le Mithra du zoroastrisme lui a imposé son caractère. Il est enfin le souverain créateur : par l'association des deux principes, le dogme est arrivé à concevoir l'unité. Arrivé à cet état de puissance, Mithras-Mithra devint rapidement la divinité universelle de toute l'Asie occidentale; Ormuzd et Bel lui laissèrent usurper leur rôle, Cyrus et Artaxerxe ne jurèrent plus que par lui. Son culte se répandit en Europe à l'aide des germes de même nature répandus dans les mystères de Cérès, de Cybèle et de Vénus, et nous l'avons dit plus haut, ce culte fut un jour sur le point de devenir celui de tout le monde romain. On le trouve établi à la fois en Grèce, en Italie, en Égypte, en Gaule, et jusqu'en Germanie. Toutefois, la science doit ici faire un aveu : il n'existe que fort peu de monuments sur ce culte célèbre, et les monuments mithriatiques, les récits et les rares indications qui s'en trouvent dans les auteurs, sont relativement modernes et ne remontent guère au delà du règne de Constantin.

Plutarque nous apprend que ce fut seulement du temps de Pompée que le culte de Mithra pénétra en Europe. Des pirates et des aventuriers vaincus en Cilicie par ce général l'y portèrent. Ce culte avait alors un singulier caractère de fanatisme; il paraît qu'on y faisait des sacrifices humains. Adrien les défendit dans Rome par un décret ; mais il se garda bien de proscrire le dieu ; car on était alors à une époque où les portes des temples s'ouvraient avec empressement à toute divinité étrangère. Fruit de la science ou d'un sentiment religieux, un grand syncrétisme se manifestait partout dans les croyances. C'était ici un fait nouveau qu'un renouvellement de sentiments religieux poussât plutôt à la tolérance qu'au fanatisme. Des panthéons furent élevés dès le temps d'Auguste pour donner asile à cette foule de dieux étrangers qui arrivaient à Rome, appelés par l'esprit inquiet des peuples. Alexandre Sévère plaçait dans son cabinet, consacré aux *âmes saintes*, les images de Jésus-Christ, d'Abraham, d'Apollonius et d'Orphée. On avait cessé de croire aux dieux de Rome, aux dieux indigètes, à Jupiter Capitolin. L'Asie ouverte, les mystères de ses religions attrayantes étaient venus donner les émotions de la foi aux âmes fatiguées du vide du polythéisme, et moitié par entraînement de l'inconnu, moitié par enthousiasme factice, on courait au-devant de toute idée qui pût faire sortir le monde de l'ornière monotone de la vieille société. C'était l'esprit des nouveaux Romains ; à côté d'eux étaient les vieux qui parlaient encore des dieux de Rome comme les citoyens de la république, rejetaient les innovations comme impies, et revendiquaient pour les dieux de Romulus et de Scipion le passé glorieux de la patrie. Entre eux étaient enfin les incrédules et les railleurs, comme Lucien, qui ne croyaient plus aux dieux anciens et se riaient des nouveaux. Le spirituel auteur des *Dialogues des Morts* faisait ainsi parler Momus dans une assemblée de l'Olympe : « Qui donc nous a amené ces dieux plaisants Atys, Coryphas, avec ce Mithrès de la nation des Mèdes, habillé à la persienne et la tête couverte d'une tiare ? Il ne sait pas un mot de grec, et ne répondra pas lorsqu'on boira à sa santé. »

C'était ce besoin de croyances, factice ou réel, mais devenu presque universel par la satisfaction même que semblaient lui apporter les religions neuves de l'Asie, toutes pleines de mystères, qui favorisa la diffusion du culte de Mithra. Ce culte pouvait offrir, en effet, à la crédulité effrayée et aux vagues désirs de rénovation morale, des superstitions curieuses et les délires d'un fanatisme émouvant. La vieille société païenne, lasse de ses dieux, beaux, mais impassibles et matériels, avait les nerfs agités, le goût affadi; ce culte lui apportait l'excitation de la magie, des raffinements métaphysiques et de pieuses orgies. Le système des initiations, en faisant attendre et espérer le secret, tout en ménageant l'impatience de l'inconnu par des demi-communications, devait grossir le nombre des prosélytes; car ce n'était pas de plain pied que tout survenant pouvait entrer dans le sanctuaire mithriatique; le livre de la loi n'était pas exposé dans le vestibule. Des degrés dans l'initiation habilement conférés, des épreuves terribles en apparence, enflammaient les désirs par la difficulté même; et puis le principe de l'abnégation et du sacrifice venait encore donner plus de prix à des félicités entrevues. Porphyre rapporte que les candidats à l'initiation s'y préparaient par des jeûnes de cinquante jours, par des retraites dans des lieux solitaires, par quinze fustigations, dont chacune durait deux jours, toutes choses que le mysticisme des moines imita dans les premiers temps de l'Église. On parle aussi d'une épreuve qui consistait à rester plusieurs heures dans la neige; le nombre total des épreuves, suivant quelques auteurs, était de quatre-vingts. L'hiérophante administrait ensuite une espèce de baptême, en imprimant des signes sur le front des initiés. Suivait une communion générale, au moyen d'un breuvage mystique de farine détrempée dans de l'eau, qu'on avalait en prononçant certaines formules.

On comptait sept degrés d'initiation, d'après le nombre des planètes; mais le nom de ces degrés n'avait aucune relation systématique avec les attributs des astres. Le premier était celui de *soldat* : dans la cérémonie qui avait lieu pour la collation, le prêtre présentait à l'aspirant une couronne soutenue par une épée, et celui-ci devait répondre : « C'est Mithra qui est ma couronne. » Les adeptes du second degré s'appelaient, les hommes *lions* et les femmes *hyènes*, puis venaient les *corbeaux*. Le degré supérieur à ceux-ci était celui de *Persès*, nom qu'on donnait quelquefois à Mithra lui-même; ceux de *Bromius* et d'*Hélius* étaient plus élevés encore; au sommet de la hiérarchie étaient les *Pères*, que dans la nomenclature de l'ordre on appelait *aigles* et *éperviers*.

Tous ces noms d'animaux donnés aux initiés nous avertissent qu'à ce culte mystérieux de Mithra l'Inde ou peut-être l'Égypte avait prêté le dogme de la métempsycose, car rien dans les livres de Zoroastre et dans les traditions de la Chaldée ne montre que la transmigration des âmes à travers les corps fût connue jusque-là dans l'Asie assyrienne. Dans la célébration des mystères de Vénus Astarté, les hommes changeaient avec les femmes de costume, nous allions presque dire de sexe; dans les cérémonies du culte mithriatique, les initiés endossaient la peau de la bête à laquelle correspondait leur degré d'initiation, ou du moins un habit tout parsemé des représentations de cet animal, et souvent sous cet accoutrement se livraient des combats simulés. Commode, ce féroce empereur qui ne comprenait pas le jeu sans la barbarie, ensanglanta un jour de sa main la célébration de ces scènes gymnastiques. Ces noms de lions, d'hyènes, de corbeaux, d'éperviers, dont le sens était mystique, indiquaient à la fois le degré épuratoire des âmes à travers le zodiaque et répondaient à des attributs de force ou d'intelligence.

Dès le temps de Trajan, en 104, Mithra eut des monuments à Rome, et on lisait sur l'un d'eux cette inscription : *Deo soli Mithræ*. La licence des cérémonies de son culte ne tarda pas à y égaler celle des mystères de même nature déjà répandus dans l'empire romain, et Celse, dans sa querelle contre Origène, confondait les prêtres dévots de Mithra avec les métagyrtes ou prêtres vagabonds de Cybèle, et avec des espèces de sorciers qui abusaient les femmes et les simples par des sacrifices à Hécate et aux dieux malfaisants. Les mystères de Mithra étaient nocturnes et se célébraient dans des cavernes. Dans quelques monuments figurés qui nous restent de ce culte, le dieu se montre à l'entrée de la caverne, coiffé d'un bonnet phrygien et un manteau flottant sur l'épaule gauche; il presse du genou un taureau atterré et dévoué au sacrifice, tient de la main gauche le museau de l'animal, et de la droite lui enfonce son poignard dans le cou. Un serpent rampe sur le corps de l'animal pour aspirer le sang qui découle de la blessure, et sous ses jambes est un scorpion qui lui pince les testicules. Des deux côtés de Mithra sont deux personnages, coiffés comme lui du bonnet phrygien, l'un jeune, l'autre vieux. Le premier tient un flambeau dont la lumière resplendit, le flambeau de l'autre est éteint et renversé. Dans d'autres monuments mithriatiques, la caverne du sacrifice est une image du monde; la voûte est constellée d'étoiles; sept dadgads ou autels du feu y sont représentés; on y voit aussi le soleil avec un char à quatre chevaux tournés vers les quatre régions du monde, et la lune avec deux chevaux. D'autres enfin, plus complets, plus brillants, présentent, outre tous les détails dont nous venons de parler, deux jeunes hommes dont l'un répand sa semence sur la terre, et l'autre tient une flèche. Tous ces symboles entassés embrassent sur un seul plan, et dans le même moment, toutes les idées élémentaires du dogme de la fécondation de la nature, que le jeune homme qui répand la semence caractérise d'une manière brutale. Ce taureau auquel Mithra ouvre la gorge, contient, comme le taureau Kaïomors du zoroastrisme, les germes de toutes choses; il est l'image du taureau équinoxial où le soleil entre en conjonction avec la lune. Le jeune homme qui tient le flambeau vivant annonce le retour de l'astre régénérateur, et le serpent, signe de fécondité, aspire comme la terre après la semence divine. Le vieillard avec son flambeau éteint est l'image du dépérissement de la nature, c'est le déclin du dieu, et le scorpion mord les testicules du taureau pour épuiser sa force languissante. Constantin, devenu chrétien, fit fermer l'antre où se célébraient les mystères de Mithra.

A notre avis, il faut rapporter aussi au sabéisme assyrien ces immolations de taureaux ou *tauroboles* qui devinrent si fréquents dans l'empire et dans la Gaule vers le commencement de notre ère. C'est chose convenue, il est vrai, pour les archéologues d'en faire des sacrifices en l'honneur de Cybèle; mais la liaison était intime entre les idées qui avaient donné naissance aux cultes de Mylitta et de Cybèle, et la manière dont le poëte Prudence décrit la cérémonie du taurobole montre assez que des deux côtés c'était le grand mystère de la fécondation de la nature qu'on voulait célébrer. L'antre symbolique de Mithra se retrouve dans le lieu où s'accomplit le taurobole. Dans le voisinage d'un temple, on faisait creuser une fosse large et profonde à laquelle on pratiquait une issue en pente aboutissant à la surface du sol; on couvrait ensuite la fosse d'un plancher solide en claire-voie; c'était là le lieu de l'immolation. Un taureau magnifique, au front et au regard farouches, les cornes dorées et entrelacées de fleurs, les flancs également couverts de vertes guirlandes, était conduit avec pompe et au son des instruments, au-dessus de la fosse, et l'un des prêtres, armé du couteau du sacrifice, se préparait à le frapper. Le prêtre officiant pénétrait en ce moment dans la fosse par l'entrée souterraine; son pas était lent et grave, sa tête ceinte d'une couronne d'or; il était drapé dans une large robe de soie, et orné de bandelettes blanches. Arrivé au milieu de la fosse, il donnait le signal en entonnant peut-être une prière, et le large couteau du sacrificateur s'enfonçait dans le cou de la victime. Aussitôt le sang, s'épanchant à gros bouillons, tombait tout chaud sur la tête de l'officiant, et en imbibait ses joues, son front, ses mains et tout son corps; c'était dans ce hideux état qu'il sortait de la caverne pour se montrer à l'assemblée, qui l'accueillait par des hourrahs frénétiques et l'adorait comme un dieu.

Les changements que présente la nature aux deux époques critiques de l'année ont donné lieu à des fêtes éclatantes dans presque toutes les religions et surtout dans celles de l'Orient, dont le soleil était la grande divinité. C'était à l'équinoxe du printemps et au solstice d'hiver que se célébraient à Babylone ces fêtes Sakea, qui furent pour l'Europe le modèle des saturnales et de tant de fêtes de même nature, dont notre fête des fous et notre carnaval ont été le dernier retentissement. Ce jour venu, les Babyloniens prenaient un prisonnier condamné à mort, le plaçaient sur un trône, le revêtaient des habits royaux, et tant que durait la fête, lui permettaient de s'enivrer de délices, et de jouir des concubines du prince. Despote d'un jour, tout devait obéir à ses caprices; mais le soir venu, le condamné dépouillait ces titres fastueux de la puissance, il était battu de verges et pendu. On eût dit que dans cet usage, le peuple rentrait un instant en pouvoir de juger ses rois, et se vengeait sur ce fantôme de royauté de l'orgueil et de la tyrannie des monarques. La fête durait cinq jours, et pendant tout ce temps les maîtres obéissaient à leurs esclaves. Un de ces derniers se carrait sur le siége du chef de la maison, se prélassait dans ses riches habits, prenait son air le plus fantasque et le plus insolent, et joignant à cette ardeur de commandemnt que donne une usurpation subite le sentiment que la jouissance serait courte, il déversait sur ses maîtres son ressentiment d'une année. Toutefois, dans ses fantaisies d'absolutisme, une voix devait lui dire : « Demain je serai le maître, demain, après-demain, et toujours, et tu redeviendras esclave; » et la joie du tyran éphémère devait en être amoindrie. Des auteurs anciens disent que, dans l'Inde, les brahmanes aussi voulant être justes, deux fois par an, laissaient, aux fêtes de Houla et de Djagatma, les castes se mêler sans aucune distinction de rang et de suprématie.

C'est à ce peu de détails que se bornent nos renseignements sur la religion de Mithra; mais ce que nous savons bien, c'est que sa puissance fut immense, et que ce fut la seule religion qui pût contrebalancer un instant la faveur qu'obtenait le christianisme. Elle était forte contre lui, parce que, si sa morale était moins pure, elle combattait par les mêmes moyens. Des deux côtés, mêmes souffrances imposées au corps pour exalter l'esprit, mêmes mystères d'initiation, même langage mystique faisant allusion à une génération spirituelle, et enfin jusqu'à des sacrements identiques. Les mithriatiques se réunissaient dans des antres, les chrétiens dans les catacombes. La ressemblance allait si loin, que les Pères de l'Église accusaient les adorateurs de Mithra de copier les cérémonies du christianisme. Le dix-huitième siècle et Dupuis ont cherché à prouver qu'en effet il y avait ici des plagiaires, mais que ces plagiaires n'étaient pas les prêtres du paganisme, et le célèbre auteur de l'*Origine des cultes* n'appelle jamais la religion chrétienne autrement que secte de Mithra. Quant aux rapprochements que fait cet auteur, ils sont ingénieux. Le sang d'Adonis versé sous la dent du sanglier aurait enfanté le mystère de la passion, et le deuil de la nature à sa mort aurait donné lieu à la tradition de la perturbation qu'éprouva la terre au dernier soupir du Christ. Jésus est mort le *vendredi*, le jour de Vénus. L'agneau divin qui brille environné d'une lumineuse auréole au fond du sanctuaire chrétien, et avec lequel Jésus-Christ s'identifie, ne serait autre que le bélier astronomique dans lequel les anciens croyaient que le soleil entrait à l'équinoxe du printemps. Il est le signe du salut du monde et de la rénovation spirituelle, comme le taureau mithriatique était celui de la régénération de la terre. C'était la même idée religieuse qui faisait en Égypte consacrer le bélier à Ammon, le bouc au dieu Pan en Grèce. Dans le culte de Mithra, on célébrait par des fêtes le jour du 25 décembre, comme étant celui de la naissance du soleil (*natalis solis invicti*); c'est aussi ce jour que le christianisme d'Occident choisit, au quatrième siècle, pour en faire celui de la nativité de Jésus-Christ, soleil nouveau de justice. Si l'Égypte chrétienne célébrait cette fête le 6 janvier, c'était pour une raison toute semblable. Ici, en effet, une tradition populaire voulait qu'Osiris, image aussi du soleil, eût péri victime des embûches de son frère Typhon vers la fin de décembre, et que son corps n'eût été retrouvé que le 6 janvier.

Dupuis a traduit ainsi un à un tous les dogmes du christianisme par des allusions à la religion de Mithra et du soleil, et dans son ouvrage de l'*Origine des cultes*, la vie du fondateur se perd dans un thème astronomique. Il est aujourd'hui de bon ton de railler le système de Dupuis; ici, au nom de la science, là, au nom des idées catholiques. On ne saurait trop dire, cependant, combien cet auteur, par ses ingénieux et féconds rapprochements, par son érudition trop souvent mise, il est vrai, au service d'une idée fixe et exagérée, donna de consistance à ces idées d'identité et de filiation qu'on supposait exister entre les divers cultes de l'univers; combien il démontra nettement que dans ce vaste syncrétisme du catholicisme tous les peuples avaient fourni leur contingent. C'était étrangler la thèse que d'identifier le culte du Christ avec celui de Mithra; elle eût été plus belle dans sa généralité, et dans cette voie Dupuis eût trouvé pour appui les Pères mêmes de l'Église, qui disaient nettement que le christianisme n'était que la suite, le complément du paganisme. Aujourd'hui même, ce système de Dupuis dégagé de son cadre de scepticisme est passé dans le domaine commun. Les catholiques qui s'en sont indignés le refont à leur profit; et la philosophie n'a plus de contradictions à essuyer, lorsque, prétendant que le christianisme n'est pas sorti tout armé avec sa liturgie et ses mystères de la tête de son fondateur, comme Minerve du front de Jupiter, elle signale les diverses époques de la longue formation du dogme catholique. Le christianisme trouva, en effet, répandues dans les diverses religions de son temps toutes les idées morales et cosmogoniques qu'il mit en lumière ; le système seul qui les reliait lui appartint, et ce fut là une création sublime. Il y a trois ou quatre idées génératrices qui se retrouvent à peu près au fond de toutes les religions, idées instinctives, dominantes, qui s'imposent à la pensée comme le sentiment religieux au cœur, à la vue de l'univers et de ses grandeurs. Ces idées, nous l'avons vu dans l'exposition des dogmes chaldéens et mithriatiques, reposent sur l'adoration des astres considérés comme images de l'être primordial, et sur la génération des êtres et des choses par l'influence d'un principe double dans son unité, et considéré comme agissant à la manière humaine dans ses créations. Il y a du sabéisme et du culte de Vénus dans le christianisme ; mais ces deux principes s'y sont tellement épurés qu'il faut en rechercher assez haut la trace. Le symbole a dépouillé ici tout sens matériel, pour n'en conserver qu'une allusion lointaine sous le voile spirituel. La religion de l'antiquité s'était presque réduite à un système cosmogonique, et la philosophie avait suivi la religion dans cette voie. Heureux qui peut découvrir la cause des choses,

Felix qui potuit rerum cognoscere causas,

disait-on de part et d'autre. Et cette cause qu'on cherchait était toute matérielle, animale ou minérale : on la voyait dans un taureau ou dans un arbre possédant les deux sexes; là dans l'air, ici dans le feu. Le christianisme ne se proposa dans ses recherches et ne donna aux esprits inquiets qu'une cause morale des choses; mais son symbolisme dérivait pourtant des traditions de l'antique sabéisme, comme l'a remarqué Dupuis. De l'idée de génération par l'union des deux principes, naquirent chez lui ces formules d'amour mystique, d'union des âmes, qui ne donnèrent pas toujours le change aux sens, et produisirent parmi certaines sectes chrétiennes, telles que celles des gnostiques et des carpocratiens, des débauches dignes des mystères d'Astarté et de la bonne déesse.

C'est chose merveilleuse de voir combien profondément ces doctrines implantèrent leurs racines dans le sol de l'Asie, cette patrie des religions. Aujourd'hui encore, à travers une longue série de siècles et de révolutions religieuses et civiles, malgré les efforts successifs du christianisme et de l'islamisme, l'adoration du ctéis se retrouve sur le Liban, théâtre du meurtre tragique d'Adonis; et comme les femmes de l'antique Byblos, les Druses rendent un culte à Vénus. Ces idolâtres ont des vêpres secrètes qu'ils célèbrent le *vendredi*, jour de Vénus, et dans lesquelles ils se prosternent devant les parties sexuelles de la femme. L'ascendant des mœurs des peuples voisins a forcé pourtant ces adorateurs attardés de Vénus à donner à leurs cérémonies un caractère presque moral, et dans un opuscule oriental intitulé la *Lumière de la chandelle du soir du vendredi*, on lit que chaque initié après avoir accompli les sept prescriptions appelées les sept colonnes, est obligé de faire une confession générale, et que le plus grand des péchés est le commerce charnel avec les sœurs ou les initiées.

Mais la défense même fait sentir le danger de ces cérémonies provoquantes, et c'est en vain que le mysticisme les tourne quelquefois. Quant aux funestes aberrations où les idées d'un dieu générateur et de l'hermaphroditisme conduisirent les Phéniciens, les Assyriens et les Grecs eux-mêmes, toute l'antiquité les proclame. Après s'y être abandonnés naïvement et de bonne foi à la suite d'une fausse conception religieuse, ils s'y virent poussés par les prêtres, qui trouvaient dans un culte à cérémonies lubriques et honteuses un large tribut d'offrande pour les temples et pour eux-mêmes.

Ici les réflexions se présentent d'elles-mêmes, et nous nous bornons à en emprunter la *moralité* à Plutarque : « N'eût-il pas mieux valu pour ces peuples, dit ce prêtre d'Apollon, l'écrivain le plus sincère et le plus convaincu du paganisme, n'eût-il pas mieux valu avoir Critias et Diagoras, c'est-à-dire des athées, pour législateurs, que de recevoir de pareilles lois religieuses? »

RELIGION DE L'ÉGYPTE.

RELIGION DE L'ÉGYPTE.

CHAPITRE PREMIER.

Haute antiquité de l'Égypte attestée par les monuments qui couvrent encore son sol. — Impossibilité de fixer l'origine de sa civilisation. — Chronologie de la Vieille Chronique et des annales de Manéthon, prêtre égyptien. — Les prêtres égyptiens ont eu pour disciples Abraham, Moïse, Homère, Solon, Pythagore, etc. — Les institutions religieuses de l'Égypte ont instruit les peuples au berceau ; ses monuments de pierre décorent aujourd'hui leurs capitales. — Obélisques à Rome, à Constantinople, à Paris. — Le Nil, créateur du sol de l'Égypte. — Ses premiers habitants sont venus de l'Abyssinie en suivant le cours du fleuve. — État nomade des émigrants de l'Éthiopie qui se fixèrent en deçà des cataractes de Syène. — Fondation des premières villes. — La théocratie est la première forme du gouvernement en Égypte. — Révolution sociale. — Ménès élève la caste des guerriers au dessus de la caste sacerdotale. — Le règne des Pharaons commence. — Résultats de cette révolution pour l'état social des populations de l'Égypte. — Persistance de l'élément sacerdotal. — Caractère indestructible de la civilisation égyptienne depuis son origine jusqu'à la conquête romaine.

L'Égypte est la terre du prodige et du mystère. Ces immenses allées de sphinx à la face camarde, aux jambes accroupies, qui semblent, dans cette pose ironique et le défi sur la bouche, rire encore des passants et leur proposer des énigmes ; ce Nil, à lui seul la plus grande des énigmes, qui par ses inondations périodiques donne chaque année la vie et la fécondité à une magnifique vallée que le désert presse de tous côtés et que sans ces inondations il conquerrait ; ces gigantesques pyramides construites pour servir d'asile à la mort ; ces vastes hypogées où gît entassée depuis plus de cinq mille ans, dans les bandelettes des momies, une population innombrable qui craignait l'anéantissement de l'âme si la forme disparaissait ; ces montagnes de pierres taillées, ces colossales figures d'hommes et d'animaux, ces palais, ces villes dont les ruines dépassent encore de leur sommet tronqué tous les édifices modernes, et semblent avoir été construits pour des géants; ces inscriptions d'une écriture mystérieuse qui a laissé son nom à tous les arcanes indéchiffrables de la nature; cet immense labyrinthe où s'assemblaient les chefs de l'Égypte, et qui est comme le résumé de la vie de l'antique terre des Pharaons; ces colonnes, ces obélisques, nous avertissent tout d'abord que nous sommes ici au milieu d'une civilisation qui ne ressemble à aucune autre dans les annales de l'histoire. Quel tableau, quelle gloire, que d'art, que de science, que de grandeur! Quel flot d'idées, au souvenir, à la vue de tout cela, vient assaillir l'esprit et le plonger dans le plus merveilleux, le plus confus, le plus fantastique de tous les rêves!

Et à quelle lointaine antiquité nous reportent ces générations de ruines entassées les unes sur les autres dans les monuments! A Thèbes, des édifices ruinés montrent dans leur construction dernière, qui remonte pourtant à plus de quatre mille ans, des restes de constructions antérieures. Il y a là comme une chaîne de ruines et de reconstructions, dont les premières assises furent posées par des hommes inconnus. L'humanité a la mémoire courte; six mille ans, c'est le plus loin qu'elle se rappelle. Mais comme l'esprit curieux de l'homme se plaît à dépasser cette étroite limite et s'intéresse aux fouilles de ces grands cadavres des villes de l'antiquité, de ces villes fameuses qui jetaient tant d'éclat à l'époque où naissaient à peine à la vie sociale les peuples de la Grèce, de la Judée et de Rome! combien il aime à voir ces grands monuments des temps antéhistoriques venir donner un démenti à cette origine d'hier! Que de villes, en effet, ont dû, comme Pompéi et Herculanum, s'abîmer dans la terre qui entr'ouvrit son sein dans ce laps de siècles pour recevoir leurs murs fatigués de vieillesse! combien de villes dorment enfouies sous cette surface souriante de la terre qui étale sa végétation florissante sur le sépulcre des nations! que d'arbres ont aujourd'hui leurs racines sur le dôme affaissé des temples et des palais!

Ninive, Persépolis retrouvées, Palenque apparue au milieu des savanes du Mexique, Thèbes, presque contemporaine de ce Nil sur les bords duquel elle étale ses palais gisants, ouvrent à l'imagination de vastes horizons et agrandissent l'hiéroglyphe de l'ancien monde. Depuis quand le soleil et la lune, ces dieux de l'antiquité, roulent-ils dans l'espace! depuis quand sourient-ils du même sourire aux projets des générations d'hommes qui vont tour à tour s'entasser dans la terre, tandis qu'eux, immuables dans leur changement journalier, remontent chaque matin dans l'azur du ciel, et posent sans cesse le problème de leur création et de la création du monde aux générations survenantes qui, toutes à leur tour, se tourmentent à en chercher la solution aussi bien que celle de leur propre création, sans jamais la trouver!

Dans l'histoire connue, aucune contrée ne se montre revêtue d'un cachet d'ancienneté aussi évident que l'Égypte; d'un commun accord, tous les écrivains de la Grèce la reconnurent pour la patrie primitive des arts et de la religion. Les dieux, dans l'opinion des Grecs, avaient été les premiers habitants de la terre, et suivant ces mêmes Grecs, les dieux venaient d'Égypte. Platon n'avait pas hésité à accorder à cette contrée une existence sociale de plusieurs milliers d'années, et tous les voyageurs qui, dans la suite, allèrent s'instruire auprès des prêtres vénérés de Thèbes et d'Héliopolis, confirmèrent cette opinion. Suivant une vieille chronique recueillie par George le Syncelle, chronographe grec du huitième siècle de notre ère, l'Égypte n'aurait pas eu moins de trente-six mille cinq cents ans d'existence, depuis le règne du soleil jusqu'à celui de Nectanebo, qui régnait quinze ans avant Alexandre le Grand. Les savants, qui viennent toujours passer le tampon sur les trop grandes saillies de l'histoire, ont ici, comme en Chaldée, rendu raison de ce chiffre en en faisant la période d'une révolution équinoxiale. Les Égyptiens divisaient le zodiaque, disent-ils, en 365 degrés, et supposaient que l'équinoxe du printemps rétrogradait d'un degré par siècle; or, ayant commencé à se produire au moment où le soleil était dans le signe du bélier, trente-six mille cinq cents ans devaient s'écouler avant qu'il se retrouvât au même point. Ce chiffre représentait donc un cycle astronomique et non une période historique. La Vieille Chronique plaçait, du reste, dans ces vastes champs du temps le règne des dieux, qui avait duré trente mille années, et elle ne faisait dater l'avénement de l'espèce humaine que du trois cent unième siècle, ce qui était peut-être un moyen ingénieux de ménager les prétentions de l'Égypte à une haute antiquité, mais revenait en réalité à dire qu'elle avait reçu ses premiers habitants six mille ans avant Alexandre. Manéthon, *né à Sebennytus, prêtre et scribe des enceintes sacrées qui sont en Égypte, citoyen d'Héliopolis*, rédigea en grec, sous le règne de Ptolémée Philadelphe, et par ordre de ce roi, des annales tirées des monuments historiques. Les récits des écrivains anciens, les découvertes successives faites dans les monuments subsistants, la lecture des inscriptions hiéroglyphiques des stèles et des colonnes des temples, ont donné à l'ouvrage de ce prêtre égyptien un grand caractère d'autorité et de foi. Comme la Vieille Chronique, les annales de Manéthon comptent trente-deux dynasties de rois en Égypte, et il y a jusqu'à un certain point concordance entre les règnes. Ici, la première dynastie inaugure l'ère monarchique cinq mille huit cent soixante-sept ans avant notre ère. Mais que reste-t-il des premières dynasties? A peine des noms propres; nul événement précis, nulle clarté; les noms des rois des dix-sept premières ne sont pas même restés sur les tronçons de colonnes, sur les débris de murs, qu'un ouvrier plus récent a employés à élever les monuments qui subsistent. On sent bien dans ces lointains espaces une civilisation déjà grande, des arts arrivés à leur maturité, des lois sages, des mœurs policées; mais nul indice que des conjectures ne s'offre pour recomposer ce passé. Hérodote prétend que les événements de l'histoire d'Égypte n'acquièrent quelque certitude que du temps de Psamméticus. C'est aller trop loin. Hérodote, en récusant tout témoignage avant lui, s'attribue trop naïvement ici ce titre de père de l'histoire que la postérité lui a décerné. De ce que l'Égypte n'avait été ouverte aux Grecs que depuis le règne de Psamméticus, il ne s'ensuit pas que l'Égypte eût manqué jusque-là d'historiens, et Hérodote, qui y voyageait soixante ans environ après la conquête des Perses, n'est pas le seul auteur qu'on puisse consulter sur les âges primitifs de cette contrée. Les ténèbres qui couvrent les bords du Nil commencent à s'éclaircir beaucoup à partir des rois pasteurs, dans le dix-neuvième siècle avant notre ère; Moïse nous donne de Memphis et du peuple égyptien à cette époque une opinion aussi grande que précise. A partir de ce temps, les inscriptions des temples et des hypogées, les manuscrits de papyrus enveloppés dans les caisses des momies, les livres des prophètes hébreux, permettent de suivre jusqu'aux avant-postes de l'histoire moderne la longue suite de Pharaons qui régnèrent à Thèbes et à Memphis. Mais ce sont les monuments d'architecture, ces immenses palais, ces pyramides, ces obélisques qui se dressent comme par magie devant l'historien au bout de toutes ses dissertations et de ses études, qui attestent, bien mieux encore que les preuves historiques, l'originalité et la haute antiquité de la civilisation qui en conçut le plan et les éleva. Les prêtres égyptiens prétendaient avec raison avoir eu pour élèves les grands législateurs des autres nations. A travers les éclaircies des pylônes des temples, à travers les allées de sphinx qui se profilent en Égypte, au bout de presque tous les horizons, on aperçoit à l'origine des siècles Abraham et son épouse Sara, descendant de la Chaldée avec leurs nombreux troupeaux vers les terres d'Égypte, et après quelque temps de séjour, regagnant le désert de l'est pour passer en Chanaan; on aperçoit l'antique Cadmus désertant les bords du Nil, avec une suite d'émigrants, pour aller fonder dans la Béotie une petite Thèbes, en souvenir de la

Thèbes aux cent portes; plus tard, Danaüs, banni par les Chemmites, prenant encore le chemin de la Grèce, pour y jeter les fondements du royaume d'Argos. Deux fois les fils de Jacob, repassant le désert, vinrent chercher à Memphis, où gouvernait leur frère Joseph, les blés que leur refusait la Palestine stérile. Au loin, dans l'horizon, se montre aussi Moïse, fuyant la servitude à la tête d'une race proscrite et s'enfonçant dans le désert. On voit la longue colonne des fugitifs se glisser sourdement, comme une couleuvre, dans les sables arides, descendre dans le lit desséché de la mer Rouge, et se montrer enfin sur l'autre rive, secouant, libre et joyeuse, la poussière de la route, à l'abri des persécutions des Pharaons. Un peu plus tard, ces mêmes obélisques, ces mêmes colonnes virent Homère, Lycurgue, Solon, Platon et Pythagore, se promener dans leurs allées avec les grands prêtres de Thèbes, d'Héliopolis et de Saïs, et interroger ces dépositaires de la science des siècles sur les mystères de la religion et les origines des choses. « Vous êtes des enfants qui ne savez que les choses d'aujourd'hui et d'hier, » disaient à Solon les prêtres égyptiens.

Comme elle avait par ses institutions sociales et religieuses enrichi le berceau des peuples, l'Égypte enrichit encore plus tard de ses dépouilles architecturales le faste de leurs capitales, grandies dans le temps où elle-même inclinait déjà vers la vieillesse. Des obélisques arrachés à leurs piédestaux séculaires allèrent, comme des échantillons de la magnificence de ses temples et de ses palais, donner aux peuples un spectacle aussi singulier que grandiose. De tels monuments taillés par le ciseau de l'ouvrier dans le flanc même de la montagne et dressés sur leur bloc monolithe, étaient des hérauts de gloire que les Égyptiens s'étaient créés pour la postérité la plus reculée. Rome, la ville éternelle, ne craignit point de s'humilier en empruntant ce genre de décoration à une contrée devenue province romaine. Auguste y fit transporter les deux obélisques d'Héliopolis qui existent encore, et qui, dans leur solidité indestructible, semblent insulter aux ruines du Colysée; Caligula en fit venir un troisième, et jamais, au rapport de Pline, vaisseau à plus colossales proportions ne sillonna les mers que celui qui fut construit pour ce transport. L'exemple d'Auguste fut souvent imité; et on voit à Rome onze obélisques entiers et les fragments de quelques autres, qui, arrachés au sol indigène, quittèrent à différentes époques les bords du Nil pour ceux du Tibre.

La seconde capitale de l'empire romain, Constantinople, eut part aussi à ces dépouilles des Pharaons. Constantin et Théodose se plurent à orner d'obélisques le portique de son fameux hippodrome. Quelques autres villes, telles que Velletri, Bénévent, Florence, Catane, Arles, possèdent aussi des obélisques. Paris, enfin, en a vu un, dans ces dernières années, s'élever, aux acclamations d'un peuple immense, au milieu de la plus belle de ses places publiques. Sésostris l'avait fait tailler dans les carrières de Syène, pour décorer la façade de son palais de Louqsor; à plus de trois mille ans de distance, le génie de la France a été le demander aux rives du Nil. Que de temps, que de révolutions, que de choses entre Sésostris et nous! et cependant il y avait un lien entre l'Égypte et la France, et ce monument en perpétuera la mémoire. Cette œuvre du plus grand des Pharaons était bien due au souvenir de cette glorieuse expédition d'Égypte, entreprise par le plus grand capitaine des temps modernes; à cette expédition qui paraît fabuleuse, quoique arrivée de notre temps, et qui par la nature et les noms des lieux où elle fut accomplie, par les grandes figures des chefs qui la commandèrent, par la soudaineté de l'attaque et l'irrésistibilité de la victoire, nous rejette en pleine antiquité, et rattache à notre histoire Héliopolis et les Pyramides.

Cependant cette civilisation de l'Égypte, quelque antique qu'elle nous apparaisse, avait eu son laborieux enfantement. Les plus grands empires ont commencé par n'être que des centres obscurs de populations vagabondes et sans mœurs; ce n'est que par le travail des siècles que s'élève pierre à pierre l'édifice difficile des sociétés. Quel fut le commencement de la nation égyptienne, quels furent ses premiers éléments, par quelle succession d'épreuves et d'améliorations passa-t-elle pour arriver au point où les monuments nous la montrent? A toutes ces questions l'histoire ne fait aucune réponse précise! L'origine de la nation égyptienne se perd, comme les sources de son grand fleuve, dans un lointain impénétrable à la science. A toutes les époques, et aussi loin qu'on peut remonter, l'Égypte se montre à nous avec ses mêmes lois, ses mêmes mœurs, avec sa puissance, ses monuments, sa caste sacerdotale, ses rois, ses dieux, invariables comme l'azur inaltérable de son ciel. La civilisation semble avoir été ici la première condition de l'existence sociale, éclose au matin même du monde, sortie, comme la fertilité des rives du Nil, du premier débordement de ce fleuve. Les Égyptiens se disent autochthones, c'est-à-dire nés sur leur propre terre; mais seuls peut-être de tous les peuples de l'antiquité arrivés à une certaine civilisation, ils n'ont laissé aucun système sur la formation du monde et sur leur avénement à l'existence. On dirait qu'ils ont craint de nuire par une cosmogonie quelconque à leur prétention à l'éternité, et à mesure que la science remue les fouilles de leurs monuments et les papyrus des momies entassées dans les hypogées, pour pénétrer le mystère de leurs commencements, elle apprend qu'elle ne peut rien savoir.

Diodore de Sicile rapporte une fable assez étrange : « Dans la province de Thébaïde, dit-il, il s'engendre spontanément une immense quantité de rats; et l'on est toujours étrangement surpris si l'on considère ce qui se passe alors. On voit que quelques-uns de ces animaux ne sont complétement formés que jusqu'à la poitrine et aux pieds de devant, qui peuvent se mouvoir, tandis que le reste de leur corps est demeuré informe, et de la même nature que la glèbe argileuse d'où ils sortent. Il est donc évident que, dans la première formation du monde, l'Égypte a été la contrée la plus favorable à la génération des hommes, par l'excellente constitution du sol, puisque dans aucune autre région on ne voit rien de semblable, et que celle-là est la seule où l'on puisse observer encore une si étrange production d'animaux. » Cette fable justifie à un certain point la prétention des prêtres égyptiens ; mais on a aussi quelque peine à se figurer la naissance des hommes à la manière des rats d'Égypte.

A défaut d'autres conducteurs pour remonter le courant de la civilisation égyptienne, nous suivrons le Nil. L'Égypte, comme l'a dit Hérodote, est un présent de ce beau fleuve. Toute cette magnifique vallée disparaîtrait comme une vaine fantasmagorie d'un jour sous les sables brûlants du désert qui la ceint de tous côtés, sans le limon fertilisateur de ses inondations. Là, point d'orages, point de pluies ; jamais la clarté du soleil ou des nuits n'est ternie par la nuée voyageuse. Vers le mois de mai et de juin, quelque temps avant le solstice d'été où l'inondation commence, la campagne est grise, poudreuse ; les mottes de terre crevassées et béantes montrent comme l'image prochaine des sables ; le désert entre pour ainsi dire dans les villes. Que le Nil déborde, et le sol de l'Égypte étalera les merveilles de sa végétation.

Le Nil ne donne pas seulement la fertilité à la vallée qu'il arrose ; il en a créé aussi le sol. Depuis des milliers de siècles, ses alluvions ont ajouté d'année en année des portions de territoire aux rives de la Méditerranée, et la basse Égypte, nommée Delta par les Grecs, parce qu'elle a la forme de cette lettre, Δ, n'est qu'une dépouille de l'Abyssinie portée à trois cents lieues de distance. Aussi la mythologie a-t-elle payé à ce fleuve le tribut de reconnaissance que lui devaient les habitants de ses rives. Elle l'assimile tantôt au grand Ammon-Ra, le souverain de l'olympe égyptien, et tantôt en fait un écoulement d'Osiris, la divinité la plus populaire de la contrée.

Tout fait donc présumer que l'Égypte reçut ses habitants des lieux d'où lui venait le limon fertilisateur de ses campagnes. La source du Nil, nous le savons, est inconnue; mais avant d'entrer en Égypte, avant de franchir les fameuses cataractes de Syène et d'Éléphantine, qui sont loin de valoir leur grande renommée, le Nil traverse le pays des noirs Éthiopiens, comme dirait Homère; il passe devant Méroé; et de vagues traditions attribuent à cette dernière ville et aux Éthiopiens une civilisation antérieure à celle de l'Égypte. On pourrait nous demander d'où venaient les Éthiopiens eux-mêmes, et nous convenons que la question d'origine serait ainsi plutôt reculée qu'éclaircie; or l'Égypte a bien assez de ses mystères. Comme il faut cependant prendre ses commencements quelque part, nous ferons venir les Égyptiens de par-delà les cataractes. L'ibis, qui descend chaque année des parages de l'Abyssinie avec les débordements du Nil, est une image du premier départ des tribus des Barabras, se dirigeant de l'Éthiopie vers l'Égypte. L'ibis est un animal sacré en deçà comme au delà des cataractes; la mythologie égyptienne en a fait le symbole de Thot (Hermès), le premier législateur de la contrée. D'autres objets du culte des Égyptiens viennent également de l'Éthiopie, et indiquent assez par là le lieu où ce culte prit naissance. Le voyage qu'Homère fait faire aux dieux de l'Olympe en Éthiopie, la procession de la statue du dieu Ammon, que l'on portait vers la Libye, désignent encore le berceau de ces dieux.

On peut donc se figurer que les premiers habitants de la fertile vallée du Nil furent d'aventureux pionniers de l'Abyssinie, qui arrivèrent à l'état de nomades de ce côté des cataractes avant la naissance des temps historiques. Sans demeures fixes et sans état social, ils errèrent quelque temps au hasard, comme les Bédouins de nos jours, montés sur leurs chameaux, prompts à traverser le désert, vivant facilement des poissons du fleuve, ou des fruits spontanés du sol, guerroyant tribus contre tribus. Par la suite des temps, ces enfants perdus de la civilisation éthiopienne, à force de parcourir la contrée, se laissèrent séduire par quelques points des rives du fleuve, plus fertiles que les autres ou plus commodes pour un établissement, et s'y fixèrent. Alors le travail devenu nécessaire pour seconder l'action du Nil, pour détourner ou encaisser son cours, attacha le nomade à la terre qui recevait ses sueurs; et l'état agricole, aussi facile presque dans ces grasses contrées que la vie nomade, ne tarda pas à s'établir et à produire des institutions sociales et de gouvernement. La mère-patrie n'avait sans doute pas perdu de l'œil ces colonies lointaines, et lorsqu'elle les vit s'agglomérer autour des temples ou sur les embranchements du fleuve, elle envoya des hommes instruits vers ces noyaux grandissants de population pour les initier aux lois morales, et les assouplir au joug salutaire de l'ordre et de la religion. De petits villages se formèrent d'abord, qui devinrent ensuite des villes. Thèbes, Esneh, Edfou, Saïs, ne furent dans l'époque des Pharaons que les secondes éditions des villes primitives, sorties quelques mille ans auparavant toutes resplendissantes des boues du Nil. La haute Égypte fut d'abord peuplée, puis les terres au-dessous de Denderah, et, de proche en proche, toute la vallée jusqu'à Alexandrie et à la mer, à mesure que les efforts de l'industrie enlevaient le sol au Nil par des canaux d'assainissement.

Les hommes instruits qui étaient venus policer les nomades de l'Égypte avaient dû naturellement acquérir sur eux le privilége de l'autorité, et ils cherchèrent dès lors à l'immobiliser dans leurs mains, au nom du bienfait qu'ils avaient rendu et de ceux qu'ils pouvaient rendre encore. Ils formèrent entre eux une association héréditaire, et concentrèrent en elle tous les pouvoirs et toutes les lumières de la science. Ils s'appelèrent la classe des prêtres, non qu'ils donnassent à ce mot l'acception moderne, et ne s'occupassent exclusivement que du service des autels et des dogmes de la religion; il y avait parmi eux des astronomes, des médecins, des ingénieurs, des poëtes, des peintres. Le sacerdoce à cette époque reculée comprenait tout cela, toute la culture de l'intelligence et du cœur. Dans sa vaste généralisation, il ne laissait en dehors de lui rien de ce qui peut donner de l'autorité ou de la séduction sur les hommes. Mais par sa tendance à s'isoler du peuple, à faire intervenir en sa faveur une origine particulière et des manifestations directes de la Divinité, la classe sacerdotale était naturellement entraînée vers les choses mystiques; la religion ne tarda donc pas à devenir sinon son occupation exclusive, du moins sa passion dominante; mais au nom de la Divinité elle continua à imposer ses formules aux arts et à la science.

Les prêtres divisèrent le pays en départements ou nomes, qui eurent des lois quelque peu différentes, sous le rapport de la police, mais qui se relièrent tous à un nome capital. Chacun eut son collége sacerdotal, et un grand prêtre régna sur la série de ces petits souverains collectifs. Le gouvernement théocratique acquit ici des développements considérables; c'est ce gouvernement qui créa la première civilisation de la vallée du Nil, et il imprima tellement ses traces sur le sol, que ni les révolutions sociales, ni les révolutions physiques, ni les conquêtes des barbares Hyksos, ni les persécutions systématiques des Perses, ni l'influence puissante des Grecs, ne purent dénaturer les institutions sorties de ce premier état de choses. Le christianisme seul brisa ce moule si peu modifiable, car ce n'était qu'une religion nouvelle et forte qui pouvait détruire un état social où l'élément religieux s'alliait à tout, pénétrait tout de son essence, la loi civile, l'hygiène publique, la science et l'art; où les institutions, les monuments, l'écriture, avaient été modelés sur des idées métaphysiques.

Une grande révolution pourtant, antérieure, comme les principaux événements de l'Égypte, aux temps qui appartiennent à l'histoire précise, s'était accomplie dans les profondeurs de cette société. Cette civilisation, qu'on eût dit formée de toutes pièces comme les grandes cristallisations de la nature, avait été fortement remuée. La classe des militaires ou des guerriers, tenue à la solde des prêtres pour contenir le reste de la population presque esclave, s'était lassée d'exercer la tyrannie pour le compte d'une classe oisive et sans défense. Ménès ou Menéi, un de leurs chefs, avait brisé le joug de l'obéissance, et, s'étant fait déclarer chef universel de l'empire par ses compagnons d'armes, il avait fondé la suprématie de sa classe, et fixé l'hérédité du pouvoir royal dans sa famille. Aux yeux de quelques écrivains, cette révolution sociale apparaît comme le fait de la fondation première de la nation égyptienne ; ils font de Ménès le premier législateur de la vallée du Nil, et le confondent même avec Manou, le premier homme de la cosmogonie hindoue.

Diodore de Sicile raconte dans ce peu de mots l'origine de la royauté égyptienne : « Quelques écrivains, dit-il, prétendent qu'en premier lieu les dieux et les héros régnèrent sur l'Égypte pendant un espace de temps qu'ils n'estiment pas à beaucoup au-dessous de dix-huit mille ans, et que le dernier qui fut roi fut Horus, fils d'Isis. » Horus, dans le système mythologique de l'Égypte, inaugura donc l'avénement de l'homme au pouvoir. Les Égyptiens, assez mal gouvernés sans doute par les dieux, avaient espéré l'être mieux par un être humain comme eux, et qui, par sa nature, étant mieux en mesure de juger de leurs facultés et de leurs besoins, exigerait moins de la faiblesse des unes, et satisferait davantage l'irrésistible empire des autres. Malgré la réputation de sagesse que se sont acquise de toute antiquité les prêtres de l'Égypte, leur gouvernement avait dû être en effet extrêmement dur pour les peuples soumis à leur autorité. La théocratie est la plus mauvaise de toutes les tyrannies; elle détruit jusque dans le for de la conscience le principe de la liberté humaine. En s'imposant, au nom de l'infaillibilité et de l'omnipotence des dieux, à la pensée comme aux actes de l'homme, en réglant par des prescriptions légales et par la sanction des peines matérielles, les mouvements de l'intelligence et du cœur, qui n'ont de valeur que par la spontanéité et la liberté de leur manifestation, en allant chercher l'idée dans son impénétrable sanctuaire, pour la plier au joug d'une instruction méthodique, la fausser quand elle est souple, la punir quand elle est rebelle, la théocratie annihile la dignité humaine dans son germe, la volonté avant même sa manifestation, et détruit ainsi la source de la moralité des actions. Dans la théocratie, les notions du bien et du mal, du beau et du vrai, ne sont pas possibles; Dieu est tout, il est vrai, ou plutôt le prêtre; mais l'homme n'est rien; or le jugement n'est pas nécessaire à la machine dont tous les mouvements sont réglés! Cependant l'état politique doit faire des citoyens, et des saints après s'il peut; mais ce dernier résultat n'est pas son but.

Ce que nous disons de l'Égypte peut s'appliquer à toutes les sociétés de l'antiquité. Dans toutes, si ce n'est en Grèce et à Rome, le dogme de la personnalité humaine, et le principe politique d'un gouvernement s'administrant en vue du bien-être du gouvernement lui-même, furent inconnus. Partout l'homme n'était qu'un atome dans la main des dieux, pouvant être détruit ou enchaîné par la main des prêtres; et ces nombreuses hordes d'esclaves qui encombrèrent les anciens gouvernements n'étaient qu'une conséquence de la théorie religieuse. Entièrement préoccupés du soin de façonner le culte sous des formes déterminées, artistiques et indélébiles, les prêtres ne s'occupaient de l'homme que du côté de ses devoirs vis-à-vis la Divinité, et pour fixer la manière dont il devait rendre ses hommages aux autels. Eux-mêmes, s'ils s'estimaient quelque chose, c'était en vertu de leur descendance directe de la Divinité. L'homme, en tant qu'être raisonnable, vivant et sensible, ne représentait rien aux yeux des publicistes de l'antiquité; on lui reconnaissait des devoirs, beaucoup de devoirs même; mais l'humanité n'avait pas encore fait sa déclaration des droits. C'était à la force à la commencer, car la force arrive facilement au sentiment de la dignité individuelle; et ailleurs, comme en Égypte, le guerrier fut le premier à la comprendre. Quand on tient dans sa main une arme, sauvegarde de l'honneur et symbole de la fierté, l'esprit s'ouvre facilement à la notion de l'indépendance. Le fer devient la baguette magique au moyen de laquelle on conjure les vaines apparitions des pouvoirs occultes.

Ce fut donc un progrès dans la civilisation de l'Égypte que cette révolte de l'épée contre la tiare, cette édification du trône en face et au-dessus de l'autel. Ce fut une espèce de protestation de l'humanité contre le pouvoir divin, qui jusque-là l'avait annihilée, une manifestation de la personnalité humaine s'introduisant dans la gestion des affaires de ce monde, se posant vis-à-vis de l'infinitude de la Divinité. L'homme semblait dire à Dieu et à ses prêtres : « Gouvernez dans votre infinie providence les régions supérieures et le monde des esprits; mais laissez-moi conduire à ma guise mes intérêts de cette vie; à vous le ciel, à moi la terre. » Dans les temps reculés et au sortir de la théocratie, le pouvoir monarchique était un pas fait en dehors des langes qui tenaient captive la pensée; c'était un acheminement à la liberté politique, conséquence future et dernière de l'affranchissement de la conscience des peuples.

Ménès prévoyant avec raison que dans Thèbes, ville toute sacerdotale, le pouvoir royal serait en tutelle par la force même des habitudes et des souvenirs, et que, semblable à l'eau un moment débordée qui rentre dans son lit, la monarchie pourrait s'anéantir dans des institutions survivant à la ruine de l'ancien gouvernement, voulut rompre brusquement avec un passé menaçant et envahisseur; il créa un nouveau siége pour sa puissance nouvelle. Memphis dès lors commença à s'élever, et les successeurs de Ménès firent de cette ville une digne rivale de la Thèbes aux cent portes, qui dès lors inclina vers la décadence. Cette révolution politique en amena une autre très-salutaire dans les mœurs et les institutions. Le gouvernement s'adoucit, et s'occupa de grands projets pour l'amélioration de la condition morale du peuple et celle de l'état physique du pays; les travaux prirent un caractère d'utilité publique. Les arts et les sciences, quoique continuant à rester dans les mains des prêtres, durent suivre la pente que leur indiquait l'idée nouvelle. L'homme étant reconnu une puissance, la pompe, le luxe, les objets de commodité et d'ornement, sans déserter les temples, s'introduisirent dans les demeures privées des citoyens. Le génie, le talent, sollicités par des besoins nouveaux, s'affranchirent un peu des plans méthodiques et rigoureux de l'hiérophante. La société civile se constitua à côté de la société religieuse. Toutes ces améliorations qui ruinaient l'étroit et faux système d'une religion adorant Dieu pour Dieu seul, sans préoccupation du bonheur de l'homme, irritèrent les anciens privilégiés de ce système. La mémoire de Ménès eut à en souffrir, et celui qui avait adouci les mœurs fut accusé de les avoir relâchées et corrompues.

Toutefois, pour avoir introduit un principe nouveau dans la civilisation égyptienne, le pouvoir royal ne fut point subversif; il laissa à peu près subsister tout ce qui était déjà établi. La classe des prêtres, repoussée de la première place de l'état, trouva la paix et d'immenses priviléges à l'ombre du trône. Il n'entrait pas dans l'esprit des rois de se priver de la grande autorité que pouvait faire rejaillir sur eux la consécration religieuse, et ils ne dédaignèrent même pas, à leur couronnement, d'entrer dans la caste sacerdotale. Les sénateurs romains qui immolèrent Romulus, ne le voulant pas pour maître, l'acceptèrent pour dieu. Ainsi en avaient agi les Pharaons à l'égard des prêtres. Le culte fut donc appelé à venir sanctifier tous les actes de la vie des princes, comme tous les actes importants du gouvernement, la promulgation des lois, les déclarations de guerre, les triomphes remportés sur les ennemis. La religion continua d'être la forme de la société égyptienne. Les mille entraves des cérémonies religieuses venaient à chaque moment rappeler aux rois qu'ils tenaient le pouvoir des dieux et des prêtres; leur palais était rempli de fils des prêtres investis de tous les emplois. Diodore nous a conservé l'*horaire* de la journée d'un prince, et on y voit que, depuis son lever jusqu'à son coucher, aucune de ses actions n'échappait aux prescriptions du cérémonial religieux. Chaque matin il se rendait en pompe au temple pour y sacrifier aux dieux, et écouter la parole du grand prêtre, qui développait, avant l'immolation des victimes, quelque texte du rituel. Dans les graves questions de gouvernement, il devait prendre l'avis de ce haut personnage, et enfin, à toutes les époques de son règne, témoigner de son respect pour la religion par la construction d'édifices consacrés au culte. Après sa mort, le soin de prononcer son oraison funèbre était confié à l'éloquence des prêtres; et cette oraison planait sur toute la vie des princes comme une arme menaçante, car c'était souvent le plus ou moins d'éloquence que mettait le prêtre dans l'éloge du roi défunt qui décidait des suffrages du peuple, mis une fois par règne en possession de la souveraineté, pour condamner ou absoudre ceux qui l'avaient gouverné.

Une peinture du palais de Thèbes représente l'intronisation de Sésostris. Le nouveau roi est en présence des deux plus grandes divinités de l'Égypte, Ammon-Ra et la déesse Mouth. Ammon-Ra investit Sésostris du pouvoir royal en lui en remettant les insignes, qui sont la faux de bataille, le fouet et le pedum, sceptre à crochet. « Reçois, lui dit le dieu, la faux de bataille pour maintenir les nations et trancher la tête des impurs. Prends le fouet et le pedum, pour diriger la terre de Chemi (nom primitif de l'Égypte). »

Dans l'organisation sortie de la révolution monarchique, le pouvoir de la caste sacerdotale devint utile en servant de contrepoids à celui des rois. Lorsqu'une grande puissance est confiée à un homme, il est toujours à craindre qu'il n'en abuse par faiblesse ou par ambition; le vertige, dans les hautes régions du trône, saisit les têtes les meilleures, et un contrôle, quel qu'il soit, vaut mieux que l'arbitraire du despotisme; car souvent il arrive que le bien qu'ils ne feraient pas par conviction, les partis le font par opposition à un parti rival en possession de faire le mal. Le trait suivant montre, du reste, que les prêtres ne manquaient en face des rois ni de fermeté ni de sagesse. Les Perses s'étant emparés de l'Égypte, Darius, père de Xerxès, voulut faire placer à Memphis sa propre statue au-dessus de celle de Sésostris. Mais le grand prêtre s'opposa dans le collége sacerdotal à cette prétention, en disant que le roi de Perse n'avait pas encore surpassé les grandes actions de Sésostris. Hérodote, qui rapporte le fait, ajoute que Darius se rendit en souriant à cette excellente raison.

Les prêtres conservèrent donc leurs antiques priviléges. Comme par le passé, ils restèrent propriétaires du tiers des terres, en vertu d'un droit qu'ils prétendaient tenir de la déesse Isis. Ce droit résista même aux rudes atteintes que portèrent les barbares Hyksos aux institutions égyptiennes, et resta incontesté jusqu'à la conquête romaine.

Nous savons par la Bible que l'Hébreu Joseph, nommé intendant des blés de l'Égypte pendant une famine qui désolait cette contrée, acheta pour le compte du fisc toutes les terres du royaume, afin de mieux assurer les récoltes et la distribution des grains entre les divers habitants, et qu'il n'excepta de cette expropriation générale, s'il est permis de se servir d'un terme tout moderne, que les terres des prêtres. Les terres achetées furent remises dans la suite aux familles à charge de redevance. « Depuis ce temps, dit Moïse, on paya au roi par toute l'Égypte le cinquième du produit des terres, et ceci est comme passé en loi; excepté les terres sacerdotales, qui sont affranchies de cet impôt. » Avec les revenus de ces terres, répandues dans divers nomes à proximité des temples, la classe des prêtres pourvoyait à l'entretien des temples, aux dépenses du culte, à la pompe des ornements, à l'établissement des écoles de prêtres, et enfin aux besoins des familles attachées au sacerdoce.

Mais ce n'était pas là l'unique source de la richesse sacerdotale; des redevances de natures diverses étaient dues aux temples, et chaque jour les dévots y apportaient des produits de leurs terres et de leurs troupeaux. La piété des fidèles se montrait aussi ingénieuse à inventer de nouvelles offrandes que l'avidité des prêtres à en imposer. Des registres écrits avec soin sur des feuilles de papyrus et appelés *registres sacrés*, tenaient en partie double les comptes de la ferveur populaire. Rien n'est vieux comme les choses nouvelles. Le domaine de Saint-Pierre dans l'Église catholique, ces vastes territoires de main morte, devenus le patrimoine inaliénable de corporations religieuses, les revenus des collectes dans les églises, tout cela, les prêtres de l'Égypte l'avaient savamment organisé chez eux. Ici aussi, la dîme venait se joindre au cinquième des biens payés au fisc royal pour amoindrir encore le fruit des fatigues du laboureur; ici aussi, les funérailles, les naissances, les mariages, étaient de fécondes sources de richesses pour la classe sacerdotale; toutes les momies déposées dans les lieux funéraires publics lui payaient chaque année un droit fixe.

La population de la classe sacerdotale dut être considérable, car rien n'en gênait l'accroissement; tout le favorisait, au contraire, la considération, la richesse attachées à ces fonctions. Nulle limitation de nombre n'était fixée par la loi, car il n'y avait pas ici attribution de fonctions, comme il y en avait en Grèce et à Rome, et comme il y en a aujourd'hui chez nous, où les prêtres ne sont plus que des fonctionnaires répondant à un service particulier de l'état. Mais ces prêtres ne formaient pas non plus, comme les bandes de moines oisifs qui pullulaient autrefois dans les états catholiques et infestent encore les contrées où domine le bouddhisme, un parti séparé du corps de la nation, s'agitant en dehors de son mouvement social; ils se mariaient, avaient des enfants, et par ces liens de la famille et de la propriété entraient nécessairement dans les usages et les mœurs du pays, que, du reste, ils dominaient entièrement. Tous, nous l'avons dit, n'appartenaient pas non plus au service du culte ; le sacerdoce comprenait toutes les fonctions libérales. Le grand prêtre, le chef suprême de l'ordre, était le second personnage de l'état, et, comme au roi, on lui élevait à son avénement une statue qui allait s'ajouter à la longue suite de celles de ses ancêtres. Les prêtres de Thèbes montrèrent à Hérodote les trois cent quarante statues des grands prêtres qui s'étaient succédé de père en fils depuis Ménès.

Le nombre des divinités était considérable en Égypte ; chacune avait ses prêtres particuliers, comme ses temples, et il est probable que l'ordre de suprématie assigné aux différents dieux était aussi celui de la hiérarchie sacerdotale. Clément d'Alexandrie nous donne une idée des différents ordres de prêtres dans la description qu'il fait de la procession d'Isis. « Le chantre, dit-il, marche en avant avec le symbole de la musique et deux livres d'Hermès, l'un contenant des hymnes à Dieu, l'autre des règles de conduite pour le roi. Il est suivi par l'horoscope, avec l'horloge et la branche de palmier, symbole de l'astrologie, et il doit toujours avoir devant lui les quatre livres d'Hermès relatifs aux astres. Vient ensuite le scribe sacré, avec des plumes sur la tête, un livre et une règle à la main, ainsi que l'encre et le roseau pour écrire. Il doit savoir l'art hiéroglyphique, la cosmographie, la géographie, le chemin du soleil, de la lune et des cinq planètes, la chorographie de l'Égypte et du Nil, l'appareil des cérémonies, la nature et le caractère de tout ce qui sert aux sacrifices. Après lui vient le porte-étole, la coudée de justice en main et la coupe pour les libations : il est instruit de ce qui concerne l'éducation et l'art de préparer les victimes. Le prophète s'avance le dernier, portant dans les plis de sa robe l'urne sacrée, exposée aux yeux de tous, et ayant derrière lui ceux qui apportent les pains. Administrateur du temple, il doit apprendre les dix livres sacerdotaux proprement dits, et veiller à l'emploi des revenus. Viennent enfin, et au dernier degré des prêtres, les pastophores, qui étudient la partie des livres hermétiques qui traitent de l'art de guérir. »

Après avoir fait connaître la constitution de l'ordre des prêtres, il y aurait de curieux détails à donner sur les deux autres classes de la nation égyptienne, la classe des guerriers et la classe populaire; mais ces détails nous entraîneraient trop loin de notre sujet, qui est avant tout l'exposition des dogmes, des cérémonies religieuses et de la morale, plutôt métaphysique que politique, qui en découla; nous ne ferons même ici, pour rentrer dans notre cadre, qu'effleurer dans un résumé très-succinct les principaux événements de l'histoire d'Égypte jusqu'à la conquête romaine.

Une longue suite de rois succéda à Ménès, sous lesquels le gouvernement développa de plus en plus le principe de l'amélioration de la société laïque. On sait que l'ensemble de la monarchie égyptienne comprend trente-deux dynasties. Sous la troisième furent bâties les pyramides de Dahschour et de Sakkarah, les plus anciens monuments du monde, au rapport de Champollion. Les pyramides de Ghisch furent élevées par les premiers rois de la cinquième pour leur servir de tombeau. Vers l'an 2082 avant Jésus-Christ, des peuples barbares connus sous le nom de Hyksos (*hyk*, roi; *sos*, pasteur), firent une invasion dans la vallée du Nil et s'en emparèrent. Pendant plusieurs siècles, ils la ravagèrent et bouleversèrent toutes les institutions du pays. Sous leur domination, Thèbes fut ruinée de fond en comble. Toutefois, les chefs de ces barbares mirent un certain orgueil à imiter les formes fastueuses des rois d'Égypte; et comme devaient le faire plus tard les chefs des Francs et des Goths, qui s'affublèrent de la pourpre et des insignes des empereurs romains, les rois pasteurs se parèrent du titre de Pharaon, et essayèrent le plus possible de faire entrer le flot de l'invasion dans le courant des antiques lois égyptiennes. Ils en respectèrent, nous l'avons vu, l'institution fondamentale, l'inaliénabilité des propriétés sacerdotales. L'Hébreu Joseph s'éleva sous eux, et le mariage qu'il dut contracter avec la fille du grand prêtre d'Héliopolis pour légitimer la collation qui lui était faite d'un haut ministère, indique assez que les prêtres n'avaient rien perdu de leur crédit. La onzième dynastie, qui commença avec Amasis, fut indigène; elle purgea enfin l'Égypte des barbares qui la désolaient, et entreprit l'œuvre d'une grande restauration nationale. Le temps que dura son règne forme la période la plus brillante de l'histoire d'Égypte. Le mal à réparer après tant de violents désastres, la religion à rétablir, le gouvernement à régulariser, les monuments à reconstruire, furent autant de puissants aiguillons qui poussèrent les rois à accomplir plus de grandes choses qu'ils n'en eussent sans doute entreprises, s'ils avaient paisiblement succédé à une suite de règnes prospères. Thoutmosis III, plus connu sous le nom de Mœris, fit creuser le lac qui porte son nom, et qui, encore aujourd'hui, sert, conformément aux prévisions du généreux monarque qui le fit creuser, à recueillir les eaux de l'inondation, quand elle est trop abondante, à déverser celles qu'il contient lorsque l'inondation ne suffit point. A cette dynastie appartient aussi Rhamsès le Grand, si fameux sous le nom de Sésostris, et que les anciens, qui se sont plu à décrire ses institutions et ses conquêtes, présentent comme le plus brave des guerriers et le meilleur des princes. Il fonda des villes, creusa de nouveaux canaux, essaya de joindre le Nil à la mer Rouge, couvrit l'Égypte de magnifiques constructions, dont un grand nombre existent encore. Parmi les monuments de son règne brillent, d'un éclat sans pareil, le palais de Louqsor, commencé par son père, et la grande salle à colonnes du palais de Karnac, la plus magnifique construction qu'ait jamais élevée la main des hommes. Les Pharaons qui suivirent firent jouir l'Égypte du fruit des institutions de ce prince, à l'aide d'une longue paix; et à travers quelques guerres partielles contre les Éthiopiens et les Babyloniens, le royaume des Pharaons atteignit les limites des temps historiques. Les Perses alors s'en emparèrent sur Psammétique III, et ces iconoclastes du paganisme renouvelèrent au nom de la religion de Zoroastre, l'œuvre de destruction des barbares Hyksos. Xerxès surtout se montra ici démolisseur fanatique, comme il l'avait été en Grèce et à Babylone; mais Darius tenait trop au jugement de la postérité pour charger sa mémoire de pareils excès. Alexandre, qui avait formé son empire en Asie de la vaste domination des Perses, s'empara aussi de leur conquête d'Égypte; mais, loin d'imiter le vandalisme de ses prédécesseurs, il mit une sorte de générosité pieuse à relever les temples, comme eût pu s'en montrer fier un descendant des Pharaons. Il voulut même se faire déclarer le fils de la grande divinité de l'Égypte, signe de la protection qu'il accordait à cette contrée, et dans son trop court passage, il lui laissa pour suprême bienfait Alexandrie, une des villes les plus illustres du monde. Sous la dynastie savante des Ptolémées, malgré l'influence des mœurs grecques et le mouvement dans ses villes maritimes d'une civilisation nouvelle, l'Égypte put se croire revenue, par la magnificence de ces rois et leur dévotion envers les temples, aux plus beaux temps des Mœris et des Rhamsès.

Rien, du reste, n'avait été changé à la religion à travers cette longue suite de révolutions sociales et politiques. Si la constitution de l'état s'était pour ainsi dire cristallisée, cela était doublement vrai de la forme du culte, qui servait de revêtement à la civilisation égyptienne. Toucher à une partie de cet édifice, si fortement cimenté qu'il était devenu d'une seule pierre, comme les obélisques, c'eût été le désorganiser entièrement; aussi n'avait-on rien modifié, rien innové, et les dieux de l'antique Égypte régnaient sans conteste sur l'autel séculaire, la veille encore du jour où le christianisme ferma leurs temples. De nos jours les rives du Nil sont couvertes de temples et d'édifices dus à la ferveur des Ptolémées et des empereurs romains, et ces temples n'offrent, du moins pour l'architecture, aucun contraste, aucune disparate avec les temples des anciens Pharaons. « J'ai acquis la certitude, dit M. Champollion jeune, oracle infaillible dans les matières qui concernent l'Égypte, j'ai acquis la certitude qu'il avait existé à Talmis trois *éditions* du temple de Malouli : une sous les Pharaons, et du règne d'Aménophis II, successeur de Mœris; une du temps des Ptolémées; et la dernière, le temple actuel qui n'a jamais été terminé, sous Auguste, Caïus Caligula et Trajan; et la légende du dieu Malouli, dans un fragment de bas-relief du premier temple, employé dans la construction du troisième, ne diffère en rien des légendes les plus récentes. » (*Lettres sur l'Égypte.*)

Cela tenait à ce que le symbolisme avait reçu ici un tel développement qu'il s'était imposé à toutes les manifestations de la pensée; que la peinture, la sculpture, et jusqu'à l'architecture, n'étaient que des moyens de transcrire l'idée religieuse; que tous les arts avaient reçu d'elle une langue fixe, arrêtée, aussi précise que la langue de la géométrie et de l'algèbre. Au lieu de réaliser les types du beau, de viser à l'idéal, ces arts n'étaient destinés, sous la main des prêtres, qu'à exprimer des doctrines et des idées métaphysiques. La moindre innovation, le moindre caprice de l'artiste dans la taille de la pierre, dans la pose des personnages, eût été une hérésie, comme on dirait dans l'Église chrétienne. Chaque trait du ciseau ou du pinceau, chaque fissure ou saillie dans le chapiteau ou la corniche, représentaient un article du dogme ou une légende. Rien n'était donc abandonné à la fantaisie ou même au simple bon sens; le prêtre dictait, le livre du rituel en main, l'artiste traduisait avec la truelle ou le ciseau.

Exposons maintenant les principes de la religion de l'Égypte, et faisons défiler sous les yeux du lecteur tout le nombreux cortége de ses divinités.

CHAPITRE DEUXIÈME.

PANTHÉON ÉGYPTIEN.

Deux systèmes ont été de tout temps employés pour expliquer l'origine des dieux. — Système de l'apothéose soutenu par Évhémère de Messine. — Système des émanations. — *Monothéisme* de l'Égypte se traduisant par un *polythéisme symbolique*. — Ce qu'étaient relativement à l'être primordial les innombrables dieux adorés dans les sanctuaires égyptiens. — Dieux divers. — Ammon-Ra la divinité par excellence. Cnouphis le démiurge spirituel. — Ammon-Ra générateur, démiurge matériel. — Figure panthée d'Ammon-Ra. — La dualité s'introduit dans le système des émanations. — Bouto, déesse de la nuit et des ténèbres. — Ses formes. — Mouth, épouse d'Ammon ; Neith, épouse de Cnouphis. — Tamoun, épouse d'Ammon générateur. — Autre figure panthée ramenant la dualité à l'unité. — Phtha, autre démiurge. — Sa légende, ses attributs ; c'est le Vulcain égyptien. — Hathor (Vénus) son épouse. — Les quatre grandes triades. — Déesses isolées, formes diverses de Bouto, la grande divinité femelle. — Les douze dieux secondaires ; Phré ou le Soleil en est le chef ; Tphé son épouse. — Atmou, forme importante de Phré. — Som ou Djom (Hercule égyptien). — Sevk et Naphté (Saturne et Rhéa). Dieux terrestres : Osiris et Isis. — Thoth Trismégiste (Hermès). — Grandeur de ce mythe. — Le second Thoth, ou Thoth deux fois grand, créateur des arts et suprême instituteur de l'Égypte. — Les livres hermétiques. — Systèmes d'écriture. — Les dieux divers du panthéon égyptien se partagent les nomes de l'Égypte.

Deux systèmes sont depuis des siècles en présence, pour expliquer la formation des religions et la naissance dans la conscience de l'homme du sentiment qui le porta à les édifier. Tous les deux, également fameux, se sont trouvés représentés à diverses époques par des écrivains éminents, et les idées sur lesquelles ils s'appuient sont tellement entrées dans le domaine commun des esprits qu'on peut les résumer par ces deux dictons populaires : Dieu a fait l'homme à son image ; c'est l'homme qui a fait Dieu à la sienne. Ils sont là formulés dans toute leur opposition radicale. L'un prétend que Dieu a fait sortir le monde de son être, et qu'il se reflète et se mire dans les objets de la création, qui ne sont que les émanations de sa substance, ou, mieux encore, des parties intégrantes de son unité. L'autre va à dire que c'est à la vue de l'homme qu'est venue la notion de Dieu; que les héros et les rois en se détachant, par leur puissance et leur éclat, du reste de l'humanité, ont commencé à donner l'idée d'un être supérieur, et que les plus grands d'entre eux, disparaissant peu à peu dans l'éloignement et s'environnant à distance de je ne sais quel prestige, élevèrent insensiblement la hauteur de cette idée, et la portèrent jusqu'à la conception de la Divinité. Dans ce système, qui, à la rigueur, n'est pas de l'athéisme, les dieux n'auraient pas existé en principe; mais se seraient formés pour ainsi dire. Les dieux ne seraient que des hommes divinisés. Les deux systèmes se trouvèrent représentés dans l'antiquité par l'Égypte et la Grèce, quoique des deux parts les dieux fussent les mêmes, et que celle-ci eût emprunté presque toute sa mythologie à l'autre.

Quant au philosophe qui se fit une certaine célébrité à signaler le principe de la religion grecque, il se nommait Evhémère de Messine. Humanisant, s'il est permis de dire ainsi, tous les dieux de l'olympe grec, Evhémère composa une histoire sacrée, où il racontait, jusques et y compris l'acte de naissance et celui de décès, les guerres, les amours, les voyages, toutes les actions des personnages adorés dans sa patrie. Il prétendit même, gâtant ainsi sa thèse par l'exagération, avoir trouvé leurs noms écrits en lettres d'or dans l'île de Panchée. Ce système, qui démontrait avec audace que les dieux n'étaient qu'un produit de l'admiration des hommes pour certains êtres de leur espèce, ruinait toute la base du dogme; aussi souleva-t-il les plus violentes colères parmi les Grecs, qui dormaient tranquilles sur la foi de leurs doctrines religieuses indiscutées. Ces adorateurs de Jupiter et de Vulcain savaient bien sans doute comme quoi le premier avait abusé de la vertu des filles et des femmes sous toutes les formes, comme quoi le second n'était qu'un nain difforme, un ouvrier matériel, et ils avaient ri de ses mésaventures avec Vénus; mais toucher à la divinité de ces dieux, fût-ce même au nom de la morale, était une énorme impiété. Evhémère fut traité de sacrilége, d'athée, qualifications dont les dévots de nos jours sont prodigues, mais qu'il est assez curieux de retrouver chez les tolérants païens de l'antiquité. « Imaginer ces fables absurdes, disait Plutarque, transformer en rois, en princes, en généraux d'armée, les dieux que nous avons reçus, transporter du ciel à la terre leurs noms vénérés, c'est semer l'impiété dans tout l'univers, c'est éteindre et arracher des esprits cette foi vive empreinte dans tous les hommes presque dès l'enfance, c'est ouvrir la porte à l'irréligiosité des athées. »

Plutarque était un païen convaincu; rien de plus légitime que son indignation; et, sans la partager, puisque nous sommes chrétiens comme disait Voltaire dans son temps, nous n'admettons pas le système d'Evhémère, la plus étroite et la plus fausse de toutes les hypothèses pour expliquer l'origine des cultes. Non, ce ne fut pas par le spectacle de l'homme, par le spectacle des grands exploits des héros, de la magnificence des rois, que fut révélée à l'homme, dans des temps déjà éloignés de ces héros et de ces rois, la notion de la Divinité. Ce ne fut pas le respect de l'homme pour ces héros qui se transforma en culte, à mesure que l'imagination transformait ces héros en dieux. Si on voulait retenir quelque chose de ce système, il faudrait admettre préalablement une croyance à un être supérieur et primordial, croyance innée et instinctive, ou sortie du moins du premier regard jeté sur le magnifique tableau de la nature. Nous ne nierions pas, cette réserve faite, que les hommes, dans l'impossibilité de se tenir à cette notion pure et abstraite de la Divinité, ne se fussent hâtés, pour la fixer, de la faire porter sur quelque personnage fameux de l'histoire ou de la légende, et qu'ils lui eussent donné pour support des rois primitifs comme Saturne, Mars, Hercule ou Mercure. Mais ces rois, du moment qu'ils recevaient en eux l'âme de Dieu, devaient cesser d'appartenir à l'espèce humaine, et ce fut le tort des prêtres de rattacher, si même ils ne les inventèrent pas après coup, les légendes, faits et gestes des personnages humains aux dieux de même nom. En tant que dieux, Saturne, Mars, etc., représentaient des idées métaphysiques, et n'avaient plus alors ni histoire, ni naissance, ni mort. L'apothéose devait faire disparaître l'homme.

L'Égypte fut une gardienne plus scrupuleuse que la Grèce de la notion de Dieu. Elle fit reposer les créations diverses et souvent bizarres d'un polythéisme symbolique sur un puissant monothéisme. Elle proclama d'abord l'existence d'un être primitif, incréé, incorporel, éternel; mais cet être, antérieur à tout, elle ne le fit pas régner solitaire et inactif dans l'espace et le silence. Dans la théorie des prêtres, les pensées et les attributs de Dieu étaient ses éternels et nombreux compagnons; ceux-ci avaient surgi comme d'eux-mêmes de son immense sein, se jouant, éclatants et forts, dans sa lumière et sa force, et apparaissant aux yeux des hommes comme des personnifications distinctes dans la vague immensité du premier être. En débordant hors de lui-même, Dieu avait fait autant de dieux participant à sa nature de toutes ces efflorescences qui avaient jailli de son infinitude; il se retrouvait dans chacun d'eux, et la parole pouvait les faire rentrer tous dans l'unité primitive, en prononçant le nom abstrait Dieu. Les personnages du panthéon égyptien représentent donc l'être divin dans l'exercice de toutes ses facultés, se répandant par toutes ses issues, remplissant le monde de ses émanations de plus en plus saisissantes, à mesure qu'elles descendent de sphère en sphère, et embrassant dans ses vastes cercles concentriques tous les mondes, tous les êtres, toutes les manifestations de la vie.

Un point saillant de la doctrine égyptienne, c'est qu'elle considère les dernières et les plus lointaines de toutes ces émanations comme participant à l'énergie, aux attributs des plus élevées. La Divinité forme ainsi une chaîne d'êtres, dont chacun caractérise particulièrement une qualité distincte dans l'indivisibilité, et de plus renferme en lui toutes les qualités exprimées par les autres êtres de la chaîne. La chaîne est ronde; chaque anneau est indifféremment le commencement ou la fin; chacun ramène à sa suite l'ordre entier des dieux; chacun isolé représente l'être divin dans la totalité de ses attributs. Le génie sacerdotal de l'Égypte, comme s'il eût voulu à la fois voiler l'idée métaphysique et la rendre sensible par des images matérielles, se plut à créer un anthropomorphisme savant, traité à tort d'idolâtrie par quelques écrivains, trop exalté par d'autres, et qui avait pour but de déterminer les attributs divers gisants dans l'être divin, et d'empêcher cet être même de se résoudre par son immensité dans un vague insaisissable.

Bien que toutes ces énergies diverses existassent dans l'être divin plutôt à l'état de substance qu'à l'état d'attributs, et qu'elles fussent contemporaines et co-éternelles à l'être divin lui-même, on conçoit que l'esprit humain ne put pas arriver du premier élan à saisir Dieu dans toute sa plénitude. La notion d'un être suprême indéterminé fut la première à se présenter à lui; puis, par la méditation et l'examen, par le raisonnement et la comparaison, il découvrit chaque jour en lui de nouvelles énergies, d'abord les plus générales, ensuite les plus particulières, jusqu'à ce que la doctrine religieuse en eût définitivement fermé le cercle. Or cette succession que l'esprit de l'homme avait subie dans l'observation, l'homme se figura que Dieu l'avait subie dans son développement; et, transportant à cet être incréé ce qui était particulier à l'humanité, il établit des époques historiques dans son existence éternelle. De là ces calculs systématiques qui faisaient régner les dieux en Égypte durant une période de trente-six mille ans; de là ces dynasties de dieux que les Pharaons prétendaient avoir précédé les leurs. Les mythologues parlèrent de dieux anciens et de dieux plus jeunes. Par la voie des temps, le dieu primitif descendant d'émanations en émanations, se personnifia selon eux dans les divinités du second ordre, puis dans les divinités terrestres, dont Osiris et Isis étaient les chefs. Il se personnifia enfin dans les rois de l'Égypte, les derniers venus dans l'échelle des dieux. En Grèce, l'apothéose avait fait monter de simples mortels au rang des dieux; ici, la doctrine de l'émanation faisait descendre la Divinité jusqu'à l'homme. Aussi, comme nous l'avons dit pour la Chaldée, où le système des incarnations et des théophanies était admis, les divinités terrestres n'augmentaient pas le nombre des dieux. Les rois d'Égypte n'étaient dieux que pendant leur vie; à leur mort leur divinité s'évanouissait.

Cette division de la Divinité en autant de personnes distinctes qu'elle renfermait d'attributs éminents, eut sa corrélation dans la division territoriale de l'Égypte par nomes ou départements. Chaque nome avait sa divinité propre, quoiqu'il adorât généralement toutes celles des autres nomes, et en admit quelques-unes plus particulièrement comme synthrones dans ses sanctuaires. La divinité principale dans l'un était secondaire dans l'autre; ainsi chaque attribut, à son tour, était le dieu suprême, et voyait tous les autres se subordonner à lui. De même que ces diverses divinités se résolvaient dans l'unité, ainsi les circonscriptions territoriales se fondaient dans l'unité de l'état. Les dieux de la Nubie et de l'Égypte se partageaient toute la contrée, et constituaient une espèce de répartition féodale. La religion imposait ainsi sa forme à la politique, et lui servait de garantie. Les nomes vivaient en paix, reliés entre eux par le même lien qui unissait leurs divinités. Tous les temples de l'Égypte donnent des preuves de cette pratique aussi sage que généreuse.

Du milieu de cet essaim de dieux, antérieur et supérieur à tous, se détachait Ammon-Ra. Seul, il n'avait pas d'attribut distinct, parce qu'il était l'être primitif par excellence, le germe de toutes les personnifications divines. La Grèce l'eût appelé le père des dieux; elle l'assimila à son Jupiter. C'était l'Abîme et le Silence des gnostiques, l'*Être n'étant pas* des néoplatoniciens, Dieu avant la manifestation, avant le déploiement de son énergie, perdu dans l'éternité et l'immensité, et les remplissant de sa solitaire et immobile grandeur. Ammon-Ra, c'était la divinité cachée, insaisissable, sans attributs, sans forme, même sans vie. Il existait, c'était tout. Pour faire comprendre le rôle de cette grande forme de la Divinité, nous citerons un passage des *Lettres* de M. Champollion, écrit en présence du temple de Kalabschi, qu'il visitait le 27 du mois de janvier 1829 ; c'est un véritable jet de lumière dans les profondeurs de la mythologie égyptienne.

« C'est ici, dit-il, que j'ai découvert une nouvelle génération de dieux, et qui complète le cercle des formes d'Ammon, point de départ et point de réunion de toutes les essences divines. Ammon-Ra, l'être suprême et primordial, étant son propre père, est qualifié de mari de sa mère (la déesse Mouth), sa portion féminine renfermée en sa propre essence à la fois mâle et femelle, Ἄῤῥην-θῆλυς ; tous les autres dieux égyptiens ne sont que des formes de ces deux principes constituants considérés sous différents rapports pris isolément ; ce ne sont que de pures abstractions du grand Être. Ces formes secondaires, tertiaires, etc., établissent une chaîne non interrompue qui descend des cieux et se matérialise jusqu'aux incarnations sur la terre et sous forme humaine. La dernière de ces incarnations est celle d'Horus ; et cet anneau extrême de la chaîne divine forme, sous le nom d'Horammon, l'Ω des dieux, dont Ammon-Horus (le grand Ammon, esprit actif et générateur) est l'Α. Le point de départ de la mythologie égyptienne est une triade formée de trois parties d'Ammon-Ra, savoir, Ammon (le mâle et le père), Mouth (la femelle et la mère), et Khons (le fils enfant). Cette triade s'étant manifestée sur la terre, se résout en Osiris, Isis et Horus. Mais la parité n'est pas complète, puisque Isis et Osiris sont frères. C'est à Kalabschi que j'ai enfin trouvé la triade finale, celle dont les trois membres se fondent exactement dans les trois membres de la triade initiale : Horus y porte en effet le titre de mari de la mère; et le fils qu'il a eu de sa mère Isis, et qui se nomme Malouli (ou Mandouli), est le dieu principal de Kalabschi, et cinquante bas-reliefs nous donnent sa généalogie. Ainsi la triade finale se formait d'Horus, de sa mère Isis, et de leur fils Malouli, personnages qui rentrent exactement dans la triade initiale, Ammon, sa mère Mouth, et leur fils Khons. Aussi Malouli était-il adoré à Kalabschi sous une forme pareille à celle de Khons, sous le même costume, et orné des mêmes insignes. »

Si les formes secondaires de la Divinité, émanations plus ou moins lointaines, avaient chacune pour leur culte un siége particulier, Ammon-Ra régnait partout, et occupait habituellement la droite des sanctuaires; on voyait aussi son image sur le pyramidion ou sommet des obélisques. Ammon-Ra avait pourtant comme les autres dieux sa ville sacrée. Cette ville était Thèbes, Thèbes qui rappelle à l'esprit tout ce que les hommes exécutèrent jamais de plus étonnant, la première ville de la terre, suivant les croyances égyptiennes, comme son patron était le plus grand dieu du ciel. Lorsque Ménès transporta le siége de l'autorité royale à Memphis, Thèbes ne cessa point d'être la capitale de l'empire, et jusqu'à la dix-huitième dynastie, les Pharaons se plurent à l'embellir et à la couvrir de ces monuments gigantesques qui, encore aujourd'hui, semblent défier par leur solidité et leur grandeur la main du temps et des hommes.

C'était dans les temples de Karnac et de Louqsor, les deux plus considérables des monuments de cette ville, qu'était principalement adoré Ammon-Ra; et la grandeur colossale, la magnificence et la richesse de ces œuvres d'architecture, répondaient dignement à la majesté du maître des dieux. Le temple ou le palais de Karnac avait près d'une demi-lieue de circonférence. M. Denon, dans son *Voyage en Égypte*, rapporte qu'il mit environ vingt minutes pour en faire le tour au grand galop de son cheval. Dans sa circonvallation s'élèvent de petites montagnes de décombres et des étangs, restes sans doute de bassins qui avaient été creusés pour le service du temple. Un pylone, dont les deux massifs sont énormes, formait autrefois son entrée principale; deux grands colosses la gardaient. Cette porte franchie, on se trouvait dans une grande cour divisée en deux par une avenue de colonnes. La partie droite était occupée par un édifice qui fut peut-être un palais, et à gauche, vers le fond, s'offrait une colonnade parallèle à celle du milieu. En s'engageant dans cette avenue, on passait entre deux colosses de granit semblables à ceux de la première entrée, puis entre deux autres môles, et on était en face du principal portique du temple. Il était formé de cent quarante-deux colonnes disposées en deux quinconces, dont vingt colonnes de onze pieds de diamètre et de trente et un pieds de circonférence pour le rang du milieu; celles des deux quinconces n'avaient pas moins de sept pieds de diamètre. La hauteur des premières était de soixante à quatre-vingts pieds. Une seconde entrée, puis quatre obélisques de granit d'un travail précieux, et dont trois sont encore debout, conduisaient au sanctuaire à travers un jour mystérieux. Le sanctuaire, bâti aussi en granit, représentait par des sculptures de petite dimension des scènes symboliques et les attributs de la divinité à laquelle était consacré le temple. Ammon-Ra y était adoré comme générateur des choses, et dans toute sa puissance de création; aussi son attribut était le même et tout aussi prononcé que celui de Pan ou de Priape. Le plafond, peint en bleu, était parsemé d'étoiles jaunes. Sur les côtés du sanctuaire étaient de petits appartements servant à loger les prêtres ou à renfermer les choses sacrées. Derrière s'en trouvaient d'autres qui s'ouvraient par leurs nombreux portiques sur une cour immense bordée de galeries fermées. Une galerie ouverte et supportée par un grand nombre de colonnes et de pilastres formait le fond de cette dernière cour. Ces colonnades, ces cours, ces portiques, étaient renfermés dans un mur de circonvallation couvert de symboles et d'hiéroglyphes sculptés sur ses faces intérieure et extérieure.

Au delà de ce mur s'éparpillait encore une foule d'autres édifices, et une seconde circonvallation venait les enceindre. La porte par laquelle on y entrait du côté du nord était bordée de sphinx, dont les socles existent encore, élevés sur un chemin pavé de larges pierres, et aboutissant à une galerie couverte. On voyait à l'ouest du grand temple un second édifice dont les môles se sont écroulés. La première porte de ce second temple était précédée d'une allée de sphinx à têtes de taureaux, qui arrivait à un embranchement d'une seconde allée de sphinx à têtes humaines, coupant une troisième avenue de sphinx à têtes de béliers. Celle-ci, la plus grande des quatre, commençait à un mille de là, au temple de Louqsor, et se terminait à la porte du sud de celui de Karnac. Au delà de la porte méridionale de la circonvallation, l'allée de sphinx à têtes de béliers se continuait et arrivait jusqu'au pylone d'un troisième temple.

Il serait trop long de poursuivre cette description. Ce sont toujours des allées de sphinx, des avenues de colonnes, des portiques, des temples et des cours, puis encore des temples, des colonnes et des cours, et des allées de sphinx; et les uns s'enchaînent aux autres, les précèdent ou les suivent dans des proportions colossales et sur une étendue considérable. Tous ces édifices sont comme les chants divers d'un poëme de pierres. De colonnades en colonnades, de circonvallation en circonvallation, le temple s'étendait, se déroulait, tant que l'espace lui était ouvert, et ne finissait par s'arrêter que là où un autre commençait. C'était ce grand nombre de colonnades de portiques de temples ou propylées, qui avait fait surnommer Thèbes la ville aux cent portes. On se souvient des vers d'Homère : « Quand il offrirait tout ce que contient la ville égyptienne de Thèbes, dont les maisons renferment d'immenses richesses, et qui a cent portes, par chacune desquelles elle peut faire sortir deux cents hommes armés avec les chevaux et les chars. »

Une allée de sphinx à têtes de béliers, toute bordée des palais et des maisons des grands de l'État, conduisait du temple de Karnac à celui de Louqsor. Moins vaste, moins majestueux dans ses proportions que le premier, le temple de Louqsor le surpassait par la beauté de l'exécution, et ne lui cédait pas en magnificence. Son entrée, grave et solennelle dans sa grandeur, prédisposait au recueillement et à la prière, et respirait la présence du dieu qu'on adorait dans l'enceinte. Deux obélisques de cent pieds d'élévation, et chacun d'un seul bloc de granit rose, se présentaient d'abord (c'est l'un de ces deux qui s'élève aujourd'hui sur la place de la Concorde, à Paris). Les hiéroglyphes qui sont sculptés sur leurs quatre faces répondent à la beauté et à la perfection inouïe du fuselé et des arêtes de ces monolithes. Derrière se dressaient deux statues, de près de quarante pieds de haut, et puis venait le pylône, dont les massifs, couronnés d'une corniche élégante, sont couverts de sculptures représentant des batailles. A la suite de ce pylône, à droite et à gauche, s'étendaient trois galeries, chacune de seize colonnes; et deux petits édifices terminaient cette cour au sud. Une porte pratiquée entre ces édifices s'ouvrait sur deux autres rangs de huit colonnes d'une énorme grosseur qui conduisaient à l'entrée d'une troisième cour, bordée à l'orient et à l'occident par des galeries s'appuyant sur des colonnes. Au fond était enfin le portique qui précédait le sanctuaire; et là encore s'élevait une forêt de colonnes. La face du temple regardait le Nil; et un quai le défendait contre les atteintes de ses inondations.

Les bas-reliefs et les peintures des sanctuaires de Thèbes attestent la haute suprématie qu'exerçait Ammon-Ra parmi les dieux. Ce dieu y est représenté sous des formes diverses, mais le plus ordinairement sous forme humaine. Il est assis et tient dans sa main un sceptre terminé par la tête d'un oiseau que l'on appelle koukoupha, et qui était à la fois l'emblème caractéristique des divinités mâles, et le symbole de la bienfaisance des dieux; dans sa droite est la croix ansée, symbole de la vie divine. Ammon-Ra portait souvent aussi sur un corps humain une tête de bélier, et les mythographes donnent une double explication de cet emblème. Par sa qualité de chef du troupeau, le bélier était, disent-ils, un indice naturel de la suprématie d'Ammon-Ra; et comme c'est lorsque le soleil se trouve dans ce signe du zodiaque que la nature se renouvelle, il indiquait encore sa puissance créatrice. Les simulacres d'Ammon-Ra étaient portés dans les processions sur des *bari*, ou barques sacrées, suivant un usage commun à presque toute l'Asie. Ces barques étaient diversement figurées dans les peintures des temples. Ici la proue, la poupe et tous les agrès, présentent pour décoration des têtes de béliers avec de riches coiffures. Le temple portatif, ou petit naos du dieu, est placé au centre de la barque, et des mâts et des obélisques se dressent devant la façade. Un Pharaon, sur la tête duquel plane un vautour sacré avec le symbole de la victoire, debout dans la barque, offre l'encens à Ammon; à la proue se tiennent également debout deux femmes, parées des attributs de la divinité et regardant l'autel chargé d'offrandes. Ailleurs la barque est portée par des prêtres à la tête rasée et vêtus de longues robes. Ce n'est pas seulement des hommes qu'Ammon-Ra reçoit les adorations; dans l'une de ces peintures, la plus remarquable de toutes sous le rapport mythologique, les dieux viennent eux-mêmes rendre hommage à cette grande divinité. Quatre bari portées sur les épaules de vingt-quatre ou vingt-huit prêtres, selon l'importance du maître de la bari, se pressent autour de la barque d'Ammon. A leurs insignes, on reconnaît d'abord celle de Mouth et de Khons; les deux autres portent les têtes d'un roi et d'une reine coiffés des marques de leur dignité; ce sont Rhamsès le Grand (Sésostris), et sa femme Nofré Ari. Comme l'apprennent les légendes hiéroglyphiques, ces personnages viennent visiter Ammon-Ra, qui a établi sa demeure dans le temple nouvellement bâti par Rhamsès.

« Je viens, dit la déesse Mouth, rendre hommage au roi des dieux Ammon-Ra, modérateur de l'Égypte, afin qu'il accorde de longues années à son fils qui le chérit, le roi Rhamsès. » — « Nous venons vers toi, dit le dieu Khons, pour servir ta majesté, ô Ammon-Ra, roi des dieux; accorde une vie stable et pure à ton fils qui t'aime, le seigneur du monde. »

A son tour, le roi Rhamsès dit :

« Je viens à mon père Ammon-Ra, à la suite des dieux qu'il admet en sa présence à toujours. »

La reine Nofré Ari, surnommée Ahmosis, est plus explicite dans ses vœux. L'inscription porte : Voici ce que dit la déesse épouse, la royale mère, la royale épouse, la puissante dame du monde, Ahmosis Nofré Ari :

« Je viens pour rendre hommage à mon père Ammon, roi des dieux; mon cœur est joyeux de tes affections (c'est-à-dire de l'amour que tu me portes); je suis dans l'allégresse en contemplant tes bienfaits. O toi qui établis le siége de ta puissance dans la demeure de ton fils, le seigneur du monde, Rhamsès, accorde-lui une vie stable et pure; que ses années se comptent par périodes de panégyries. »

Après Thèbes, le lieu où Ammon-Ra était le plus spécialement adoré, c'était la fameuse oasis qui portait son nom dans l'antiquité, et qu'on appelle aujourd'hui Syouah. Cette oasis, située au nord-ouest de l'Égypte, renfermait un temple dans sa partie la plus fertile. Plus de cent prêtres étaient attachés à son service, et servaient d'organes aux oracles du dieu. S'il faut en croire Quinte-Curce, Ammon n'avait ici aucune des représentations dont nous avons parlé; on l'y adorait sous la forme d'un nombril figuré par une grande émeraude entourée de perles. Une légende mystérieuse rattachait la fondation du temple de l'oasis de Jupiter Ammon au culte de Thèbes. Une colombe, racontait la tradition, partie du grand temple de la capitale de l'Égypte, était venue en traversant le désert s'arrêter dans l'oasis, et avait désigné en s'y posant l'endroit où Ammon voulait que son oracle fût établi.

L'oracle de l'oasis de Syouah fut un des plus célèbres de l'antiquité, et presque tous les personnages illustres de la Grèce, Hercule, Persée, allèrent le consulter sur leur destinée et sur celle du monde. L'histoire a surtout gardé le souvenir d'une nombreuse colonne de guerriers qui partit un jour des bords du lac Maréotide, et s'engagea dans le désert à la recherche de la fameuse île de verdure. Alexandre marchait à sa tête. Soit caprice, soit politique, ce grand conquérant ne trouvant pas l'humanité digne de sa haute fortune, allait se faire déclarer fils de la suprême divinité de l'Égypte. Les deux premiers jours, la fatigue parut supportable aux pèlerins, quoique déjà la terre ne présentât sous leurs pas qu'un sol crevassé et mobile, et autour d'eux qu'une affreuse stérilité. Mais lorsque se découvrirent à leurs yeux, dans une immensité que rien ne bornait, ces vastes solitudes couvertes de profonds amas de sables, il leur sembla être lancés sur la pleine mer; ils cherchaient en vain quelques traces de végétation. Nul arbre, nulle culture, nulle habitation, nulle saillie à l'horizon. L'eau, renfermée dans les outres et portée sur le dos des chameaux, s'épuisait, et il ne fallait pas espérer d'en recueillir sur ces sables arides. A cela venait se joindre l'embrasement de l'atmosphère. Mais tout à coup, soit hasard, soit bienfait des dieux, dit Quinte-Curce, des nuages s'amoncelèrent qui bientôt après laissèrent tomber une pluie abondante. Dans l'impatience que leur causait la soif, les compagnons d'Alexandre se mirent à tourner leurs bouches sèches et brûlantes vers le ciel pour en recevoir les gouttes d'eau. Quatre jours se passèrent au milieu de ces solitudes. Enfin, une troupe de corbeaux annonça le voisinage de la terre habitable; bientôt après se montra l'oasis, comme une apparition fantastique au milieu de l'immensité du désert. Des sources nombreuses y entretenaient une végétation puissante; les fleurs du printemps s'y mêlaient aux fruits de l'automne; les prairies et les forêts semblaient dans leur verdure éternelle défier les flots de sables tourbillonnant à l'entour. Des arbres gigantesques abritaient le temple d'Ammon. Aussitôt que l'arrivée du conquérant de l'Asie fut connue, les prêtres allèrent parer le symbole du dieu dans sa bari d'or ; les matrones et les vierges se préparèrent à chanter les hymnes sacramentels. Au moment où Alexandre se présenta sur le seuil du temple pour faire ses offrandes, le plus âgé des prêtres le salua du nom de fils d'Ammon. Un sacrifice fut ensuite célébré, et Alexandre et ses amis questionnèrent le dieu sur les projets de leur ambition, et sur les objets chers à leur pensée. Puis on s'enfonça de nouveau dans le désert pour rentrer à Memphis. Le temple de Jupiter Ammon rendit des oracles aussi longtemps qu'on voulut y croire. Aujourd'hui le sol est jonché des débris de l'antique civilisation égyptienne; et là, comme partout, la nature, qui ne change point, se rit, au milieu des sources toujours murmurantes de l'oasis et de sa végétation sans cesse menacée, mais toujours la même, des prédictions de cette grande divinité qui ne sut pas prévoir sa propre ruine.

Nous connaissons la forme primordiale que donnaient à la divinité les théories religieuses de l'Égypte, nous allons passer maintenant en revue quelques-unes de ses formes secondaires, renvoyant à parler plus loin de Mouth et de Khons, que nous avons vus dans les sanctuaires de Thèbes former avec Ammon-Ra une triade divine.

Cnouphis, Cneph ou Nèf, est la forme d'Ammon-Ra dans sa première évolution ; elle marque le passage de la divinité éternelle, inactive et silencieuse, à l'état actif, intelligent, et pour ainsi d'existence. C'est sous cette forme qu'Ammon donne issue aux forces qui sommeillaient en germe dans son sein. Cnouphis est l'esprit vivifiant de l'univers ; il parcourt, pénètre tout, comprend toutes choses; c'est l'âme se réveillant dans les profondeurs de l'être divin, et se répandant comme un souffle subtil dans toutes les parties de l'espace. Les Alexandrins l'appelèrent le Démiurge, ou le Créateur; les chrétiens basilidiens le confondaient avec le Verbe, et le représentaient sur leurs pierres liturgiques sous la forme d'un serpent. Les Grecs l'appelèrent encore le bon génie, *Agathodémon*, comme étant la source de tous les biens moraux et physiques. Ammon-Ra était considéré comme le Nil en puissance, c'est-à-dire dans son cours ordinaire; Cnouphis était le Nil en exercice, c'est-à-dire qu'il présidait à ses inondations, et donnait ainsi la vie à l'Égypte. Pour marquer le lien qui rattachait Cnouphis à la forme primordiale de l'être divin, on joignait parfois la syllabe Ra ou Ré à son nom, et on l'appelait Cnouphis-Ré.

Les représentations de ce dieu étaient aussi variées que celles d'Ammon. Tantôt il était figuré assis sur un trône, avec une tête de bélier, attribut de la suprématie, et couronné d'un serpent nommé *uræus* (l'aspic des Grecs); tantôt on appliquait son nom et toutes ses qualifications à l'image d'un énorme serpent monté sur deux jambes humaines rouges. De là vint que les sectes chrétiennes des basilidiens et des ophites prirent le serpent pour l'emblème du Verbe de Dieu. Comme dieu Nil, Cnouphis recevait le titre de seigneur de la région d'en haut, et de père de la région d'en bas; et par là se trouve levée ou conciliée l'opposition de ceux des mythologues grecs qui disaient que les dieux étaient fils de Cnouphis, et de ceux qui prétendaient qu'ils étaient fils du Nil. Le disque et les cornes de bouc lui étaient aussi donnés comme attributs.

Les habitants du nome thébaïte reconnaissaient Cnouphis comme une seconde forme de leur grande divinité; mais c'était surtout à Éléphantine et aux Cataractes qu'on lui rendait un culte particulier. La ville d'Esné lui était aussi spécialement consacrée. Son temple, qui subsiste encore, et dont on a fermé les intervalles des colonnes du pronaos pour former un magasin, est moderne; il ne date guère que de l'empereur Claude. Mais les dates n'ont pas en Egypte la signification qu'elles ont ailleurs; là où la succession des temps n'a amené aucune modification dans les mœurs, dans la science et les arts, leur importance est presque nulle. Le temple d'Esné, en effet, n'a pas d'âge, quoiqu'il porte la date de sa construction. Le plan en est dû aux époques pharaoniques; et des colonnes d'un temple plus ancien, enchâssées dans le temple moderne, qui n'est qu'une copie, mentionnent une dédicace faite par le Pharaon Thoutmosis, père de Mœris.

Dans ce temple, Cnouphis est qualifié de Nev-en-tho-Sné, *seigneur du pays d'Esné, créateur de l'univers, principe vital des essences divines, soutien de tous les mondes.* A ce dieu sont associés la déesse Neith, représentée sous des formes diverses, et sous les noms variés de *Menhi, Tnebouaou*, et le jeune Hâke, qui complète la triade. Des fêtes et des assemblées religieuses, nommées panégyries, leur étaient consacrées, et on lisait sur l'une des colonnes du pronaos cet article du calendrier liturgique : « A la néoménie (nouvelle lune) de Choïak, panégyries et offrandes faites dans le temple de Cnouphis, seigneur d'Esné; on étale tous les ornements sacrés; on offre du pain, du vin et autres liqueurs, des bœufs et des oies; on présente des collyres et des parfums au dieu Cnouphis et à la déesse sa compagne, ensuite le lait à Cnouphis; quant aux autres dieux du temple, on offre une oie à la déesse Menhi, une oie à Khons et à Thoth, une oie aux dieux Phré, Atmou, Thoré, ainsi qu'aux autres dieux adorés dans le temple; on présente ensuite des semences, des fleurs et des épis de blé au seigneur Cnouphis, souverain d'Esné. » Venait ensuite une invocation à ce dieu.

Ammon-Ra Générateur était une troisième forme du dieu primordial, répondant à un de ses attributs principaux; les deux autres termes de sa triade étaient Tamoun (Ammon femelle) et Harka, leur fils. Cette divinité parallèle à Cnouphis était le démiurge matériel, comme celui-ci était le démiurge spirituel; et à eux deux, l'un créateur du monde des esprits, l'autre créateur du monde des corps, ils constituaient le premier degré des émanations divines. Les emblèmes de cette troisième forme d'Ammon indiquaient d'une manière évidente et énergique ses fonctions; ils consistaient en un énorme phallus, et en un fouet, dont ce dieu se servait pour exciter la lune, dépositaire des germes des êtres, à les disséminer dans l'univers. C'est ce dieu qu'on adorait à Panopolis, et contre lequel s'indignait si fort Étienne de Byzance : « Là existe, dit-il, un grand simulacre de Dieu dans l'attitude d'un Priape ayant *veretrum erectum;* on dit que cette image est celle de Pan. » Ammon-Ra Générateur était en effet le Pan des Égyptiens; il en avait tous les attributs significatifs et obscènes; mais il était plus grand que lui; car il n'était autre qu'Ammon lui-même à l'état de créateur de l'univers matériel. Le scarabée, symbole de la fécondation et de la vie du monde, était son emblème sacré. Des chapelles s'élevaient dans toute l'Égypte en l'honneur d'Ammon-Ra Générateur, appelé aussi Mendès par les Grecs, et le noviciat des prêtres commençait par l'initiation aux mystères de ce dieu.

Telles étaient les trois plus grandes formes de la Divinité, une presque passive, les deux autres actives et efficaces; la première substance, les deux autres émanations, et toutes trois constituant trois forces, trois personnes du même être, trois têtes sur un même corps. Les prêtres égyptiens, qui avaient le goût de la subtilité et se plaisaient à se retourner en tous sens dans l'inextricable réseau des idées métaphysiques, ne s'étaient pas contentés de placer Ammon-Ra aux sommités de l'être, et de faire émerger de lui les attributs divers comme les rayons d'un soleil spirituel; par un retour de leur souple logique, ils s'étaient étudiés, à peine l'émanation commencée, à rétablir l'unité dans la diversité, ou plutôt à recomposer la totalité de Dieu. Ils avaient donc conçu Ammon-Ra sous une nouvelle forme, qui n'était que l'assemblage ou la somme des attributs divisés entre les trois formes premières. Dans cette divinité panthée, on trouvait réunis les symboles particuliers à Ammon-Ra, à Cnouphis et au Générateur : un dieu à tête humaine, avec les deux longues plumes, et le sceptre de l'image ordinaire d'Ammon, la tête de bélier, le disque et les cornes de bouc d'Ammon Cnouphis, le bras droit armé du fléau excitateur, et le phallus de l'Ammon Générateur ; le scarabée formant son torse, et le sceptre, composé de la croix ansée et de ce qu'on appelle un nilomètre, l'un emblème de la vie divine, l'autre de la stabilité, complétaient cet ensemble d'attributs. Cet être bizarre était de plus affublé de quatre ailes horizontales appartenant au scarabée, symbole de la génération du monde et de la paternité, d'un égal nombre d'ailes d'épervier, d'une queue de crocodile, et de pattes de lion, qui portaient le personnage entier. Ces derniers emblèmes annoncent encore la fusion dans Ammon des types des trois classes d'animaux qui peuplent les airs, la terre et l'eau.

Dans ce qui précède, nous avons vu la croyance en un Dieu, unique mais se manifestant par des émanations progressives, faire la base et le caractère capital de la religion égyptienne. Toutefois, ce principe de l'unité n'était ni exclusif ni tyrannique, et il faut convenir que les prêtres égyptiens n'avaient pas plus que les mages et les brahmanes un système théogonique tellement simple et logique que beaucoup d'idées, provenant d'un tout autre principe que celui qui formait sa base, ne vinssent s'y adjoindre par une espèce de juxta-position. Une religion, malgré la consécration formelle qu'au nom de la Divinité elle donne tout d'abord à une idée, ne doit rien laisser en dehors d'elle, sous peine d'être insuffisante. Or, l'esprit humain a plusieurs faces, et toutes ces faces ont leur part de vérité ; nous dirions presque comme les éclectiques, que tous les systèmes ont du bon. Une religion doit donc en tenir compte; aussi le fait-elle le plus souvent, et intercale-t-elle dans l'exposition de ses doctrines des solutions entièrement opposées, et qu'elle a empruntées aux diverses philosophies, ne pouvant les rejeter sans renoncer à son caractère d'universalité. Dans la religion égyptienne, nous allons voir le principe de dualité à côté du principe d'unité; à côté du principe des émanations, celui de la génération des dieux et de l'univers, par l'union de dieux mâles et femelles. Nous savons qu'en Chaldée ce dernier principe donna naissance à une foule de déesses qui coopéraient par leur action à la création du monde; il produisit en Égypte des résultats analogues. On ne s'étonnera nullement de ce point de ressemblance entre les cultes de ces deux pays, si on se rappelle qu'Hérodote plaçait en Éthiopie le berceau de la Mylitta assyrienne.

Ceci nous conduit à expliquer ce que c'était que ces triades symétriques et parallèles qu'on adorait dans les temples.

Le nouveau principe qui venait en Égypte se poser en face de la force première, représentée par Ammon-Ra, lui était en tout contraire. Si vous appeliez celle-ci la lumière, celui-là serait les ténèbres, ou la nuit; si vous appeliez esprit la première, matière serait le nom qui conviendrait au second. Les Égyptiens firent de cette nouvelle puissance une divinité sous le nom de Bouto. Bouto correspond à l'Omorca de la Chaldée, au chaos des Grecs, à la matière de la Genèse hébraïque, à l'Ahriman des Perses. Et pourtant c'est de l'union de Bouto et d'Ammon que naîtra le monde. Le principe de l'émanation semble abandonné. Ammon n'est plus considéré comme un foyer unique dont les irradiations remplissent le monde, mais comme le mari de la nuit ou de la matière, faisant sortir de son sein en le fécondant l'étonnante merveille de l'univers. La cosmogonie est refaite à un point de vue différent du premier.

La matière, d'après cette réforme du dogme, existait de toute éternité; les ténèbres impures étaient répandues tout à l'entour, et ces ténèbres renfermaient, confondues et mêlées dans son sein, les semences de toutes choses. Tout à coup brilla au sein de cette nuit éternelle un rayon sacré de la lumière primitive, ineffable, réjouissante et suave. Les voiles éternels en furent percés, un mouvement fut imprimé jusque dans ses profondeurs à la masse indigeste; Ammon-Ra, sous la forme de Cnouphis, verbe et esprit, s'unit avec elle, et par cette union engendra l'œuf du monde, qui contenait le modèle des êtres. Ammon-Ra Générateur, le fit éclore, et façonna la matière suivant les mille destinées de ses éléments. Ainsi la matière suivit trois phases de formation, comme Ammon trois évolutions essentielles, et sous cette triple forme devint trois fois l'épouse de l'être primordial se personnifiant dans trois attributs. Des deux côtés, il y a trois époques historiques ou de raisonnement dans l'existence de chacun des principes. Mouth, Neith, Tamoun, compagnes d'Ammon, de Cnouphis et du Générateur, ne sont que des hypostases de la grande déesse Bouto, ou la nature. A mesure qu'Ammon fera émerger de son sein des êtres de plus en plus éloignés, elle aussi répondra à ces créations par des créations progressives; elle ira se dédoublant, se démembrant à l'infini, parcourant tous les degrés de l'émanation d'Ammon, et produisant pour ainsi dire une épouse pour chaque être mâle. Ainsi la création s'opère le long d'une double échelle mystérieuse; les êtres montent et descendent par couples innombrables; ils s'engendrent les uns les autres comme les ondulations de la mer, ou les plis d'un serpent que fait miroiter le soleil. Si l'esprit parvient à ne pas se laisser éblouir par cette chaîne d'êtres mouvants et aux formes caméléoniques, s'il peut tenir bon et suivre le fil de l'idée que cette série d'êtres traduit, il assiste avec quelque plaisir à ces poétiques et bizarres créations de l'imagination métaphysique. Lancé dans le champ sans bornes de l'abstraction, l'esprit ne s'arrête point; il se plie et se replie sur lui-même, et se fait un spectacle des tours et des détours de sa propre subtilité.

Bouto, la nuit ou la matière, vient de nous apparaître comme principe créateur, mais jouant un rôle passif; les prêtres égyptiens ne s'en sont pas tenus là, et Bouto, s'impatronisant de plus en plus dans leurs doctrines, s'est élevée au même rang qu'Ammon. L'action réciproque de ces deux divinités a été considérée comme si indispensable à tous les instants, et si indivisible, que la métaphysique est revenue à constituer l'unité dans cette dualité par la conception d'une seconde divinité panthée. Cette divinité se voit dans les temples de l'Égypte avec les deux sexes et tous les attributs de l'un et de l'autre principe; le scarabée est encore son symbole. Cette divinité, c'est le grand Tout; elle réunit en elle tous les principes, la nature, les hommes, les dieux, étant à elle seule tout ce qui existe. On peut appliquer à cette divinité cette définition que Sérapis donnait de lui-même par la bouche de ses prêtres : « Je dirai quel dieu je suis; écoutez. Le voile des cieux est sur ma tête, mon ventre est la mer, mes pieds sont sur la terre, mes oreilles dans les régions de l'éther, mon œil est la force splendide du soleil qui voit au loin. »

Nous retournons ainsi au panthéisme, où le principe des émanations nous avait également conduits. L'opposition des deux divinités se résout en une unité. A leur tour, les triades dont nous avons parlé se résolvaient dans la dualité mâle et femelle. Le troisième terme n'est que le lien des deux autres, leur médiateur; il ne représente aucune force propre, n'a d'existence que par la procession des deux autres : il est leur fils. Dans la fable d'Isis et d'Osiris, ces dieux terrestres donnent naissance à Horus, pendant qu'ils sont eux-mêmes dans le sein de Naphté (Rhéa), leur mère : « Isis et Osiris, dit Amyot dans son naïf langage, étant amoureux l'un de l'autre avant qu'ils fussent sortis du ventre de Rhéa, couchèrent ensemble à cachette, et disent aucuns qu'Horus naquit de ces amourettes-là. » Il y avait dans ce mythe une pensée gracieuse : Horus, c'était l'amour précédant l'union de deux êtres qui s'aiment ; c'était la réalisation de l'amour dans l'enfant, qui en est le fruit et le perpétue sous la forme sensible; c'était l'émanation spirituelle se faisant corps.

Maintenant que la doctrine métaphysique est épuisée, nous allons voir en détail les diverses formes ou personnifications de *Bouto*. Bouto est la céleste prostituée de tous les dieux; sous des noms divers elle devient l'épouse de ses fils et des fils de ses fils. Sa forme la plus grandiose est *Neith*, la compagne de Knouphis; c'est le démiurge femelle, l'intelligence divine aidant son époux, démiurge mâle, dans la création des êtres. Par sa grande importance dans la doctrine, Neith s'était fait dans le culte une place à part, indépendante de son titre d'épouse de Knouphis, et avait dégagé son individualité de la triade dont elle faisait partie. Elle avait en son propre nom un temple à Saïs, l'une des quatre grandes villes de l'Égypte, et on y lisait cette inscription :

« Je suis tout ce qui a été et qui sera ; nul mortel n'a pu jusqu'ici lever le voile qui me couvre. »

On lisait d'un autre côté dans les livres hermétiques, débris des livres sacrés de l'antique Égypte : « Lorsque le moment de créer les âmes et le monde arriva, Dieu sourit, ordonna que la nature fût, et à l'instant il procéda de sa voix un être femelle parfaitement beau, Neith, et le Père de toutes choses la rendit féconde. »

La confusion était naturelle dans une religion qui, tout en admettant divers principes, inclinait néanmoins à les subordonner tous à Ammon. La grandeur de Neith n'en souffrait pas, du reste, et elle usurpait dans quelques-unes de ses représentations le sexe générateur. Neith fut le type de l'Athéné des Grecs, de la Minerve des Romains; c'était de Saïs, sa ville éponyme, qu'était parti Cécrops, pour aller fonder Athènes. Minerve, sortie toute armée du cerveau de Jupiter, n'était qu'une copie de la déesse apparue à la voix d'Ammon qui l'appelait à l'existence. Neith lui avait donné ses attributs;

car elle aussi présidait aux sciences, à la sagesse, à la philosophie; elle était aussi une Pallas guerrière, comme la seconde forme de Minerve, et sur les bas-reliefs de Thèbes on la voit représentée recevant l'hommage des conquérants.

Les représentations de Neith sont très-variées de même que ses symboles; comme déesse de la guerre et de la force, elle porte une tête de lionne sur un corps de femme; comme principe démiurgique et intelligence créatrice, elle porte la tête de bélier de son époux. Mais le vautour lui est spécialement consacré. Cet animal, qui chez nous passe pour un type de cruauté, était dans les idées égyptiennes le symbole invariable de la maternité, et appartenait à ce titre à toutes les déesses du panthéon égyptien. Une opinion assez bizarre que les Égyptiens avaient sur cet oiseau, et qui ne fait pas l'éloge de leur science en histoire naturelle, rend compte de ce choix. Le vautour, disait-on, ne comprenait aucun mâle dans son espèce, et pour devenir fécond il s'exposait pendant la durée des cinq jours complémentaires de l'année à l'action du vent du nord. Dans l'écriture hiéroglyphique le vautour sert à exprimer l'idée *mère*.

Comme déesse épouse de Knouphis, Neith tenait sa place dans la triade adorée dans le grand temple d'Esneh; le jeune Hàke, troisième terme de la triade, représenté sous la forme d'un enfant, servait de lien à ces deux grandes puissances démiurgiques. Neith prenait ici plusieurs autres noms, tels que ceux de *Menhi* et de *Tnébouaou*, et avait des fêtes sous ces noms divers. Le 23 du mois d'Athyr on célébrait la fête de la déesse Tnébouaou; celle de la déesse Menhi avait lieu le 25 du même mois.

Mouth et Tamoun, que nous avons vues associées à Ammon-Ra et à Ammon générateur, n'étaient comme Neith que des formes de Bouto; nous n'avons aucun détail liturgique sur leur compte.

Ammon-Ra, Knouphis, Ammon générateur, sont moins des

émanations de l'être primordial que des formes ou des attributs collatéraux. Ils constituent, si l'on veut, la série des premières énergies divines. Au-dessous d'eux commence un degré inférieur de divinités ou de personnifications participant toutefois de la puissance et de l'essence d'Ammon. *Phtha*, le chef de la nouvelle série, est qualifié fils de Knouphis. Il est comme le sommet renversé d'un angle où viennent converger deux forces. Ces deux forces sont Knouphis, démiurge spirituel, et Ammon générateur, démiurge matériel. Ces forces avaient divergé en sortant de l'être primitif; elles viennent converger dans le dieu Phtha. Phtha occupe donc, pour continuer notre figure géométrique, l'angle d'un losange dont Ammon-Ra occupe l'angle opposé. Il rentre ainsi dans les huit grands dieux qu'adoraient les Égyptiens, au rapport des historiens grecs; car chaque membre de ce quaternaire étant une syzygie composée d'un dieu et d'une déesse, l'ensemble donne le nombre huit, l'ogdoade sacrée que les gnostiques introduisirent plus tard dans leur système des Éons.

Sorti le premier de l'œuf du monde, Phtha débrouilla et coordonna les éléments qui y étaient enfermés avec lui; il fut l'ouvrier divin de l'univers. Les Grecs avaient taillé les dieux de leur olympe sur ceux d'Égypte, Jupiter sur Ammon, Minerve sur Neith, Pan et Priape sur Ammon générateur; ils empruntèrent encore Phtha au panthéon égyptien, et le nommèrent Héphaistos, le Vulcain des Romains. En général, tous ces dieux perdaient beaucoup de leur grandeur en s'éloignant de leur berceau, car la Grèce ne se fit jamais de la divinité une idée aussi élevée que l'Égypte. Mais quoiqu'il y eût une différence immense entre Phtha et Héphaistos, que le premier fût un des plus grands dieux, une personnification d'Ammon-Ra participant de son essence, et que le second ne fût qu'un ouvrier presque matériel, on retrouve cependant une assez grande analogie entre les détails de leur naissance et la forme de leurs représentations, pour conclure à l'imitation, sinon à l'identité. Jupiter, suivant Homère, avait trouvé Vulcain si affreux lorsqu'il se présenta la première fois à sa vue, qu'il l'avait jeté d'un coup de pied hors de l'Olympe; le jeune dieu, ayant roulé longtemps dans les airs, était tombé tout meurtri et les jambes brisées dans l'île de Lemnos. Depuis lors, Vulcain avait boité des deux cotés, et ses deux jambes étaient restées torses et tremblantes. Aussi difforme se montrait Phtha dans les représentations des temples de l'Égypte; tantôt nu et dépouillé, tantôt couvert d'une tunique étroite, il avait la figure d'un enfant ou plutôt d'un nain à traits irréguliers, à jambes tortues, à la face ignoble; un ventre enflé et des appendices hideux complétaient cet être étrange. Épiphane qualifiait avec raison ses statues d'impudiques, d'ignobles et d'abominables.

On ne sait quelle bizarre préoccupation avait porté les prêtres à faire de ce dieu un type de laideur; mais par une coïncidence plus bizarre encore, Phtha et Vulcain se trouvaient être les époux de la déesse de la beauté. Voulait-on encore ici marier les contraires? Voici ce qu'on peut dire pour le dieu Phtha: émanation d'Ammon, Phtha avait lui aussi ses émanations successives, et sa dernière était Harpocrate, dans laquelle il se reflétait comme Ammon se reflétait en lui. Harpocrate avait les mêmes traits difformes que son type céleste, et ici on trouvait une raison à cette difformité. Harpocrate n'avait dû le jour qu'aux embrassements glacés d'Osiris mort avec Isis. Le symbolisme astronomique en fit le symbole du soleil renaissant après le solstice d'hiver. Osiris mourant ou le soleil au bout de sa carrière projetait ce fils chétif et malade par delà son tombeau. Harpocrate devait rapidement grandir, et de sa chaleur renouvelée féconder le monde; mais c'était à l'époque de sa naissance que l'avait pris la mythologie.

Les Égyptiens, qui semblaient se plaire à tout distinguer pour tout confondre un moment après, avaient accumulé sur Phtha, tout à l'heure si chétif, tout l'héritage paternel, et en avaient fait une des quatre grandes divinités. Ils lui donnèrent le fouet du Générateur, et tous les attributs qui devaient faire allusion à son rôle de second démiurge.

Les Pharaons avaient consacré Memphis, leur ville capitale, à ce dieu, et les premières fondations du temple de Phtha remontaient à l'époque de Ménès; Mœris y avait ajouté dans la suite les propylées qui regardaient le nord. Phtha était pour les Pharaons plus qu'un dieu; il était aussi un ancêtre, le chef de leur race, leur premier dynaste, c'est-à-dire le chef de la dynastie des rois célestes qui avaient régné sur l'Égypte dans les temps anté-historiques; aussi la qualification qu'ils affectionnaient le plus était-elle celle de *Bien-Aimé de Phtha*. Sous les Pharaons, c'était à Thèbes que les rois, à leur avénement au trône, étaient allés se faire sacrer; lorsque, sous les Ptolémées, Alexandrie devint la capitale politique, Memphis succéda à Thèbes dans le titre de capitale religieuse, et la grande cérémonie de l'intronisation se fit dès lors dans le temple de Phtha.

Ce furent les prêtres de ce temple qui initièrent Hérodote à la civilisation de l'Égypte, qui lui donnèrent sur ce pays les notions, qu'il nous a transmises assez superficiellement, et en les arrangeant selon le goût des Grecs. Les débris du célèbre temple de Phtha existent encore au milieu de l'immense bois de dattiers qui couvre l'emplacement de Memphis, et dans les environs a été exhumé dans ces dernières années un grand colosse, ou statue de Sésostris, admirable morceau de sculpture égyptienne.

Au nord du colosse existait un temple d'*Hathor* (Vénus), autre grande divinité de Memphis. Hathor, Athor ou Athyr, déesse de la beauté, était l'épouse de Phtha. Si on fait abstraction des caractères extérieurs que présentent Phtha et Athor, pour ne rechercher en eux que leur principe constitutif, la beauté de l'un et la laideur de l'autre disparaissent et ne laissent voir que le mythe du feu divin uni à l'amour, et par cette union animant et créant sans cesse le monde. Vulcain, tout déchu qu'il est dans la mythologie grecque, a conservé la forge comme débris de la puissance démiurgique qu'il avait dans le panthéon égyptien. Comme Neith et Mouth, comme toutes les divinités femelles, Athor n'est qu'une forme, une émanation, ou un démembrement de Bouto; elle en représente l'attribut beauté; c'est la Vénus égyptienne. Dans ses représentations, elle tient en main des bandelettes, des lacs, emblèmes des liens de l'amour. Si Phtha était le patron des rois Athor fut la patrone des reines, et la logique du dogme fut ici d'accord avec la flatterie pour assimiler les princesses à la seule déesse dont elles ambitionnaient les attributs.

Du reste, la Vénus égyptienne n'était pas plus fidèle au lit conjugal que l'épouse de Vulcain, et elle paraît dans tant de triades sous le même nom, qu'on ne pourrait dire avec certitude quel était son époux, même nominal. Cela vient sans doute de ce que, la beauté étant un attribut général qui peut s'appliquer à des objets et à des qualités différents, Athor changeait de co-principe dans les triades, suivant qu'elle était considérée comme beauté physique, beauté morale, ou beauté artistique. Sous ces différentes formes, elle étendait son patronage sur plusieurs nomes; des temples superbes lui étaient consacrés à Ombos, à Philæ, à Edfou, à Ibsamboul. Dans le temple d'Ombos, dont les doubles sanctuaires renfermaient deux triades, Athor paraissait dans l'une comme parédre ou compagne de Sevek, à tête de crocodile (Saturne égyptien), forme tertiaire d'Ammon-Ra et du jeune Khons-Hor leur fils. Ailleurs elle était associée à Har-Hat, la science et la lumière céleste personnifiées, et à Harsont-Tho, l'Horus répondant à Éros, l'amour de la mythologie grecque. Ailleurs encore, à Thèbes, elle était adorée sous le nom de Thmei, déesse de la justice et de la vérité, attributs identiques avec le principe de la beauté; et sous cette double forme, elle avait encore d'autres parèdres. La confusion n'existait peut-être pas pour les Égyptiens au milieu de tant de formes diverses, et chaque dieu sous chacune de ses formes était symétriquement classé par la série de ses attributs. Mais pour nous, qui n'avons pas la carte et la statistique pour ainsi dire de ces émanations, il nous est facile de nous égarer. Le système mythologique de l'Égypte compte trois classes de dieux, et dans chaque classe les dieux de la première se retrouvent sous des formes moins épurées, mais pourtant analogues; de là vient qu'ils sont souvent pris les uns pour les autres, et qu'on applique souvent aux derniers des attributs qui n'appartiennent proprement qu'aux premiers. Ce qui arrive pour les attributs arrive pour les épouses, et de là encore la même déesse donnée pour compagne à tant de dieux différents de nom, l'un son père, les autres ses fils, tous rattachés entre eux par le lien de l'émanation. Outre cette multiplicité de formes de Bouto, de Neith, d'Athor, qui sont de véritables protées, il existe encore une foule de déesses à la suite, de déesses vagues, qui échappent à toutes les triades, ou errent d'époux en époux; telles sont *Saté* ou *Sati*, *Seven* ou *Sovan*, *Tiphée* (Uranie), *Anouké*, etc. Toutes ces déesses sont les filles perdues de Knouphis, et se font ordinairement une place à côté de lui dans les sanctuaires de l'Égypte.

Saté, que les Grecs ont assimilée à leur Héra (Junon), avait son culte particulier aux Cataractes, et les monuments la qualifient de dame d'Éléphantine et de la région inférieure. La couleur dans laquelle étaient peintes les divinités servait parfois à faire distinguer à quelle triade elles appartenaient; Saté était peinte en jaune, comme Knouphis; elle portait la croix ansée, symbole de la vie divine; le serpent uræus était son emblème particulier.

Seven, ou Sovan, était une forme de la même déesse; on l'assimile à l'Ilythia des Grecs, Héra présidant aux accouchements comme la Lucine des Romains. Les Grecs avaient fait une application pour cette déesse du système de dédoublement des Égyptiens. Leur Héra était à la fois l'épouse de Jupiter, la mère des dieux, et la *céleste accoucheuse*. Il y avait, en effet, une certaine relation entre les deux attributs de mère et d'accoucheuse. En Égypte, le vautour, symbole de la maternité, était l'emblème de Neith et de Sovan; et ces déesses étaient même adorées toutes les deux sous la forme de cet animal. Sovan était encore quelquefois confondue avec Bouto, la nourrice-mère des dieux. Un des plus curieux bas-reliefs qui concernent cette déesse, la représente dans l'exercice de ses bienfaisantes fonctions. Une femme est dans les douleurs de l'enfantement, et à l'instant où le nouveau-né sort du sein de sa mère, diverses divinités prodiguent les soins les plus attentifs à la gisante. La *nourrice divine* tend les mains pour recevoir l'enfant, assistée d'une *berceuse;* le père de tous les dieux, Ammon, assiste au travail, accompagné de la déesse Sovan.

Anouké a été assimilée par les Grecs à Hestia ou Vesta; elle marche aussi isolée, cherchant un rang à la suite de Knouphis.

Les historiens grecs comptaient trois classes de dieux en Égypte : huit *grands* dieux, douze dieux *célestes*, et un nombre indéterminé de dieux *terrestres*. En mettant de côté toutes les déesses vagues que nous venons de nommer, enfants avortés du caprice métaphysique, nous avons retrouvé les huit premiers dans Ammon-Ra, Knouphis, Ammon générateur, Phtha, et leurs quatre compagnes. Les dieux *célestes* ne sont que des émanations moins épurées d'Ammon-Ra, se personnifiant dans les divers astres qui roulent dans l'espace.

Le sabéisme venait donc ici s'ajouter au système des émanations. Naturellement les habitants de la belle et changeante vallée du Nil n'avaient pu voir, sans être vivement impressionnés, s'accomplir au-dessus de leurs têtes ce drame céleste, dont les péripéties avaient un si puissant contre-coup sur leurs campagnes, et nous verrons bientôt la légende d'Osiris et d'Isis se traduire par des faits de l'histoire astronomique. Naturellement encore, les prêtres qui voulaient bien pour eux-mêmes chercher la divinité par delà les espaces sensibles, avaient pensé à montrer au peuple, comme de vivantes manifestations de cette divinité et des dieux mêmes, ces grands corps lumineux que le peuple, du reste, était tout disposé à adorer.

Phré ou Phri, le dieu Soleil, passa pour le chef des dieux célestes ; on l'appela métaphoriquement l'œil du monde et l'âme de la nature. L'épervier, déjà consacré à plusieurs divinités, fut particulièrement son emblème. La longévité de cet oiseau d'abord, puis la faculté qu'il a de tenir ses yeux fixés sur les rayons du soleil dans tout son éclat, avaient fait croire à une mystérieuse intelligence entre lui et l'astre du jour. Les Pharaons considéraient Phré comme le chef de la seconde famille de rois de l'Égypte, et tous les souverains de cette contrée, jusqu'aux derniers des Lagides et aux empereurs romains, se proclamèrent fastueusement *fils du soleil, nés du soleil, approuvés par le soleil, rois comme le soleil des régions supérieure et inférieure*. Héliopolis, l'une des quatre grandes villes de l'Égypte, était sa ville éponyme. Son temple était précédé d'une grande allée de sphynx et d'obélisques qui remontaient à 1900 ans avant l'ère chrétienne. Les anciens ont célébré les connaissances et la magnificence du collége des prêtres attachés à ce temple ; c'est auprès d'eux que vinrent, dès les temps les plus reculés, puiser des notions sur la divinité et les sciences exactes les sages de la Grèce. Du temps de Strabon, on montrait encore les salles du vaste bâtiment des prêtres où avaient étudié Eudoxe et Platon.

La déesse parèdre de Phré n'est pas rigoureusement déterminée, car il ne faudrait pas croire que la lune lui fût associée dans l'œuvre de la fécondation terrestre, comme cela était arrivé dans le sabéisme de presque tous les autres peuples. Le sabéisme, dans la théogonie égyptienne, n'était que secondaire, et peut-être une importation ; aussi n'y avait-il pas reçu une forme systématique. La lune, au lieu d'être ici une déesse, était un dieu, s'il faut en croire M. Champollion. Toutefois, nous avons vu Ammon-Ra générateur, et Phtha, armés du phallus et du fouet, stimuler la lune à déverser sur la terre les germes fécondateurs; et cela révèle bien en elle une divinité femelle. Au reste, dieu ou déesse, et sans doute les deux, la lune portait le nom de Pi-oh. Si, par amour pour le développement binaire ou plutôt ternaire des divinités égyptiennes, on voulait donc trouver une compagne à Phré, il faudrait la chercher ailleurs. A l'inverse des Grecs qui avaient personnifié le ciel dans une divinité mâle, Uranus, père de Cronos et de Zeus, les Égyptiens en avaient fait une déesse qu'il ne faudrait pas assimiler pourtant avec Vénus Uranie. Tiphé était le nom de cette déesse égyptienne, et la mythologie la donnait parfois à Phré pour épouse. Le mythe de Tiphé est une nouvelle preuve que le sabéisme, loin de faire la base de la religion égyptienne, ne formait qu'un élément à peine fondu dans le système. Tiphé n'était pas en effet le ciel physique, mais l'essence génératrice femelle résidant dans les espaces éthérés où roulent les astres; c'était encore là une fille lointaine de Bouto. Toutefois, l'anthropomorphisme avait rabaissé un peu cette haute conception, et donné de la déesse une représentation aussi matérielle que bizarre. Elle est figurée sur les bas-reliefs et les peintures des temples sous la forme d'une table convexe; son torse, extrêmement allongé, en simule le dessus; les pieds et les mains les quatre soutiens; des scarabées, signe de fécondation, voltigent tout autour du corps. Deux barques, emblèmes habituels du mouvement des astres, parcourent le corps de la déesse, qui figure ainsi la voûte céleste. L'une monte le long des jambes et du dos, l'autre descend sur la tête inclinée. Phré, sous la forme humaine, avec une tête d'épervier surmontée d'un disque, est assis dans la barque. L'artiste, guidé par les instructions du prêtre, aura voulu peindre dans un même tableau le lever et le coucher du soleil.

Phré a une seconde forme qui porte le nom d'Atmou. Atmou, dans les tableaux funéraires et les vignettes du rituel des morts, est souvent représenté tenant en main les emblèmes combinés de la bienfaisance, de la vie et de la stabilité, marchant après le dieu Phré, et suivi d'une foule de dieux inférieurs. La parité des emblèmes indique l'identité des deux divinités. Quoique les mêmes dans leur caractère général, ces emblèmes diffèrent cependant un peu les uns des autres, et suivant qu'on veut faire prédominer dans la représentation l'une ou l'autre face de la double forme du Dieu. Si l'adoration est adressée à la forme Phré plutôt qu'à la forme Atmou, on représente le dieu avec une tête d'épervier surmontée d'un disque, debout et en mouvement. Dans le cas contraire, d'étroites bandelettes enveloppent son corps tout entier, et lui donnent l'apparence d'une momie à tête d'épervier, ornée également d'un disque solaire.

Tout s'enchaîne dans le système des émanations; un degré quelconque, semblable à l'anneau d'une chaîne, tient au degré qui le précède et à celui qui le suit. Phré, tout en étant le premier des dieux célestes, est considéré quelquefois aussi comme le dernier des grands dieux; il réside sur l'extrême limite de l'empyrée et du ciel. Sa forme secondaire, Atmou appartient davantage à la classe des dieux du second ordre. Cette classe, nous l'avons dit, comptait, selon les Grecs, douze dieux; mais nous avons beau les chercher dans les sanctuaires et les monuments écrits, plusieurs manquent autour de la table où se verse l'ambroisie. A peine apercevons-nous Phré et Tiphé; Atmou n'est qu'une forme vague qui se joue dans l'ombre du premier. A défaut d'autres, voici Hercule qui s'appelle dans la langue de l'Égypte Djom, Djem ou Gom. Il n'a rien perdu de cette antique force qui sema par le monde les prodiges et l'épouvante; il se montre à nous tenant encore cette redoutable massue qui abattit le lion de Némée, l'hydre de Lerne, et ouvrit un passage aux ondes mugissantes de l'Océan, entre l'Espagne et l'Afrique. Pour les Égyptiens comme pour les Grecs, Hercule est un *lutteur*. Bien qu'il soit difficile de dire à quelle époque, suivant la mythologie égyptienne, il accomplit ses travaux, il apparaît comme un grand civilisateur matériel, détruisant les bêtes féroces, purgeant la terre des génies malfaisants, la rendant cultivable, établissant la communication des mers avec les fleuves. Comme pour lui faciliter ses voyages à travers le monde, la légende place quelquefois Hercule dans le disque du soleil, et en fait un compagnon de Phré; elle l'adjoint aussi à Osiris, dans les voyages que ce dernier dieu entreprend, dans le but de policer et d'instruire les peuples de la terre. Quelquefois encore le mythe d'Hercule s'identifie avec celui d'Osiris. Rien d'étonnant dans ce retour perpétuel aux mêmes idées; le système des émanations tend toujours, par l'analogie des personnages, tous sortis d'une même puissance, à faire appliquer à l'un ce qu'on a dit de l'autre. Hercule, compagnon des dieux célestes, est donc aussi tout naturellement, par une extension d'attributs, compagnon des dieux inférieurs. On connaît les travaux de l'Hercule grec; ils ont été presque tous empruntés à la mythologie égyptienne, et la plupart ont leur théâtre et leur sens en Égypte. Telle est la fable d'Antée. Dans un champ poudreux Antée, géant de la Libye, et Hercule combattent. Malgré sa vigueur, Hercule ne peut parvenir à renverser son adversaire. Attentive à suivre les mouvements du corps d'Antée, la terre, sa mère, se plie, s'élève, s'assouplit à propos sous la pression de son pied, afin de lui conserver l'équilibre. Mais le héros, d'un suprême effort, enlève de terre son rival, et en perdant du pied la terre, Antée est vaincu. Il y a un mythe sous cette légende. Cette lutte des deux héros est l'image de la lutte des sables arides du désert contre la vallée fertile du Nil, et le triomphe d'Hercule est celui du Nil sur le désert, qui le presse de tous côtés. M. Jomard a développé ce mythe dans sa description de l'Égypte antique. « Lorsque les Égyptiens, dit-il, s'aperçurent de l'empiétement des sables sur la vallée du Nil, sans doute ils essayèrent différents moyens pour s'en débarrasser. Il y en avait bien peu d'efficaces contre un si terrible fléau. Il est possible qu'ils aient tenté d'abattre dans quelques endroits ces montagnes de sable que j'ai regardées comme l'image d'Antée. Mais c'était en vain qu'on renversait les dunes par les efforts les plus pénibles, et que *l'on terrassait le géant*; le sable rendu à la terre déserte, ou Antée venant à toucher sa mère, reprenait toute sa force, c'est-à-dire que les vents brûlants de la Libye le reportaient sur le sol de la fertile vallée. Comment succomba-t-il dans cette lutte? Ce fut, selon moi, par de larges canaux ou bras du Nil, creusés ou entretenus au pied de la chaîne de Libye. Les efforts des sables venaient expirer sur la rive... C'est donc dans les airs que périssait le prétendu géant, saisi et *comme étouffé par les bras du héros.* »

Dans ses courses civilisatrices, Djom, égaré un jour dans les sables du désert, allait perdre la vie, pressé par la soif, lorsqu'un bélier se présenta à lui et le conduisit à une source d'eau. La tradition rapportait que le bélier n'était autre que le grand Ammon lui-même, qui, sur les vives instances de son fils, avait revêtu une peau de bélier, et s'était montré à lui pour satisfaire sa soif et sa curiosité. En l'honneur de cette manifestation d'Ammon, on célébrait à Thèbes une fête d'allégresse dans laquelle le simulacre de Djom était porté en grande pompe dans le temple du dieu, à travers l'immense avenue bordée de béliers, dont nous avons parlé. Djom avait une autre fête célèbre; mais celle-ci, douloureuse, faisait allusion à un triste accident de sa vie aventureuse. Dans son voyage de Libye et d'Égypte, où il devait combattre Antée, il était arrivé un jour à la cour du roi Busiris, si fameux par son atrocité chez les écrivains de l'antiquité. Ce tyran venait d'ordonner, à la suite d'une stérilité de neuf années, que tous les étrangers qui aborderaient en Égypte seraient immolés à Jupiter Ammon; et Hercule, fait prisonnier dans son voyage, avait été conduit au bûcher, chargé de liens. Mais près d'y monter, il roidit son courage et ses forces avec tant de violence que ses chaînes tombèrent brisées. Busiris et son fils Amphidamas périrent alors victimes de la vengeance du dieu. Nous ne presserons pas cette légende pour en faire sortir un mythe; on peut trouver des mythes partout. Nous dirons seulement que les poëtes grecs et latins, qui ont fait une si mauvaise réputation au tyran Busiris, pourraient bien être tombés dans une erreur analogue à celle du singe de la fable, qui prenait le Pyrée pour un homme; Diodore de Sicile l'assure, du moins : « Busiris, dit-il, n'est pas le nom d'un roi, mais celui du tombeau d'Osiris dans l'idiome du pays. » Pour en finir avec l'Hercule égyptien, ajoutons que son culte fut très-répandu, et que ce dieu se montre sans cesse sur les monuments accompagné d'une déesse, sa sœur, qui reconnaît comme lui le dieu Phré pour père.

Les autres divinités du groupe de douze ou de la dodécade sacrée, échappent, nous l'avons dit, aux investigations de l'érudit. Destinées à représenter des idées secondaires et plutôt de déduction que de perception première, elles se sont effacées par le défaut de saillie de ces idées mêmes. Le symbolisme peut bien traduire quelques principes nets et tranchés d'un système philosophique; mais, en descendant dans le développement, il se fait conventionnel, et n'est plus qu'une algèbre métaphysique, avec des signes de valeur non arrêtée. Exprimer les ramifications d'une idée générale, est déjà un écueil pour les langues parlées, méthodiques et claires qui ont pourtant à leur service le raisonnement pour remplir les lacunes entre les conséquences, et les relier les unes aux autres; quel fil conduira à travers les rangs de dieux qui n'ont pas même de légende pour donner à leur existence un caractère de réalité, et ne sont après tout que des catégories philosophiques? Parmi les divinités que nous avons nommées, se trouvent peut-être celles que nous cherchons, mais il est impossible de les classer. Des auteurs qui ont pris à la lettre l'appellation de *dieux célestes* appliquée à ces divinités, ne cherchant pas en elles des représentations d'idées abstraites, mais des astres, complètent la dodécade, avec Pi Zeous (Jupiter planète), Ertosi ou Artès (Mars), Surot (Vénus), Pi Hermès (Mercure), Rempha ou Sovk, ou Pethé (Saturne). Je m'arrête : « Puissent les dieux et les héros, comme dit Hérodote, prendre en bonne part tout ce que l'amour de la vérité ne me fait pas dire à leur sujet! »

La troisième classe des dieux est mieux connue. Leur père est Sovk ou Souchos, qui sert de transition entre cette classe et la précédente. Les Égyptiens l'appelaient le plus jeune des dieux célestes. Il avait pour animal sacré le crocodile, considéré comme un emblème du temps. Les yeux de cet amphibie, disait-on, désignaient le lever du soleil et des astres; sa queue, les ténèbres et l'obscurité de la nuit. Dans sa forme terrestre, car cette divinité inférieure se dédoublait à la manière des dieux supérieurs, Sovk prenait le nom de Seb ou Sev, et passait pour le troisième dynaste de l'Égypte; en cette qualité il portait le diadème Tascher, avec lequel se combinait une coiffure commune à d'autres divinités, et sa main était armée du harpé, signe de puissance, qui est devenu depuis la faux mythique de Saturne.

Sous ses deux formes, Sovk fait partie de deux triades. Le temple d'Ombos, lui était particulièrement consacré, et on l'y adorait sous le nom de Sevek-Ra, forme primordiale et lointaine personnification d'Ammon-Ra; la déesse Hathor et son fils Khons-Hor, lui étaient associés. Comme dieu terrestre, il avait pour épouse la déesse Natphé, et c'est d'elle qu'il engendra les cinq dieux Osiris, Isis, Horus, Typhon et Nephthys. Ces dieux terrestres, nous les verrons dans la légende d'Isis et d'Osiris faire repasser devant nos yeux les principales idées de la métaphysique égyptienne. Ce sont les dernières émanations d'Ammon-Ra et de Bouto, participant de la nature de leurs auteurs. On retrouve, dans la dernière triade qu'adorent les Égyptiens, la préoccupation de les relier toutes ensemble une dernière fois, les plus inférieures avec les plus élevées. Cette triade est composée de Sovk, de Hathor, et de Malouli. Malouli, le dernier terme de dernière triade est né des embrassements incestueux d'Horus et d'Isis ; il est adoré à Thèbes, sous une forme pareille à celle de Khons, le fils d'Ammon et de Mouth, sous le même costume, orné des mêmes attributs. C'est toujours ce même effort de la métaphysique roulant sur elle-même, semblable au serpent qui se plie et replie vingt fois pour cacher dans ses anneaux le bout de sa queue. La chaîne des dieux est une spirale dont les cercles rentrent tous les uns dans les autres.

D'émanations en émanations successives, se personnifiant sous des formes de moins en moins épurées, nous avons parcouru les principaux attributs de l'Être suprême, immatériel, infini, éternel ; du haut des régions de l'empyrée où il habite, nous sommes descendus le long des incommensurables espaces ; nous apercevons déjà la terre que rasent presque Saturne et Rhéa, les plus jeunes des dieux célestes. Osiris et Isis, dernières incarnations du principe divin, vont naître. Mais avant de toucher du pied la terre pour suivre leurs courses civilisatrices, il nous faut remonter encore d'un coup d'aile, nous replonger dans les profondeurs de la substance incréée, pour aller y sonder d'un dernier regard les mystères de son essence. Ammon-Ra ne s'est pas en effet révélé à nous tout entier. Préoccupés du soin de mettre un lien logique entre les émanations *agissantes* de Dieu, et de les conduire jusqu'à leur dernière manifestation, nous avons négligé une autre série d'émanations que nous pouvons appeler *intelligentes*, émanations parallèles aux premières.

Après avoir conçu Dieu dans la simple et générale notion de l'être, les prêtres égyptiens avaient cherché à déterminer en lui les principes constitutifs de l'existence, les propriétés distinctes, nécessaires et infinies, et les avaient traduites par des personnifications, comme pour retenir l'être au moyen de ces formes sensibles en deçà du vague, de l'abîme et du silence, où il incline toujours à disparaître. Or la *puissance* et l'*intelligence* sont les deux plus générales, les deux plus indispensables propriétés de l'Être suprême. La Puissance, nous l'avons vue s'épancher par les issues des émanations déjà analysées; l'Intelligence eut aussi ses émanations. Thoth trismégiste ou Thoth trois fois grand (Hermès), est le nom que prend dans la mythologie égyptienne la première hypostase de l'intelligence divine. Thoth est Ammon-Ra lui-même, non plus agissant dans la vue de la création des êtres et de l'univers, mais Ammon-Ra se sentant vivre, agir et penser; c'est la conscience, le regard même de Dieu se sondant lui-même, la lumière allumée dans les profondeurs de l'être. Aussi Ammon appelle-t-il Thoth l'*âme de son âme*, l'*intelligence de son intelligence*. Philosophiquement parlant, il précéda l'immersion hors de l'être primitif des dieux Knouphis, Neith et Phtha, et la légende céleste rapporte avec raison qu'à l'origine du temps seul entre les immortels, il comprit en lui l'essence du démiurge et celle des choses célestes. Thoth déposa ses vastes connaissances dans des livres qu'il voulut laisser inconnus jusqu'à ce que les âmes eussent été créées. Dispensateur de toutes les qualités de l'intelligence, il se montra l'auxiliaire du démiurge; c'est lui qui créa les formes sans lesquelles les âmes n'auraient pu exister. L'Intelligence divine limitait et déterminait les créations de la Puissance. Comme la lumière matérielle fait ressortir les arêtes et le galbe des corps matériels, ainsi elle, lumière spirituelle, donnait leurs contours et leur identité aux corps spirituels. Comme une bonne fée, elle les doua des vertus du cœur et de l'esprit, de la modération, de la prudence, de l'amour, de la charité. Thoth correspond au Brahma des brahmanes, brahmane lui-même, auteur des quatre Védas primitifs; il correspond encore au Hom des Perses.

Ce mythe de Thoth trismégiste révèle au plus haut point

le caractère élevé et la pureté idéale de la religion égyptienne, qui, trop habile pourtant à se jouer dans le symbolisme, séduisante fantasmagorie de l'esprit, ne craignit pas de descendre presque jusqu'au fétichisme. Les prêtres avaient scruté l'être primordial dans ses opérations les plus sublimes, et ils purent, avec un juste orgueil, prendre pour patron ce Thoth, qui, à l'origine des siècles, pouvait fixer d'un œil non troublé les vives splendeurs d'Ammon-Ra. Comme le Trismégiste était l'âme de l'être divin, la classe sacerdotale put se dire l'âme du corps social. Héritière des livres de Thoth, elle ne les livra pas à la foule; mais, comme Thoth encore qui ne livrait pas même aux immortels les secrets de l'existence d'Ammon-Ra, tout en les aidant à accomplir ses desseins, elle aida les rois et le gouvernement à accomplir leur destinée, sans les initier à cette destinée même.

Par la sublimité de son essence, Thoth trismégiste échappait à la connaissance des dieux; les hommes n'auraient donc point su le connaître. Aussi n'exigea-t-il de leur part ni culte, ni temples, ni prêtres. Dans aucun des bas-reliefs où se montrent en foule les dieux du panthéon égyptien, les rois et les héros, on ne le voit représenté recevant des offrandes ou des prières. Il était même défendu de prononcer son nom. Le silence était la seule forme d'adoration qui convînt à l'infinitude de sa grandeur.

Mais si Thoth trismégiste n'avait pas de temples, ses emblèmes occupaient la partie la plus apparente de tous les édifices religieux. Il y était figuré sous la forme d'un disque peint en rouge, décoré d'uræus, ainsi que de deux grandes ailes déployées; du globe partaient en tous sens et retombaient, en faisceaux de trois séries, des triangles engagés par le sommet les uns dans les autres. Ces triangles exprimaient des jets de lumière, ou cette rosée tombant du ciel, qui, selon Horapollon, était le symbole de la science et de la doctrine, dont le Trismégiste était le prototype.

Toutefois, les prêtres de l'Égypte, et ceci était commun à ceux de presque toutes les religions de l'antiquité, n'aimaient pas trop, après être montés aux hauteurs de l'abstraction, à s'y tenir, et à laisser les peuples s'y égarer ; car c'était un peu là le chemin des abîmes, et l'air y était trop raréfié pour les intelligences même le mieux faites. Aussi avaient-ils eu recours aux symboles sensibles et aux personnifications, comme à des appuis nécessaires pour reposer l'esprit. Un idéalisme panthéistique qui serait allé jusqu'à faire de l'intelligence divine l'entité nominale que quelques sectes philosophiques appellent raison, cette raison qui brille comme une lampe mystérieuse au fond du sanctuaire des âmes, et dont saint Jean disait qu'elle illumine tout homme venant en ce monde, cet idéalisme, disons-nous, ne convenait point à l'esprit des prêtres égyptiens. Après avoir montré une esquisse assez vague du Trismégiste, ils se mirent tout à fait à leur aise en l'incarnant dans une forme secondaire sensible, qui, elle aussi, eut ses attributs, ses personnifications, ses emblèmes, sa légende. A ce second degré, l'intelligence prit le nom de Thoth deux fois grand ; c'est le second Hermès.

Le premier Thoth avait lui-même, suivant Manéthon, inscrit sur des stèles, en hiéroglyphes et en langue sacrée, les principes des connaissances. Après le cataclysme du monde, ces premiers livres furent traduits en écriture hiéroglyphique et en langue commune, par le second Hermès, père de Tat. Thoth deux fois grand était égal aux dieux de la seconde classe, et mesurait sur une autre ligne la distance qui séparait ceux-ci d'Ammon-Ra. Il fut le conseiller et l'ami d'Isis et d'Osiris, et leur inspira toutes les grandes choses qu'ils accomplirent sur la terre. Ce fut lui qui entreprit de faire servir à la transmission de la pensée les cris confus que poussaient les hommes sous l'influence de leurs divers sentiments. Il assouplit ces cris à des articulations réglées, et, par leur répétition méthodique, en composa le langage. Après avoir appris aux hommes à peindre la pensée par le mot, et à se la communiquer par la voix, il voulut que les hommes éloignés les uns des autres par le temps et le lieu pussent aussi s'entendre, et donna de nouvelles ailes à la pensée, en créant l'art de la fixer par des signes moins fugitifs que la parole, et transmissibles aux lieux et aux générations les plus reculés. Thoth fut donc l'auteur de ces fameux systèmes d'écriture qui ont causé tant de tortures aux Saumaises de tous les temps, et ont fait faire aux grammairiens et aux érudits, pour les expliquer, plus d'efforts d'imagination que n'en fit jamais poëte. Disons un mot du mécanisme et des procédés des écritures égyptiennes, qui sont, comme on sait, au nombre de trois, la *hiéroglyphique*, la *hiératique* et la *démotique*.

La première ne fut d'abord qu'une peinture. Représenter par des dessins des objets matériels, animaux, plantes ou corps inanimés, fut la manière de montrer qu'on voulait parler d'eux; et comme ces objets seuls étaient susceptibles d'être figurés, une page d'écriture ne fut d'abord qu'une série d'images. Mais la difficulté était grande d'arriver par les mêmes signes à produire des sensations analogues chez la personne qui tenait le crayon, et chez l'absent qui en voyait les dessins, et rien n'égalait sans doute l'impuissance de l'écrivain à traduire par ce moyen ses sensations et ses sentiments, que celle du lecteur à en déchiffrer l'énigme. Mille pensées diverses pouvaient venir à la vue du même objet. La représentation était donc illusoire; on ne sortait du monde du silence que pour entrer dans le monde du vague. Il fallut donc recourir à des moyens plus efficaces pour déterminer les objets, les caractériser relativement au lieu, au temps, à la qualité, au rapport de ces objets avec d'autres. Joindre à côté de l'objet principal, d'un animal, par exemple, un appendice, une partie d'un autre animal qui indiquerait que le premier avait la qualité dominante du second, ou lui était analogue sous le rapport de la couleur, de la bonté, de la force, de la beauté, etc., tel fut le procédé qui s'offrit ensuite ; il donna naissance aux signes figuratifs ou symboliques. Ainsi avait-on adapté au corps d'homme d'Ammon-Ra une tête de bélier, pour faire entendre qu'il était le chef des dieux, comme le bélier est le chef du troupeau. Ainsi avait-on donné pour attribut une tête de vautour, symbole de maternité, à toutes les divinités femelles. L'écriture hiéroglyphique reposait toute sur ce symbolisme. Or, comme la clef de ces symboles était difficile à garder, que leur connaissance exigeait une étude très-étendue, Thoth, suivant la tradition, avait confié le soin d'en maintenir les règles et le sens à la classe des prêtres. C'était de cette écriture hiéroglyphique, ou écriture à *signes sacrés*, que le scribe divin s'était servi pour sculpter sur de grandes colonnes le dogme et les préceptes moraux de la religion. Les colonnes, dépositaires des livres hermétiques, d'abord au nombre de quatre, puis de quarante-deux, avaient été comme les jalons de la civilisation égyptienne. Plus tard, si l'on en croit Jamblique, le nombre en fut porté à vingt mille, c'est-à-dire que les livres religieux, textes et commentaires, s'accrurent sans cesse, et restèrent la propriété héréditaire de la caste sacerdotale.

Insensiblement les signes représentatifs et figuratifs durent par l'usage se simplifier et emprunter quelque chose à la convention ; en même temps, la main de celui qui tenait la plume ou le pinceau devenait de moins en moins scrupuleuse à les dessiner dans toute leur pureté ; inhabile ou pressée, elle dut les écourter, les tronquer, supprimer aujourd'hui une jambe à un animal, demain un autre membre ; et l'habitude de la lecture aidant, un trait, un contour, fut souvent ce qui finit par rester de l'image primitive. L'écriture, à cette seconde phase, prit le nom de hiératique ; c'était une *tachygraphie* ; mais quoique abréviative elle reposait toujours sur les mêmes principes que la hiéroglyphique, et n'était accessible encore qu'aux prêtres ; aussi s'appelait-elle sacrée (hiératique).

Un dernier pas était nécessaire pour faire sortir l'écriture des langes qui l'étouffaient, et accélérer la transmission de la pensée par son moyen. Il fallait arriver à faire avec le signe ce qu'on fait avec la voix, c'est-à-dire peindre non plus l'objet, mais le son même employé à le désigner; ce fut là le résultat de l'écriture démotique ou populaire. Dans les deux premières, un signe avait été nécessaire pour chaque objet, un symbole pour chaque rapport ou idée simple ou complexe; l'alphabet fut pour la langue ce qu'un système numérique est pour l'arithmétique; et, par la combinaison des signes de l'alphabet, on arriva à exprimer tous les mots et toutes les pensées possibles avec la même facilité qu'on a dans le système décimal à exprimer tous les nombres au moyen de dix caractères. Les articulations de la voix furent appelées à jouer le rôle des chiffres; restait à déterminer leur valeur. Si nous supposons qu'il n'y a que cinq voyelles ou émissions de voix, et dix-neuf articulations, vingt-quatre signes suffisaient pour transcrire tous les objets, toutes les idées, tous les sentiments que pouvait rendre la parole. Vingt-quatre signes ajoutés bout à bout, se combinant de manière diverse, répondaient aux mêmes besoins que les milliers de signes chinois qui, n'étant pas basés sur l'alphabet et n'exprimant chacun qu'un objet particulier, forcent le peuple qui s'en sert à apprendre toute la vie à lire dans un dictionnaire.

Peindre les sons qui étaient en petit nombre, et non les objets qui sont innombrables, telle était donc la grande solution du problème. Pour peindre les sons, on prit d'abord les objets dont le nom prononcé rendait le son à peindre, et vingt-quatre objets commençant dans la langue parlée par l'une des vingt-quatre articulations, devaient être les lettres de l'alphabet, signes n'ayant plus dès lors qu'une valeur abstraite. Le portrait du lion, par exemple, qui dans l'écriture figurative signifiait l'animal lion, ne signifia plus que l'articulation L; ainsi pour les autres. Mais lion n'était pas le seul mot qui commençât par L; aussi l'écriture démotique reconnut-elle plusieurs signes équivalents ou variantes de la même lettre, plusieurs signes homophones, pour dire comme les érudits. Les mots Lion et Lièvre commencent de même; lequel de ces deux animaux choisir pour le signe de L? on ne choisit pas d'abord; mais avec le temps, le système scriptural se débarrassa des doubles emplois, débris de l'écriture hiéroglyphique, et s'il y eut encore des signes homophones, comme il y en a, du reste, dans tous les alphabets, dans l'alphabet grec comme dans l'alphabet latin, ils se réduisirent à un petit nombre. Nous avons dit que, par l'usage, les portraits des choses ou les hiéroglyphes s'étaient simplifiés dans le cours des siècles, au point de n'être plus dans l'écriture hiératique que des contours et des signes abréviatifs; cela arriva plus naturellement encore dans la démotique. Les vingt-quatre signes figuratifs se réduisirent ainsi de modification en modification aux simples lettres d'un alphabet. Voilà les nombreuses vicissitudes que subit l'écriture égyptienne; la démotique, quoique héritière de ses devancières, avait tellement dévié de leur ligne, que les prêtres seuls eussent pu signaler les traces imperceptibles de la filiation.

C'est à ces notions simples et ingénieuses que M. Champollion a réduit le système si vainement cherché avant lui de la formation des écritures égyptiennes, et des rapports de l'une avec l'autre; il a de plus démontré que le cophte, parlé en Égypte jusque vers le dix-septième siècle de notre ère, était la langue des anciens Égyptiens. L'obélisque, retiré par nos soldats d'un fossé de la ville de Raschid ou Rosette, et couvert d'une triple inscription hiéroglyphique, démotique et grecque, avait commencé à soulever le voile de la mystérieuse Isis, et à livrer la clef du sanctuaire, en mettant pour la première fois sous les yeux des savants un texte hiéroglyphique en regard de sa traduction en grec.

C'était le second Hermès, nous l'avons dit, qui avait apporté à la terre cette précieuse institution de l'écriture; et il n'avait pas borné l'homme à ce seul mode d'exprimer de ses pensées. Par le calcul, l'homme, que le présent et le lieu ne sauraient borner, arriva à saisir dans sa course brillante l'astre que son regard curieux avait suivi tant de fois dans ses phases diverses ; il mesura sa distance, le temps de sa révolution, et prévit son retour ; par le calcul, il évalua aussi la hauteur des montagnes, la largeur des mers. A chacune de ses facultés, Hermès ouvrit une issue pour se produire. Il lui donna le rhythme et la mélodie pour épancher hors de son cœur ce flot de sentiments et de sensations tendres ou tristes, gracieux ou terribles qui l'assaillent sans cesse. A sa gaieté, il donna pour se manifester la danse, qui remplace le désordre de l'agitation par la grâce des mouvements et la symétrie des poses. Il inventa aussi la lyre, à laquelle, pour imiter les divisions de l'année en saisons, il mit trois cordes. Tous les arts, en un mot, qui servent à embellir et à relever la vie, la sculpture, la peinture, l'architecture, la musique, la poésie, la philosophie, furent des présents qu'Hermès fit à l'homme. A chaque instinct il donna une satisfaction noble et entière, à chaque sentiment son expression claire et éloquente. Les préceptes de tous ces arts et de toutes ces sciences, il les renferma dans les quarante-deux livres dits hermétiques, que chaque prêtre devait posséder en totalité ou en partie, suivant l'ordre de ses fonctions dans la hiérarchie sacerdotale, et qui, de même que les livres sacrés de toutes les religions, étaient une véritable encyclopédie. La plus célèbre collection de ces livres était réunie dans le magnifique édifice appelé par les Grecs le Tombeau d'Osymandias. Sur la porte de la bibliothèque étaient écrits ces mots : *Remède de l'âme*. Les fragments grecs, dits Livres Hermétiques, que nous possédons aujourd'hui sont les débris des livres sacrés de l'Égypte, recueillis et défigurés par les philosophes de l'école d'Alexandrie.

Par une tendance naturelle, l'esprit religieux dut souvent confondre les deux Hermès, et appliquer au second, qui n'était qu'une incarnation, tous les attributs renfermés dans le type, comme cela était arrivé pour les autres émanations d'Ammon-Ra. Toutefois, les deux divinités étaient dans leurs représentations distinguées par un caractère tout particulier. Le trismégiste avait une tête d'épervier, le deux fois grand une tête d'ibis. On les voit tous les deux figurer avec ces emblèmes dans une même scène, sur les bas-reliefs de Karnac. Un roi d'Égypte (Philippe Aridée, successeur d'Alexandre le Grand) est placé au milieu d'eux, et paraît recevoir leurs instructions; il reçoit en même temps sur la tête les eaux purificatrices que lui versent de deux urnes le dieu Hieracocéphale et le dieu Ibiocéphale.

Le monument de Dakked, consacré au second Thoth, offre dans une série de bas-reliefs toutes les transfigurations de ce dieu. Il y est d'abord en liaison avec Har-Hat (le trismégiste), sa forme primordiale dans le ciel, et dont lui est son incarnation sur la terre, à la suite d'Ammon-Ra et de Mouth, incarnés en Osiris et Isis. Thoth remonte jusqu'à Har-Hat, en passant 1° par les formes de Pahitnoufi (celui dont le cœur est bon), 2° d'Aribosnofri, celui qui produit des chants harmonieux; 3° de Meni, la pensée ou la raison. Sous chacun de ces noms, qui n'étaient que des qualifications personnifiées, Thoth avait des insignes et une forme particuliers.

Les désignations trois fois grand et deux fois grand, appliquées aux deux Thoth dont nous venons de parler, font supposer qu'il y avait un troisième dieu de ce nom, incarnation dernière de la suprême intelligence. Deux personnages, en effet, se présentent pour tenir cette place : *Tat* nommé ainsi par Manéthon, fils du Thoth second, et *Anubis*, le dieu à tête de chacal. Ce dernier est le Thoth ou Hermès des ténèbres; il préside aux jugements de l'Amenti ou enfer, et y conduit les âmes avant que le Thoth supérieur ne les attache à de nouveaux corps; aussi les Grecs l'appelaient-ils *Psychopompe*, conducteur des âmes. Il fut aussi nommé l'*Ensevelisseur*, et les bas-reliefs et les peintures le représentent préparant la première momie. L'astronomie le plaça dans la constellation de Sothis (le chien), dont l'apparition au solstice d'été annonce l'approche de l'inondation. Né du commerce adultère d'Osiris, dieu tutélaire, et de Nephthys, déesse du mal, ou encore du Nil et du désert, il participe des deux natures; dieu brillant d'un côté, de l'autre scribe de l'Amenti. Dans la doctrine égyptienne tout se décalque, se dédouble, se reproduit dans des émanations plus ou moins lointaines; tout se diversifie pour se confondre, s'identifier un moment après; tout diverge et converge à la fois. Tous les dieux ne sont qu'un seul dieu, tous les prêtres un seul prêtre, tous les hommes un seul homme. Les contraires même se confondent, concourent à ne former qu'un même et unique être, la nuit avec la lumière, le bien avec le mal, l'ombre avec le corps. Toutes choses vont se déverser dans le suprême Tout ou le suprême Néant. Ainsi le système égyptien, semblable aux divers systèmes de l'intelligence humaine, a réalisé la fable de Sysyphe, ou celle du tonneau des Danaïdes. Le rocher roulé avec effort vers le sommet de la montagne retombe sans cesse au même point; l'eau versée est aussitôt écoulée. Oscillant entre l'esprit et la matière, entre l'idéalisation et l'anthropomorphisme, les prêtres aussitôt qu'ils faisaient un pas d'un côté en faisaient aussitôt un second de l'autre, et se tenaient toujours à égale distance des extrémités et du centre.

C'est qu'après avoir dit Dieu existe, l'intelligence humaine a beau se perdre dans le mysticisme ou le raisonnement pour le définir, quand elle a élevé le pompeux édifice de ses systèmes, elle arrive à conclure que toute sa science se résume à ces mots : Dieu existe.

« Il est difficile, disait le second Hermès au Trismégiste, il est difficile à la pensée de concevoir Dieu, et à la langue d'en parler. On ne peut décrire par des moyens matériels une chose immatérielle; et ce qui est éternel ne s'allie que très-difficilement avec ce qui est sujet au temps. L'un passe, l'autre existe toujours. L'un est une perception de l'esprit, l'autre est une réalité... Ce qui peut être connu par les yeux et par les sens, comme les corps visibles, peut être exprimé par le langage; ce qui est incorporel, invisible, immatériel, sans forme, ne peut être connu par nos sens : je comprends donc, ô Thoth, je comprends que Dieu est ineffable. » (*Livres hermétiques.*)

Nous venons de dessiner les grandes lignes du vaste système religieux de l'Égypte, et les principaux dieux de son panthéon ont passé sous nos yeux. Quant à les nommer tous, et à désigner leur ordre et leurs fonctions dans la hiérarchie divine, c'eût été impossible, et l'idée générale de cette religion si fortement caractérisée par son principe et ses divisions n'y eût rien gagné en précision et en clarté. La plupart des dieux secondaires ne sont en effet que des formes de dieux déjà connus, des personnifications de qualités essentielles. Les nécessités de l'écriture hiéroglyphique avaient enfanté une foule de dieux; elles avaient fait des êtres et des personnages de toutes les qualités morales et physiques. *Thoth, au cœur bon*, était un dieu; *Thoth, inventeur de la musique*, en était un autre; tous les rapports de l'existence étaient anthropomorphisés. Ainsi se retrouvait partout une sublime philosophie servant de base à un symbolisme bizarre, et souvent au fétichisme; partout l'esprit, mais partout aussi la matière, partout la forme grossière, venant s'interposer entre le dieu ou l'idée et les vulgaires adorateurs.

Tous ces dieux se partageaient, comme on l'a vu, en triades symétriques, représentant l'être divin aux différents états de père, de mère et de fils, hiérarchiquement classées à la suite les unes des autres jusqu'aux derniers des dieux, mais souvent aussi engagées les unes dans les autres. Chaque temple et chaque nome d'Égypte avaient leur triade particulière; chaque ville avait son patron. Knouphis et Saté régnaient à Éléphantine, à Syène et à Beghé, et leur juridiction s'étendait sur la Nubie entière; Phré à Ibsamboul, à Derri et à Amada; Phtha à Ghirsché; Anouké à Maschakit; Thoth avait ses fiefs principaux à Ghebel-Adheh et à Dakkéh; Osiris était seigneur de Dandour; Isis, reine à Philæ; Hathor, à Ibsamboul; et enfin Malouli, à Kalabschi. Ammon-Ra régnait partout, particulièrement à Thèbes.

Cette répartition de l'Égypte entre les dieux devait d'autant plus enraciner un culte partiel au sol et le rendre invariable, qu'il fortifiait, par la puissance des croyances religieuses, l'esprit provincial et de localité, toujours si fort même dans les pays de centralisation; il rendait les villes orgueilleuses et fières d'elles-mêmes, en donnant une consécration pieuse aux souvenirs de l'enfance et aux traditions des ancêtres. « Du reste, dit M. Champollion jeune, ce culte, pour ainsi dire exclusif dans chaque localité, ne produisait aucune haine entre les villes voisines, puisque chacune d'elles admettait dans son temple comme syntrônes (*associées*), et cela par un esprit de courtoisie très-bien calculé, les divinités adorées dans les cantons limitrophes. »

CHAPITRE TROISIÈME.

LÉGENDE D'ISIS ET D'OSIRIS.

Naissance des cinq dieux terrestres, Osiris, Isis, Horus, Typhon et Nephthys.—Osiris et Isis, frères et époux. — Ils donnent la vie à Horus dans le ventre même de Rhéa, leur mère. — Typhon et Nephthys, également frères et époux. — Osiris et Isis civilisent les habitants de l'Égypte.— Ils inventent les arts utiles, cultivent la vigne, le blé et l'orge. — Osiris part pour porter ces inventions aux diverses contrées de la terre. — A son retour en Égypte, il est invité à un festin par Typhon son frère, qui l'enferme dans un coffre et le jette dans le Nil. — Désespoir d'Isis. — Des enfants jouant sur les bords du fleuve apprennent à la déesse qu'ils ont vu passer le coffre poussé vers la mer. — Elle va à Byblos, où le coffre est parvenu. — Elle le ramène en Égypte. — Elle le cache et va retrouver Horus pour l'exciter à la vengeance. — Pendant ce temps Typhon trouve le corps, et le coupe en quatorze morceaux qu'il disperse. Isis se remet à la recherche des parties du corps de son époux et les réunit. — Explication de ce mythe. — Osiris, Isis et Horus, dernière triade divine. — Honneurs divins rendus aux rois d'Égypte. — Décret de l'obélisque de Rosette.

Osiris, Isis et Horus furent les dieux égyptiens les plus connus de l'antiquité classique; ils étaient aussi les plus populaires sur les bords du Nil. Résumant dans leur triade terrestre tous les attributs des dieux supérieurs, et formant le dernier chaînon des émanations divines, ils durent à leur rapprochement de notre monde et à leur domination sur les choses sublunaires, de passer, aux yeux du vulgaire et des voyageurs peu attentifs, pour les dieux les plus puissants et les plus vénérés de l'Égypte. Quant à ceux qui étaient initiés à la savante contexture du polythéisme symbolique des Égyptiens, leur esprit allait si facilement du premier au dernier terme de la procession divine, d'Ammon à Osiris qui s'identifiaient dans la théorie, que, pour se mettre à la portée de l'ignorance du vulgaire, ils finissaient par donner raison à cette ignorance, et appelaient, comme le peuple, Osiris le maître des dieux. Diodore de Sicile avait appris à distinguer les trois classes de dieux, et connaissait l'ordre et la filiation des dieux terrestres ; il subit pourtant lui-même l'influence de l'opinion vulgaire et la propagea : « Frappés d'admiration, dit-il, en contemplant l'ordre naturel de l'univers, les Égyptiens reconnurent deux divinités éternelles antérieures à toutes les autres, le soleil et la lune. Ils donnèrent au premier le nom d'Osiris, à la seconde celui d'Isis. »

Les historiens de l'antiquité ne se piquaient pas d'être érudits, et discutaient peu les bases des religions dont ils parlaient ; les philosophes ne faisaient point d'histoire de la philosophie. Ils étaient donc, les uns trop superficiels pour rechercher le sens mythique des fables qu'ils écoutaient raconter, les autres trop occupés des principes abstraits pour montrer les rapports de la philosophie avec la religion, qui n'est souvent qu'une matérialisation de celle-ci. Ainsi l'opinion des uns et des autres sur Osiris et Isis était celle-là même du vulgaire d'Égypte et de ces populations nouvellement conquises ou voyageuses, qui, n'étant en contact qu'avec la masse de la nation, ne comprirent le culte que par les symboles les plus saillants et les plus sensibles. L'ignorance passait ainsi chaque jour à l'état de théorie ; et les dieux de la croyance populaire furent en réalité les plus grands des dieux. On en vint à ce point que le mythe d'Isis et d'Osiris résuma toute la religion égyptienne.

Les écrivains grecs sont loin de s'entendre sur l'origine de ces dieux terrestres ; mais la tradition la plus répandue les faisait descendre de Sovk et de Naphté, le Saturne et la Rhéa des Égyptiens. Rhéa, dit-on, ayant eu commerce avec Saturne, le Soleil s'en aperçut, et, craignant quelque usurpation ou quelque partage de pouvoir dans son empire, il maudit la fécondité de la déesse, et, lui fermant la voie du temps dont il disposait, il défendit que Rhéa accouchât dans aucun mois et dans aucune année. Mais le second Hermès, qui aimait cette déesse et en était bien traité (quelques mythologues donnent à entendre qu'il n'était pas tout à fait étranger à la grossesse de Rhéa), eut recours au stratagème pour favoriser ses couches. Comme la lune par ses révolutions était chargée de marquer les divisions mensuelles du temps, Hermès lui proposa de jouer avec lui aux dés, et la lune ne sut pas résister. Les dieux s'ennuient sans doute dans leur immuable félicité, comme les grands de la terre, et pour tromper les loisirs de l'Élysée, le jeu est une excellente chose. Passer le temps est apparemment une des quatre fins des dieux aussi bien que des hommes. Dans ce cas-ci pourtant, la partie de dés avait un but tout contraire; elle avait celui de l'allonger. Du côté de la lune, l'enjeu fut une partie de ses clartés; les légendaires ne nous ont pas fait connaître ce qu'Hermès mettait en avant; mais si bien fit-il qu'il gagna à la lune la soixante-dixième partie de sa lumière. Les trois cent soixante jours, dont se composait jusqu'alors l'année, furent écornés haut et bas, et ces rognures servirent à former les cinq jours, qu'on appela pour cela *épagomènes* ou *épactes*, c'est-à-dire ajoutés par-dessus les autres. Ainsi fut tournée l'imprécation du Soleil, qui avait voulu que Rhéa n'accouchât ni dans aucun mois ni dans aucune année. Les astronomes ont vu dans cette fable un thème astronomique, une allusion à une révolution dans le calendrier égyptien, arrivée, pensent-ils, l'an 2782 avant Jésus-Christ.

Dans ces cinq jours donc, qui n'appartenaient ni aux mois de l'année finissante, ni à ceux de l'année qui commençait, Rhéa mit au jour les fruits de son sein. Cinq dieux en sortirent. Osiris et Isis naquirent le premier jour; le second ce fut le tour d'Horus ou Aroueris. Celui-ci n'était pas, à vrai dire, un fils direct de Rhéa, et Amyot traduisant dans son naïf langage le récit de Plutarque, nous dit qu'Osiris et Isis, qui s'aimaient déjà dans le ventre de leur mère, ayant couché ensemble à cachettes, avaient eu ce fils de leurs enfantines amours. Typhon et Nephthys naquirent les jours suivants. Si la recherche de la paternité était permise, et que, d'après les anciens, on voulût faire à chacun sa part de paternité dans cette féconde grossesse, le soleil se trouverait être le véritable père d'Osiris, Hermès celui d'Isis, Saturne celui de Typhon et de Nephthys. Unis déjà dans le sein de leur mère, Osiris et Isis restèrent époux depuis leur naissance. Typhon épousa sa sœur Nephthys. Le troisième des jours épagomènes fut regardé comme de mauvais augure, à cause de la naissance de Typhon; les rois n'y traitaient aucune affaire, et ne prenaient leurs repas qu'à l'entrée de la nuit. Typhon, en effet, fut le dieu du mal, l'esprit des ténèbres, de la force brutale; Osiris, le dieu bon, fut le dieu du bien, de la fécondité, le premier inventeur des arts, et des choses utiles à la vie. Typhon et Osiris représentaient en Égypte ce dualisme si profondément marqué dans toutes les cosmogonies de l'Asie, et localisé ici par la lutte du Nil et du désert. Les prêtres égyptiens, pour justifier l'identité ou l'analogie des dieux terrestres avec les grands dieux, avaient imaginé que la terre reproduisait le ciel; ainsi avaient-ils un Nil céleste et un Nil terrestre; Ammon était le Nil céleste, Osiris le Nil terrestre, l'image de ce fleuve bienfaisant qui féconde la terre d'Isis, l'Égypte. Typhon représentait les sables envahissants du désert, toujours prompts à se jeter dans la fertile vallée, à mesure que le Nil se retire.

Le monde était créé lorsqu'Osiris vint au monde; mais la civilisation devait commencer avec lui. Par les conseils et l'aide d'Hermès, qui lui mettait sous les yeux les plans de la sagesse divine, il retira les Égyptiens de la vie sauvage et nomade qu'ils avaient menée jusqu'alors, et les plia aux usages de l'association civile et du gouvernement. Il leur apprit aussi à vénérer les dieux, et leur livra, sur le dogme et le culte, les leçons qu'il tenait du Trismégiste. Pendant ce temps, Isis découvrait le fruit du froment et de l'orge au milieu d'une foule d'herbes et de plantes qui croissaient mêlées avec eux. Osiris trouva aussitôt l'art de cultiver ces plantes précieuses, et fit quitter aux hommes, pour les gâteaux faits de leur farine, la nourriture que le hasard leur avait fait trouver jusque-là dans les rivières et les bois. L'agriculture fixa les hommes au sol, les initia, par suite, à la vie de société, les moralisa et améliora leur sort. Le blé fut, si l'on peut ainsi parler, la greffe qui convertit les fruits amers de la vie sauvage dans les doux fruits de la civilisation. De là venait que les Grecs faisaient de l'inventeur de la charrue le premier instituteur de l'espèce humaine, et donnaient à Cérès le surnom de législatrice. Les Égyptiens, dans leur reconnaissance pour un si grand bienfait, fêtaient à chaque récolte nouvelle la commémoration de cette découverte d'Isis. Les premiers épis coupés, ils se rangeaient en cercle autour de la gerbe, et l'offraient à la déesse en l'invoquant à grands cris. Dans plusieurs villes encore, lorsqu'on célébrait les Isées (fêtes d'Isis), on portait en pompe, avec beaucoup d'autres objets, des corbeilles remplies de froment et d'orge, et des hymnes racontaient l'origine de l'agriculture.

Lorsque Osiris eut ainsi initié l'Égypte aux lois sociales et aux arts, il abandonna à Isis l'administration de son royaume, et se mit en route pour aller porter plus loin par toute la terre les bienfaits de ses découvertes et du gouvernement civil. Dans tous les pays qu'il traversa, il laissa, comme marques de son passage, des mœurs plus douces, des populations plus heureuses, des associations d'hommes unies par les liens du commerce ou des plaisirs. Une troupe de Satyres et de Pans suivait Osiris, et achevait de faire, par les accords de la flûte et les charmes de la musique, ce qu'il avait commencé par l'empire de son éloquence.

Cependant Typhon ne restait pas oisif; il machinait des complots contre son frère, et cherchait des complices jusqu'en Éthiopie. La reine de ce pays et soixante-douze des grands de sa cour entrèrent dans les projets de Typhon, et durent se tenir prêts à l'événement. Osiris, à son retour, se vit l'objet des hommages et des félicitations de toute l'Égypte, et Typhon se hâta de le convier à un grand festin pour célébrer sa bienvenue. Pendant que la joie éclate parmi les convives, un coffre très-richement orné est apporté dans la salle du festin, et aussitôt tout le monde d'en admirer la magnificence et le travail. Comme fier de ces compliments, et feignant de se montrer bon prince, Typhon offre de le donner à celui d'entre eux, s'il s'en trouve un, qui pourra, en s'y couchant, le remplir exactement. Plusieurs l'essayent, mais en vain. Vient le tour d'Osiris. Or, pour celui-ci, Typhon savait très-bien qu'il gagnerait le coffre, car il l'avait justement fait faire à la taille et à la mesure de son frère, qu'il avait prises secrètement. A peine Osiris y est-il donc entré que le couvercle du coffre retombe; les conjurés accourent, et le maintiennent fermé pendant que quelques-uns d'entre eux font couler du plomb fondu sur les bords, afin de le boucher exactement. Osiris trouva ainsi un tombeau dans son triomphe. Son corps fut jeté dans le Nil, et le fleuve, après l'avoir promené le long des rives que le dieu civilisait naguère, le poussa dans la mer par l'embouchure Tanitique, restée depuis lors en exécration chez les Égyptiens. Ainsi périt Osiris à la fleur de l'âge, le 17 du mois d'athyr (13 novembre), où le soleil entre dans le signe du scorpion.

Les Pans et les Satyres, fidèles compagnons du dieu dans ses voyages, apprirent les premiers la funeste nouvelle, et la répandirent avec éclat; le monde retentit bientôt de longs cris de douleur. L'écho vint en gémissant révéler à Isis son malheur. La déesse coupe aussitôt sa chevelure, se revêt de la robe des veuves, et se livre au plus cruel désespoir; elle erre, elle court de tous côtés, cherchant si elle ne verra pas flotter le coffre funeste, si elle n'apprendra pas où il a été jeté. Elle s'en informe auprès des laboureurs qui se rendent le matin à leurs travaux des champs, qui rentrent le soir sous le toit de leurs habitations; elle s'en informe auprès des enfants qui jouent aux palets sur les bords du fleuve. Enfin un groupe de ces derniers lui dit avoir vu passer le coffre, et lui indique l'embouchure par laquelle il a été entraîné vers la mer.

Osiris avait eu commerce avec Nephthys, sa sœur et l'épouse de Typhon; une couronne de mélilot laissée auprès de l'amante adultère avait tout appris à Isis. Les mythologues prétendent, il est vrai, qu'Osiris avait été infidèle par erreur, et que Nephthys, devenue amoureuse du dieu, l'avait fait tomber dans une embûche galante.

Quand le mythe veut exprimer par les actions des dieux des faits de physique ou d'astronomie, il s'inquiète peu d'ordinaire de faire commettre à ces dieux tous les genres de crimes; et nous éprouvons ici le besoin de décharger la mémoire du bon Osiris de son double adultère, en en donnant le sens réel. La légende a voulu faire entendre que le Nil dépassait parfois la limite de ses inondations, et allait féconder de son limon la lisière du désert, où règnent Typhon et Nephthys.

Le mélilot, cette plante qui croît sur la limite des sables arides, et qu'Isis avait aperçue dans ses courses, la mit sur la trace de l'infidélité de son époux, et des chiens la conduisirent vers le lieu où Nephthys, indifférente aux fruits de sa fécondité, avait exposé son enfant. Isis le recueillit, lui donna le nom d'Anubis, et, après l'avoir nourri, en fit son compagnon de voyage. Anubis, cet enfant des amours surprises, avait toute la sagesse et toute la bonté de son père; seulement il avait la tête du chien ou du chacal, l'animal des déserts de l'Afrique. Dieu de lumière et de ténèbres, nous le retrouverons aux enfers, dernière image de l'Hermès céleste, inscrivant sur le livre de vie les jugements portés par Osiris sur les âmes.

Isis et Anubis se mirent à la recherche d'Osiris, et les voyageurs, en suivant le cours du Nil, apprirent que le coffre, livré aux flots de la mer, avait été porté vers la ville de Byblos, et de là déposé dans un buisson. **Dans peu de temps,** le buisson avait grandi d'une manière démesurée, et sa tige, enveloppant le coffre, l'avait recouvert tout entier. Le roi de Byblos, surpris de la magnificence de cet arbre, avait ordonné qu'on le coupât, et qu'on en fit une colonne pour soutenir le dôme de son palais. Isis se hâta donc de partir pour Byblos, et un jour les habitants de cette ville virent assise auprès d'une fontaine une belle inconnue dans l'attitude de la plus profonde douleur, les yeux baissés, et versant des larmes. L'étrangère ne cherchait point, en tournant ses regards éplorés vers la foule, à se faire de ses larmes une séduction pour attirer la compassion; elle ne paraissait, au contraire, s'apercevoir de la présence de personne, n'adressait la parole à personne. Cependant des suivantes de la reine de Byblos étant venues à passer, elle les salua, et celles-ci, attirées par le salut de l'étrangère, s'approchèrent. Elle leur parla alors avec bonté, leur offrit de tresser leurs chevelures, et ses mains, en construisant l'élégante coiffure de leurs cheveux, y glissèrent, presque à l'insu d'elle-même, les parfums qui s'exhalaient de son corps.

De retour au palais, les suivantes racontèrent la rencontre qu'elles avaient faite près de la fontaine, et la reine eut aussitôt le désir de voir la déesse. On la fit venir. La voir et l'aimer fut une même chose pour la reine, et elle lui donna l'un de ses enfants à nourrir. Pour remplir cette charge, Isis n'eut point recours aux moyens vulgaires d'une nourrice; au lieu de ses mamelles elle mettait le doigt dans la bouche de l'enfant, et la nuit elle le passait dans le feu, pour consumer ce qu'il avait de mortel et de terrestre. Pour elle, tout entière à sa douleur, elle s'envolait sous la forme d'une hirondelle sur le sommet de la colonne du palais, et y déplorait pendant de longues heures la perte de son époux. Une nuit, la reine aperçut la déesse au moment où elle passait son nourrisson dans les flammes, et, à cette vue, elle jeta de grands cris qui firent perdre l'immortalité à l'enfant.

Isis se fait alors connaître ; elle demande la colonne qui contient le coffre, et l'en retire. Se précipitant avec tout le délire du désespoir sur le perfide instrument de la mort de son époux, elle pousse des cris si aigus que le plus jeune des fils du roi en meurt de frayeur. Puis elle se charge de son précieux fardeau, et revient en Égypte. A peine se voit-elle seule dans un lieu écarté qu'elle ouvre le coffre pour contempler le cadavre retrouvé. Elle colle son visage sur le pâle visage d'Osiris, le baise mille et mille fois en l'arrosant de larmes. De ces embrassements, la déesse conçut le fils que les Grecs ont nommé Harpocrate, nain difforme et boiteux, véritable fruit de la tombe, enfanté dans le désespoir et les larmes. La vengeance est le plaisir des dieux. Isis, de plus, était femme ; elle ne songe plus qu'à punir le crime de Typhon. Son vengeur est trouvé ; Horus, son fils et le fils d'Osiris, est élevé secrètement dans la ville de Bouto ; elle n'aura qu'à lui nommer sa victime, et Typhon aura cessé de nuire. Elle se hâte donc de cacher le coffre dans un lieu écarté, et se met en chemin vers Bouto. Le malheur voulut que Typhon chassât ce soir-là, par un beau clair de lune, dans les lieux mêmes que venait de quitter Isis. En battant les sentiers et les buissons, le dieu du mal trouve le coffre, le reconnaît, et cette fois, coupe le corps en quatorze morceaux, qu'il disperse de côté et d'autre. Voilà Isis retombée dans sa douleur, parcourant de nouveau sur une barque d'écorce de papyrus les sept bouches du Nil et tous les marais voisins, à la recherche des précieux morceaux. A mesure que la déesse trouvait une partie du corps, elle lui élevait une sépulture dans le lieu même où elle l'avait trouvée, et c'est pour cela qu'on voyait dans l'antiquité tant de tombeaux d'Osiris en Égypte. L'organe seul de la génération ne fut pas retrouvé, parce qu'il était tombé dans le fleuve, où des poissons, depuis lors restés maudits aux yeux des Égyptiens, l'avaient dévoré.

Isis voulant que le corps de son époux fût honoré dans

toute l'étendue de l'Égypte, fit mouler avec de la cire mêlée d'aromates, autour de chacun des morceaux, une figure d'homme d'une taille égale à celle d'Osiris. Elle appela ensuite successivement près d'elle tous les colléges de prêtres, et exigea d'eux le serment de ne jamais révéler le secret qu'elle leur confiait. Puis elle les prit tour à tour en particulier, et déclara à chacun d'eux qu'il était le seul auquel elle remettait le soin de donner la sépulture au véritable corps d'Osiris, et de lui rendre les honneurs divins. Pour mieux intéresser les prêtres à garder le secret, elle leur assigna le tiers des terres d'Égypte, le produit devant en être employé aux cérémonies du culte religieux. Le stratagème de la déesse a une couleur toute orientale, et le philosophe Lessing s'en est servi dans son roman de Nathan le Sage. Il réussit parfaitement, l'orgueil et l'intérêt aidant; car Diodore de Sicile assure que, de son temps, chaque collége de prêtres croyait posséder le véritable tombeau d'Osiris. Ce tombeau pourtant ne se trouvait qu'à l'île de Philæ, où Isis avait transporté le corps entier de son époux, et où elle fut elle-même ensevelie. Les Égyptiens, malgré les traditions locales, ne l'ignoraient point, et le plus grand de leurs serments était celui-ci : « Par Osiris, qui est à Philæ. »

Cependant Osiris est revenu des enfers pour instruire Horus dans l'art des combats, et l'animer à la vengeance. Celui-ci s'est hâté de rassembler ses fidèles, et son armée, grossie de jour en jour, se dispose à attaquer Typhon. La reine d'Éthiopie, cette complice du meurtre d'Osiris, se ligue maintenant avec son fils. Enfin, le combat s'engage, et, après quelques jours de lutte, le chef du mal tombe dans les mains d'Horus, qui s'apprête à le faire mourir. A son grand étonnement, c'est Isis qui vient maintenant s'opposer à sa vengeance, et délier les chaînes dont Typhon est chargé. A cette vue, Horus s'indigne, et levant la main sur sa mère, il lui arrache de la tête les marques de sa dignité. Hermès, le protecteur de la déesse, lui donna depuis un casque représentant la tête d'un taureau.

Telle est la légende d'Isis et d'Osiris; on voit par ces détails combien l'esprit grec y respire. La légende est tellement combinée qu'elle se résout tout entière, sous l'œil de l'érudit, en une exposition dramatique des idées cosmogoniques, métaphysiques et historiques, que la Grèce avait sur l'Égypte. Il n'y a pas le plus léger détail qui n'ouvre la porte à un commentaire, à un rapprochement, pas un fait qui ne soit un mythe ou une allusion. Reprenons : Osiris est à la fois le soleil et le Nil, et comme l'influence du fleuve et de l'astre ne sont pas analogues, et appellent des figures différentes, le récit a dû parfois revenir sur lui-même pour suivre la double allégorie. L'inondation du Nil commence en juin; c'est le temps où Osiris, après avoir civilisé l'Égypte, se met en route pour aller conquérir à la civilisation, aux arts et à l'agriculture, les contrées éloignées. Au 24 septembre, jour où l'inondation trouve sa limite, Osiris parvient dans les pays les plus reculés, et commence à opérer son retour. Pendant son absence, l'administration du gouvernement est restée à Isis. Tout prospère, tout fleurit d'abord sous sa sage direction. Mais bientôt Typhon, le frère jaloux d'Osiris, qui n'a pu voir sans colère les heureux fruits de son gouvernement, profite de son absence pour soulever les tourbillons du désert, et envahir de ses sables arides les terres fertiles de la vallée. La reine de l'Éthiopie, personnification des vents brûlants du sud, se joint à la sécheresse pour agrandir l'empire de Typhon. Le désert se fait partout de proche en proche; le corps d'Osiris, ou le Nil, est de plus en plus resserré par les sables qui marchent sur lui, et les rives rapprochées où il s'encaisse représentent le coffre fatal où Osiris perdit la vie.

Mais enfin Isis a retrouvé le corps de son époux, et ce corps, coupé en quatorze morceaux, est dispersé de nouveau sur toute la surface de l'Égypte; c'est encore le Nil se répandant par ses nombreux canaux à travers les champs de l'Égypte. La vengeance suit de près le crime de Typhon. Horus, l'image de son père, Nil nouveau, reprend ses conquêtes sur le désert, et le repousse jusqu'à la limite ordinaire. La reine d'Éthiopie, la concubine de Typhon, apporte alors à Horus ses services. Sous le nom d'Aso, elle ajoutait l'embrasement de ses vents à la sécheresse des sables; maintenant, sous le nom de Thouéris, avec un corps d'hippopotame, elle dessèche les eaux trop hautes de l'inondation, pour ramener le temps des semailles. Nous avons expliqué plus haut l'adultère d'Osiris et de Nephthys. Il est une foule d'autres détails qui ramènent au profond antagonisme du désert et du Nil. Rien de plus naturel que l'imagination des Égyptiens eût été fortement frappée du phénomène grandiose de cette lutte de la nature, qu'elle en eût fait passer l'allusion dans tous ses symboles, et l'eût décrite dans plusieurs légendes différentes. Le mythe d'Hercule et d'Antée n'était au fond que la personnification du même fait physique.

Il y a deux récoltes par an en Égypte, et aussi deux saisons mauvaises, l'été et l'hiver. Aussi Osiris meurt-il deux fois, une fois comme Nil, une autre fois comme Soleil. Vers le mois de décembre, la première récolte étant achevée, les campagnes sans verdure et sans fruits inspirent la tristesse; l'astre du jour décline de plus en plus; le jour se retire devant les ténèbres. C'est alors qu'Isis, appliquant ses lèvres glacées sur le pâle visage de son époux, enfante le boiteux Harpocrate. Harpocrate, avec ses jambes collées, peint l'engourdissement de la nature dans les jours d'hiver, l'anéantissement de l'agriculture, les campagnes délaissées, les travaux interrompus. Timide comme le chétif enfant du soleil, le laboureur se montre à peine sur le seuil de sa maison pour jeter un regard de regret sur ses champs dépouillés. Mais sous le ciel de l'Égypte, le fils du soleil grandit rapidement; il se dépouille de ses langes de brume; sa force se fait féconde; enfin, le soleil revient comme un roi triomphant, dans tout l'éclat de sa gloire, et le 6 janvier on célèbre la fête d'Osiris retrouvé. Ici la confusion se met un peu dans le mythe; les deux rôles d'Osiris se mêlent, et, comme maître Jacques, le dieu n'a pas quitté le costume de l'un, qu'il a déjà pris le langage de l'autre.

Différentes fêtes célébraient les deux phases principales de la vie d'Osiris. Au solstice d'hiver, lorsque les nuits devenaient de plus en plus longues, les prêtres avaient quatre jours de deuil. Le premier, ils regrettaient l'affaiblissement des eaux du Nil; le second, la fuite des vents du nord, forcés de céder à ceux du midi; le troisième, la diminution des jours; le quatrième, l'état de nudité où les arbres laissent la terre en se dépouillant de leurs feuilles. Mais bientôt après, ils se rendaient tous avec les stolistes sur le bord de la mer, portant la bari sacrée qui renfermait le vase d'or avec lequel ils puisaient de l'eau douce. Les assistants, élevant tout à coup la voix, prononçaient à grands cris l'alleluia égyptien : « Osiris est retrouvé! Osiris est retrouvé! »

Une fête plus grande encore que celle-ci se célébrait lors de l'inondation. Les mugissements de la vache sacrée annonçaient l'approche des eaux; les oiseaux de l'Éthiopie en étaient les avant-coureurs. On faisait sortir alors les simulacres des dieux dans leurs baris sacrées, et on les promenait sur le fleuve; les autels des dieux se couvraient de riches offrandes. Le jour de la crue était pour les Égyptiens ce qu'est pour nous le premier jour de l'année, une époque de souhaits, d'espérances, de visites et de cadeaux. Aujourd'hui encore, il s'est conservé quelque chose de cette fête. Dès que le Nil a dépassé l'étage ordinaire du nilomètre des cataractes, des hérauts partent vers tous les points de l'Égypte, pour annoncer la bonne nouvelle dans les campagnes et les villes.

A Philæ, il y avait dans le temple d'Isis un nombreux collège de prêtres, et trois cent soixante urnes employées au service des autels. Chaque jour les prêtres remplissaient ces urnes de lait, et récitaient des lamentations dans lesquelles ils invoquaient Osiris et Isis. On y rendait surtout un culte tout particulier aux organes de la génération, et dans les fêtes publiques on promenait une figure d'Osiris dont le phallus était triple. Ce fut à l'Égypte que l'Europe emprunta dans l'antiquité les fêtes des Phallophories, ainsi que les mystères secrets de la Bonne Déesse, dans lesquels l'initiation, ayant pour but dans le principe la recherche des causes de la création de la nature, aboutit presque toujours à des scènes de débauche. Ainsi, par tous les côtés, les prêtres égyptiens pour expliquer la puissance des dieux revenaient à l'idée de la fécondation et de la génération. Après avoir été élevé si haut dans l'intelligence, Dieu, ce pur esprit émanant sans cesse de lui-même, venait, comme les dieux vulgaires des autres nations, à n'être que le fécondateur grossier de la matière. Soleil, Nil ou Phallus, Osiris n'était qu'un principe mâle et l'un des termes d'une dualité diverse, reposant toujours sur la même idée.

Nous avons trop insisté ailleurs sur la question du dualisme pour y revenir; nous observerons seulement que le dualisme se particularise ici dans l'eau et la sécheresse, le sec et l'humide, comme disaient les philosophes grecs. L'eau se retrouvait dans toutes les cérémonies des Égyptiens; on portait des vases remplis d'eau dans les processions; les dieux étaient promenés sur des barques, comme ils étaient promenés sur des chars en Chaldée; et aux grandes fêtes d'Isis, le grand prêtre tenait le plus vénéré des symboles, l'urne sainte, cachée sous sa robe.

Les écrivains grecs, soit que telles eussent été les instructions qu'ils avaient reçues des prêtres de Thèbes et d'Héliopolis, soit qu'ils n'eussent pris conseil que de leur esprit, ne se bornèrent pas à faire de la légende d'Osiris le récit des variations du sol et du climat de l'Égypte, ils en firent encore un résumé des religions de l'Asie occidentale. Dans le voyage d'Isis à Byblos, ils virent la réalité historique des rapports de filiation qui existaient entre la Phénicie et l'Égypte. L'Astarté sidonienne pleurant la mort d'Adonis blessé par la dent du sanglier, n'était autre qu'Isis mêlant ses larmes aux ondes de la fontaine de Byblos; et Osiris et Adonis morts n'étaient que le soleil pâlissant d'hiver. Tous les ans, à la fête d'Adonis, une tête mystérieuse était, dit-on, portée du rivage égyptien sur la côte de Syrie. Osiris était de plus une forme d'Hercule parcourant le monde pour le civiliser, accomplissant sur terre des travaux qui préparent le règne de l'homme. Changez encore le nom, vous avez Bacchus. Comme le nourrisson de Silène, il plante la vigne et le lierre; comme lui, quelques auteurs le font naître à Nysse, ville de l'Arabie-Heureuse; et dans ses courses civilisatrices à travers les peuples, Osiris a aussi dans son cortége des Pans et des Satyres, génies bienfaisants qu'il s'est attachés par les séductions de son chant et de son éloquence. Osiris est enfin assimilé à Memnon, ce célèbre fils de l'Aurore, qui vint, suivant quelques écrivains, apporter à Troie le secours de ses noires cohortes éthiopiennes, mais que d'autres font mourir en Égypte à la fleur de l'âge. La statue résonnante de ce dieu était une marque de la relation qui existe entre le son et la lumière. Aussi Memnon était-il, selon quelques traditions, le père des Muses. Osiris, dieu du Soleil, menait de même autour de lui les sept planètes, nymphes célestes qui exécutaient dans les régions aériennes des chœurs et des danses comme les vierges de l'Hélicon. Tel aussi la mythologie hindoue nous peint Crichna, cette dernière incarnation de Vichnou, la plus brillante de toutes, rassemblant autour de lui, par son chant et les accords de sa flûte, les sept Gopis ou divines laitières, et les instruisant par la musique à célébrer sur les rives de l'Iamouna des danses mêlées de chants d'amour et de jeux. Suivant ce mythe, les arts, la poésie et la musique n'étaient qu'un retentissement affaibli, mais suave, de l'harmonie des sphères; les muses terrestres avaient leur idéal dans les lumineuses planètes, et Apollon, Osiris, Crichna,

Memnon, étaient des types de la lumière s'épanouissant dans la vaste symphonie de la nature.

Tout est dans tout, a-t-on dit de notre temps; les Grecs retrouvaient tout dans le mythe d'Osiris, et tout y était en effet. Le symbolisme est un système de condensation d'idées; les symboles religieux sont des expressions très-complexes. La religion confond, la philosophie distingue. Dans les époques de foi et de syncrétisme, la première personnifie, matérialise les événements et les idées; si elle ne prend pas le Pirée pour un homme, elle fait volontiers un homme du Pirée ou un dieu d'un fleuve; la seconde, dans des époques de doute, brise les moules, et rend les idées et les faits à leur éparpillement, à leur réalité. L'humanité se consume dans ce travail de Pénélope. Le mythe, à demi transparent, laisse parler le prêtre; et quels horizons, quel monde merveilleux, son imagination à l'aise n'aperçoit-elle pas oscillant derrière le voile flottant qui recouvre le dieu! Pour lui, les attributs les plus opposés signifieront la même chose; la nuit et le jour seront réductibles au même principe. Demandez à l'un pourquoi Dieu est représenté par un crocodile : c'est parce que cet animal, répondra-t-il, n'a pas de langue; image puissante de Dieu, qui n'a pas besoin de la parole pour se manifester; pourquoi, à cet autre, il appelle Dieu le Verbe : c'est parce que la parole en nommant les choses les appelle à l'existence. Quelques religions ne donneront pas d'oreilles aux représentations de la Divinité, parce qu'elle ne doit entendre personne en particulier; d'autres lui en donneront de longues, parce qu'elle doit entendre tout le monde. Croire à l'existence des dieux, disait un ancien, c'est le meilleur moyen de les honorer, et, véritablement, après toutes les créations bizarres et grossières qu'a enfantées le mysticisme, on doit le répéter : croire à l'existence de Dieu, sans recours à la forme, c'est encore la meilleure des religions.

Il nous faut en finir avec les dieux de la mythologie égyptienne. Osiris et Isis avaient un fils et une fille, qui, à un degré plus éloigné de puissance, n'étaient que des formes d'eux-mêmes. Horus était Osiris. Bubastes s'identifiait souvent avec Isis, et de là cette éternelle promiscuité des dieux qui fait passer la mère sous une autre forme dans les bras du fils. Dans une triade finale, Horus, frère et époux de Bubastes, était regardé comme époux d'Isis. Les Grecs assimilaient ce dieu et cette déesse, les derniers nés d'Ammon-Ra, à Apollon et à Diane. Horus avait aussi plusieurs formes; sous le nom d'Harpocrate, l'enfant malade et aux jambes vacillantes, c'était le soleil naissant de janvier, emmailloté dans des langes de glaçons; sous le nom d'Aroueris, c'était Horus dans l'âge mûr, frère et fils d'Osiris, vengeant sa mort sur Typhon, et ne laissant la vie à ce dernier qu'aux prières d'Isis. Bubastes s'était aussi signalée dans la lutte de sa famille contre le dieu du désert; mais, moins heureuse, elle n'avait échappé aux poursuites de Typhon qu'en se changeant en chat. En mémoire de cette métamorphose, le chat lui était consacré; et, dans ses représentations, la déesse portait, sur un corps de femme, la tête de cet animal.

Horus fut le dernier dieu qui gouverna l'Égypte. Le règne des Pharaons commença après lui. Les prêtres vénéraient en lui le chef de la dernière triade divine, composée d'Isis, sa mère, devenue son épouse, et de leur fils Malouli ou Mandouli. Avec eux la chaîne des émanations divines est close.

Cependant, les rois recevaient aussi en Égypte une espèce de culte; ils étaient souvent assimilés aux divinités supérieures, et le titre de dieu entrait dans le nombre de leurs pompeuses qualifications. La doctrine sacerdotale, plus encore peut-être que la flatterie, les considérait comme des émanations directes de la Divinité; seulement elle ne les faisait pas rentrer dans la personnalité d'Ammon. L'être divin était complet et déterminé dans l'échelle d'attributs allant d'Ammon-Ra à Mandouli. Les rois étaient en dehors, quoiqu'ils comptassent Phtha, Phré et Horus pour leurs dynastes. Mais les usages du culte leur fournissaient souvent les moyens d'aller se mêler au milieu même des plus grandes divinités. Ils ne constituaient pas alors de nouvelles personnifications divines; mais, par l'assimilation, ils se substituaient souvent, reine ou roi, aux membres des triades adorées dans le temple. Cela se voyait surtout dans les bas-reliefs et les peintures des mammisi ou ei-misi (lieux d'accouchement). Ces petits temples, que l'on construisait toujours à côté des grands temples consacrés à une triade, étaient comme l'image de la demeure céleste où la déesse enfantait le troisième terme de la triade. Or ces mammisi étaient construits, la plupart du temps, en commémoration de la naissance d'un fils de roi, et des personnages royaux se substituaient aux personnes divines. Dans le mammisi attaché au temple d'Edfou, la naissance et l'éducation de Ptolémée Évergète sont associées à celles du jeune Har-Sont-Tho, qui est le fils du dieu Har-Hat et de la déesse Athor, et qui forme avec eux la triade adorée dans le temple. Le mammisi d'Hermonthis, consacré à la déesse Ritho, n'avait été construit, comme le prouvent tous les bas-reliefs, que pour conserver le souvenir de la naissance de Cæsarion, fruit des amours de Jules César et de Cléopâtre. César avait bien voulu être le Mandou de la nouvelle Ritho, comme Cæsarion en fut le Harphré : « C'était assez l'usage du dictateur romain, dit plaisamment M. Champollion jeune, de chercher à compléter la triade, lorsqu'il rencontrait surtout des reines qui, comme Cléopâtre, avaient en elles quelque chose de divin, sans négliger pour cela les joies terrestres. » Enfin, à Louqsor on voit une suite de bas-reliefs relatifs à la personne d'Aménophis, fondateur de ce palais. La reine, femme de Thouthmosis IV, dont l'état de grossesse est visiblement exprimé, est conduite par Knouphis et Athor vers la chambre d'enfantement. Cette même princesse, placée sur un lit, met plus loin au monde le roi Aménophis; des femmes soutiennent la gisante, et des génies divers, rangés sous le lit, élèvent l'emblème de la vie vers le nouveau-né. Plus loin encore, la reine nourrit le jeune prince; puis le dieu Nil présente le petit Aménophis, ainsi que le petit dieu Harka, aux grandes divinités de Thèbes; le grand Ammon-Ra reçoit dans ses bras le royal enfant, et le caresse; les déesses protectrices de la haute et de la basse Égypte lui offrent des couronnes, emblèmes de la domination sur les deux pays, et Thoth lui impose son grand prénom royal d'Aménophis-Memnon, qu'il doit illustrer entre tous les autres Aménophis. Ces marques de la protection divine n'étaient ordinairement figurées sur les monuments que lorsque l'enfant était devenu roi, et la cérémonie d'intronisation était une nouvelle occasion de conférer aux rois l'attribut de la divinité. Sous les Ptolémées, Memphis était devenue la capitale religieuse de l'Égypte, et c'était dans le grand temple de Phtha que se célébrait la cérémonie du sacre. Au mois de mars de l'an 196 avant l'ère chrétienne, toute la haute aristocratie du clergé s'y trouvait réunie pour le couronnement et l'intronisation de Ptolémée Épiphane, qui venait d'atteindre sa majorité. Les prêtres imposèrent la couronne sur la tête du nouveau roi, et lui décernèrent de grands honneurs. Le décret qui fut rendu à ce sujet par le haut sacerdoce se trouve inscrit sur l'obélisque de Rosette; on y lit :

« L'an ix, le 10 du mois de méchir, les pontifes et les prophètes, ceux qui entrent dans le sanctuaire pour habiller les dieux, les ptérophores, les hiérogrammates, et tous les autres prêtres, qui, de tous les temples situés dans le pays, s'étaient rendus à Memphis, auprès du roi, pour la solennité de la prise de possession de cette couronne, dont Ptolémée, toujours vivant, le bien-aimé de Phtha, dieu Épiphane, prince très-gracieux, a hérité de son père, se trouvant réunis dans le temple de Memphis, ont prononcé, ce même jour, le décret suivant :

« Considérant que le roi Ptolémée, toujours vivant, le

bien-aimé de Phtha, roi Épiphane, très-gracieux fils du roi Ptolémée et de la reine Arsinoé, dieux philopatores, a fait toutes sortes de biens et aux temples et à ceux qui y font leur demeure, et en général à tous ceux qui sont sous sa domination; qu'étant dieu, né d'un dieu et d'une déesse, comme Horus, le fils d'Isis et d'Osiris, le vengeur d'Osiris son père, et jaloux de signaler généreusement son zèle pour les choses qui concernent les dieux, il a consacré au service des temples de grands revenus, tant en argent qu'en blé, et a fait de grandes dépenses pour ramener la tranquillité en Égypte et y élever des temples. . . . .
. . . .

» Qu'il a ordonné que les revenus des temples et des redevances qu'on leur payait chaque année, tant en blé qu'en argent, ainsi que les parts réservées aux dieux sur les vignobles, les vergers, et sur toutes les autres choses auxquelles ils avaient droit du temps de son père, continueraient à se percevoir dans le pays :

» Il a plu aux prêtres de tous les temples du pays de décréter, que tous les honneurs appartenant au roi Ptolémée toujours vivant, le bien-aimé de Phtha, dieu Épiphane, très-gracieux, ainsi que ceux qui sont dus à son père et à sa mère, les dieux philopatores, et ceux qui sont dus à ses aïeux, fussent considérablement augmentés; que la statue du roi Ptolémée, toujours vivant, soit érigée dans chaque temple, exposée dans le lieu le plus apparent, laquelle sera appelée la statue de Ptolémée, vengeur de l'Égypte; près de cette statue sera placé le dieu principal du temple, qui lui présentera l'arme de la victoire, et tout sera disposé de la manière la plus convenable; que les prêtres fassent trois fois par jour le service religieux auprès de ces statues, qu'ils les parent des ornements sacrés, et qu'ils aient soin de leur rendre dans les grandes solennités tous les honneurs qui doivent, selon l'usage, être rendus aux autres dieux; qu'il soit consacré au roi Ptolémée une statue et une chapelle dorée dans le plus saint des temples; que cette chapelle soit placée dans le sanctuaire avec toutes les autres, et que dans les grandes solennités où l'on a coutume de faire sortir des sanctuaires les chapelles, on fasse sortir aussi celle du dieu Épiphane très-gracieux; qu'il soit célébré une fête et tenu une grande assemblée (panégyrie) en l'honneur du toujours vivant, du bien-aimé de Phtha, du roi Ptolémée, dieu Épiphane, très-gracieux, tous les ans; cette fête aura lieu dans tout le pays, tant de la haute que de la basse Égypte, et durera cinq jours, à commencer du premier jour du mois de Thoth, pendant lesquels ceux qui feront les libations, les sacrifices, et toutes autres cérémonies d'usage, porteront des couronnes; ils seront appelés les prêtres du dieu Épiphane-Euchariste. »

CHAPITRE QUATRIÈME.

CULTE DES ANIMAUX.

Fétichisme symbolique. — Motifs de ce culte. — Animaux sacrés : l'ibis, l'épervier, le chien, le chat, le crocodile, le loup, le bœuf, etc. — Ces animaux sont nourris dans les temples. — Dotations affectées à leur entretien. — Hommages qu'on leur rend. — Peines cruelles portées contre ceux qui leur font du mal. — Le bœuf Apis; cérémonie de son installation dans le temple. — Le serpent Agathodémon. — Momies d'animaux. — Leurs nécropoles. — Animaux fabuleux. — Le sphinx. — Jugements divers portés sur le culte des animaux.

« Les sanctuaires d'Égypte sont ombragés par des tissus d'or; mais si vous pénétrez dans le fond du temple et que vous cherchiez la *statue*, un employé du temple s'avance d'un air grave en chantant un hymne en langue égyptienne, et soulève un peu le voile, comme pour vous montrer le dieu; que voyez-vous alors? un chat, un crocodile, un serpent indigène, ou quelque autre animal dangereux! Le dieu des Égyptiens paraît!... C'est une bête sauvage se vautrant sur un tapis de pourpre. »

Ce passage de Clément d'Alexandrie nous l'apprend, tous les temples de l'Égypte renfermaient un animal dans leur sanctuaire; c'était sous cette forme animée que les dieux dont nous avons plus haut déroulé la longue liste, recevaient les hommages de leurs adorateurs. Depuis les cataractes de Syène à travers lesquelles s'élance le Nil, jusqu'aux rivages de la mer où il vient terminer son cours; des limites de l'Arabie aux déserts de l'Occident, chaque nome de cette fertile vallée, chaque district, chaque ville avait son animal sacré, et celui-ci recevait les adorations de la foule humble et prosternée, en se vautrant ou en gambadant sur les coussins de soie et d'or du tabernacle. Comment les Égyptiens, dont les conceptions métaphysiques étaient élevées, et la morale illuminée par le principe de l'immortalité de l'âme humaine, en étaient-ils venus à ce culte des animaux, qui signale dans tous les pays la première et grossière ébauche des systèmes religieux! On peut l'avouer franchement, sans pour cela absoudre les prêtres égyptiens des condamnables égarements de leur symbolisme : ce n'était pas les animaux en eux-mêmes qu'ils adoraient; ils ne voyaient en eux que des signes vivants et diversifiés, propres à traduire des idées métaphysiques, cosmogoniques et astronomiques, qui eussent paru peut-être trop simples dans leur nudité, et auxquelles ces emblèmes, avec l'apparente prétention de les rendre sensibles, donnaient au contraire la grandeur de l'inconnu et le voile du mystère.

De plus, comme nous l'avons dit ailleurs, quand une religion a formulé l'idée qui lui est propre et essentielle, l'idée qui fait que cette religion existe, quand, par le lien de cette idée, elle a cherché à relier toutes les croyances, toutes les traditions historiques et scientifiques d'un peuple, il se fait naturellement en elle une réaction, et, relâchant le ressort vigoureux qui délimitait tout, elle ouvre son système à plusieurs idées qu'elle avait d'abord tenues en dehors. La religion arrive à douter comme l'incrédulité, et ses prêtres se disent que tout n'était pas erreur dans les croyances qu'ils sont venus réformer ou détruire. Par un détour, ils reprennent bientôt en sous-œuvre ces croyances anciennes, et, par une transition quelconque, ils les rattachent à l'idée nouvelle. Car, après tout, ces croyances répondaient à des besoins; il n'y a pas d'idée dont l'objet n'existe, et, sous peine d'être incomplète, la religion devait tout embrasser. La même raison donc qui avait fait introduire dans le système des émanations le principe du sabéisme, que les prêtres égyptiens avaient trouvé chez les peuples voisins de l'Égypte, leur fit admettre aussi le fétichisme, qu'ils avaient trouvé enraciné de temps immémorial chez les tribus nomades des bords du Nil. Mais, tout en laissant subsister les objets de ce culte grossier, ils relevèrent, en les spiritualisant, les idées qu'on y avait attachées jusqu'alors; ils dédoublèrent, pour ainsi dire, ces objets en matière et esprit, séparèrent l'ombre de la lumière, et apprirent aux idolâtres à voir, par delà la représentation, le type divin, la lumière divine. Considérés sous cet aspect, les animaux, non plus dieux, mais simulacres vivants des dieux, pouvaient trouver leur place sans encombre dans le savant et fécond système de la théogonie égyptienne.

D'un autre côté, si, dans nos sociétés modernes, les animaux sont placés à une distance infinie de l'homme, et ne sont estimés que dans la proportion de l'utilité et de l'agrément qu'ils procurent, il n'en était pas ainsi selon les idées religieuses de l'antiquité. Pour les peuples anciens, plus rapprochés de la création, tous les objets avaient reçu comme l'empreinte de la Divinité, dont ils n'étaient séparés que par une assez courte suite de générations humaines. Ainsi nul être n'était indifférent, tous remplissaient leur rôle dans le grand drame de l'univers. Dans les religions où le dualisme dominait, les animaux se partageaient en animaux purs et impurs; les uns étaient sacrés, les autres maudits. En Égypte, où régnait le système religieux de l'unité, tous les animaux étaient sacrés.

Et cette préoccupation religieuse n'eût-elle pas existé, l'homme trouvait un grand sujet de méditation dans la comparaison de lui-même avec les animaux, quand il examinait le mode d'être, les instincts, les facultés de ces derniers. L'existence du règne animal complique extrêmement le problème de l'âme humaine. Si dans l'homme on appelle âme ce principe interne qui reçoit l'impression des sens et leur communique la direction, qui pense, raisonne, se souvient, comment appeler le principe qui accomplit à des degrés moins élevés les mêmes opérations dans l'animal? Et si dans l'un c'est un résultat de l'organisation, ne durant qu'autant que dure l'organisation, comment dans l'autre l'âme est-elle immortelle? Nous croyons, nous, fermement à cette immortalité, sans donner ici les arguments classiques de l'école; mais nous avons vu beaucoup de philosophes, sans compter Descartes, être sérieusement embarrassés de l'âme des bêtes.

Tout n'est pas dit quand on a défini l'homme un animal raisonnable, car l'animal aussi raisonne, réfléchit, se souvient, et l'expérience prouve que dans ces limbes obscurs de la pensée où un mutisme éternel retient l'animal, un travail intellectuel s'opère. Si vous ne croyez pas au lion de l'esclave Androclès, ou à la biche de Geneviève de Brabant, vous ne nierez pas la sensibilité et les larmes du cheval à la vue du guerrier expirant dont il fut le compagnon de gloire. Un chien robuste lâché dans la cour d'un château isolé, faisait retentir de ses hurlements le sombre silence de la nuit à tous les bruits lointains produits par quelque malfaiteur imprudent ou quelque mendiant attardé. Tout à coup il se tait, et cependant une ombre a glissé le long des murs et s'est introduite dans le château. Qui l'arrête? Il a reconnu son maître, pauvre proscrit, qui vient, à travers les hasards d'une nuit obscure, revoir le toit paternel.

N'est-ce pas le souvenir qui fait retrouver à l'abeille le petit jardin isolé au milieu des habitations où elle est venue chercher une fois des fleurs pour son miel? Le souvenir encore, qui avertit les hirondelles aux approches de l'automne que le temps du départ vers des climats plus doux est venu, et donne le mot d'ordre à leurs hérauts pour aller de leurs cris joyeux convoquer tant de bataillons ailés sur le dôme de quelque vieille cathédrale? L'oiseau gémit sur l'arbre où il a perdu sa chère couvée, et ne revient plus confier son nid aux mêmes branches inhospitalières. Le loup et le renard sentent de loin les piéges. Sans cesse les animaux domestiques profitent de l'expérience; ils sont sensibles au châtiment et à la récompense; et il est des moments où ils regardent l'homme de façon à lui faire croire qu'ils comprennent et ses paroles et sa pensée, et à fournir de forts arguments aux doctrines de la métempsycose. Quand vous aurez changé les termes, remplacé le mot facultés par le mot instincts, le problème reste encore.

D'autres motifs encore avaient contribué à donner un caractère sacré aux animaux dans l'ancien monde. Les animaux n'avaient, il est vrai, ni le front élevé vers le ciel pour méditer sur ses grandeurs, ni une langue pour manifester les opérations intérieures de l'âme. Mais au lieu de la pensée qui médite, ils paraissaient avoir la science qui agit à coup sûr; au lieu de la voix dont l'homme se sert pour exhaler vers Dieu ses interrogations et les doutes de son intelligence, un mutisme sournois qui laissait facilement penser qu'ils avaient le secret de leur destinée et la connaissance de leur existence. Peut-être n'avaient-ils pas les priviléges de la liberté, mais ils n'en avaient pas non plus les inconvénients, et ils étaient à l'abri de ses écarts. Cette rectitude dans la conduite, cette précision dans les actes, que l'homme, soumis sans cesse à l'influence de ses sensations et de ses raisonnements, de la matière et de l'esprit, ne connaît pas, même dans ses moments les plus calmes, l'animal les possédait, et se sauvait ainsi des écueils d'une vie raisonnée par une vie raisonnable. Les prêtres égyptiens voyaient ici quelque chose d'infiniment régulier, d'uniforme, de positif, de nécessaire, d'aussi invariable que les lois sacrées que suivent dans l'espace le soleil, la lune, les mers, et tous les grands corps de la nature. Plus que l'homme donc les animaux semblaient devoir reproduire les variétés de manifestation et les desseins de la Divinité. Dans ces existences qui s'ignoraient presque elles-mêmes, ils retrouvaient l'âme divine se jouant dans leurs instincts, leurs mœurs, les faisant vivre de sa vie, harmonisant leurs actions avec la destinée générale du monde. Chaque animal était une note, une couleur, une pensée du grand univers; chacun était aussi un signe hiéroglyphique de cette langue universelle qui proclamait la grandeur de Dieu.

Les peuples sauvages, pleins d'admiration et de respect

pour ces manifestations vivement accusées de certaines facultés de l'intelligence chez les animaux, les adorèrent presque partout. Le fétichisme est la religion de l'enfance. Des animaux se trouvent dans le berceau de tous les peuples. Le serpent séduit Ève; le taureau Kaiomors est le chef de la race perse; une louve allaite Romulus et Rémus. Les prêtres égyptiens trouvant l'adoration des animaux établie sur les bords du Nil, ne l'avaient pas proscrite : mais ils avaient détourné cette adoration, dans leur pensée du moins, sinon dans celle du peuple, de l'animal vers le dieu.

Une idée qui paraît bonne dans le principe, mais qui est funeste dans les conséquences, les avait donc portés, symboles pour symboles, simulacres pour simulacres, à préférer les créations vivantes de la Divinité aux œuvres inertes de la main de l'homme. Le mystère qui planait sur l'intelligence de l'animal liée par ses analogies à celle des dieux et de l'homme, avait été pour leur esprit une dernière séduction. Au lieu de l'image peinte ou sculptée des animaux, les Égyptiens consacrèrent aux diverses divinités du panthéon égyptien l'animal vivant lui-même. Chaque divinité eut le sien, celui dont les qualités présentaient en réalité, ou suivant la tradition, quelque relation avec elle. A chaque degré de l'échelle des émanations divines correspondait une personnification animale, et le système théogonique alla se développant dans toutes les sphères de l'esprit et de la matière, cherchant à réaliser par des symboles de plus en plus sensibles l'irréalisable idée de la Divinité. Quand les modèles de la nature manquèrent à l'idée métaphysique, force fut de recourir à des animaux imaginaires, forgés par le génie sacerdotal au moyen d'appendices empruntés à des animaux divers, et destinés, par cette accumulation d'attributs, à représenter les qualités collectives et complexes des divinités panthées.

Ceci n'était point nouveau en Orient; et les animaux, les figures hybrides s'y retrouvent partout employées à représenter les dieux. Les Grecs, qui ne séparaient jamais l'idée d'art de l'idée religieuse, admettaient bien le symbolisme des animaux, mais répugnant avec horreur à toutes ces combinaisons d'êtres dont les modèles n'étaient pas dans la nature, au lieu de marier une tête d'épervier à un corps de scarabée, une queue de lion à des pattes de crocodile, pour faire de ces assemblages la représentation des dieux, ils exécutaient ces animaux dans toute la perfection de leur nature, et les plaçaient sur les genoux ou autour des dieux dont ils étaient les symboles. Ainsi avaient-ils peint les colombes, tendres symboles de l'amour, traînant à travers les airs le char vaporeux de la reine de Cythère.

Nous connaissons déjà les rapports que présentaient avec les diverses formes de la Divinité la plupart des animaux de l'Égypte. Le bélier, adoré dans la cité de Thèbes, était le symbole de la prééminence d'Ammon-Ra, parce que la principale force de cet animal est dans sa belle tête, et qu'il est toujours placé en avant du troupeau pour le conduire. A Chemmis, à Panopolis, à Hermopolis et à Mendès, on adorait le bouc, le plus lascif des animaux, et le symbole d'Ammon-Ra Générateur. A Cynopolis, c'était le chien. Le cynocéphale (espèce de singe) était consacré à la lune, parce que cet animal, nourri dans les temples, était privé de la vue pendant la conjonction du soleil et de la lune. Les loups et les chacals étaient vénérés à Lycopolis. L'épervier était le symbole de Phré (le soleil), parce que cet animal avait la faculté de fixer ses yeux sur le soleil. Le scarabée était consacré à la même divinité, parce qu'il avait trente doigts, comme le mois solaire a trente jours. Le vautour était consacré aux déesses mères, et représentait le signe de maternité dans l'écriture hiéroglyphique, parce que, suivant les croyances de l'Égypte, il n'y avait que des femelles dans l'espèce. L'ibis représentait Thoth (Hermès), parce que cet oiseau marche avec mesure et gravité, comme la science, et que son pas, uniformément le même, est un type métrique.

Aussi lui attribuait-on, à lui comme à Hermès, l'invention des nombres. Une espèce de cynocéphale était consacrée au même dieu, parce que cet animal était supposé connaître la valeur des lettres, et dans les monuments on le figurait tenant dans ses pattes une tablette d'airain. Les chats, les crocodiles, les serpents, étaient consacrés à diverses divinités pour des motifs analogues.

A tant de motifs précédemment énumérés, que les Égyptiens avaient eus pour légitimer le culte des animaux, se joignait la considération des services rendus par quelques-uns, celle des dangers et du mal qu'on avait à redouter de quelques autres. Contre les malignes influences de ceux-ci, le culte affectait la forme de grossières conjurations, comme chez les peuples sauvages du centre de l'Afrique et de l'Océanie; envers le plus grand nombre, le culte était l'expression de la reconnaissance. L'ibis, en effet, descendant des plages de la Nubie dès que le Nil commençait à croître, était pour l'Égypte un avant-coureur de fertilité et de plaisirs, et quand les eaux de l'inondation étaient essuyées, il détruisait les innombrables insectes que le limon avait fait germer sur le sol. Les chats rendaient le même service. L'ichneumon, espèce de petit chien susceptible d'éducation domestique, sauvait l'Égypte des inconvénients de l'excessive vertu prolifique des crocodiles. Observant le moment où ces amphibies pondent, cet animal s'empresse de détruire leurs œufs, et cela, semble-t-il, par pure bienveillance pour l'homme, car pour lui il ne retire aucun profit de cette destruction. Diodore de Sicile prétend que l'ichneumon se plaît même à détruire les crocodiles adultes, et la manière dont il s'y prend, suivant cet historien, est assez singulière. Il se roule dans la vase, et, confondu ainsi avec elle, il attend, en contrefaisant le mort, le moment du jour où les monstres marins, semblables au troupeau de Protée, sortent du fleuve pour venir chercher le sommeil sur la plage. Comme ils dorment la gueule ouverte, l'ichneumon s'introduit dans leur ventre par cette ouverture pour leur ronger les intestins. Le crocodile expire à l'instant même, et l'ichneumon ressort sans courir de risque. Ainsi les Égyptiens remerciaient cet animal de faire ce qu'ils n'auraient pas osé faire eux-mêmes; car le crocodile était aussi un animal sacré, et, quoiqu'il fût nuisible par sa grande multiplication, on n'aurait jamais essayé de lui donner la chasse. La nature, plus sage que les hommes, apportait ici le remède avec le mal. La vache, consacrée à Isis, donnait la naissance au bœuf, soutien de l'agriculture, et retournait elle-même les terres légères. Le chien était le compagnon de l'homme à la chasse, et veillait sur les troupeaux. Il avait joué, du reste, un rôle de bienfaisance dans la mythologie; des chiens avaient mis Isis sur la trace du fils d'Osiris et de Nephthys. Aussi Anubis était-il représenté avec une tête de chien, et voyait-on des chiens marcher en tête des processions aux fêtes isées.

On avait affecté aux divers animaux honorés d'un culte des terres et des domaines, dont les revenus devaient servir à leur entretien et à leur nourriture. Chaque animal recevait les mets les plus délicats parmi ceux qui convenaient à ses habitudes, et jamais vieux chien de douairière ne fut mieux soigné que ces singulières divinités. Les prêtres du temple lui composaient un nombreux domestique, et retiraient de leurs fonctions une grande distinction dans l'état. Ces nobles fonctions consistaient pour celui-ci à faire cuire dans du lait de la fine fleur de farine et du gruau, apportés sans cesse sur l'autel par la piété des dévots, et à façonner de petits gâteaux avec du miel; pour celui-là à faire bouillir ou rôtir des viandes et des oiseaux pris dans les filets qu'ils avaient soin de tendre chaque jour. Les uns et les autres préparaient aussi, en prononçant les prières indiquées dans le rituel, des bains tièdes où étaient jetés à profusion les parfums les plus précieux, les plantes les plus aromatiques; puis ils y plongeaient le dieu animal, le frottaient avec des huiles odoriférantes, et l'enveloppaient de riches tapis et de splendides ornements. Le temps de ses amours était prévu avec soin, et on pourvoyait à ses caprices avec un luxe tout oriental. On lui composait un harem de concubines les plus belles qu'on pouvait trouver, et tous les soins étaient rendus à celles-ci, pour les rendre dignes d'attirer les faveurs de leur seigneur et maître.

Qu'un de ces heureux animaux vînt à mourir, il était pleuré de plus de larmes que ne le fut jamais fils ou mère; on lui faisait de magnifiques funérailles, et on ensevelissait son corps, après l'avoir embaumé, dans de superbes hypogées. Les prêtres mettaient une certaine ostentation à se montrer à la foule avec les couleurs et la livrée de leur bête; et lorsque, parés de ces insignes, ils allaient par la ville et la campagne, les passants s'inclinaient à leur rencontre, et leur rendaient des hommages comme en rendent les paysans de la Chine aux hauts mandarins de l'État.

Malgré la répartition partielle de l'Égypte, quant à l'administration et au culte, il y avait quelques animaux dont le culte s'étendait sur tous les nomes et embrassait toute l'Égypte. C'étaient ceux qui, consacrés au plus grand des dieux, participaient à l'universalité de son pouvoir. Parmi ceux-là le bœuf était le plus vénéré. On l'adorait sous trois noms et trois espèces : Mnévis, Onuphis et Apis. Le premier avait à On, ou Héliopolis, sa ville éponyme; il devait être noir et porter un poil hérissé; son nom signifiait le bœuf de la lumière. Onuphis, dont la demeure était à Hermonthis, était également noir et hérissé, il s'appelait *Pacis* ou *Bacis*; on l'invoquait comme *le bon dieu* ou *le bon génie*. Il paraît que déjà du temps des voyageurs grecs le culte de ces deux animaux était tombé dans les souvenirs de l'histoire, ou que, s'il existait encore, il s'était tellement effacé devant les cérémonies religieuses dont le bœuf Apis était l'objet, que les historiens crurent devoir en négliger les détails pour ne s'occuper que de leur successeur ou leur heureux rival. Il arrivait pour les animaux ce qui était arrivé pour les dieux; des incarnations nouvelles dépossédaient les anciennes de la popularité; et, de même qu'Osiris avait absorbé Ammon, de même Apis, qu'on disait fils d'Onuphis, avait remplacé son père.

Le bœuf Apis était l'animal sacré le plus populaire de l'Égypte, et les honneurs qu'on lui rendait avaient quelque chose d'extraordinaire. Aussi était-ce toujours une grande affaire que de découvrir un bœuf qui satisfît à toutes les conditions fixées par la liturgie, et se livrait-on à de grandes fêtes lorsqu'on l'avait trouvé. Il fallait que ce bœuf divin fût né d'une vache fécondée par un rayon céleste, et stérile depuis cette portée; il devait être noir, marqué sur le front d'une tache blanche quadrangulaire, sur le dos d'un autre ayant à peu près la forme d'un aigle; sa langue devait avoir une espèce de bourrelet de la forme d'un scarabée. Il serait trop long d'énumérer tous les caractères; il y en avait vingt-neuf, et l'absence d'un seul faisait rejeter le candidat à la divinité. En deuil depuis les funérailles du dernier Apis et pendant tout le temps de la recherche du nouveau, le peuple quittait ses habits lugubres dès qu'il était trouvé, et de tous les nomes partaient des députations de prêtres pour aller lui adresser leurs hommages. On le conduisait d'abord à Nilopolis, où on le nourrissait quatre mois dans un édifice ouvert du côté de l'orient, après quoi on promulguait une grande fête qui commençait à la nouvelle lune.

S'il faut en croire Diodore de Sicile, les femmes de Nilopolis croyaient l'honorer en se tenant en face de lui, et en relevant leurs vêtements, de manière à découvrir les parties les plus secrètes de leur corps. Mais hors de cette ville, il était interdit à toute femme de se montrer en présence d'Apis. Après la fête, on le faisait monter dans un vaisseau nommé le Thalamège (le lit), et on l'installait dans une magnifique chambre dorée. Il était alors transporté à Héliopolis, où il séjournait encore quarante jours, et, enfin, de là conduit à Memphis, dans le temple de Phtha, sa résidence. Près du temple avait été construit un promenoir, où il était loisible à l'animal sacré de prendre ses ébats, sans déroger à sa dignité.

La domination des Perses et leur zèle iconoclaste avaient vivement affligé les Égyptiens, mais moins cependant que la mort de leur bœuf Apis, arrivée à l'époque de leur invasion. Après de longues recherches, les prêtres venaient d'en trouver un, au moment même où Cambyse, voulant aller soumettre les habitants de l'oasis d'Ammon, perdait dans les sables du désert son armée et presque la vie. En rentrant à Memphis seul, sans armée, plein d'inquiétudes, le roi des Perses tomba au milieu des divertissements et des jeux célébrés en l'honneur de l'heureuse découverte. Revêtus de leurs plus beaux habits, les Égyptiens parcouraient la ville, se rendant à des jeux ou à des festins, et communiquant à toute la ville un air de jubilation et de mouvement. Cambyse crut qu'on fêtait sa défaite, et quand on lui eut dit que le bœuf Apis était la cause de tout ce joyeux tumulte, il demanda qu'on le lui amenât. Tirant alors son poignard, il le frappa à la cuisse, en disant ironiquement aux prêtres : « Pauvres cervelles ! Quoi ! vos dieux sont faits de chair et de sang, et le fer peut les blesser ! Voilà une divinité bien digne des Égyptiens. »

Les crocodiles consacrés à Sovk (Saturne) n'étaient adorés que dans quelques parties de l'Égypte, particulièrement dans le nome Thébaïte et aux environs du lac Mœris. Les prêtres en nourrissaient un dans le lac, avec du pain et de la chair des victimes, et parvenaient à force de soins à l'apprivoiser. Quand il était arrivé à ce point d'éducation qu'il ne fût plus dangereux, les prêtres ornaient ses oreilles d'anneaux d'or et de pierres vitrifiées, et ses pieds de devant de bracelets. Ils justifiaient le culte rendu à cet animal hostile à l'homme et rempli d'une férocité extrême, par cette légende : « Menès, poursuivi un jour par ses propres chiens, se réfugia dans le lac Mœris, et, soulevé miraculeusement par un crocodile, il fut transporté sur le rivage opposé. En témoignage de reconnaissance pour l'animal auquel il devait son salut, le roi fit construire dans le voisinage du lac la ville des crocodiles, Crocodilopolis, prescrivit en même temps aux habitants du pays d'honorer ces animaux comme des dieux, et destina le lac Mœris à subvenir à leur nourriture. »

Le bouc lascif était consacré à Ammon Générateur (Pan), et les Égyptiens vénéraient dans cet animal le principe universel de fécondité et de reproduction de tous les êtres. Ici comme ailleurs les excès inséparables de ce culte de la génération rappelèrent les Priapées de la Grèce, et Hérodote cite comme arrivé du temps qu'il était en Égypte, un événement qui ne figurerait pas mal dans l'*Ane* de Lucius de Patras.

Au milieu de cette ménagerie infecte, où se perd la notion de la Divinité, un des animaux nous ramène à des idées plus relevées, c'est le serpent. Dans toutes les cosmogonies, cet animal présente un type de spiritualité et d'éternité. Par son corps, qui tour à tour se déroule et fait rentrer en lui-même la spirale de ses anneaux, par la souplesse de ses mouvements, et par sa vitesse, qui a quelque chose de mystérieux, puisque cet animal n'a ni ailes ni jambes, le serpent devait vivement impressionner les premiers hommes, et s'attirer les hommages qu'on rend presque toujours à l'inconnu. En Égypte, le serpent fut naturellement l'image de Knouphis ou Kneph, le verbe divin, le démiurge spirituel. Entre toutes les espèces de serpents, celui que les Grecs nommaient *uræus*, et qu'on nomme aujourd'hui vipère *hayé*, fut particulièrement consacré à ce dieu. Le caractère doux et inoffensif de ce reptile lui avait valu le nom d'*Agathodémon*, le bon génie. Les célèbres psylles d'Égypte, qui avaient, disait-on, le don de charmer les serpents et de guérir de leurs blessures, apprivoisaient facilement l'uræus, et le dressaient à une foule de tours, comme font de nos jours pour les lions et les hyènes les dompteurs de bêtes. Les bateleurs modernes du Caire, qui ont hérité de cet art occulte, se donnent pour être issus de la pure race de ces psylles anciens ; ils affectent de former une corporation jalouse de ses priviléges et de sa puissance fascinatrice, et prennent des airs d'inspirés et de sectaires. Ils se promènent dans les rues demi-nus, avec des serpents enlacés autour du cou, des bras et de la poitrine. Ils se font mordre et déchirer les chairs par ces animaux qu'ils excitent, et puis, entrant dans une fureur feinte ou frénétique, ils réagissent contre eux, et, par leurs menaces violentes et leurs gestes, leur font exécuter leurs exercices ordinaires, comme contrefaire le mort, se changer en bâton, tomber en catalepsie, etc. Ils vont aussi par les maisons, comme les exorcistes du moyen âge, pour les purifier, non pas du diable, mais des venimeux reptiles, qui sont plus réellement dangereux peut-être. L'uræus, symbole de l'intelligence par son vif regard, de l'éternité par ses anneaux qui représentent le cercle des années et du temps, se retrouvait dans la coiffure de presque tous les dieux. Il était aussi figuré seul sur les monuments religieux, le haut du corps extrêmement dilaté, et se tenant debout sur ses anneaux inférieurs contournés en forme de siége.

Tous les animaux que nous venons d'énumérer, et d'autres encore, avaient non-seulement des sanctuaires dans les temples, mais leur culte était passé dans la vie privée et domestique. Chaque maison, chaque famille avait son animal sacré, qu'elle nourrissait comme un dieu tutélaire, et dont elle consultait la santé et la maladie comme le thermomètre des promesses et des menaces du destin. Pendant la maladie de leurs enfants ou des personnes qui leur étaient chères, les Égyptiens se faisaient raser la tête, et après avoir mis leurs cheveux dans le plateau d'une balance, ils donnaient aux prêtres tout l'or qu'il fallait mettre dans l'autre plateau pour faire équilibre. Cet or servait à acheter des friandises aux animaux.

Et ce n'était pas seulement les animaux des temples qui étaient ainsi honorés; ceux-ci attiraient sur toute l'espèce à laquelle ils appartenaient un droit à la vénération, et les lois les plus sévères punissaient comme des crimes le mal volontaire ou involontaire qu'on leur faisait. La mort était la peine du meurtrier volontaire, une grosse amende celle du meurtrier par accident. Mais pour un ibis ou un épervier, il n'y avait pas de composition possible : volontaire ou fortuite, la mort était la rançon de la mort. Ces rigueurs inspiraient tant de crainte, que ceux qui rencontraient un de ces animaux morts poussaient de grands cris, et protestaient par les plus énergiques lamentations qu'ils l'avaient trouvé dans cet état. Enfin, la superstition était telle, que, dans le temps où le roi Ptolémée n'était encore qu'allié de Rome, et que, dans la crainte de démêlés avec elle, il s'efforçait de lui complaire en toute chose, un soldat romain ayant tué un chat, et la populace s'étant portée à la maison de celui qui avait commis le meurtre, ni les efforts des magistrats envoyés par le roi pour la sûreté du meurtrier, ni la terreur universelle qu'inspirait la puissance de Rome, ne purent sauver ce soldat. L'histoire d'Égypte présente une foule d'autres exemples de cette stupide superstition, qu'il est inutile de rappeler. Ne rapporte-t-on pas aussi que Cambyse, lors de son invasion en Égypte, ayant fait placer en avant de son armée une rangée d'animaux sacrés, les Égyptiens, plutôt que de tirer sur eux, se laissèrent mettre en déroute?

Après leur mort, tous ces animaux étaient embaumés, au moyen de l'huile de cèdre et de divers ingrédients propres à donner aux cadavres une odeur agréable et à les mettre à l'abri de la destruction. On les déposait ensuite dans des cellules consacrées. Les ibis avaient leur nécropole à Hermopolis; les serpents la leur à Thèbes; les chats à Bubaste; et nous rapporterons ici, pour donner une idée de ces hypogées, ce que M. Champollion raconte dans ses *Lettres*, sur la découverte qu'il fit dans cette ville d'un nombre considérable de *momies* de chats.

« La journée entière (6 novembre 1828) se passa à dessiner

les bas-reliefs et les inscriptions de ce lieu sacré, et à développer une foule de momies de chats et de chiens. Je suis persuadé que tous les trous et excavations pratiqués dans cette montagne n'ont eu pour objet que la conservation et le dépôt des momies de l'animal consacré à Bubastis, le chat, qu'on y trouve en si grande abondance. Le fond de la vallée entre Ouadi et la grotte de Pascht est encore une nécropole de chats disposés par bancs, et pliés pour la plupart dans des nattes, les chats *d'un rang élevé* étant renfermés dans les nombreux hypogées creusés dans la montagne, et, en particulier, dans celui du temps d'Alexandre, dont les couloirs sont encombrés de débris et de momies de cette espèce d'animal. »

Quant aux grands animaux, on ne faisait pas leur momie entière, on embaumait seulement une partie de leur corps, à laquelle on adaptait une tête. Les bœufs avaient aussi leur lieu particulier de sépulture. Aussitôt après leur mort, on les enterrait dans les faubourgs des villes, en laissant leurs cornes sortir par-dessus la fosse, pour en marquer la place. Puis, à une époque déterminée de l'année, un navire parti de Prosopitis, île du Delta, remontait le cours du Nil et touchait aux diverses villes de l'Égypte. Les matelots descendaient à terre, allaient déterrer les squelettes des bœufs, les transportaient sur le navire, et poursuivaient leur route. La mission achevée, le navire mettait une dernière fois à la voile, et allait débarquer tous ces ossements dans l'île de Prosopitis, où ils étaient enterrés dans le voisinage d'un temple consacré à Athor.

Ces divers animaux, qui étaient destinés à exprimer des idées astronomiques, métaphysiques et morales, ne suffisaient pas toujours dans leur simplicité à reproduire les créations capricieuses de l'esprit de système; et, de même que les prêtres égyptiens avaient imaginé des êtres divins composés d'une foule d'attributs collectifs, ils créèrent des animaux imaginaires, par l'accumulation dans un seul corps d'appendices pris à diverses espèces. Les animaux fabuleux sont encore de tous les pays;

ainsi, nous avons vu dans la religion de la Perse, la licorne, type des animaux purs, n'être qu'un assemblage de membres caractéristiques appartenant aux diverses familles de ce genre; le martichoras, type des animaux impurs, se former par un procédé analogue. On lit dans la cosmogonie des Orphiques, qu'au commencement du monde il n'y avait que l'eau et le limon, et que de ce limon sortit un serpent qui avait une tête de bélier, une tête de taureau, une tête de lion, et au milieu la face d'un dieu ou plutôt d'un homme. Ainsi dans cet être primitif se trouvaient tous les types des êtres qui en devaient naître. L'Inde et la Chine ont aussi leurs figures hybrides, qui ne le cèdent point à celles-ci en bizarrerie de composition.

Suivant les exigences du symbolisme, les prêtres égyptiens avaient donc associé des têtes d'ibis, d'épervier, de crocodile et de vautour, à des corps humains, et créé à plaisir des monstres bizarres, comme représentations de chacune des divinités; mais ils avaient de plus inventé un animal particulier, qui servait d'emblème commun à toutes; animal qui n'était ni trop disgracieux ni trop étrange, et qui, dans l'antiquité, s'est presque élevé à la réalité d'un type existant dans la nature, c'est le sphinx. Le sphinx est, le plus ordinairement, une tête de femme posée sur le corps d'un lion accroupi, et avançant les deux pattes de devant. Il y en avait de mâles et de femelles, distingués par la barbe du menton taillée en virgule que portaient les mâles; on en voit aussi à tête de bélier. Ces êtres fabuleux étaient disposés par files à l'entrée des temples; ils semblaient en être les gardiens, et résumer en eux tous les mystères des cérémonies qui s'y célébraient; de là la fable grecque du sphinx qui propose des énigmes aux passants. Dans la doctrine secrète se joignait à la figure de cet être l'idée de la révélation de la première création; et comme réalisation de la sagesse unie à la force, il était particulièrement consacré à Neith.

Tel fut le culte des animaux chez les Égyptiens; il a soulevé des colères et des admirations également exagérées, également imméritées au fond. Les Pères de l'Église, ennemis de toute matérialisation des principes religieux, philosophes imbus particulièrement de l'esprit rationaliste de l'Occident, prêtres de l'idée plutôt que de la forme, à l'origine du christianisme du moins, poursuivirent partout avec énergie comme des impiétés tous les symboles des peuples païens, en acceptant souvent leur morale. Ils affectèrent ici de méconnaître le sens figuré et métaphysique de ces bizarres emblèmes, n'y virent que les condamnables égarements de l'intérêt et de l'ignorance, et traitèrent de fétichisme et de superstition cette sagesse tant vantée des prêtres de Thèbes et d'Héliopolis. A ne considérer que l'extérieur, les critiques étaient fondées, et les Pères avaient beau jeu à mettre cette haute réputation des mystères d'Ammon-Ra en regard des ridicules et grossières adorations rendues à d'ignobles animaux se vautrant sur les coussins d'un sanctuaire. Tout ce monde enfanté par le génie sacerdotal, ce monde de dieux et d'hommes à têtes de lion, de crocodile, de chacal, d'épervier, de scarabée, à jambes de loup, à queue de chien, de taureau, ne ressemblait-il pas aux images incohérentes d'un rêve pénible, aux fantastiques visions du délire ou de l'imbécillité? Cependant il y avait mauvaise foi à nier le côté élevé et vraiment spirituel de tout ce culte; car, sous ce tissu de dessins heurtés, difformes, choquant les yeux par leur crudité, leur rudesse, leur objectivité grossière, il y avait une trame fine, déliée, sans lacune, sans confusion, qui n'apparaissait sans doute pas à tous les yeux, mais que les philosophes du christianisme primitif avaient dû certainement apercevoir. Toutefois, cet axiôme tant répété, qu'il faut une religion pour le peuple, fait un devoir de considérer les religions par le côté accessible au peuple, et non par le côté interne et caché, visible seulement à quelques rares esprits. Et que voyait le peuple dans tous ces animaux des temples? non pas certainement les simulacres vivants de la Divinité, mais la Divinité elle-même; un singe hideux, ou un crocodile féroce, était l'idéal des vertus divines ! Que les prêtres triomphassent en songeant avec quelle habileté ils avaient fait se jouer dans la pénombre de ce monde sensible et externe les sublimes drames de la pensée divine, il n'en était pas moins vrai que la loi politique, entraînée par les conséquences du système religieux, avait inventé une foule d'actions réputées coupables, et qu'en réalité il n'y avait point crime à commettre, mais bien crime à punir. Les Égyptiens, qui ne sacrifiaient pas des animaux aux dieux, offraient, à l'origine, des victimes humaines aux animaux des temples; et quand cette barbare coutume disparut, il resta toujours dans la loi l'immolation juridique de l'homme à l'ibis et à l'épervier tués par imprudence. Nous voulons reconnaître le sens élevé des principes religieux; mais en constatant partout les fatales applications de l'esprit grossièrement logique des prêtres. Ici cet esprit conduisait à la cruauté envers les hommes, comme à Tyr et à Carthage il précipitait la société dans la prostitution.

CHAPITRE CINQUIÈME.

MORALE.

Dans les religions constituées, la morale n'est pas une science propre et absolue ; c'est une déduction du culte et de la métaphysique religieuse, variant à peu près comme les théories d'art. — Dogme de l'immortalité de l'âme ; l'antiquité fait honneur à l'Égypte de l'avoir inventé. — Métempsycose. — Momification des morts. — Jugement des âmes. — Conclusion.

Tout en Égypte porte le double caractère de la grandeur et de la petitesse. Dans tous les monuments de la civilisation, le sublime, par un bizarre travail de l'esprit, s'y associe au mesquin et au vulgaire, sans se fondre, sans se mélanger avec lui, et sans que les Égyptiens aient eu eux-mêmes le sentiment du contraste, et aient été heurtés de leur rapprochement. Dans le culte, les plus hautes conceptions philosophiques, les plus logiques synthèses se résolvent et s'épanouissent en une foule de symboles compliqués et inattendus, comme des animaux et des plantes ; dans les arts, le fini, l'étude parfaite de quelques détails, n'excluent pas l'incohérence des compositions et l'inhabileté de la perspective. Le peintre égyptien, moins servile copiste que le chinois, est arrivé à la précision de dessin, à l'éclat de couleurs de ce dernier ; mais avec plus d'invention, il en est au même point que lui d'insouciance en fait d'idéal et de types. Guidé par les idées religieuses et l'enseignement des prêtres, il ne s'est jamais élevé à la conception d'une œuvre purement esthétique et rationnelle ; aussi a-t-il gâté ses meilleures figures par des alliances bizarres de couleurs et d'attributs, et produit des symboles et des hiéroglyphes plutôt que des créations pures de l'art. Les plus belles statues, les plus beaux portraits de l'art égyptien, ressemblent à cette femme dont parle Horace, belle par le haut, mais dont le bas est la queue d'un poisson. Tous les personnages sont emprisonnés dans une espèce de gaîne qui colle leurs jambes l'une contre l'autre, et qui ne reproduit que grossièrement, sans ombre ni profil et à angle droit, les lignes perpendiculaires du corps.

Dans la morale, c'est encore le même alliage de notions pures de bien, d'ordre, de sagesse et d'inductions tirées d'un culte devenu matérialiste à force d'être symbolique. Partout la naïve imagination de l'enfance essaye de se produire, et se jette en travers des raisonnements de l'homme mûr et de la logique prudente du vieillard; partout les cris inarticulés du sauvage viennent heurter les façons savantes et expressives du langage civilisé. La classe sacerdotale et la classe des guerriers qui, dans les temps ultérieurs, apportèrent des lois et une religion nouvelle aux nomades primitifs des bords du Nil, semblèrent s'étudier à laisser subsister ce double caractère dans les institutions et le culte, et tout en établissant pour eux-mêmes un lien, un passage intellectuel et logique entre les deux termes de la civilisation, à les perfectionner parallèlement, et à faire jusqu'à une théorie de la barbarie même. Ainsi, sous la forme grossière de ce culte des animaux, qu'ils avaient sans doute trouvé établi parmi les peuplades primitives, ils firent glisser un sens mythique; et pourvu qu'ils missent par là leur orgueil et leur raison à couvert en rattachant ce culte au grand système des émanations, ils s'inquiétèrent peu que le vulgaire ne vît et n'adorât dans les animaux autre chose que les animaux mêmes. C'était dans l'initiation et les enseignements des colléges de prêtres que venaient se nouer les fils de la doctrine interne et de la croyance populaire, les rapports du dogme de l'unité de Dieu et des superstitions traditionnelles du fétichisme.

De ce continuel effort des prêtres à rattacher toutes les traditions, tous les usages des peuplades primitives de l'Égypte à un système logique et fixe de croyances philosophiques, à tout ramener, la vie publique et les accidents du sol, à un principe religieux, à tout coordonner, de près ou de loin, à ce principe, il s'ensuivit que les prêtres se virent pris eux-mêmes, et comme emmaillotés dans ces réseaux du culte et de la morale qu'ils préparaient pour le peuple. A force de s'appuyer sur la tradition et l'autorité, ils perdirent de vue les principes éternels du vrai et du juste, dont la morale et la raison humaine émanent; ils mirent la dialectique et la déduction à la place de l'inspiration et du sentiment. C'est un peu là l'histoire de toutes les religions une fois établies.

Les religions, nous ne craignons pas de le dire, et ce n'est pas une contradiction chez nous, les religions ont été partout les nourrices morales des peuples; elles ont bercé poétiquement de chants naïfs et solennels leurs premières années, et sonné leur marche triomphale au sortir de la barbarie. Très-souvent les souvenirs de la patrie s'identifièrent avec le souvenir des croyances de l'enfance, et celles-ci furent presque toujours un lien de nationalité. Aux époques de péril et d'infortune, quand la patrie allait périr, la religion mit souvent les armes aux mains de ses défenseurs, et s'ils tombaient, elle versait des larmes sur leur tombe, comme elle avait souri sur leur berceau; elle servait enfin à marquer, au milieu de la race conquérante où elle allait se perdre, la trace chaque jour plus faible de la population primitive.

Certes, nous n'avons rien amoindri, et c'est là une belle mission que celle qui consiste à faire de telles choses. Mais dans cette aube matinale que font resplendir les religions sur les peuples qui naissent, voici quelques nuages qui s'amoncèlent. En s'accotant sans cesse sur Dieu, l'homme perd sa personnalité et son énergie propre; la parole divine et la révélation le dispensent de la raison et de l'inspiration. La loi ne se modifie plus, un rituel la contient. L'esprit, enchaîné dans ses manifestations, et même dans ses pensées, ne peut plus par un libre essor se plonger dans les sphères célestes, et aller y consulter par ses propres facultés la science infinie. Cette voie lactée qui doit couler éternellement vers l'homme des sources inépuisables de la Divinité, et le régénérer sans cesse, est tarie. La civilisation est immobilisée dans la forme du culte; la source de l'art n'est plus dans l'idéal, la source de la morale n'est plus dans le vrai et le bien; elle est toute dans les déductions de l'idée religieuse. L'Écriture a dit : *Væ soli*, malheur à l'homme seul! La philosophie n'accepte pas le mot. Il n'est pas mal au contraire que l'homme se trouve seul en face de lui-même, qu'il marche dans sa force propre et sa liberté. L'aigle craint-il pour son nourrisson lorsqu'il le voit pour la première fois sortir de son aire, et livrer, plein de confiance, ses ailes inexpérimentées à cette immensité de l'espace qui commence au bord de son nid? Qui le soutient? L'air qui s'agite autour de lui et l'environne. Eh bien! l'homme aussi a une atmosphère morale et intellectuelle qui porte son esprit, un air ambiant rempli d'idées et de raison, qui sert d'appui à son essor. Toute la science antique se joint aux notions innées de la raison, pour empêcher l'homme de retomber contre les écueils. Il existe une raison humaine universelle qui est pour l'esprit de l'homme ce qu'est l'air respirable pour sa bouche, et c'est souvent dans la solitude, loin des miasmes de la foule, qu'on en respire les plus pures émanations. C'est à ces sources ouvertes que les religions devraient éternellement puiser, pour donner sans cesse une forme religieuse à tout mouvement qui se produit dans la société. Mais, nous l'avons dit, les religions sont improgressives. De même qu'elles firent dans l'antiquité dériver l'art et les sciences des déclarations du dogme, au lieu de les laisser librement se développer suivant leurs principes divers, elles détruisirent aussi les notions pures et absolues de la morale qui surgissent d'elles-mêmes dans toute conscience, pour les remplacer par les convenances de culte. Aussi la morale nous paraît-elle une chose toute récente, une conquête que l'esprit philosophique a faite sur la religion, et qu'il a donnée pour règle aux états et aux sociétés essentiellement laïques, créations toutes récentes aussi. La loi divine tenait autrefois lieu de morale, et ce mot ne s'employait guère que pour désigner les mœurs. Et qui faisait les mœurs, sinon la religion? La religion était le point d'où tout partait et où tout revenait. Quelques sectes philosophiques, comme celles des stoïciens, des épicuriens, et, en général, toutes les écoles socratiques, commencèrent, il est vrai, à dégager des principes absolus de conduite en dehors des dogmes religieux regardés comme indifférents quant à ces principes, et à en composer un art de la vie honnête. Mais ce n'est guère que dans nos sociétés modernes qu'on est arrivé, de conséquence en conséquence, à faire de la morale la véritable religion de l'état laïque, à faire dériver d'elle la législation, la science des droits et des devoirs.

La religion égyptienne avait souvent armé le bras des guerriers et des rois pour la défense du sol de la patrie; mais un jour elle avait brisé les traits des Égyptiens, en présence de l'armée d'invasion de Cambyse, qui s'avançait précédée d'une troupe de chats, de crainte qu'un de ces animaux sacrés ne pérît dans la mêlée. Cette religion consacrait quelques principes d'ordre et d'équité; mais elle commençait par sanctionner la plus criante des injustices; elle retirait les deux tiers des terres à ceux qui les fécondaient de leurs sueurs, et pour nourrir des dieux affamait les hommes. Presque toutes les institutions portaient ici l'empreinte de l'esprit sacerdotal ou liturgique; l'équité y était un hasard.

Hérodote attribue à la différence des climats et du sol l'opposition qui se montrait entre les mœurs de l'Égypte et celles des autres peuples. « Chez eux, dit-il, les femmes vont au marché, achètent et vendent; les hommes restent dans les maisons, où ils sont occupés à tisser de la toile; et il faut remarquer que si partout ailleurs on ourdit la trame en dessus, les Égyptiens l'ourdissent en dessous. Les femmes portent les fardeaux sur la tête, les hommes sur les épaules, etc. » Hérodote énumère ainsi une foule d'autres singularités quelquefois très-naïves, d'où résulte le renversement complet des rôles de l'homme et de la femme. « Les Égyptiens, poursuit-il, sont les premiers qui ont établi comme principe religieux, qu'il n'était pas permis d'avoir commerce avec des femmes dans l'enceinte des temples, ni d'entrer dans les lieux consacrés en sortant d'auprès d'une femme, avant de s'être baigné. Il est remarquable qu'à l'exception des Égyptiens et des Grecs, les autres peuples ne se font aucun scrupule d'habiter avec des femmes dans l'intérieur d'un temple et d'y entrer en les quittant sans se laver, persuadés qu'il est permis aux hommes de suivre en cela l'exemple des animaux. En effet, comme on voit les animaux, et, en particulier, diverses espèces d'oiseaux s'unir dans les temples mêmes, et dans l'enceinte sacrée qui les environne, ces peuples pensent que si les dieux ne l'avaient pas pour agréable, ils ne le souffriraient pas. Je suis loin de trouver cette raison suffisante, » ajoute le père de l'histoire, de façon à laisser voir qu'il peut y avoir des hommes qui pensent différemment que lui, et que son intention n'est pas de les choquer.

C'est là un trait de mœurs assez curieux, et cette citation d'Hérodote nous montre que la chasteté n'était pas même encore un mot à cette époque, pas plus que la règle morale n'était comprise dans le dogme.

Parmi ces assertions graves ou ridicules du même historien, il y en a une importante, capitale, que toute l'antiquité a confirmée après Hérodote, et qui imprime un indélébile cachet de grandeur sur la religion égyptienne. Cette assertion est celle-ci : « Les Égyptiens ont les premiers avancé que l'âme de l'homme est immortelle. » Au premier abord, ceci nous paraît singulier. Quoi ! le dogme de l'immortalité de l'âme est semblable à une de ces inventions humaines qu'on trouve un certain jour, et dont un peuple et même un individu peuvent réclamer la priorité? Cependant tous les peuples ont eu des lois et des religions; partout certaines actions furent réputées méritoires; partout on menaça du châtiment céleste d'autres actions réputées mauvaises; les cérémonies du culte accueillaient l'homme à son entrée dans la vie, l'accompagnaient à son entrée dans la mort. Sur quelle idée reposaient donc dans les sociétés antiques la théorie des peines et des récompenses et le culte des morts? On comprendrait jusqu'à un certain point que nos sociétés modernes, fondées sur la morale rationnelle, sur la réciprocité des droits et des devoirs, pussent se passer du dogme de l'immortalité. La société civile, établie pour répondre aux besoins de l'homme sur la terre, accomplit toute sa révolution sur la terre. Elle y naît, vit et meurt. Les droits de l'un y limitent les droits des autres, et les devoirs garantissent les droits. L'état civil est un compromis entre les hommes d'un même pays pour tout le temps de la vie terrestre. Les peines sont les clauses prévues pour inexécution ou infraction de l'acte de société; les récompenses ou les bénéfices sont dans la prospérité générale. La société défend et protége ses intérêts et sa liberté terrestre, sans faire, pour ainsi dire, mention de Dieu, laissant en dehors d'elle la religion, ne prenant dans l'homme que le citoyen. Et dans ce sens on a pu dire que la loi est athée.

Mais si la déclaration des droits de l'humanité, que jusqu'à un certain point on pourrait regarder comme une protestation contre le droit divin, est venue remanier la base des sociétés, dans l'antiquité la société était toute religieuse, et régie par l'institution divine. Or, la religion ne met pas les hommes en face les uns des autres pour qu'ils s'entendent entre eux, elle les met sans cesse en face de la Divinité. C'est en son nom que le prêtre ordonne des sacrifices, des expiations, des prières, et cela sans compensation, sans utilité immédiate pour l'homme. Ici nul compromis n'existe. Abstiens-toi et souffre, c'est la formule sacramentelle.

Le vase ne demande pas au potier : Pourquoi m'avez-vous ainsi façonné? Mais l'homme n'est pas une force aveugle qui agit sans motifs et sans conscience; à toutes ses actions il faut une raison ou vague ou précise, un intérêt ou immédiat ou lointain. Si l'anachorète se retire dans les déserts pour y vivre de macérations et de fatigues, si le martyr s'étend sur les grils ardents, ce n'est pas entièrement parce que Dieu le veut; c'est que leurs yeux ont plongé dans les voûtes entr'ouvertes du ciel, et ont été ravis des délices préparées à ceux qui souffrent ainsi. L'espérance est le mobile de leur dévouement. L'espérance et la foi sont les deux puissantes assises de toute religion; elles sont inséparables, et toutes les deux impliquent nécessairement l'immortalité de l'âme. En regard de la vie future, la vie présente n'est qu'un lieu de passage, une tente dressée pour un jour, une prison cruelle d'où le moment de délivrance doit être sans cesse appelé. Vous croyez peut-être ces formules exclusivement chrétiennes; il n'en est rien; elles se trouvent dans toutes les religions, et elles devaient surtout se montrer dans celle où le dogme de l'immortalité de l'âme fut tellement accusé qu'il parut inventé pour la première fois. « Les Égyptiens, nous dit Diodore de Sicile, regardent le temps qui s'écoule dans la vie comme bien peu de chose; mais celui qui après la mort doit perpétuer le souvenir des vertus et du mérite, est à leurs yeux du plus grand prix. Ils appellent les habitations des vivants des hôtelleries, parce que nous ne faisons en quelque sorte qu'y passer; mais les sépultures des morts, ils les nomment les demeures éternelles, car nous les habitons pour l'éternité. Aussi se soucient-ils peu de se construire de belles maisons, tandis que pour les tombeaux ils portent la magnificence au plus haut degré. »

Le ciel doit ici être la réalisation de toutes les aspirations de la terre. Plus la vie terrestre est mauvaise, et celle des peuples de l'antiquité l'était beaucoup, et plus le dogme de l'immortalité de l'âme est nécessaire; plus la condition politique du laboureur et de l'ouvrier est misérable et précaire, et plus ils ont besoin de porter leurs regards par-delà les tristes horizons de cette terre vers une autre patrie, où leurs sueurs se changeront en bienfaisante rosée, leurs haillons en robes de pourpre. Admirable résultat de la religion! diront les prêtres. Plus admirable encore, dirons-nous, si ce dogme n'était pas un instrument de leur politique. Ne comprenez-vous pas tout le parti qu'ils en ont tiré? « Dans la vie future, disent-ils au peuple, tous les biens seront votre partage; souffrez dans celle-ci, supportez la tyrannie, soumettez-vous d'abord à nous, puis aux rois, puis aux princes, aux grands, aux riches, à tous ceux enfin qui auront la puissance; tout ce qui arrive est la volonté de Dieu. » Nous n'avons point envie de blasphémer contre ce grand principe de la morale; mais c'est une pitié de voir les meilleures choses ouvrir une porte détournée aux passions, et servir à corrompre les hommes, tout aussi bien que les plus mauvaises. Les hommes abusent de tout; de cette perspective de la vie future, qui semblait devoir épurer l'âme jusque dans ses profondeurs les plus secrètes, ils firent un moyen de tyrannie. Aussi quand l'homme voulut poser sa personnalité humaine en face de l'infinitude de Dieu pour arriver à constituer la liberté civile, fut-il accusé de se révolter contre Dieu. On le nomma athée parce qu'il voulait être libre; pour avoir le droit de vivre sur cette terre, il fut presque forcé de renoncer à l'héritage de l'immortalité.

Ce qui nous étonne ici, ce n'est donc point que les Égyptiens aient admis l'immortalité de l'âme, c'est bien plutôt de voir les Hébreux et les Chinois n'en pas tenir compte dans la constitution de leur société. Moïse menace les Juifs coupables de la colère de Jéhovah, qui doit venger les crimes des pères jusque sur la troisième génération de leurs enfants; mais jamais l'esprit de ce législateur n'a erré autour des tombeaux, jamais son regard n'a sondé les mystérieux ombrages de la mort, pour saisir à travers leurs mobiles éclaircies la vaporeuse image de l'âme. Confucius, ce grand politique qui, aux confins de l'Orient, devinait, sept siècles avant notre ère, la théorie rationnelle du devoir, n'avait point établi de dogme; il plaçait la raison de la loi terrestre dans un ordre idéal parfait qu'il supposait exister dans les lois de la nature humaine abandonnée à elle-même, dans un certain arrangement social où tous les êtres trouvaient leur raison d'existence et la satisfaction de leurs besoins, à titre de parties intégrantes d'un tout organisé.

A part ces deux peuples, dont le développement intellectuel fut très-grand, et dont le second professait cependant un culte vague pour les ancêtres (voyez notre volume de la Chine), nous croyons que tous les peuples de l'antiquité possédèrent le dogme de l'immortalité de l'âme sans qu'ils eussent besoin de l'emprunter à l'Égypte. Admettons donc que le principe spirituel humain survit à la partie matérielle; admettons la persistance de ce principe considéré comme être distinct après la destruction de la forme corporelle, en un mot, l'immortalité de l'âme; comment existera l'âme après sa séparation du corps? Quelles seront les conditions de son identité? c'est là l'énigme que les anciens ne purent point deviner, et que nous ne devinerons pas plus qu'eux-mêmes. Mourir, renaître, voilà le grand problème, comme dit Shakspeare.

L'âme n'est point composée de parties, car s'il en était ainsi, toutes les facultés intellectuelles, qui ont besoin pour agir de se concentrer dans un point commun et indivisible, seraient privées d'exercice. En vertu de sa simplicité et de son unité, elle est identique en nous à toutes les époques de la vie; elle traverse le sommeil, la léthargie, la folie et l'idiotisme, sans se perdre, sans perdre le souvenir qui constitue proprement l'identité. L'âme étant simple et identique, ne peut donc pas suivre le corps dans sa dissolution. Mais que devient-elle? La vie future de l'âme doit être corrélative à son origine, et s'expliquer par sa nature propre; il faut donc demander aux religions et aux systèmes philosophiques ce qu'ils entendent par l'âme, et comment ils la font naître.

Si vous interrogez les disciples de Condillac, ils vous diront que l'âme n'est pas un être réel, mais un être nominal; que ce n'est qu'un mot appliqué à cette condensation de l'expérience et du souvenir qui maintient la personnalité du moi, un résultat de l'organisation corporelle, une collection de sensations, la vie en un mot. D'autres répondront que l'âme s'engendre de père en fils, par une espèce de génération mystique parallèle à la génération physique, et ce système justifie admirablement, il faut l'avouer, la croyance au péché originel, puisque ce péché n'est plus ainsi qu'une humeur transmissible avec le sang. D'autres encore prétendent que toutes les âmes furent créées par Dieu à l'origine du monde, et qu'elles furent depuis tenues en réserve, attendant le moment où leur tour viendrait d'aller habiter les corps naissants des générations survenantes. D'autres enfin, sans admettre la préexistence, croient cependant aux deux éléments de l'individu humain; mais veulent qu'ils aient été créés en même temps l'un pour l'autre. Or, quelle conséquence est à tirer de chacun de ces systèmes relativement à l'immortalité? Ceux-là seuls nous paraissent recevables à la proclamer, qui admettent la préexistence, car pour ceux qui disent que l'âme est un résultat de l'organisation de la vie, comme pour ceux qui la définissent une force immatérielle, indivisible, identique, l'âme doit s'évanouir avec l'organisation, la vie finir à la mort. La force cesse d'agir quand le corps qui la détermine vient à ne plus exister. Qu'ils en fassent une cause ou un effet, l'immortalité n'y gagne rien : cause, l'âme est indéterminée, latente, ou expectative, si le mobile manque ; effet, elle n'a pas d'existence par elle-même. Quant aux partisans d'une génération mystique de l'âme, ils veulent donner le change sur le matérialisme de leur système.

Restent ceux qui admettent la préexistence. Ceux-ci sont logiques en disant que l'âme, qui a eu une existence à elle-même avant de venir habiter le corps humain, ne fera que le traverser et lui survivra, comme elle survit à la folie, à la léthargie. Mais, hélas! à toutes les raisons, l'esprit humain a une dernière objection à faire. L'âme, dira-t-il, ne se souvient pas dans la vie présente des jours et des siècles où elle était dégagée de ces organes, de ces sens, de ces membres, aujourd'hui les instruments de ses manifestations. Avec les conditions d'être change donc l'individualité de l'âme. Et si nous ne nous souvenons pas d'hier, demain nous souviendrons-nous d'aujourd'hui? Si nous nous sentons le même être à toutes les époques de notre vie terrestre, faut-il en faire uniquement honneur à la simplicité de notre principe immatériel, et nos organes, notre figure, notre corps, ne sont-ils réellement pour rien dans cette identité?

Quoi qu'il en soit, la persistance de l'âme admise par intuition, il parut très-difficile aux anciens de la concevoir purement et en dehors de toute manifestation sensible. A cette force ils donnèrent toujours un mobile pour la déterminer et la retenir dans l'exercice de la vie; à ce principe ils donnèrent un corps, et résolurent le problème de l'immortalité par la métempsycose. Complétons la citation d'Hérodote : « Les Égyptiens, dit-il, sont les premiers qui aient établi en principe que l'âme humaine est immortelle; qu'au moment où le corps de l'homme tombe en poussière, elle passe dans celui d'un animal; et qu'après avoir ainsi passé successivement d'animal en animal, jusqu'à ce qu'elle les ait parcourus tous, elle rentre dans un corps humain, accomplissant le cercle total de ses migrations dans l'espace de trois mille ans. » Est-ce bien là l'immortalité? L'âme, en passant dans le corps d'un animal, ne saurait conserver l'identité ni l'individualité, et, sans ces deux conditions, on peut dire qu'elle n'existe point. C'est un souffle qui va, sans conscience et au hasard, faire résonner tour à tour une série de tuyaux d'orgue, un fluide, un jet de lumière traversant des milieux divers, mais non un être circonscrit et personnel. Il n'y a que Pythagore qui ait prétendu se souvenir de ce qu'il avait été dans ses vies antérieures. Le philosophe Athénée a donc raison de s'écrier : « Je ne vois pas quel avantage nous pouvons retirer de cette doctrine; car, en accordant que les âmes des morts passent dans d'autres natures, ou que, devenues plus légères, elles se transportent dans un lieu plus élevé et plus pur, qu'y gagnons-nous? Et si nous n'avons ni souvenir de ce que nous avons été, ni sentiment de ce que nous sommes, quelle obligation avons-nous à cette immortalité? » Dans le système de la transmigration, l'âme n'est en effet qu'une particule de matière immortelle qui ne peut ni se dissoudre ni se détruire par l'action du temps, mais qui ne constitue point, nous le répétons, un être vivant et déterminé.

Le doute, l'inconcevable, est donc au fond de toutes les questions métaphysiques. Mais pour cette question de l'immortalité de l'âme, dans l'impuissance de conclure avec l'esprit, nous conclurons avec le cœur. Nous croyons à l'individualité de l'âme, à son existence future, comme nous croyons à notre personnalité actuelle. Comme nos sens nous donnent la perception de ces personnalités diverses qui dessinent leurs saisissables et distincts contours sur l'immense toile de l'humanité, nous croyons à la persistance des divers *moi* dans le vaste sein de Dieu après cette vie. Nous y croyons, parce que cette croyance est la source des actions généreuses, et répond à de secrètes espérances, parce qu'elle sauve du néant les êtres qui nous furent chers. Nous y croyons aussi par égoïsme et par orgueil, si l'on veut, parce que vivre est bon aujourd'hui et dans l'avenir. Puisqu'il n'est que trop vrai que le mal existe dans ce monde, et y existera toujours, pourquoi notre imagination serait-elle déshéritée de ses rêves? Nos aspirations ne sauraient être un leurre. Si cette croyance ne repose point sur les preuves de la science et du raisonnement, elle repose sur la parole secrète de Dieu, dont la voix a un écho dans les lois mêmes de l'esprit humain.

Mais revenons aux Égyptiens, dont cette digression sur l'immortalité de l'âme nous a tenus trop longtemps éloignés. Les prêtres de Thèbes et d'Héliopolis admettaient, nous l'avons vu, la survivance de l'âme, mais ils ne lui trouvaient pas de raison d'être, si elle n'était attachée à une forme, à un corps ; ils admettaient donc qu'elle passait successivement dans des corps particuliers. Or, comme le corps humain était la plus belle des formes de la nature, et qu'en dehors d'elle l'âme ne pouvait que dégénérer et subir les humiliations d'une transmigration graduelle, ils avaient imaginé de retarder le plus possible le moment de la transmigration, par la conservation de la forme corporelle. La conservation de la forme après la mort suffisait en effet, selon leurs croyances, à retenir l'âme, qui ne devait s'enfuir qu'à la dissolution complète. De là naquit cet art merveilleux de momification particulier à l'Égypte, qui réussit presque à éterniser les corps humains, et remplit les hypogées, les pyramides, les temples, d'une population de morts, moins ruinés encore aujourd'hui que les monuments mêmes qu'ils habitent. L'art d'embaumer, élevé ainsi à la dignité d'une fonction religieuse, était réservé à la classe des prêtres. Hermès l'avait ennobli en faisant la première momie, celle du corps d'Osiris, et parmi ses titres se trouvait celui d'*ensevelisseur*.

A peine un Égyptien avait-il rendu le dernier soupir que toutes les femmes de sa maison se couvraient la tête et la figure de boue, abandonnaient le cadavre avec une sorte de frayeur, et parcouraient la ville dans un grand désordre d'habits, échevelées, et se frappant la poitrine. Les hommes suivaient le même usage à l'égard des femmes. Puis les parents allaient porter le corps dans les ateliers des embaumeurs, appelés *taricheutes*, et débattaient avec eux les conditions de la momification. Ces conditions variaient avec le plus ou moins de soin et de recherche qu'on exigeait dans la préparation. Il y avait des momies de diverses classes, et les taricheutes présentaient des modèles ou échantillons de chacune. Aux trois types principaux fixés par le rituel, la richesse et l'affection, qui de tout temps cherchèrent une noble consolation à la perte des morts chéris dans les derniers honneurs à leur rendre, venaient ajouter sans cesse des modifications et des embellissements, et l'art se prêtait à tous les ingénieux caprices de la douleur, à tous les raffinements de l'ostentation, depuis la grossière toile d'emballage du pauvre jusqu'au riche sarcophage des rois. Une fois le prix et le programme convenus, l'un des taricheutes prenait possession du cadavre par une incision pratiquée dans l'abdomen, et s'enfuyait, comme pour se soustraire à la colère des parents.

L'opération commençait alors ; on extrayait le cerveau par les narines au moyen d'un fer recourbé, et de quelques drogues qui le dissolvaient et nettoyaient le crâne. La cervelle était remplacée par un bitume très-pur qu'on injectait tout liquéfié, et qui se durcissait en se refroidissant. La chevelure était conservée. On fendait ensuite avec une pierre tranchante le ventre vers la région des iles, et on en retirait les intestins par cette ouverture ; puis les parties molles étaient placées dans un coffre, et abandonnées au courant du Nil, qui les portait à la mer. Près de jeter dans le fleuve ces dépouilles mortelles, le prêtre adressait au soleil cette prière :

« O seigneur soleil, et vous tous dieux qui avez donné la vie aux hommes, accueillez-moi, et transmettez-moi aux dieux éternels, afin que je partage leur séjour ; car je n'ai pas cessé de révérer les dieux que m'avaient enseigné mes parents durant tout l'espace de temps qui me fut accordé dans cette carrière de la vie, et j'ai constamment honoré ceux qui ont engendré mon corps. Quant aux autres hommes, je n'en ai fait périr aucun. Je n'ai détourné aucun dépôt, ni causé aucun autre mal à personne. Mais si, dans le cours de ma vie, j'ai péché en quelque chose, soit en mangeant, soit en buvant ce qui était défendu, ce n'est point par moi-même que j'ai péché, c'est par cette portion de mon corps. » (*Porphyre.*)

Cela fait, on lavait avec soin les cavités de l'abdomen et de l'estomac avec des injections de vin de palmier ; on les essuyait avec des aromates pilés, et on les remplissait de myrrhe très-pure et de toutes sortes de parfums; on y mettait aussi des bijoux et des figurines symboliques en métaux précieux ou communs. Le corps, après avoir été recousu, était déposé dans du natron ou sel minéral alkali, et pendant les soixante-dix jours que durait ce dépôt, les chairs et les muscles étaient complètement dévorés par l'action du corrosif, de manière qu'il ne restait plus que les os et la peau. Les embaumeurs lavaient alors une dernière fois le cadavre, et procédaient à la confection de la momie. Pour cela ils enveloppaient le corps de toiles très-fines, de mousselines par exemple découpées en bandelettes et trempées dans une espèce de gomme qui les faisait adhérer entre elles; le visage, chaque membre, chaque bras, chaque doigt, étaient enveloppés à part, et de manière à laisser la forme du corps percer avec ses contours et ses saillies à travers cette seconde peau artificielle. Comme on faisait souvent entrer dans l'intervalle des bandelettes une foule d'objets d'affectueux souvenir, des instruments de la profession du mort, des manuscrits de papyrus, et surtout une copie du *Livre des manifestations*, qui était le livre d'heures de l'Égyptien, une fois que le corps était emmailloté, membre à membre, on le recouvrait dans toute sa longueur de grandes bandes de coton collées ou d'un pantalon, en ayant soin de remplir par dessous les vides avec des linges et des tampons, de manière encore à donner à la surface le modelé du corps humain, et à représenter le plus possible les formes et les traits du mort. La momie n'était autre chose que la créature humaine purifiée, sanctifiée, reposant dans le sommeil du bonheur.

La surface des bandelettes étant rendue unie et brillante au moyen d'un bain de bitume ou d'un enduit gypseux, la momie passait dans l'atelier du peintre des funérailles, qui la couvrait d'images symboliques et d'hiéroglyphes. C'est dans cet état que les parents allaient recevoir le corps pour le transporter dans le lieu de sa sépulture.

Souvent, au lieu de jeter les matières molles et les viscères dans le Nil, on les renfermait dans quatre vases, qu'on retrouve auprès des cercueils de momies, et qu'on appelle vases, *canopes*. On les soumettait préalablement à une préparation de bitume bouillant, et après avoir essuyé et enveloppé dans un linge le cerveau, le foie et le cœur, on les introduisait dans ces vases, contenant du même bitume fondu. La matière de ces vases variait suivant la magnificence des parents du mort, mais ils avaient tous la même forme conique, et les couvercles étaient surmontés de quatre têtes différentes, savoir : d'homme, de chacal, d'épervier et de cynocéphale.

Diodore rapporte que l'embaumement que nous venons de décrire coûtait un talent attique, ce qui représente environ six mille francs de notre monnaie. Or, en Égypte comme chez nous, il y avait bien des laboureurs et des artisans dont toute une vie de travail n'eût pas suffi à payer ces derniers frais de l'existence. Aussi, comme la momification était une espèce de dernier sacrement conféré aux morts, y avait-il des embaumements moins coûteux. Si la famille pouvait faire quelque dépense, on nettoyait l'intérieur du ventre du mort avec des injections d'huile de cèdre, sans l'ouvrir et sans en retirer les intestins. Le corps était ensuite desséché dans du natron, et quelques bandelettes de peu de prix étaient employées à l'envelopper. Les plus pauvres envoyaient dessécher le corps du défunt dans le natron des embaumeurs pendant les soixante-dix jours fixés par le rituel; ils allaient ensuite le retirer, le recouvraient d'une toile grossière, ou du dernier linceul de sa couche, et le portaient sur la stèle funéraire de l'hypogée public. Les riches Égyptiens avaient des tombeaux de famille; ils y plaçaient la momie du défunt, après l'avoir enfermée dans un cercueil en bois ou dans un étui modelé sur la forme du corps. Derrière la tête ils faisaient dresser une dalle ou une tablette de marbre, où était représentée la famille rendant au mort les derniers devoirs. Pour les momies qui n'avaient pas de lieu spécial de sépulture, elles étaient disposées symétriquement, côte à côte, sur les dalles des funéraires communs. C'est ainsi qu'on les retrouve aujourd'hui par milliers dans les grandes cités des morts que n'a pas fouillées encore l'Arabe pour y chercher une demeure. Mais chaque jour les morts disparaissent devant les vivants, et servent à ces derniers de combustibles pour alimenter le feu de leurs foyers.

C'est une chose curieuse de voir la forme du culte rendu aux morts varier avec l'idée métaphysique de chaque religion. Dans l'Inde on brûle les corps pour rendre plus facilement leurs éléments à la matière universelle, et l'âme au sein panthéistique de Dieu. Ici on conserve la forme corporelle pour y assujettir l'âme et l'empêcher d'aller se prostituer dans des existences animales; ailleurs on confie le corps entier à la terre, sans en distraire une parcelle; parce que, suivant la croyance, l'âme doit à la fin des temps rappeler à la vie cet ancien compagnon, afin de recomposer avec lui l'identité primitive spirituelle et corporelle. Mais si la variété est partout, partout se retrouve aussi le même principe : le respect pour les morts et le sentiment de la dignité humaine.

Toutefois, s'il fallait en croire quelques médecins modernes, cette momification générale de l'Égypte ordonnée par la religion aurait eu un tout autre but que d'épargner à l'âme l'humiliation d'avoir à passer dans divers corps d'animaux. Il y aurait eu dans cet usage une mesure très-sage d'hygiène publique, et le dogme religieux n'aurait été, dans ce cas, comme dans bien d'autres, qu'une ingénieuse manière de sanctionner d'un sceau divin une loi d'utilité générale. Ces médecins supposent que les prêtres voulurent, par la destruction des matières animales, prévenir les maladies épidémiques qu'aurait inévitablement entraînées la putréfaction, rendue facile par suite des inondations du Nil. Que ce but ait été atteint, toute l'antiquité le proclame assez haut, en vantant la grande salubrité du sol de l'Égypte. Lorsque le christianisme se fut répandu dans la vallée du Nil, les évêques et les Pères du désert, saint Antoine surtout, s'élevèrent fortement contre cette consomption des corps dans le natron, et ordonnèrent aux nouveaux convertis de rendre les corps à la terre. Vers le cinquième siècle, l'Égypte était presque entièrement chrétienne, et l'an 543 se déclara la première peste à bubons que l'histoire signale en Égypte. Elle se répandit en Europe, et la ravagea pendant un demi-siècle.

A la mort des rois, le deuil était général dans tout le royaume pendant les soixante-douze jours que durait la préparation de la momie royale. Les apprêts terminés, le corps, complétement doré ou enfermé dans une espèce d'étui en or reproduisant le relief des formes corporelles, était placé à l'entrée du tombeau, et exposé aux passants, qui pouvaient lui reprocher les actes de sa vie ou louer ses vertus. Puis on procédait suivant la loi à son jugement. Un des prêtres prononçait l'éloge du roi défunt, rappelait ses vertus et ses actes en faveur des temples et du peuple, et c'était aux milliers de spectateurs rassemblés à sanctionner ses paroles. S'ils y répondaient par des acclamations et des applaudissements, la momie franchissait le seuil du tombeau prêt à la recevoir. Si les murmures, les imprécations interrompaient la voix du panégyriste, la sépulture royale lui était refusée.

La sépulture était donc l'objet des préoccupations de toute la vie des princes, et, dès leur avénement, ils commençaient à élever la demeure de leur momie. Plus le règne était long, plus elle s'embellissait de peintures, de bas-reliefs, d'ornements. Quelques Pharaons se bâtirent des pyramides pour tombeau; quelques-uns se couchèrent dans des mausolées inachevés; d'autres aussi furent rejetés, par le jugement du peuple, de ceux qu'ils avaient mis leur orgueil à élever, et la vindicte publique mutila leurs portraits dans l'intérieur des salles mortuaires.

Le jugement que subissaient les rois avant d'entrer dans le

tombeau, toutes les âmes, d'après la croyance des Égyptiens, le subissaient dans l'Amenthi (les enfers) au sortir de la vie, et c'était ce jugement qui fixait les diverses transmigrations qu'elles avaient mérité de parcourir pour se purifier des souillures de l'existence humaine. La représentation de ce jugement dernier se trouve figurée sur la plupart des bas-reliefs des salles mortuaires de la vallée de Biban-el-Molouk, et surtout dans les manuscrits de papyrus qu'il était d'usage de renfermer dans les cercueils des momies.

La scène se passe dans le prétoire même de l'Amenthi. L'Osiris noir, juge suprême des âmes, y préside assis sur un trône; il porte, en vertu de sa royauté infernale, une coiffure particulière, formée de la partie supérieure du pschent (tiare royale), ceinte d'un large diadème, et unie au disque du soleil et à des cornes de bouc. Il tient dans ses mains le sceptre à crochet, et le fléau, emblème du double pouvoir d'exciter et de modérer. Devant le dieu est une table chargée d'offrandes et de feuilles de lotus; à ses pieds est accroupi un animal, assemblage monstrueux de membres d'hippopotame, de crocodile et de laie. Quarante-deux jurés ou assesseurs sont rangés sur deux lignes à côté du dieu; ces personnages sont à têtes diverses, d'homme, de crocodile, de scarabée, de chacal, d'épervier, assis par terre, immobiles, dans l'attitude de la réflexion; ils sont précédés par la déesse Thmei, une des formes d'Athor ou de Neith, représentant la beauté morale : vérité et justice. La présence de Thmei dans ce prétoire des enfers renferme une grande idée; elle fait entendre que là les voiles trompeurs et les faux semblants de vertu dont s'environne le vice s'évanouissent, pour laisser paraître dans toute sa nudité, dans toute sa réalité vraie et en dehors des subterfuges de la passion, les actions, les projets, les pensées des hommes. Ces quarante-deux juges, dont Thmei dirige les opérations, devaient faire chacun l'examen d'une vertu ou d'un vice de l'âme appelée à comparaître devant eux. Cette âme arrive par le fond du tribunal sous forme corporelle, tremblante et incertaine. Les deux déesses, la Vérité, la Justice, l'assistent, et paraissent la rassurer. L'artiste, dans la nécessité de réunir dans un même tableau plusieurs scènes de ces assises infernales, a représenté l'âme sous trois états différents : ici faisant son entrée dans l'Amenthi, là se jetant suppliante aux pieds des juges, ailleurs revenant vers la terre après le jugement, pour y accomplir les transmigrations imposées.

Cependant, le point du tableau qui fixe principalement les regards, c'est le devant du tribunal d'Osiris. Là s'agitent les deux plateaux d'une balance où sont mises en comparaison les bonnes et les mauvaises actions de l'âme, et jusqu'aux plus secrets motifs qui les enfantèrent. Assis sur la colonne de l'instrument, un des ministres du dieu Thoth, Api, figuré par un cynocéphale, représente dans une fixité imperturbable la précision de la pesée. Deux autres personnages, à tête d'épervier et de chacal, se tiennent debout auprès des deux plateaux, et l'un examine avec un fil à-plomb leur inclinaison; ce sont les deux fils d'Osiris : Horus et Anubis, issus de mères différentes. Le fils d'Isis a pour fonction d'examiner et de déclarer le chiffre des bonnes actions placées dans le plateau de gauche, et symbolisées par une petite figure de Thmei, avec une plume. Le fils adultérin de Nephthys fait la même chose pour les mauvaises, représentées par un vase d'argile placé dans le bassin de droite. Devant eux est un autre personnage de très-grande taille, à la tête d'ibis. Il est tourné vers Osiris, et tient d'une main un calam et de l'autre des tablettes, où il note les résultats de la pesée. Ce personnage est le grand scribe sacré, Thoth deux fois grand, le conseiller d'Osiris et d'Isis, qui vient jusque dans les enfers partager le poids de leur royauté, et dicter encore à Osiris les sentences qu'il doit prononcer. Thoth est ici identique à Mercure, lorsque celui-ci conduit de sa verge noire le troupeau des ombres vers les enfers. Un dernier épisode de ce tableau, c'est le retour de l'âme dans le monde pour y subir les transmigrations méritées. Les juges infernaux viennent sans doute de prononcer sur le sort de quelque glouton de l'époque, car on voit l'âme ramenée vers la terre sous la forme d'une truie par des cynocéphales qui la chassent à grands coups de verges.

On retrouve dans cette scène allégorique tout le dogme de la vie future des Égyptiens; et les Grecs, les Romains, les chrétiens mêmes, semblent avoir pensé, dans leurs conceptions du jugement dernier, au prétoire de l'Amenthi. Les chrétiens lui ont emprunté la balance et les décors; les Grecs ont conduit dans le palais d'Adès (Pluton) le monstrueux Cerbère qui veillait aux pieds d'Osiris, et ont décalqué les figures des trois juges Horus, Api et Anubis, sur celles d'Éaque, Minos et Rhadamante; on peut même remarquer que le mot Amenthi se retrouve dans le nom du dernier de ces juges du Tartare.

L'antiquité grecque emprunta encore à l'Égypte le dogme de l'Enfer et des Champs-Élysées. M. Champollion a trouvé dans les catacombes royales de Biban-el-Molouk une double série de tableaux qui, selon lui, sont relatifs à la vie des âmes dans le monde futur, et au système des peines et des récompenses établi par les prêtres égyptiens. Ces bas-reliefs, disposés le long des chambres sépulcrales et exécutés avec un soin parfait, représentent la marche emblématique du Soleil dans les deux hémisphères supérieur et inférieur. Ceux qui se rapportent à la marche du Dieu au-dessus de l'horizon et dans l'hémisphère lumineux, sont partagés en douze séries, annoncées chacune par un riche battant de porte sculpté, gardé par un énorme serpent. Ce sont les portes des douze heures du jour. Dans chacune de ces heures on a tracé l'image détaillée de la barque du dieu naviguant sur le fluide primordial ou l'éther, et les scènes mythiques propres à chacune de ces heures.

Ainsi à la première heure du jour, sa barque se met en mouvement et reçoit les adorations des esprits de l'orient.

Parmi les tableaux de la seconde heure, on trouve le grand serpent *Apophis*, le frère et l'ennemi du Soleil, surveillé par le dieu Atmou, forme secondaire du Soleil ; à la troisième heure, le dieu Soleil arrive dans la zône céleste, où se passe la scène du jugement des âmes que nous avons racontée tout à l'heure.

« Le dieu visite à la cinquième les *Champs-Élysées* de la mythologie égyptienne, habités par les âmes bienheureuses, se reposant des peines de leurs transmigrations sur la terre ; elles portent sur leur tête la plume d'autruche, emblème de leur conduite juste et vertueuse. On les voit présenter des offrandes aux dieux ; ou bien, sous l'inspection du *seigneur de la joie du cœur*, elles cueillent les fruits des arbres célestes du paradis ; plus loin, d'autres tiennent en main des faucilles ; ce sont les âmes qui cultivent les champs de la vérité ; leur légende porte :

« Elles font des libations de l'eau, et des offrandes des
» grains des campagnes de gloire ; elles tiennent une faucille,
» et moissonnent les champs qui sont leur partage ; le dieu
» Soleil leur dit : Prenez vos faucilles, moissonnez vos grains,
» emportez-les dans vos demeures, jouissez-en, et les présen-
» tez aux dieux en offrande pure. »

» Ailleurs, enfin, on les voit se baigner, nager, sauter, folâtrer dans un grand bassin que remplit l'eau céleste et primordiale, le tout sous l'inspection du dieu *Nil-Céleste*.

» La marche du Soleil dans l'*hémisphère inférieur*, celui des ténèbres, pendant les douze heures de la nuit, c'est-à-dire la contre-partie des scènes précédentes, se trouve sculptée sur les parois des tombeaux royaux opposées à celles dont je viens de donner une idée très-succincte. Là, le dieu, assez constamment peint en noir, de la tête aux pieds, parcourt les soixante-quinze cercles ou zônes auxquels président autant de personnages divins de toute forme et armés de glaives. Ces cercles sont habités par les âmes coupables qui subissent divers supplices. C'est véritablement là le type primordial de l'*enfer* de

Dante... Les âmes coupables sont punies d'une manière différente dans la plupart des zônes infernales que visite le dieu Soleil : on a figuré ces esprits impurs et persévérants dans le crime, presque toujours sous la forme humaine, quelquefois aussi sous la forme symbolique de la grue, ou celle de l'épervier à tête humaine, entièrement peinte en noir, pour indiquer à la fois et leur nature perverse et leur séjour dans l'abîme des ténèbres. Les unes sont fortement liées à des poteaux, et les gardiens de la zône, brandissant leurs glaives, leur reprochent les crimes qu'elles ont commis sur la terre ; d'autres sont suspendues la tête en bas; celles-ci, les mains liées sur la poitrine, et la tête coupée, marchent en longues files; quelques-unes, les mains liées derrière le dos, traînent sur la terre leur cœur sorti de leur poitrine; dans de grandes chaudières, on fait bouillir des âmes vivantes, soit sous forme humaine, soit sous celle d'oiseau, ou seulement leurs têtes et leurs cœurs. J'ai aussi remarqué des âmes jetées dans la chaudière avec l'emblème du bonheur et du repos céleste (l'éventail), auxquels elles avaient perdu tous leurs droits.

» A chaque zône et auprès des suppliciés, on lit toujours leur condamnation et la peine qu'ils subissent : « Ces âmes » ennemies, y est-il dit, ne voient point notre dieu lorsqu'il » lance les rayons de son disque; elles n'habitent plus dans le » monde terrestre, et elles n'entendent point la voix du Dieu » grand lorsqu'il traverse leurs zônes. » Tandis qu'on lit, au contraire, à côté de la représentation des âmes heureuses, sur les parois opposées : « Elles ont trouvé grâce aux yeux du Dieu » grand; elles habitent les demeures de gloire, celles où l'on » vit de la vie céleste; les corps qu'elles ont abandonnés reposeront à toujours dans leurs tombeaux, tandis qu'elles jouiront de la présence du Dieu suprême. » (*Lettres de M. Champollion, sur l'Égypte*, treizième lettre.)

Ces légendes paraissent bien explicites, et il serait téméraire d'avoir sur ce qui concerne l'Égypte un sentiment différent de celui de l'illustre Champollion. Cependant, nous ne sommes pas pleinement convaincus que ces scènes qu'il vient de décrire ne représentent pas plutôt, soit des sacrifices humains, soit les récits symboliques des exploits lointains du roi possesseur du tombeau où ils se trouvent, et dont la flatterie a fait le soleil parcourant le monde. D'autres savants modernes, qui ont prétendu qu'il n'y avait dans l'enfer égyptien ni peines ni récompenses, nous paraissent plus logiques. Car déjà nous avons vu la métempsycose être ici la loi de l'âme au sortir de la vie. M. Champollion dit bien que c'est après les peines de la transmigration que les âmes viennent se reposer dans les Champs-Élysées; mais alors il ne devrait y avoir qu'un paradis et point d'enfer, car évidemment on ne veut pas prétendre que l'âme se soit épurée en passant dans la nature aveugle et sans conscience de l'animal, et que quelques-unes aient pu mériter, d'autres démériter dans l'exercice des instincts de la brute. Du reste, Hérodote dit formellement que le cercle des migrations étant parcouru dans l'espace de trois mille ans, l'âme repasse dans le corps d'un homme naissant.

Après cela, le dogme égyptien admettait peut-être une double solution de l'immortalité de l'âme, pour retenir par la crainte des peines immédiates ceux qui ne se seraient pas effrayés de passer dans le corps d'un animal, ce qui évidemment n'était pas un châtiment, l'animal n'ayant point le souvenir de son existence antérieure. L'une appartenait peut-être à la doctrine secrète des prêtres, l'autre à la croyance populaire; à moins cependant, car le champ est ouvert aux hypothèses, que ces transmigrations dans le corps d'animaux ne doivent être comprises d'une manière figurée, et n'indiquent les diverses stations du zodiaque où les âmes s'arrêtaient pour dépouiller peu à peu au feu épuratoire du soleil les souillures qui les appesantissaient vers la terre. Il n'y aurait alors d'animaux dans cette pérégrination que ceux mêmes du zodiaque, qui auraient donné par figure leur nom à toutes les âmes séjournant temporairement dans les demeures du Soleil. Ainsi, à la suite du Soleil, arriveraient lentement, de station en station, d'animal en animal zodiacal, les âmes de plus en plus épurées, de plus en plus heureuses, et elles se plongeraient dans le vaste sein de Dieu, fleuve immense, *Nil céleste*, avant d'aller de nouveau expérimenter les misères et les joies de la vie humaine sur la terre. Ce serait là un moyen de concilier les opinions astronomiques des Égyptiens, et leur double théorie des peines et des récompenses, avec le grand système d'émanations qui domine toute leur théogonie. Nous devons avouer pourtant que nous connaissons une autre opinion sur l'origine de la doctrine de la métempsycose; elle ne nous appartient pas, et nous la laissons volontiers à Plutarque : « Il y en a, dit-il, qui veulent que dans des temps postérieurs, des rois d'Égypte, pour effrayer les ennemis dans les combats, aient couvert leur armure de figures de bêtes féroces en or et argent. » De là l'assimilation faite des hommes aux animaux. On voit que l'interprétation a des ailes bien autrement longues que celles de l'imagination. Quant au but que se promettaient les Égyptiens de leur *feintise*, comme dirait Montaigne, nous ne savons s'il fut atteint; mais le procédé était, à ce qu'il paraît, de tradition en Orient, car dernièrement nous avons vu les Chinois y recourir pour effrayer les Anglais. Cette fois, il faut l'avouer, il n'a pas été efficace.

C'est une chose connue et sur laquelle on a longuement disserté, que l'état stationnaire de l'Orient. Sous le rapport de l'immobilité, comme sous le rapport de la géographie, l'Égypte fait partie dans l'antiquité des contrées où le soleil se lève. L'exposition que nous venons de tracer de ses dogmes et de son culte, nous l'a montrée jusqu'à la conquête romaine résistant à l'influence des temps, au contact des peuples, cherchant à toutes les époques à éterniser la forme sociale et religieuse établie dès l'origine des siècles. Toutefois, cette accusation d'immobilité nous paraît banale et trop commode, et c'est notre ignorance sans doute qui la fait si complaisamment peser, non pas seulement sur l'Asie, mais sur tous les peuples antiques. Cela se conçoit : à quelques milliers d'années de nous, nous voyons mal, ou même nous ne voyons pas du tout; les faits, les moments de la vie d'un peuple, se confondent dans un fait unique, dans un même moment; les dates n'expriment rien. Dans toutes les transformations ou plutôt évolutions qu'a subies un peuple, il est bien difficile qu'il ne soit pas resté identique à lui-même; et comme chaque peuple a son caractère particulier dans la grande famille des nations, à toutes les époques, ses actions et le développement de sa civilisation seront plus ou moins en harmonie et subordonnés au principe générique; il n'y aura donc pas proprement solution de continuité dans le lien logique qui reliera ses lois et ses mœurs, tant qu'il restera à l'état de nation. Supposez maintenant qu'un écrivain étudie ce peuple à une grande distance des temps et des lieux; la révolution lui paraîtra conséquence, l'analogue paraîtra semblable, et de ce qu'il n'aura pas aperçu les différences, il les niera. Qu'un philosophe dans mille ans étudie notre révolution française, qui a fait tressaillir le monde sur ses vieilles bases et tracé comme un abîme entre le passé et le présent; qui sait? cette révolution s'effacera peut-être à ses yeux et se réduira à la mesure d'un changement de règne. Qui sait si nos descendants ne nous renverront pas à nous, si impatients de l'habitude, si enivrés d'idées de progrès, ce reproche d'inaction philosophique que nous faisons si bénévolement aux brahmanes de l'Inde et aux mandarins de la Chine?

Il serait donc faux de croire que la religion égyptienne, quelque improgressive, quelque entravée par les traditions héréditaires de prêtres qu'on la suppose, n'ait pas subi de modifications dans le cours de cinq ou six mille ans. Qu'elles cherchent leur appui sur une révélation divine, sur la parole même de Dieu, nécessairement invariable, ou qu'elles se disent filles de l'homme, les religions ne sauraient échapper à ce travail lent et sourd de la destruction et de la rénovation qui se fait dans toutes les intelligences humaines, comme dans les corps les plus durs de la nature, dans le granit et le diamant.

Pour l'Égypte, nous avons plus que des présomptions. Nous voyons, en effet, à l'origine, la doctrine égyptienne reposer et vivre tout entière dans les personnifications puissantes des attributs d'Ammon-Ra, et une féodalité de dieux se diviser les nomes du Nil. A l'époque des Grecs, ces dieux sont encore puissants; mais la classification en dieux anciens et jeunes est un indice sans doute d'une variation arrivée dans le culte; et, en avançant vers les temps modernes, on voit Osiris et Isis travailler à absorber les attributs de tous les autres dieux, et devenir les divinités les plus populaires de l'Égypte. La légende de ces dieux donne une nouvelle formule, historique et astronomique, du culte et des usages de l'Égypte, formule plus à la portée du vulgaire, et toute différente de la première, restée depuis le domaine spécial des prêtres. Il arrive aussi à une foule de catholiques qui n'ont jamais lu la Bible d'ignorer entièrement les noms d'Adam, d'Ève, d'Abraham, de Moïse et de Jéhovah. Pour eux, Jésus-Christ exista de tout temps, fut notre créateur, notre premier père, notre législateur, notre sauveur, il résume enfin tous les attributs, tous les actes, qu'on est habitué à regarder comme propres à la Divinité en général. Tels parurent aussi Isis et Osiris aux Égyptiens, qui avaient oublié Ammon-Ra et Knouphis.

A des époques plus rapprochées encore de nous, et sous la domination romaine, une incarnation nouvelle des dieux de l'Égypte se produisit : Sérapis. C'est à tort, nous le croyons, que Creuzer, dans sa *Symbolique*, a prétendu que les *sérapéum*, temples en l'honneur de Sérapis, existaient dans les temps les plus reculés. Les premiers historiens grecs ne font point mention de Sérapis, et, cependant, dès le commencement de notre ère, ce dieu est devenu tellement populaire, qu'on ne comprendrait pas l'oubli d'Hérodote, si réellement Sérapis eût eu rang de son temps parmi les divinités de l'Égypte. Sérapis est entré dans le panthéon égyptien par la porte des enfers; on le trouve d'abord dans l'Amenthi, armé du fléau et du sceptre à crochet d'Osiris, suppléant ce dieu dans la présidence de ce terrible tribunal, et s'associant comme époux à Isis. Suivant quelques savants, Sérapis (Sar Api) signifie nilomètre. Ce dieu commence donc par s'emparer de ce qu'il y a de plus populaire dans la croyance, du rôle d'Osiris et du pouvoir fertilisateur du Nil. De proche en proche, il absorbe, comme l'avait fait Osiris, tous les attributs des anciens dieux, et, remontant le courant des émanations, il arrive à se confondre avec Ammon lui-même. Dans quelques médailles romaines et grecques, on lit la légende *Jupiter-Sérapis.* Ainsi l'émanation, en partant d'Ammon-Ra, est descendue jusqu'à Sérapis; de Sérapis, elle remonte jusqu'à Ammon, et se réabsorbe en lui. Nous avons déjà fait connaître la définition que Sérapis donnait de lui-même par son oracle :

« Je suis le dieu que je vais dire; apprenez qui je suis. La voûte des cieux est ma tête; la mer est mon ventre; sur la terre sont mes pieds, et mes oreilles sont dans les régions éthérées; mon œil c'est le brillant flambeau du soleil, qui porte au loin ses regards. »

Sérapis, vers le second ou troisième siècle de notre ère, se trouvant avoir absorbé tous les attributs des dieux, fut considéré comme le seigneur du ciel et des éléments, des régions célestes et infernales, le dispensateur des eaux et du soleil, le maître de la vie et le juge des morts; ce dieu prit enfin un caractère d'universalité que ne semble jamais avoir eu aucun des anciens dieux de l'Égypte, si ce n'est Ammon-Ra. A cette hauteur, il n'est plus même un dieu spécialement égyptien; c'est le dieu abstrait et impersonnel de la philosophie, le dieu dans lequel se confondent toutes les divinités des nations. L'empereur Adrien, qui ne regardait pas jusqu'au fond des théologies, écrivait au consul Servianus cette singulière lettre :

« J'ai bien étudié, mon cher Servianus, cette Égypte que vous me vantiez, et je l'ai trouvée légère, inconstante, empressée de toute espèce de bruit. Ceux qui adorent Sérapis sont chrétiens; ceux qui se disent les évêques du Christ sont aussi des dévots à Sérapis; il n'y a pas de chef de synagogue juive, de prêtres des chrétiens, de devins, d'aruspices, de baigneurs, qui n'adorent Sérapis. On croit même que lorsque le patriarche vient en Égypte, il adore Sérapis; d'autres disent le Christ. »

Si haut élevé par Adrien et par la croyance populaire, Sérapis se voyait contester par quelques philosophes jusqu'à sa divinité et sa personnalité même, suivant Clément d'Alexandrie, Sérapis était le nom du tombeau du bœuf Apis.

Cependant, cette religion qui venait de s'appuyer sur une nouvelle et puissante incarnation, allait crouler. Sous les Ptolémées, la ville dont Alexandre, dans son court voyage en Égypte, avait marqué l'enceinte au bord de la mer, était devenue une nouvelle Athènes et la patrie renaissante des lettres grecques. La poésie, les arts, la philosophie de Platon, de Phidias et de Sophocle, transplantés par la conquête macédonienne sur l'antique sol des Pharaons, y avaient fleuri avec sève et vigueur, et, avant de s'éteindre, avaient répandu comme une seconde moisson de gloire sur la terre du Nil. Vers les premiers siècles de notre ère, Alexandrie était devenue le plus vaste foyer de lumières que l'humanité eût connu jusqu'alors. Dans son sein se trouvaient réunis pour la première fois presque tous les représentants de l'esprit philosophique des peuples, essayant de passer un compromis entre toutes les manifestations de la pensée humaine qui s'étaient produites jusque-là, et d'opérer dans un creuset commun leur fusion universelle.

S'il est vrai, comme l'assuraient les prêtres de Thèbes, qu'à des époques reculées tous les grands législateurs, toutes les doctrines philosophiques et religieuses fussent sorties de l'Égypte pour aller commencer l'éducation des peuples, ces doctrines, mûries maintenant, et développées par le caractère particulier de chaque nation, revenaient sur leur terre natale s'y livrer un dernier combat et se fondre ensemble. Gymnosophistes de l'Inde, pharisiens de la Judée, astronomes de la Chaldée, mages de la Perse, platoniciens et pythagoriciens, disciples de Zénon et d'Aristote, épicuriens et sceptiques, tenaient des écoles à Alexandrie. La mystérieuse Isis voyait à chaque instant le voile qui couvrait ses secrets soulevé par une main audacieuse.

Toutefois, ce n'était pas de là que devait sortir l'ennemi de la religion égyptienne. Tout près de ces bruyantes et glorieuses écoles, au milieu du tumulte des discussions philosophiques et des brillants tournois de l'éloquence, saint Marc était venu fonder humblement, mais sans trop s'effrayer, une petite communauté d'hommes croyant à la divinité du Christ. L'enseignement avait d'abord été sourd et propagé dans l'ombre au moyen des affiliations; mais peu à peu le cercle de la propagande s'étant élargi, et la prédication ayant fait d'importants prosélytes, la doctrine chrétienne avait pris rang, comme doctrine philosophique, parmi tant de doctrines et de systèmes, et plusieurs docteurs étaient passés dans la chaire de l'Église du Christ, sans avoir encore eu le temps de dépouiller la robe du philosophe. Avec les consolations qu'il offrait aux âmes souffrantes, et grâce à ces sentiments de charité et d'amour dont il était tout rempli, le christianisme arriva plus rapidement encore jusqu'aux masses; et, un jour, sans que la résistance eût paru bien forte de la part de ceux qui pourtant avaient sauvé leurs dieux de la colère des Perses et de l'influence des mœurs helléniques, l'Égypte se trouva chrétienne. L'alléluia retentit sur les bords du Nil, à cette époque de la crue du fleuve où les contemporains de Rhamsès et de Psamménit criaient : Osiris est retrouvé. S'il y eut des lamentations et des regrets près des autels d'Ammon et de Sérapis, ces lamentations et ces regrets se perdirent dans le grand éclat que faisaient à Alexandrie et dans les villes du littoral les discussions philosophiques d'abord, puis les débats des ariens et des catholiques. Saint Athanase et Arius étaient, l'un évêque, l'autre prêtre d'Alexandrie, et leur querelle avait commencé dans une paroisse de cette ville. Ce qui donc, à partir de Constantin, émouvait au plus haut point les passions de l'Égypte, ce n'était pas de savoir si les anciennes divinités, Ammon-Ra ou Osiris, l'emporteraient sur le Christ et Moïse sur la terre des Pharaons, ou si le nouveau bœuf Apis présentait les vingt-cinq signes caractéristiques requis par le rituel; mais bien si Athanase, chassé plusieurs fois de son siége épiscopal par les conciles d'Orient, parviendrait à se faire rétablir par les conciles d'Europe; et deux fois l'intronisation des évêques ariens, Grégoire le Cappadocien et George, amenaient à Alexandrie autant de désordres et de meurtres qu'eût pu le faire une invasion militaire. Forts du droit de police sur les mœurs, et de la juridiction que Constantin avait accordés à l'épiscopat, les évêques d'Égypte renversaient à leur gré les temples, ou en chassaient les anciens dieux et leurs prêtres. Dans l'impossibilité d'en reconstruire d'autres en un jour pour le christianisme, ils faisaient passer un badigeonnage sur les murs chargés de peintures symboliques, y jetaient l'eau lustrale, et le prêtre chrétien s'agenouillait devant ce même sanctuaire où le prêtre d'Ammon venait de prier. Le Nil, cette première et grande divinité de l'Égypte, semblait se faire complice de la révolution religieuse, car il donnait maintenant ses inondations bienfaisantes aux prières des chrétiens, comme il les avait données aux prières des Pharaons; et les populations, qui aiment assez à voir la main de la Divinité travailler à leur bonheur, oubliaient à chaque moisson nouvelle leurs antiques croyances. Le temple chrétien, du reste, s'était ouvert avec respect pour recevoir le nilomètre, cet objet capital du culte égyptien sous toutes les religions.

Un peu d'éclat, ce dernier éclat que jette le flambeau près de s'éteindre, rejaillit encore sur la religion égyptienne. Ce fut sous le règne de Julien, cet empereur que l'histoire a appelé apostat, et qui, en réalité, n'était qu'un païen érudit et un peu poëte. Julien s'était effrayé à la pensée de voir le christianisme englobant tout l'univers, détruire partout les caractères particuliers, les physionomies diverses des peuples, et, avec ce sentiment de regret qui saisit aujourd'hui l'artiste en pensant que notre grande centralisation moderne aura bientôt fait disparaître les costumes, les usages, les fêtes, les patois locaux et traditionnels des provinces, Julien eût voulu arrêter le courant qui entraînait tous les cultes vers l'uniformité, et replacer entre les religions les antiques limites des nationalités. Il jura donc par Sérapis, qu'il rétablirait le culte de Sérapis en Égypte; il eût juré par Ormuzd ou Mithra sur les bords de l'Euphrate; en Judée par Moïse ou Jéhovah. Aussi l'Égypte, sous le bon plaisir de ce prince, se hâta-t-elle de proclamer, avec une affectation de triomphe, qu'un nouveau bœuf Apis venait d'être trouvé.

Mais de la part de l'empereur et des prêtres égyptiens, c'était là jouer à l'érudition religieuse et à la couleur locale, car déjà les dieux égyptiens étaient ébranlés sur cette unique base qui fait exister les dieux, la croyance populaire. Les anachorètes étaient maîtres des solitudes de la Thébaïde, pendant que les tumultueux évêques maîtrisaient les villes. Véritables proconsuls, cent fois plus puissants que les préfets impériaux, ces derniers s'étaient créé une milice fanatique avec des moines appelés du désert et accourus en foule; il n'y avait guère de jours où leurs cohortes indisciplinées ne se prissent de querelle avec les détachements des soldats du préfet d'Alexandrie. Les plus fameux de ces prêtres-soldats étaient les gardes du corps de l'évêque saint Cyrille; on les appelait *parabolans*. Un jour ils forcèrent le préfet de l'empire lui-même à prendre la fuite devant eux avec sa suite.

Au milieu de ce fanatisme religieux, les écoles philosophiques restaient cependant ouvertes à Alexandrie, et les partisans de l'Académie et du Portique y développaient en liberté eurs systèmes. Un spectacle assez singulier y rappelait même alors l'époque de Périclès et d'Aspasie. Belle et éloquente, une femme nommée Hypatia, fille du mathématicien Théon, après avoir quelque temps enseigné publiquement les doctrines de Platon et d'Aristote dans les écoles d'Athènes, était venue à Alexandrie, et elle y brillait de tous les charmes de sa personne et de tous les talents de son esprit; sa vertu, disait-on, ne le cédait point à sa beauté. Montée sur son char, comme une reine, elle se rendait aux écoles, entourée de flots d'admirateurs. Un jour, ce fut un cortége tout différent que celui qui entoura le char d'Hypatia; les séides de Cyrille, renforcés des terribles parabolans fournis par les corporations religieuses, arrachèrent la belle savante de son char, et, après l'avoir déchirée en lambeaux, la jetèrent aux flammes. Pierre, lecteur de l'Église d'Alexandrie, avait ouvertement conduit l'entreprise, et le pouvoir faible ou complaisant des empereurs laissa cet horrible assassinat sans vengeance.

A travers tant de dissensions religieuses sans cesse ravivées par les hérésies, la secte des jacobites, qui suivait les doctrines d'Eutychès, finit par prévaloir sur les bords du Nil, et constitua l'Église chrétienne d'Égypte, à laquelle appartiennent encore aujourd'hui les Coptes. Persécutée par l'orthodoxie romaine, cette secte avait pris, contre les pouvoirs et les mœurs étrangers, le rôle d'opposition qu'avait abandonné la religion nationale, et, animée de l'esprit égyptien, se faisant locale et indigène, prétendait maintenir, tout en acceptant le christianisme, la vieille nationalité et la civilisation du royaume des Pharaons. Le titre de jacobite équivalait presque à celui de citoyen égyptien; il servait comme de signe de protestation contre la domination des empereurs de Rome et de Constantinople. Les jacobites ou Coptes avaient conservé l'antique langue égyptienne dans le service du culte et dans la transcription des livres sacrés, tandis que les autres sectes chrétiennes avaient adopté l'usage des langues grecque, hébraïque ou syriaque. Presque dans tous les pays s'était présenté le même phénomène d'une secte chrétienne essayant de concilier l'esprit nouveau du christianisme avec les restes de l'ancienne religion ; ce que les jacobites faisaient ici, Manichée l'avait tenté en Perse, les chrétiens de Saint-Jacques en Judée.

Un moment les jacobites parurent toucher au but qu'ils poursuivaient. Un Copte d'une noble origine, l'un des plus riches citoyens d'Égypte, fut chargé par les Romains du gouvernement de sa patrie. Il se nommait Makaukas. Malheureusement Makaukas et le patriarche des jacobites suivirent cette fatale politique des peuples faibles, qui, dans leur trop grande impatience de secouer un joug qu'ils ne peuvent ni supporter ni briser seuls, appellent l'étranger à les défendre. A cette époque l'Arabie venait de subir une révolution religieuse qui avait remué ses populations dans les masses les plus profondes ; animées d'un vertige fanatique, ces populations ne demandaient alors que de l'air et de l'espace pour y répandre leurs flots agités. Ce fut à elles que s'adressa Makaukas, et elles mirent un empressement de mauvais augure à se rendre à son appel. Musulmans et chrétiens alliés allèrent assiéger Alexandrie, dernier boulevard de la puissance des empereurs grecs en Égypte. Après de grands efforts de courage de la part des assiégés, la ville tomba en 644 au pouvoir du chef arabe Amrou. Alors se réalisa encore une fois la fable de la lice et sa compagne, qui, malgré sa fréquente application, ne corrigea jamais personne :

> Laissez-les prendre un pied chez vous,
> Ils en auront bientôt pris quatre.

Les jacobites, en effet, ne tardèrent pas à s'apercevoir qu'ils venaient de changer de maître, et que si le premier, grâce à sa faiblesse, leur avait laissé quelque liberté, le nouveau, par son intolérance et sa puissance, ne laisserait à leur fierté aucun subterfuge honorable. La chute d'Alexandrie livra toute l'Égypte sans défense au pouvoir de l'islamisme, qui y règne encore.

Ainsi acheva son rôle l'Égypte ancienne. Chaque nation semble née pour une destinée particulière qu'elle poursuit de sa naissance à sa mort, à travers des fluctuations plus ou moins logiques. Lorsque les grandes nations de l'antiquité eurent tiré de leur principe social toutes les conséquences qu'il renfermait, elles redescendirent la pente de leur grandeur, et allèrent se coucher dans la poussière de l'histoire. Nous n'en voyons pas une qui ait suffi à deux développements intellectuels, à deux civilisations. S'il est arrivé aux arts et aux sciences de refleurir une seconde fois sur les bords de quelques fleuves, ce n'était pas le même peuple qui en buvait les eaux. Les puissants empires des Perses, des Assyriens, des Pharaons, de la Grèce et de Rome, n'eurent qu'une civilisation. Un peuple est un arbre qui ne porte qu'une fois des fruits, après quoi il meurt.

Les fruits que l'Égypte produisit, ce furent les générations de ces dieux que la Grèce et Rome popularisèrent sous d'autres noms, et qui sont devenus comme les dieux poétiques de toutes les littératures; ce fut aussi la circoncision, cette opération grossière et hygiénique, qui, élevée chez les Juifs à la hauteur d'un sacrement, divisa un moment le monde en circoncis et en incirconcis, et fut quelque temps une pierre d'achoppement pour le christianisme. L'antiquité prétend aussi que le monde dut aux Égyptiens les dogmes bienfaisants de l'immortalité de l'âme et de l'unité de Dieu.

Toutefois, malgré cette destinée particulière qui est le lot de chaque peuple, et quelque soit le caractère élevé et distinct des institutions que l'histoire attribue à l'Égypte, nous ne pouvons nous empêcher de rappeler ici ce que nous avons dit, dans la conclusion des religions de la Chine, sur l'identité des lois de l'esprit humain. L'homme, doué partout de la même organisation, des mêmes facultés, soumis aux mêmes aspirations, aux mêmes besoins, est circonscrit dans le nombre des erreurs et des vérités. Il ne peut s'épancher non plus que par les issues mêmes de ses facultés, et ces facultés étant identiques dans tous les êtres, tous ces êtres doivent nécessairement suivre des routes analogues. Seulement on peut dire que si les idées et les conceptions relèvent des mêmes principes, les manifestations peuvent varier suivant les lieux et les climats, suivant les sensations fortes ou paisibles, tristes ou riantes, sous l'influence desquelles l'idée est née. De plus, si tous les peuples renferment les mêmes germes, chaque peuple ne les développe pas tous. Les peuples remplissent à peu près dans l'humanité le rôle que remplissent dans l'immensité d'Ammon-Ra les différents dieux du panthéon égyptien. Nous avons vu que chacune de ces personnifications était une face différente du même être ; de même, chaque peuple représente particulièrement un attribut déterminé de l'humanité, et possède à l'état de puissance tous les autres attributs. Les religions sont sœurs, sinon identiques ; toutes ont leurs symboles, mais la trame sur laquelle elles brodent ces arabesques allégoriques et métaphysiques est invariable ; c'est la trame même de l'esprit humain. Lucain, dans sa Pharsale, met ces belles paroles dans la bouche de Caton :

« Nous sommes unis à la Divinité ; elle n'a pas besoin de paroles pour se faire entendre ; elle nous dit en naissant tout ce que nous avons besoin de savoir ; elle n'a pas besoin des sables arides de la Libye (île de Jupiter-Ammon) pour y ensevelir la vérité, afin qu'elle ne soit connue que d'un petit nombre. Elle se fait connaître à tous ; elle remplit tous les lieux, la terre, la mer, l'air, le ciel ; elle habite surtout l'âme des justes ; pourquoi la chercher plus loin ? »

FIN DU CINQUIÈME VOLUME.

TABLE.

RELIGION DE LA PERSE.

CHAPITRE PREMIER.

La Perse est le seul pays d'Orient qui, du temps des Grecs et des Romains, soit entré dans l'histoire positive de l'Europe. — La raison de cette particularité se trouve dans le caractère souverainement actif de sa religion, fondée sur le principe de la lutte au sein même de la Divinité. — Résultats pratiques de la dualité persique. — Livres symboliques des anciens Perses, le Zend-Avesta. — Délimitation des pays où les livres de Zoroastre furent primitivement connus. **3**

CHAPITRE DEUXIÈME.

Premier être de la création, Kaïomors ou l'homme-taureau. — Valeur symbolique de ce signe; taureau céleste. L'homme-taureau représenté sur les monuments de Persépolis. — Ahriman l'entoure de pièges et le blesse à mort. — Germes des êtres sortis des diverses parties du taureau. — Les plantes, les animaux naissent. — Description du chien et de l'âne du Zend-Avesta. — Naissance du premier couple humain. — Meschia et Meschiane se détachent d'un arbre qui leur donne naissance. — Leurs premiers pas sur la terre. — Ils pèchent. — Leurs descendants peuplent le monde.. **19**

CHAPITRE TROISIÈME.

Dynastie pischdadienne sortie de Kaïomors et de Meschia. — Invention des arts. — Règne des premiers rois jusqu'à Djemschid. — Siècle d'or sous ce prince, qui règne sept cents ans. — Description de l'Iran. — Ormuzd, consulté par Djemschid, lui promet de faire disparaître de la terre tous les maux. — Invention du vin; la maladie d'une jeune fille du palais en fait apprécier la valeur. — Djemschid établit quatre classes dans la société. Il s'attribue les grandes œuvres de son règne, et se fait adorer. L'Iran se révolte; Dhohac détrône Djemschid. — Dhohac fait peser sur l'Iran un impôt de deux hommes par jour, dont les cervelles servent à calmer les souffrances que lui causent deux excroissances de chair. — Le forgeron Caveh, à qui l'on vient d'enlever ses enfants, lève en l'air son tablier de cuir, et en fait l'étendard de la révolte. — Féridoun, descendant de Djemschid, est reconnu roi. — Guerre des Iraniens et des Touraniens. — Naissance de Roustam, le héros des épopées persanes. — Travaux incroyables de ce guerrier; son cheval Rakhsch. — Roustam combat le guerrier Aulad, tue dans sa caverne le Dew blanc, délivre le roi Kaous, prisonnier du roi du Mazenderan. — Série d'aventures; il combat contre son fils et son petit-fils sans les connaître.. **34**

CHAPITRE QUATRIÈME.

Vie de Zoroastre.. 63

CHAPITRE CINQUIÈME.

Difficulté de distinguer les faits réels de l'histoire, des conceptions de la fable sacrée. — Zoroastre adopte la tradition de l'Ariane, touchant le mystère de la création du monde. — Nécessité pour les religions de consacrer, comme introduction à leurs dogmes, les croyances dont elles sont une évolution. — Hom, premier prophète de l'Iran ; dualité persique ; Ormuzd, dieu du bien ; Ahriman, dieu du mal ; le *Temps sans bornes*, ou l'Éternel, a précédé ces deux divinités rivales. — Valeur métaphysique du système de Zoroastre. — Lutte des deux principes avant la création. — Créations alternatives des deux principes. — Êtres surnaturels. — Les Amschaspands, les Izeds, les Férouers, composent la cour d'Ormuzd. — Les Dews, les Darvands, les Daroudjs, celle d'Ahriman. — L'existence du monde doit durer douze mille ans. — Fin du monde. — Paradis et enfer temporaires. — Résurrection. — Salut universel de l'humanité... 89

CHAPITRE SIXIÈME.

Dans le principe de la lutte établie au sein même de la Divinité, le sectateur de Zoroastre trouve la nécessité de combattre lui-même contre les productions de l'ennemi d'Ormuzd. — Différence entre la morale des Hindous et celle des Perses, provenant de la différence du dogme métaphysique. — La matière n'est pas maudite dans la doctrine mazdéenne. Le jeûne, les macérations, le célibat des prêtres en vue d'une sainteté spéculative et individuelle, sont défendus. — Toute la morale consiste en actions conspirant au bonheur de l'État. — L'agriculture honorée. — Soins donnés aux animaux domestiques utiles. — Animaux purs, animaux impurs. — Guerre incessante contre ces derniers. — Castes. — Mariages. — Les Perses accusés d'épouser leurs sœurs, leurs filles et leurs mères. — Le Khétoudas. — Une noce chez les Parses modernes... 112

CHAPITRE SEPTIÈME.

Les formes du culte ne sont pas l'œuvre des fondateurs de religion, mais bien celle des prêtres qui succèdent à leur autorité. — Les mages, prêtres du mazdéisme. — Ils n'ont jamais fait un dieu de Zoroastre. — Symboles. — Le culte consiste en prières incessantes. — Les idoles sont inconnues dans les temples de la Perse. — Le feu matériel honoré comme reflet du feu immatériel et incréé. — Emprunts faits au culte mazdéen par le catholicisme. — Instruments du culte. — Description d'un temple du feu. — L'eau joue dans le mazdéisme un rôle aussi important que le feu. — Le Nereng-gomez. — Ablutions. — Le Hom, liqueur eucharistique. — Funérailles. — Culte particulier rendu à Mithra, un des Izeds de la mythologie persique... 129

CHAPITRE HUITIÈME.

La religion de Zoroastre s'étend des bords de l'Oxus jusqu'aux rives de l'Euphrate. — Sa diffusion dans les croyances des peuples occidentaux, en Judée, à Rome. — Adoration des mages à la crèche.—Introduction du christianisme en Perse. — Manichéisme, reposant sur une conciliation entre les idées mazdéennes et chrétiennes. — Persécutions contre les chrétiens. — Soulèvement de l'Arménie. — Destruction de l'empire des Perses par les Arabes. — Dispersion des sectateurs de Zoroastre. — Débris de ce peuple dans l'Inde et le Kirman.............. 153

RELIGION DE LA CHALDÉE

(ASSYRIE, BABYLONIE, SYRIE, PHÉNICIE).

CHAPITRE UNIQUE.

La Chaldée, située au centre de l'ancien monde, a pu être également le berceau des religions de l'Asie orientale et de la Grèce. — Babylone, la ville la plus ancienne du monde suivant les anciens, se trouve bâtie dans la plaine de Sennaar, premier théâtre des habitations humaines suivant la Bible. — La contemplation des astres par les premiers hommes, errants à la suite de leurs troupeaux, produit le culte du sabéisme. — Renommée des Chaldéens dans l'astronomie. — Le nom de Chaldéen cesse d'appartenir à un peuple pour devenir le nom particulier d'une caste de prêtres. — Attributions de cette caste. — Le prêtre chaldéen Bérose. — Cosmogonie du monde d'après ce prêtre. — Bel, la grande divinité de Babylone; son temple. — La grande statue d'or élevée par Nabuchodonosor dans le champ de Dura. — Les rois d'Assyrie sont des incarnations de Bel. — Le principe de a génération universelle du monde par le moyen des organes sexuels vient s'ajouter à celui de la puissance primitive du soleil. — Naissance des divinités femelles. — Fusion des deux principes mâle et femelle dans l'hermaphrodite divin. — Mylitta ou la Vénus androgyne des Assyriens. — La fable d'Adonis. — Diffusion du culte assyrien en Phénicie, en Syrie, en Chypre, à Carthage. — Le culte s'y compose d'infâmes prostitutions. — Baal et Aschtaroth sont introduits même dans le temple de Jérusalem; dans ce temple sont construites des cellules où le collège des *efféminés*, consacrés à la déesse Aschtaroth ou Astarté, accomplissent leurs pieuses débauches. — Le culte de Mithra, qui résume le double principe du dogme assyrien, ne se montre dans ses développements que vers le second siècle de notre ère. — Description de l'antre de Mithra. — Initiations, mystères. — Rapports de ce culte avec le christianisme. — Les Druses modernes ont dans leur culte des cérémonies idolâtriques qui rappellent l'antique vénération de la Vénus hermaphrodite.. 183

RELIGION DE L'ÉGYPTE.

CHAPITRE PREMIER.

Haute antiquité de l'Égypte attestée par les monuments qui couvrent encore son sol. — Impossibilité de fixer l'origine de sa civilisation. — Chronologie del Vieille Chronique et des annales de Manéthon, prêtre égyptien. — Les prêtres égyptiens ont eu pour disciples Abraham, Moïse, Homère, Solon, Pythagore, etc. — Les institutions religieuses de l'Égypte ont instruit les peuples au berceau; ses monuments de pierre décorent aujourd'hui leurs capitales. — Obélisques à Rome, à Constantinople, à Paris. — Le Nil, créateur du sol de l'Égypte. — Ses premiers habitants sont venus de l'Abyssinie en suivant le cours du fleuve. — État nomade des émigrants de l'Éthiopie qui se fixèrent en deçà des cataractes de Syène. — Fondation des premières villes. — La théocratie est la première forme du gouvernement en Égypte. — Révolution sociale. — Ménès élève la caste des guerriers au dessus de la caste sacerdotale.—Le règne des Pharaons commence. — Résultats de cette révolution pour l'état social des populations de l'Égypte. — Persistance de l'élément sacerdotal. — Caractère indestructible de la civilisation égyptienne depuis son origine jusqu'à la conquête romaine.......... 227

CHAPITRE DEUXIÈME.

Deux systèmes ont été de tout temps employés pour expliquer l'origine des dieux. — Système de l'apothéose soutenu par Évhémère de Messine. — Système des émanations.—*Monothéisme* de l'Égypte se traduisant par un *polythéisme symbolique.*— Ce qu'étaient relativement à l'être primordial les innombrables dieux adorés dans les sanctuaires égyptiens.—Dieux divers. — Ammon-Ra, la divinité par excellence. Knouphis, le démiurge spirituel.— Ammon-Ra Générateur, démiurge matériel.— Figure panthée d'Ammon-Ra. — La dualité s'introduit dans le système des émanations.— Bouto, déesse de la nuit et des ténèbres. — Ses formes. — Mouth, épouse d'Ammon; Neith, épouse de Knouphis. — Tamoun, épouse d'Ammon Générateur. — Autre figure panthée ramenant la dualité à l'unité. — Phtha, autre démiurge. — Sa légende, ses attributs; c'est le Vulcain égyptien. — Hathor (Vénus), son épouse. — Les quatre grandes triades. — Déesses isolées, formes diverses de Bouto, la grande divinité femelle. — Les douze dieux secondaires; Phré ou le Soleil en est le chef; Tphé, son épouse. — Atmou, forme importante de Phré. — Som ou Djom (Hercule égyptien).— Sevk et Naphté (Saturne et Rhéa).—Dieux terrestres : Osiris et Isis. — Thoth Trismégiste (Hermès). — Grandeur de ce mythe. — Le second Thoth, ou Thoth deux fois grand, créateur des arts et suprême instituteur de l'Égypte. — Les livres hermétiques. — Systèmes d'écriture. — Les dieux divers du panthéon égyptien se partagent les nomes de l'Égypte.................. 251

CHAPITRE TROISIÈME.

Naissance des cinq dieux terrestres, Osiris, Isis, Horus, Typhon et Nephthys.—Osiris et Isis, frères et époux. — Ils donnent la vie à Horus dans le ventre même de Rhéa, leur mère. — Typhon et Nephthys, également frères et époux. — Osiris et Isis civilisent les habitants de l'Égypte.— Ils inventent les arts utiles, cultivent la vigne, le blé et l'orge. — Osiris part pour porter ces inventions aux diverses contrées de la terre. — A son retour en Égypte, il est invité à un festin par Typhon son frère, qui l'enferme dans un coffre et le jette dans le Nil. — Désespoir d'Isis. — Des enfants jouant sur les bords du fleuve apprennent à la déesse qu'ils ont vu passer le coffre poussé vers la mer. — Elle va à Byblos, où le coffre est parvenu. — Elle le ramène en Égypte. — Elle le cache et va retrouver Horus pour l'exciter à la vengeance. — Pendant ce temps Typhon trouve le corps, et le coupe en quatorze morceaux qu'il disperse. Isis se remet à la recherche des parties du corps de son époux et les réunit. — Explication de ce mythe. — Osiris, Isis et Horus, dernière triade divine. — Honneurs divins rendus aux rois d'Égypte. — Décret de l'obélisque de Rosette... 301

CHAPITRE QUATRIÈME.

Fétichisme symbolique. — Motifs de ce culte. — Animaux sacrés : l'ibis, l'épervier, le chien, le chat, le crocodile, le loup, le bœuf, etc. — Ces animaux sont nourris dans les temples. — Dotations affectées à leur entretien. — Hommages qu'on leur rend. — Peines cruelles portées contre ceux qui leur font du mal. — Le bœuf Apis ; cérémonie de son installation dans le temple. — Le serpent Agathodémon. — Momies d'animaux. — Leurs nécropoles. — Animaux fabuleux. — Le sphinx. — Jugements divers portés sur le culte des animaux.................. 322

CHAPITRE CINQUIÈME.

Dans les religions constituées, la morale n'est pas une science propre et absolue, c'est une déduction du culte et de la métaphysique religieuse, variant à peu près comme les théories d'art. — Dogme de l'immortalité de l'âme ; l'antiquité fait honneur à l'Égypte de l'avoir inventé. — Métempsycose. — Momification des morts. — Jugement des âmes. — Conclusion........................ 341

FIN DE LA TABLE.

Imprimerie Doudey-Dupré, rue Saint-Louis, 46, au Marais.

Druidesse excitant au combat contre les Romains.

La Sainte Inquisition en Espagne.

Un vestale romaine sauvant un condamné à mort.

www.ingramcontent.com/pod-product-compliance
Lightning Source LLC
Chambersburg PA
CBHW071901230426
43671CB00010B/1428